中国社会科学院创新工程学术出版资助项目
中国"一带一路"倡议研究丛书
总主编：金碚
丛书主编：杨世伟

U0694838

本书出版幸承北方民族大学"卡塔尔研究中心"经费的资助

海合会六国卷

"一带一路"国家经济发展

王瑛　夏菲菲　马迁　马燕芳　沈玉芸　著

GCC

Gulf Cooperation Council Countries Part
— the Economic Development of
"One Belt and One Road" Countries

经济管理出版社
ECONOMY & MANAGEMENT PUBLISHING HOUSE

图书在版编目（CIP）数据

海合会六国卷："一带一路"国家经济发展／王瑛等著. —北京：经济管理出版社，2020.6
ISBN 978-7-5096-7151-1

Ⅰ.①海…　Ⅱ.①王…　Ⅲ.①"一带一路"—国际合作—研究—中国、中东　Ⅳ.①F125.537

中国版本图书馆 CIP 数据核字（2020）第 093526 号

组稿编辑：张　艳
责任编辑：张　艳　韩　峰
责任印制：黄章平
责任校对：张晓燕

出版发行：经济管理出版社
　　　　　（北京市海淀区北蜂窝 8 号中雅大厦 A 座 11 层　100038）
网　　址：www. E-mp. com. cn
电　　话：(010) 51915602
印　　刷：三河市延风印装有限公司
经　　销：新华书店
开　　本：787mm×1092mm/16
印　　张：16.5
字　　数：402 千字
版　　次：2020 年 6 月第 1 版　　2020 年 6 月第 1 次印刷
书　　号：ISBN 978-7-5096-7151-1
定　　价：69.00 元

　　2014 年 6 月 5 日，国家主席习近平在中阿合作论坛第六届部长级会议上强调，中阿要构建 "1+2+3"，即以能源合作为主轴，基础设施建设、贸易和投资便利化为两翼，核能、航天卫星、新能源为新突破口的合作格局。中阿 "1+2+3" 务实合作成果丰硕，在各方面取得了很大进展。2018 年 7 月 10 日，中阿合作论坛第八届部长级会议在北京人民大会堂开幕。国家主席习近平出席开幕式并发表题为《携手推进新时代中阿战略伙伴关系》的重要讲话。这是习近平主席继 2014 年出席中阿合作论坛第六届部长级会议开幕式并发表重要讲话、2016 年在阿拉伯国家联盟总部发表重要演讲之后，第三次对阿拉伯世界作重要政策宣示。在中阿关系迈入新时代这一历史节点，习近平主席定坐标、画蓝图，描绘中国对发展中阿关系的全面构想。2019 年 3 月 31 日，习近平主席致电祝贺第 30 届阿拉伯国家联盟首脑理事会会议召开。习近平主席在贺电中强调，中阿传统友谊深厚……中方愿同阿方携手努力，增进战略互信，推进务实合作，密切人文交流，落实中阿合作共建 "一带一路" 行动宣言，共同开创中阿战略伙伴关系更加美好的未来，为推动构建人类命运共同体作出贡献。

　　"一带一路" 倡议是中国政府提出的综合性地区经济合作倡议。随着中国经济进入新常态，"一带一路" 倡议将具有更为丰富的经济目标。2016 年 1 月，习近平主席首次访问西亚北非，第一站即为沙特阿拉伯王国，可见海湾地区在中国外交全局中的地位。作为西亚北非战略重心和阿拉伯世界重要组成，海湾阿拉伯国家合作委员会（以下简称海合会）国家在 "一带一路" 建设中越加关键，中海合作将引领和带动中阿合作。在这一背景下，积极推进中国与海合会在政治和经贸等各个领域的合作与中国 "一带一路" 这一新世纪的伟大倡议相契合，同样也更契合阿拉伯世界向东看的战略视角。

　　海合会成立于 1981 年 5 月，总部设在沙特阿拉伯王国的首都利雅得，最初成员国包括沙特阿拉伯王国、阿拉伯联合酋长国、阿曼苏丹国、巴林国、卡塔尔国、科威特国（以下分别简称沙特、阿联酋、阿曼、巴林、卡塔尔、科威特）六国。2001 年 12 月，也门被批准加入海合会卫生、教育、劳工和社会事务部长理事会等机构，参与海合会的部分工作。自成立以来，海合会各成员国充分发挥民族、语言、宗教以及经济结构等方面相同或相似的优势，积极推动经济一体化进程。海合会国家在法律体系、投资环境、质量标准、文化氛围等方面都具有鲜明的特色，只有研究好海合会市场特点才能更好地推动双边合作、实现互利共赢。但目前我国在针对海合会及其成员国经济发展方面的国别研究还相对不足。

　　从中国与海合会的经贸合作的现状看，经贸关系在中国与海合会之间发挥着压舱石的重要作用。目前，海合会已经发展成为中国第一大石油进口来源地、第八大贸易伙伴，以及世界第二大工程建设市场，同时中国已经是海合会第八大贸易伙伴、世界第一大货物贸易国家。紧密的经贸合作将创造出巨大的贸易红利，从而有力促进双方经济社会的发展，带动政治互信的持续攀升，支撑双方构建战略合作伙伴关系。然而，经济"逆全球化"、贸易投资保护主义抬头、资源输出国财政经济困难、中东安全局势严峻等问题都将不可避免地给我国与海合会国家的经贸合作带来诸多不确定性和潜在挑战。

《海合会六国卷——"一带一路"国家经济发展》旨在对海合会及其六个成员国（沙特、阿联酋、阿曼、巴林、卡塔尔、科威特）经济发展的历史和最新状况进行全面、系统的梳理和研究，从可持续发展的视角对其经济状况进行全面阐释。这为准确判断和了解"一带一路"沿线国家的经济发展现状和未来走势提供了素材，为我国政府、商界以及学界等相关各方系统地了解和研究这些国家提供了重要的依据，对于进一步开展对外经济合作具有重要的参考价值。总的来看，"一带一路"将是塑造历史的重大倡议和发展路径，不仅关乎中国自身实现"中国梦"，也关乎经济全球化如何深入发展，乃至世界范围内的可持续发展。我们祝愿"一带一路"倡议取得实效，并愿意一如既往地奉献我们的智慧和力量。

本书从动笔到成书历经三年时间，凝结了所有团队成员的心血。本书由北方民族大学经济学院副院长王瑛教授主持撰写。北方民族大学经济学院夏菲菲老师、沈玉芸老师，北方民族大学外国语学院马迁老师、马燕芳老师参与了部分章节的撰写工作和书稿的校对工作。北方民族大学游正飞、杨飞飞、伏金明、张嘉友、张银萍等同学参与了资料和数据的收集与整理工作。

本书是北方民族大学 2016 年度校级科研一般项目"一带一路"背景下的中阿经贸关系研究的最终研究成果。本书的出版要感谢北方民族大学卡塔尔研究中心的经费支持；感谢北方民族大学经济学院及外国语学院、宁夏大学教育部阿拉伯国家研究协同创新中心领导的关心与支持；感谢经济管理出版社张艳副总编辑和韩峰编辑的策划与指导。此外，在本书撰写过程中，笔者参考了许多宝贵的文献资料，在此也对文献作者表示最诚挚的谢意。

由于笔者水平有限，书中不当和疏漏之处在所难免，恳请广大读者批评指正。

笔者

2020 年 5 月

第一章

全球经济治理视野下的海合会

第一节 海合会概况

一、海合会简介

海湾阿拉伯国家合作委员会（Gulf Cooperation Council，GCC）简称海湾合作委员会或海合会，是海湾地区最主要的政治经济组织，于 1981 年 5 月在阿联酋首都阿布扎比成立，总部设在沙特的首都利雅得，包括沙特、阿联酋、阿曼、巴林、卡塔尔、科威特六个成员国，总面积 267 万平方千米。

海合会成立的基础是伊斯兰宗教信仰下相似的政治体制（均为君主制国家）、地理上的相近性、命运上的关联性以及各国共同追求的目标。海合会成立的初衷可以概括为"抱团取暖"，终极目标是实现区域一体化。

海合会成立 30 多年来，成员数目长期保持不变，一直是成立之初的海湾六国。2001 年 12 月，也门被批准加入海湾合作委员会卫生、教育、劳工和社会事务部长理事会等机构，参与海湾合作委员会的部分工作。2011 年，海合会进行了成立 30 年来的首次"扩员"——决定接纳约旦和摩洛哥成为会员国，其中，由于约旦在中东和平进程中发挥的积极作用，约旦成为海合会正式成员，而摩洛哥仅作为合作伙伴而非正式成员国，但此后并无实质性进展。[①]

2017 年 6 月，巴林、沙特、埃及、阿联酋四国宣布与卡塔尔断绝外交关系。[②] 巴林指责卡塔尔长期坚持"动摇巴林国家稳定和安全"与"干涉巴林国家内政"的不合理主张，同时煽动舆论激化紧张局势，支持恐怖组织。沙特指责称，卡塔尔在过去多年时间内公开

---

① 也门虽以观察员身份加入了海合会部分机构，但这并不能证明它将很快成为海合会第七个成员国。究其原因，海合会在也门曾支持伊拉克入侵科威特问题上一直心存疑虑。

② 2017 年 6 月，在美国总统特朗普结束访问离开沙特的几天后，卡塔尔国家元首塔米姆在一次军方内部讲话中明确表示，伊朗是本地区和伊斯兰教的重要力量，遏制伊朗是不明智的，这个表态与特朗普"打压伊朗"的主题明显相悖。不仅如此，卡塔尔通讯社还发布消息称卡塔尔将召回驻沙特、巴林等国的大使，随后卡塔尔官方紧急灭火，称这是一起乌龙事件，是因为该新闻社网站遭黑客攻击而发布了假新闻，该新闻随即被删除。然而，沙特、阿联酋和巴林认为这样的解释难以令人信服，并坚称，关于与伊朗关系正常化的言论似乎确实出自埃米尔之口；同年 6 月 5 日，巴林、埃及、沙特、阿联酋与也门相继发布声明宣布与卡塔尔断交。之后不久，以沙特为首的阿拉伯联盟还发表声明，宣布将卡塔尔排除出该组织。

或秘密开展干涉沙特及海合会其他成员国内政的活动，并支持包括穆斯林兄弟会（以下简称"穆兄会"）、基地组织和极端组织在内的恐怖主义团体。此外，埃及和阿联酋也分别指责卡塔尔破坏地区安全。此次，沙特等国几乎在同一时间宣布与卡塔尔断交，显然是一次精心筹划、立场一致、雷霆万钧的外交行动。未来该事件的走向还要看卡塔尔"改正错误"的态度以及美国的表态。但该事件已给海合会内部团结带来了不稳定因素。在海合会六国中，沙特发挥着领导核心作用，是海合会经济一体化不断取得进展和保持活力的推动与保障力量。沙特的领导核心地位不仅表现在经济、军事等硬实力上，也表现在宗教文化等软实力上。作为伊斯兰教的发祥地与中心，沙特还是伊斯兰教两大圣地的所在国，拥有宗教文化上的巨大号召力。沙特是海合会内部的"超级大国"，直接影响海合会的存在和发展，海合会成员国之间的关系实际上就是沙特与其他五个成员国之间的关系。

二、海合会成立的背景

海合会的成立有着鲜明的时代和地区背景，在美苏争霸两极格局的大背景下，海湾地区形势动荡不稳，伊朗伊斯兰革命和两伊战争相继爆发，促使政体模式相似、经济联系密切、信仰一致的海湾六个君主国逐渐走到一起。

1971年以前的海湾局势基本上是平稳的，因英国在海湾的军事和政治殖民统治，其他大国在海湾地区一时也难以插足。在英国的安全"保护"下，海湾国家并不怎么担心外部威胁。20世纪70年代初期，随着英国势力撤出海湾地区，海湾国家相继独立，海湾逐步成为美苏的争夺对象。从20世纪70年代后期开始，美苏两个超级大国为了实现其称霸世界的野心，在号称"石油宝库"的海湾地区开始了越来越激烈的角逐，使海湾国家胆战心惊。20世纪70年代初期，苏联在海湾势力微弱，但1979年之后，它加快了渗透中东尤其是海湾的步伐，加强了它在红海和亚丁湾的军事力量，与此同时，入侵阿富汗、改善与伊拉克的关系、支持前南也门政权等行为，使其战略前沿直接逼近海湾，形成对海湾的包围，并不断向阿拉伯半岛扩张势力。美国为了抑制苏联在海湾的步步进逼，确保其对海湾的控制，保障西方国家的切身利益，也为了加强本国在海湾的军事力量，筹建了快速反应部队，并在海湾地区采取扶植"代理人"的政策。

1979年是海湾安全的分水岭。1979年伊朗伊斯兰革命爆发，海湾防止苏联扩张的防洪堤倒塌了。作为一个比苏联更直接和迫切的威胁，伊朗引起了海湾阿拉伯国家的高度警觉。伊朗伊斯兰革命给海湾君主国带来了三大担忧：其一，它推翻了海湾抗击苏联的坚强堡垒——巴列维王朝，使其以后更难对付苏联，而且伊朗新政权的不稳定可能会给苏联提供干涉的借口；其二，伊朗伊斯兰革命成功带来的革命激情和政治冲动情绪可能会引起海湾民众尤其是什叶派穆斯林的动荡；其三，伊朗新政权向海湾国家输出伊斯兰革命理念，如支持伊拉克和科威特的反叛力量进行颠覆行动，支持巴林国内的不同政见者于1981年发动政变等。"两伊战争"的爆发更直接地推动了海湾六国加快合作的步伐，这是伊拉克与伊朗在现代历史上的第一次全面战争，近在咫尺的海湾国家强烈地感受到战争的逼近。两伊战争中，双方为了打击削弱对方经济，相互攻击对方的油田和油轮，伊朗还攻击了支持伊拉克的科威特和沙特的油轮，损害非交战国的利益，这些都促使海湾国家进行更紧密的合作。这场战争成了两个民族历史矛盾的延续，也带有教派矛盾冲突的意味。伊朗除了与伊拉克存在着边界争议，与阿联酋也存在海湾三岛主权之争，再加上宗教矛盾和民族矛盾的积怨，这些都迫使海合会国家联合起来支持伊拉克。在两伊战争期间，伊拉克在经济上得到了沙特、科威特和阿联酋的大力帮助。动荡不安的地区局势，加强了海合会国家政治上的团结，这为海湾区域经济一体化提供了政治基础。面对这样最直接的威胁，海湾国家需要以适当的方式来回应两伊战争，安全问题成为海湾六国要共同面对和解决的头等大事。

　　在上述背景下，海湾合作委员会成立的目的就是要加强海湾六国在政治、军事和经济上的统一步伐，维护自身的安全和利益。此后，伊朗由于在长达八年的两伊战争中折损不少实力，同时又有伊拉克冲在前面遮风挡雨，不仅海湾君主国保持了安全和稳定，海合会在区域整合方面也取得了令人瞩目的成绩，算是海湾国家抱团取暖之余的意外收获。但是，联盟存在的基础主要在于两方面，一是成员国面临共同的安全威胁或安全关切，二是成员国拥有可交换的资源。经济基础决定上层建筑。盟国之间经济结构差异性越大，利益互补性就越强，就越有可能形成利益共同体，其开展合作的动力就越强。相反，成员国拥有的经济结构越相似，可供交换的利益就越少，联盟的密切程度就越低。海合会六国在经济结构方面具有高度相似性，不仅难以形成利益共同体，反而在经济层面上易形成竞争关系。尽管海合会六国在文化价值、政治制度、意识形态和历史传统等方面拥有相似国情，但是受经济结构的相似性、政治诉求的趋同性、威胁认知的错位性和替代联盟的多元性的共同影响，联盟往往出现"空心化"、结构性矛盾突出等问题。

三、海合会成立的目的和宗旨

　　海合会的成立基础是共同的经济和地缘政治利益，经济原因无疑是其中最为重要的。虽然地区安全和政治因素一直是领导人峰会的重要话题，但其核心内容仍是经济合作和经济的一体化。关于海合会的大量文献均清楚地表明：经济一体化由成员国共同努力，直至促成经济联盟的成立。宪章的第四条也特别提到成员国需要加强在金融、贸易、关税等经济事务和交通方面的合作。在海合会的推动下，1981 年其成员国签署了著名的阿拉伯贸易协议。根据这份协议，海合会的宗旨为"发展、扩大、培养成员国之间的经济联系，协调、统一它们的经济、金融和货币政策，以及贸易、工业、立法和关税系统"。

　　协议条款覆盖了经济合作和经济一体化的不同领域，主要内容如下：其一，贸易。在海合会内部，原产于本国的农业、牲畜、工业和矿业的产品在任何成员国之间进行贸易，免除其关税和其他税种。对于内部的任何成员国，如果一件产品的价值有至少 40% 的附加值来源于该国，并且生产该产品的公司由海合会公民主要控股所有（最少 51% 的股权），那么生产该产品的成员国就被认定为该产品的原产国。其二，生产要素流动。任何成员国的公民在所有的成员国和下列所有事物上被给予平等的待遇，这些内容包括：①居住、工作和迁徙自由；②所有权权利、遗产的继承和转让；③经济活动的行使权；④资本的自由流动和鼓励共同投资项目。其三，政策协调。海合会成员国被号召保证它们在政策、立法上的协调和同质化。其四，技术合作。海合会成员国之间相互支持，在科学研究、技术发展和技术的吸收转移方面加强合作，也争取在教育领域、职业培训和劳动力市场上协调政策。其五，交通。成员国的运输车辆通过任何成员国领土时，将被给予平等的对待并免除所有的义务和税收。其六，货币金融和投资。协议赋予其在金融和货币方面的合作，并倡议在对待国内投资和国外投资时采用统一的法律和法规。其七，在协议履行方面采取谨慎和渐进的原则。协议的最后条款一致承认各成员国的发展阶段不同，所以允许在特殊情形下执行某些条款时，可以采取渐进的原则和暂时性的特殊对待。

1981 年的《简便和发展阿拉伯贸易协定》是海湾经济合作领域里的一个里程碑。它以协议的形式为海湾国家间的经济合作奠定了基础。1981 年 5 月 25 日，海合会成员国签署《海湾阿拉伯国家合作委员会章程》（以下简称海合会宪章），宪章提出了经济和贸易发展的合作框架；同年 11 月，海合会召开第二届首脑会议，成员国签订了《经济一体化协议》，为海湾六国经济一体化提出了具体的目标。

综上所述，海合会成立的根本目的就是实现成员国的互信和合作，这不仅是政治上的需要，也是深入开展经济合作的条件。长期以来，海合会确实在区域一体化方面取得了许多实质性成果，包括：在军事上，成立了"半岛盾牌"快速反应部队，并逐步实现了统一的军事指挥；在经济上，建立了自贸区和关税同盟；在内部纷争上，成员国之间解决了大部分的领土争端问题。

四、海合会的常设机构

海合会的主要组织机构包括最高理事会、部长理事会、秘书处和专门委员。表决是海合会决策程序中最重要的环节，在有关实质性问题的决议中，海合会最高理事会和部长理事会都需要表决。各成员国享有平等的表决权，一国一票，即海合会有关实质性的问题必须得到全体成员国的一致同意方能生效。

（一）最高理事会

最高理事会是海合会的最高权力机构（即决策机构）。最高理事会由成员国元首组成，每年定期举行一次会议，各成员国按国名的阿拉伯字母顺序轮流主办会议，并由该国元首担任轮值主席，任期为一年。最高理事会的主要职能包括确定海合会利益范围、制定海合会基本发展纲要。截至 2012 年 12 月，最高理事会已定期举行 33 届成员国首脑峰会（1981 年 5 月召开的首脑会议也列入了总届数），分别发表了《科威特宣言》《阿布扎比宣言》《麦纳麦宣言》《马斯喀特宣言》《多哈宣言》《利雅得宣言》等，并通过了《海合会与其他国家、地区集团和国际组织发展关系和进行谈判的长期战略》等一系列文件。

（二）部长理事会

部长理事会由成员国外交大臣（部长）或代表他们的其他大臣组成。主席由各国外交大臣（部长）或其代表按国名（阿语）字母顺序轮流担任（一般由上届最高理事会主席国代表担任），任期一年，其职能包括：为最高理事会审议其他大臣（部长）会议和机构商定的政策、决定、建议、法案、法律报告以及准备首脑会议议程等，并就成员国在经济、社会和文化等领域开展合作协调提出建议。

部长理事会与最高理事会保持一致，根据最高理事会的指示做出具体部署，并交由秘书处或下设委员会实施。部长理事会下设国防、石油、工业、文化、社会等多个承担议事和执行机构功能的专门技术委员会。与此同时，部长理事会也拥有一定程度的决策权，围绕特定事项有权制定相关规章和政策。部长理事会每三个月召开一次会议，如遇紧急事件，由某一成员国提议并得到其他成员国支持时可召开特别会议。

（三）秘书处

秘书处是海合会常设办事机构，总部设在利雅得，主要负责督促成员国之间相互合作、研究相关可行性政策、调研可拓展的活动领域、起草实施海合会政策的具体办法等。总秘书处下设政治事务、经济事务、军事事务等部门。秘书长由最高理事会任命，由秘书长和负责政治、经济及军事事务的三名助理秘书长主持工作。秘书长由各国推荐人选并按国名（阿语）字母顺序轮流担任，并由最高理事会予以任命，任期三年，可连任一届。

（四）经济和发展事务委员会

2016 年 5 月 31 日召开的第 16 届海合会领导人协商会议宣布，将成立新的经济合作机构——"经济和发展事务委员会"（The Economic and Development Affairs Commission），新机构将在经济和发展各领域推动各成员国间的协调、整合与合作。该机构将负责完成（成立）海湾国家关税同盟和共同市场等事宜，迅速有效地解决相关问题以促进各成员国间合作。

五、海合会的发展成果与存在的问题

（一）海合会的决策机制

海合会是在积极参考并借鉴了联合国和阿拉伯联盟等国际性和区域性的组织设置及职能划分的基础上设立起来的机构。根据六个成员国的具体情况，海合会设立了三个主要决策机构——最高理事会、部长理事会和总秘书处，每个机构下设相应子机构，各司其职。另外，海合会的决策程序与决策方式也按照国际组织一般原则制定。但是，相比于其他国际性组织，海合会有其特殊性：首先，海合会国家均为君主国，因此，海合会在决策和管理上带有深厚的集权制色彩，层级管理鲜明，自上而下的管理体系非常稳定，由最高权力机构发布的命令执行迅速；其次，海合会国家由于政治同质，统治集团都是王室家族，各王室间联系密切也使得元首间协调成效显著；最后，海合会宪章规定了定期会议制度，频繁的会议使各成员国联系密切、沟通及时，在这一中东之地能够迅速针对各个问题开展讨论并得出结果。在上述决策机制下，海合会成员的协商机制不断完善，区域合作框架不断丰富。成员国到目前已举行数次首脑会议，先后通过了一系列纲领性文件，扩大了成员国间各个项目的交流与合作，并在地区和热点问题上共同磋商、协调立场，同时，海合会也在不断扩充成员国和伙伴国数量，使海合会的国际影响力不断扩大。

然而，对外贸易集体磋商机制的脆弱也不利于关税同盟的建立。2003 年，海湾国家提出建立海湾关税同盟后，得到了积极响应，但收入、倾销、保护主义等方面的议题却一再被推迟启动。关税同盟启动后，也与预期目标相去甚远。2004 年 9 月，美国单独与巴林签订了自由贸易协定，给刚刚启动的海湾关税同盟造成重创，遭到沙特的强烈反对，引发巴沙两国关系紧张。海湾关税同盟建立的最初目标是，实行统一税率、统一关口和统一组织行政管理规章体制，但由于关税收入分配以及与世界贸易组织规则一致性等问题，海湾海关同盟协议一直没有得到有效实施。例如，在海湾关税同盟决定关税的征收和分配办法时，海湾某些国家借口存在"管理和行政上的困难"，使进口货物无法实施统一的税率，也使进入海合会国家的外国商品的监管收费和征税得不到一致对待，使货物很难在各国之间自由流通，出现了贸易摩擦。

（二）曾经不断深入的经济一体化进程

1. 海合会实现经济一体化的条件分析

首先，经济发展水平相似、联系密切。海合会成员国的经济发展水平接近，石油经济是海湾国家的依托和命脉，经济结构和经济性质也具有相似性，这些前提条件是海合会经济一体化的内在动力。海合会国家经济一体化的初衷不同于一些工业化国家，后者的经济互补性很强，需要统一的内部大市场来促进各国发展，因而需要经济的一体化；而海合会六国经济一体化的初衷是基于各国共同的经济结构，从而形成建立石油销售的价格同盟和共同市场的追求。石油与天然气是海湾各国经济发展的基础，但各国的资源禀赋不同，对资源的依赖程度也不同。[①] 海湾国家的石油经济是建立在"沙漠"基础上的大厦。一旦石油资源枯竭、价格巨幅波动或出现新的替代性资源，海湾国家的经济大厦就将面临倒塌的危险，这是海合会六国面临的共同难题。而共同的难题也需要海合会成员国通过实现经济一体化，走经济相互补充和相互依靠的道路去解决，实现合作共赢。但能否实现经济一体化取决于成员国之间经济的互补性，海合会六国经济互补性相对较弱，而这又恰恰是考验海合会经济一体化能否建立的经济基础，所幸海合会六国正朝着经济结构多样化的方向努力。

其次，政治体制具有共性。海合会国家是世界君主制的大本营，六国除阿联酋以外都采用君主制国体，但情况不一，大致有两种具体形式。沙特和阿曼采用了一元制君主制，而科威特、巴林和卡塔尔则采用了二元制君主制。目前海湾地区唯一采用总统制的国家是阿联酋。虽然海合会成员国的政治体制不同，但政治制度具有许多共同的特点和相似性，其中最为关键的相似之处在于君主制与家族政治的整合，部族统治和家族政治从海湾六国的近代历史贯穿到当代。这种体制的共性，使国家之间的政治合作更容易建立，从而减少了司法和行政领域的矛盾冲突，也使国家的上层利益集团拥有共同的利益诉求——这为海合会六国的合作和发展、区域经济一体化的推动提供了政治保证。

最后，国际政治因素推动。海合会六国地处战略要冲，是连接东西方贸易的海上要

---

① 沙特拥有位居世界第一的石油储备和位居世界第三的天然气储备，石油和石化工业是沙特的经济命脉。近年来，沙特虽然一直致力于经济的多样化，但始终没有摆脱对石油的严重依赖。国家特权阶层利用巨额石油美元收入，过着近乎奢靡的生活。虽然国家福利制度相对健全，但下层民众生活水平不高，高达两位数的失业率犹如一颗隐形炸弹，加之宗教极端主义的传播，社会不稳定因素较多。阿联酋的石油储量紧跟沙特，天然气储量也很丰富。但目前石油对阿联酋的经济影响比较有限，特别是迪拜酋长国借助地理位置优势，大力发展转口贸易、房地产、旅游和其他服务业已基本摆脱了对石油的依赖，走出了具有特色的经济多样化发展道路。阿曼石油资源并不算丰富，且油田的储量和规模较小、产量较低、分布比较分散、不利于开采，但阿曼依然严重依赖石油收入。阿曼拥有丰富的天然气资源，天然气工业发展迅速，且前景很好。近年来，阿曼也推行了经济的多样化和私有化改革，加大对天然气的开发和利用是阿曼经济多样化的重头戏，这样不仅可以满足本国增长的需求，也可以增加出口创汇。巴林的石油和天然气资源极为有限。随着巴林能源消费需求增长，巴林也面临能源短缺的问题，不得不从邻国进口能源。卡塔尔目前已探明石油储量为29亿吨，居世界第13位，天然气储量25.46万亿立方米，居世界第三位。卡塔尔经济的发展也主要依靠石油和天然气出口。科威特的石油和天然气储量在海湾地区相当丰富。科威特在重点发展石油、化工工业的同时，也积极走多样化经济道路，减少对石油资源的依赖度，积极探索扩大对外投资等。

道。在历史上，海湾地区就是西方世界通往印度和中国贸易的中转站，西方国家费尽心力想要控制这一地区并在此建立通商贸易和航海补给地。因其丰富的石油资源，海湾地区的战略地位更加凸显。海湾地区又是世界伊斯兰教的发源地和中心，伊斯兰教派别林立，关系错综复杂，再加上区域内历史上的民族纠纷和领土边界纠纷，该地区局势动荡不安。一些大国趁火打劫，海湾地区的内政也成了大国利益的交汇点。海合会六国的相对和平与稳定，促使六国有条件发展经济，以经济一体化为抓手实现联合自强。也可以说，正是海湾地区动荡不安的局势，给海合会国家提供了联合的外部压力和内部动力。

2. 海合会经济一体化发展进程

20世纪50年代，海湾国家就提出建立区域经济合作，实现经济的集团化和区域化。但直到1981年，海合会国家才签订了《经济一体化协议》。总体来看，海合会六国在迈向区域经济一体化的过程中，主要经历了三个阶段：第一阶段（1953~1981年）为海湾国家签订双边协议和多边框架合作阶段。从1953年《阿拉伯贸易协定》到1981年的《经济一体化协议》，在此期间，六国还签订了其他多项协议，成立了一些区域性经济组织。第二阶段（1982~2002年）为推进经济合作协议和协议落实阶段。《经济一体化协议》签订后，海湾国家在石油政策的协调、技术合作、交通和基础设施建设、国民流动和劳动就业等方面展开了合作。但由于海湾地区的政治形势和安全环境，海湾国家在经济合作方面止步不前，这种状况到20世纪90年代初才有所改观，此后海合会历次会议通过的决议，都在大力推动海湾国家之间的经贸合作和一体化进程。1999年，海合会首脑会议就关税同盟达成共识，决定于2005年3月1日开始实行统一税制；2001年5月，海合会对1981年的《经济一体化协议》做出了重要修改，产生了新的《经济一体化协议》。第三阶段（2003年至今）为海湾区域经济一体化启动阶段。2003年1月1日，海湾国家新的《经济一体化协议》开始生效，海湾区域经济一体化进入启动阶段。经济一体化启动以来，分别达成了关税同盟共同市场和货币联盟，但效果和预想存在较大的差距。2003年1月1日，海合会六国正式实施关税同盟规定，对从海合会成员国以外地区进口的商品征收5%的统一关税，同时六国之间将最终取消关税壁垒。2008年12月，第29届海湾合作委员会首脑会议在阿曼首都马斯喀特举行，会议发表了《马斯喀特宣言》，通过货币联盟协议和货币委员会宪章，为建立海湾中央银行奠定了基础，并期望在2010年前最终实现海合会国家货币的统一。受欧债危机等因素的影响，这一进程被推后，但仍是海合会国家经济发展重要的一步。① 此外，在工农业政策、跨国贸易、公民出入境、经济技术合作、油气进出口政策、经济发展多元化以及统一的外交战略上，成员国间的合作也都有深入发展。外交方面，海合会越来越依靠整体参与国际和地区事务，在重大国际和地区问题上采取统一立场。在传统安全领域，海合会强化了成员国的集体安全防卫机制，不断加大"半岛盾牌"防卫部队的规模，使其成为稳定地区局势的一支重要武装力量，并加大各国间的军队联合作战水平。非传统安全方面，在"9·11事件"后，中东成为宗教恐怖主义势力的大本营。2003

---

① 虽然统一海湾货币可以弱化美元对海湾各国经济的不利影响，实现各国的财富安全。但对于统一的海湾货币是否与美元挂钩，各方的意见不一。从2001年底开始，海合会六国的货币合作就历经磨难，先是阿曼于2007年宣布因本国经济准备不足退出货币联盟；2007年5月，科威特宣布，其货币第纳尔与美元脱钩，本国货币的汇率重新与一篮子货币挂钩；随之，阿联酋与卡塔尔也表示考虑本国货币与美元脱钩；但作为美国重要盟友的沙特则坚持里亚尔与美元挂钩的政策不变。而后阿联酋由于不满海湾货币委员会（海湾中央银行）总部落户沙特首都利雅得，于2009年5月退出海合会统一货币计划。

年，海湾六国就"共同反恐协议"达成了一致，使海合会的反恐合作迈上了新台阶。2005年12月，在第26届海合会首脑会议闭幕宣言中，海合会强调中东地区应成为无大规模杀伤性武器地区，敦促以色列加入《不扩散核武器条约》。第27届海合会首脑会议上，海合会国家表示将研发和平利用核能技术，并将着手制定联合发展核能的计划。第29届海合会首脑会议讨论了地区面临日益增多的威胁、伊朗核问题、巴以冲突等，并着重讨论了奥巴马执政后海合会与美国的关系问题。

尽管过去十年海合会发展迅速，但是仔细分析不难发现，该组织近期有动力不足的迹象，一些核心经济指标均未达到预期目标。

3. 海合会经济一体化发展成效

自启动一体化进程以来，海合会经济一体化取得了以下进展：一是统一协调工农业发展战略。为了避免产业的同类化和相似性，海湾国家在农业和工业的发展战略上采取了统一协调的策略，从而使海湾国家之间减少了低水平重复的相互竞争，为产业结构的多样化提供了制度保障。但是由于一些文件没有约束力和强制力，一些国家执行起来有很大的弹性，由此也产生了许多纠纷。二是鼓励海湾国家之间的跨国交易和资本流动。海湾国家允许企业在成员国之间互设分支机构，但资本的跨国流动还是存在一些体制性的障碍。例如，外国人持有证券和房地产仍受到限制，区内跨境运营的银行也非常有限（巴林作为离岸金融中心是一个例外），跨国上市公司数量以及跨国市值占总市值的比例仍然很低。三是实现人力资源的跨境自由流动。目前，海合会成员国居民只需要持本国身份证就可以自由出入其他成员国，不需要办理入境手续和签证。允许成员国居民到其他成员国办理企业，从事跨国经营，持有公司股票，购置房产和投资，享有与本国居民同等的税收待遇。但是人口自由流动方面仍存在制度性障碍。由于各国没有将非国民自由流动作为明确目标，外籍劳动力的自由流动程度相对较低，从而限制了海湾经济一体化的整体收益。四是推动经济技术及其他方面的合作。六国合作建立了海湾经济技术合作机构和联合体，如著名的海湾投资公司、海湾国际标准组织、专利和知识产权机构、商业仲裁中心、发明与专利办公室、知识产权保护中心、电力联网署等。此外，六国还合作开发了其他项目，并在六国之间的公路联网和电信联网等基础设施方面达成一致。

总体来看，在海合会的促进下，各成员国之间不仅建立了相对完善的内部统一市场和海关联盟，而且正在向建立统一货币的贸易体系前进。截至2014年，海合会各成员国的GDP总量约为1.6万亿美元，人均GDP 3.4万美元。截至2016年，海合会各成员国共持有美国国债约2250亿美元。

海合会要想实现区域经济一体化，必须加强成员国之间的贸易往来。成员国之间贸易量的增加，才能体现区域经济合作的成果，促进经济合作向纵深发展，从而有利于区域经济一体化的建立。海合会六国在区域化、集团化的道路上已走过30多年的历程，但一体化进程仍面临诸多问题和挑战。同欧盟一样，海合会成员国由于贫富差距和发展差异，在经济政策的实施上难以做到步调一致，并且成员国间也存在主导权和领土上的问题。从2002年开始，各型战斗机、阿帕奇武装直升机、豹式坦克以及各式先进的导弹等一系列装备出现在中东这片土地上。随着大批武器的进入，海合会国家内部的矛盾也更加明显，其中最主要的是主导权之争。虽然沙特一直是当之无愧的海合会"老大"，但是卡塔尔也有雄心壮志。从其设立的阿拉伯重要媒体——半岛电视台可以看出，这个小国也想在海湾这一地区发挥自己的地缘影响力。"断交事件"事实上已经影响了海合会国家的区域经济一体化进程。

海合会一体化发展30多年的实践证明，仅从一体化理论自身去解释海湾地区一体化的进程和模式选择时，不管是沟通理论，功能主义还是新功能主义都存在解释力不足的问题。这表明，除经济因素影响外，地区一体化的进程和模式选择还有非经济条件的约束。在特定情况下非经济条件的约束甚至是主要的影响因素。作为一个成长在世界地缘、政治上举足轻重、民族及宗教矛盾纷繁复杂、环境恶劣并伴随大国博弈的地区性组织，海合会面临的问题相比世界其他地区组织而言更加独特与复杂。巴林、沙特等中东五国要与卡塔尔断绝外交关系，其实与美国的中东政策有很大关系。很显然，美国在中东谋求新权和控制石油战略资源的做法，是造成海湾地区动荡的重要原因之一。面对当今变化莫测的国际局势，如何把握好自己的发展脉络，在中东这一纷乱之地铺设出适合自身的道路，是实现海合会未来能否更加繁荣的重要条件。

（三）积极发展对外经贸合作

海合会已同包括中国、欧盟在内的世界多个国家和组织启动了自由贸易协定谈判。2008年10月，海湾国家决定开始与伊朗就自由贸易协定（Free Trade Agreement）进行谈判；同年12月15日，新加坡与海合会签署了自由贸易协议，这是海合会与外国签署的第一个自贸协议。2015年起，新加坡与海合会国家自由贸易协定正式生效。根据该协定，新加坡对进口的海合会国家货物征收零关税，海合会对来自新加坡的93.9%的货物征收零关税。此外，该协定还涉及投资、电子商务、服务贸易等方面。目前，海合会与包括欧盟、日本、中国、印度、韩国和美国在内的国家和地区的自由贸易谈判还在进行中。

总体来看，目前海合会各国经济发展情况相对平稳。据阿联酋《海湾新闻》2018年10月10日报道，国际货币基金组织（IMF）在最新的世界经济展望报告中上调了海合会国家2018年和2019年经济增速预期。IMF对阿联酋2018年和2019年的经济增速预期分别为2.91%和3.66%，4月的预期值为1.96%和3.04%；对阿曼2019年的经济增速预期为5.05%，为中东地区最高；对沙特2018年、2019年的经济增速预期分别为2.3%和2.43%；科威特为2.33%和4.06%；巴林为3.5%和2.59%。

（四）新的绿色经济战略

除石油和天然气外，海合会国家还有取之不尽的太阳能和风能。化石燃料在国际市场上的价值，加上海湾地区自身日益增长的能源需求，推动着这些国家在国内市场寻求石油和天然气的替代产品——可再生能源。过去海合会成员国政界和工业界讨论的焦点都集中在化石燃料的重要作用上，但近几年有了显著变化，替代能源被看作利好该地区长期经济前景的资源，而不是威胁。从战略角度来看，尽管海合会国家可再生能源的崛起处于起步阶段，但仍引人注目。虽然目前可再生能源占海合会国家能源产品的比例不到1%，但这些国家的经济战略更倾向于前瞻化和多样化，所以未来前景可期。

阿联酋一直致力于将其清洁能源目标与更广泛的经济战略紧密结合，将自己视为绿色区域枢纽，拥有绿色知识研究与创新中心，并辅之以新的"绿色"立法，如制定了该地区最先进的建筑法规。阿联酋的目标是到2021年，清洁能源的产量占比达到27%；到2050年，清洁能源占比达到一半，其中44%为可再生能源，6%为核能——这是到目前为止，海合会国家中最具雄心的替代能源目标。2013 年初，阿布扎比推出了 Shams 1 这个当时世界上最大的聚光太阳能发电装置，并对阿布扎比郊区马斯达尔（Masdar）的一个综合建筑群进行设计以显示低碳城市发展的可行性。此外，核电是阿联酋能源战略的组成部分。阿联酋于 2011 年开始在 Barakah 建造四套 1.4 吉瓦反应堆中的第一套装置。这四套装置最终将满足国内电力需求的 1/4。事实上，阿联酋实施上述战略也有其政治层面的用意。阿联酋一直积极参与国际气候谈判。从作为历史上的世界化石燃料供应商，到一个区域创新者，其至是绿色能源的领导者，阿联酋努力提高其软实力，体现了其更为积极和自信的外交政策。

沙特是海合会国家中除阿联酋外最具活力的可再生能源市场。2010 年以前，沙特可再生能源项目进展缓慢，但阿卜杜拉国王的继任者萨勒曼和能源部长对国内能源发展进行了重新定位，由此燃起了沙特可再生能源发展的希望。2016 年 7 月沙特发布的国家可再生能源计划（NREP）显示，沙特计划到 2020 年和 2030 年分别完成 3.45 吉瓦、9.5 吉瓦的可再生能源发电目标，其中 70%将来自太阳能，其余来自风能。NREP 将替代能源的部署和沙特 2030 年国家转型计划中能源可持续发展的部分愿景结合起来，力推非石油经济发展，并为年轻人创造就业机会，承诺结束沙特对石油的依赖。2018 年，沙特政府已为国内消费者设立了一个财政奖励计划，以推动安装小规模的光伏屋顶。沙特在 2011 年还宣布未来 20 年内将耗资超过 800 亿美元建造 16 座核反应堆，以满足大约 20%的国家电力需求。但后来的目标日期从 2030 年推迟到 2040 年，而后推出的 2030 年愿景连同修订的可再生能源目标，给这项计划增添了一些不确定性。

卡塔尔虽然颁布了扩大绿色能源的计划，并将其作为实现本国经济多样化战略的一部分，但由于缺乏政治关注和石油收入下降，示范项目资金紧缺，进展滞后。其他海合会国家可再生能源的进展更慢。迄今为止，巴林和科威特没有给予可再生能源的投资者任何激励措施。尽管科威特计划到 2030 年使可再生能源在电力供应方面的占比达到 15%，但其雄心超过目前的实际进展。按目前的生产速度，阿曼的石油和天然气储量估计只能再开采 30 年，因此急需寻求替代性能源。但受财力限制，其实际行动落后于周围的富裕国家。尽管如此，2017 年 8 月，阿曼还是签署了国内首个也是海合会首个大型风电场的工程采购和建设合同。这个 50 兆瓦佐法尔省（Dhofar）项目由阿布扎比发展基金提供资金。另外，阿曼已经开始利用聚光太阳能发电提高石油采收率（EOR）。

（五）海合会与主要国家的经贸关系

1. 海合会与美国的经贸关系

沙特是美国在中东地区的主要盟友。"二战"结束后，时任美国总统罗斯福与伊本·沙特国王达成了"石油换安全"的秘密协议。沙特承诺持续向美国供应石油，美国则为沙特提供安全保障。此后，美国在海合会所在的中东地区始终保持政治军事上的优势，尽管"9·11事件"爆发后，沙特被指资助恐怖组织，美沙关系开始走下坡路，但美国和海合会国家仍然保持着较好的经贸联系。美国对海合会国家的商品进出口总额增长较快，双边贸易总额已从 2009 年的 601 亿美元增长至 2013 年的 1252 亿美元，增长了 1 倍多，对美出口额占到了海合会国家对外出口总额的 8.08%。美国出口到海合会的货物主要为汽车、机械设备、飞机、电子设备、眼科医疗设备及其他医疗设备，从海合会进口的货物主要是石油、铝、化肥、化工品等。2015 年 1~9 月，海合会国家与美国非石油双边贸易额为 417

亿美元，同比增长2.8%。其中，海合会国家对美出口48亿美元，增长18.7%；进口369亿美元，增长1%，占海合会国家同期进口总额的11.9%。沙特是美国在海合会成员国中最大的贸易伙伴，双边贸易额为174亿美元，占美国与海合会国家贸易总额的41.8%。阿联酋是海合会成员国中对美出口最多的国家，对美出口额为19亿美元，占海合会国家对美出口总额的40%。

值得注意的是，美国与海合会整体的自贸区谈判起步较晚。2003年，美国开启了与巴林的自贸区谈判，经过几轮谈判，2004年基本达成一致，并于2004年5月达成了美国—巴林自贸区协议，同年9月正式签订了自贸区协定，巴林由此成为海合会国家中第一个与美国签订自贸区协定的国家。按照协定的要求，美国—巴林自贸区将于2009年1月1日起正式生效。但巴林的这一行为直接导致沙特王储拒绝参加当年在巴林召开的海合会首脑峰会。沙特认为，巴林违背了海合会国家经济一体化协议、关税联盟协定以及海合会财经部长会议此前做出的决定，因此，沙特对海合会国家单独与美国签订自贸区协定持保留意见。2004年，美国与卡塔尔启动了自贸区谈判；2005年还分别启动了与阿曼和阿联酋两国的自贸区谈判，与阿曼的自贸区谈判在2005年10月达成一致，双方在2006年1月正式签署了双边自贸区协定，同样定于2009年正式生效。2006年，美国与阿联酋在经过了前后5轮自贸区谈判后，也遇到了来自海合会内部一体化的障碍。按海合会经济一体化协议规定，海合会六个成员国必须作为一个整体与其他贸易伙伴进行谈判，因此阿曼、卡塔尔、阿联酋以及科威特等均中止了与美国的单独谈判。根据海合会各国首脑会谈的结果，海合会与美国的自贸区谈判将在共同市场启动后统一进行。2008年2月，海合会与美国重新开始了自贸区谈判。尽管对于美国而言，双边贸易额很小，但美国仍提出了建立"美国—中东自贸区"的构想，这也反映了美国试图通过自由贸易来促进反恐等战略目标实现的政治意图。但2009年奥巴马上台后，美国的对外战略目标发生重大调整，即"脱中东、入亚太"，对外战略重点由中东转移至亚太，海合会六国也开始逐步进入"后美国时代"——美国支持达成伊核协议、与伊朗关系缓和、不干涉叙利亚危机等种种决策，令美沙同盟关系跌至谷底。萨勒曼国王对美国公开表示了不满，2015年他联合多个海合会国家首脑缺席奥巴马主持的"戴维营峰会"。2016年奥巴马任期内最后一次访沙时，沙特国内媒体竟无一报道。

特朗普就任美国总统后，在一定程度上对奥巴马执政后期从中东战略收缩进行回调，也逐渐改变了在竞选时对阿拉伯国家的敌对态度。2017年5月20日，美国总统特朗普飞抵沙特，开启他上任以来的首次出访。这一不同寻常的首访被外界定义为"沙美同盟关系重新确立的历史转折点"。除了美沙双边活动外，特朗普还出席了"美国—海湾阿拉伯国家峰会"和"美国—阿拉伯—伊斯兰国家峰会"。沙特国王萨勒曼亲自到机场迎接，还陪同到下榻酒店，沙特空军在机场上空拉起红白蓝三色彩烟，沙特国家电视台全程直播，如此高规格的接待与一年多之前时任美国总统的奥巴马在沙特遭受的冷遇截然不同。特朗普此行的最大收获莫过于拿下了"美国历史上数额最大的单笔军火交易大单"——价值1100亿美元的军售协议，此外美国与沙特还签署了涵盖石油、天然气、基建等价值2500亿美元的经贸合作协议，未来两国还将达成在今后十年美国对沙特总价值3500亿美元军售的协议。半岛电视台认为，这次访问意味着美沙同盟体系重回轨道，沙特再次成为美国中东战略的重要支点。

2. 海合会与欧盟的经贸关系

海湾地区是欧洲的近邻，双边经贸关系历史悠久。从16世纪末开始，英国就开始重视阿拉伯半岛南部以及红海沿岸，这与欧洲列强对东方印度和中国的殖民扩张都是紧密交织在一起的。17世纪初，英国人创立了"东印度公司"，目的在于发展英国对印度和中国的贸易。19世纪中叶，英国完全统治了印度，因而日益重视当时从欧洲到印度和中国的必经之路——海湾地区。到19世纪末，英国已完全控制了整个海湾地区。直到第二次世界大战结束，中东地区一直是英国的势力范围，而海湾地区更是英殖民帝国的天下。

20世纪六七十年代，海湾诸国相继独立，但欧洲与海湾国家的经贸关系却并未因此而遭受太大冲击。相反，由于海湾国家石油工业的飞速发展，双方的经贸关系变得更加密切。欧盟和海合会是具有重要影响力的两大地区性国际组织，它们之间的合作对话最早可以追溯到1988年欧盟前身欧洲共同市场与海合会签署的双边合作框架协议。在这一框架协议的指导下，双方确定了"政治对话""自由贸易谈判""经济合作"三大支柱来推进合作进程。20世纪80年代末至90年代初期，海合会成员国的石油出口，占其对欧共体成员国出口总额的90%，而欧共体对海湾国家的出口，则主要集中在工业品和消费品两大类上。这种贸易模式，一直持续至今。进入21世纪，海合会与欧盟的经贸关系在各个领域不断拓展，双边贸易额也随着欧盟的一再扩容而持续攀升。根据欧盟的统计，2016年，欧盟与海合会的双边贸易达到了1380亿欧元，其中，欧盟向海合会的出口约为1000亿欧元，而欧盟的进口为380亿欧元。现阶段，欧盟已经向利雅得海合会秘书处总部派驻了大使，海合会也向布鲁塞尔欧盟总部派遣了大使，但双方使馆的规模都不大。另外，欧盟还与海合会成员国分别签署了一些双边合作协定，如贸易协定、投资协定、文化教育协定、工业协定、航运协定、避免双重征税协定等。

欧盟与海合会的合作关系也经历了重重波折，尤其是1990年以来双方进行的一场马拉松式的自由贸易协定谈判至今悬而未决。2007年，海合会曾宣布其与欧盟的自贸协定谈判已完成近95%，但双方仍在开放投资、知识产权、政府采购、服务贸易市场准入等方面存在分歧。2008年12月24日，海合会秘书长阿提亚宣布海合会已决定搁置与欧盟旷日持久的自贸协定谈判，并不排除彻底取消谈判的可能性，并且在欧盟同意签署最近的协议草本之前将不会恢复谈判。2017年5月，德国总理默克尔对沙特和阿联酋进行访问。默克尔表示，欧盟已经提出了一份新的协议，希望欧盟和海合会尽快达成自贸协定。默克尔的"呼吁"显然是为了打破僵局。不过目前海湾国家对这份协议的积极性不高，未对此做出回应。导致谈判一再受挫的原因既有经济因素，也有政治因素。在纯经贸关系方面，双方的主要矛盾体现在能源贸易问题上。据沙特《利雅得报》报道，石油、天然气和石化产品是海合会成员国出口欧盟的主要产品，目前欧盟对这些产品征收约6%的关税，并实行配额制，海合会希望欧盟能够降低关税，给出口提供便利，但欧盟为了发展清洁能源希望对传统能源进行遏制。双方对此问题十分敏感很难让步。在政治方面，欧盟对人权、安全和非法移民等问题的关注，也给双边关系增加了一些障碍。沙特《中东日报》指出，2008年阿拉伯方面指责欧盟无视海合会成员国的具体国情，执意要把"与贸易无关的人权条款写入自贸区协议"，导致谈判一度陷入冰点。

虽然海合会与欧盟在建立自贸区方面障碍重重，但双方的合作意愿却未曾消失，合作进程也从未中断，合作领域还不断扩大，涵盖了政治、经济、安全、科技、教育等各个方面，其中最引人注目的还是能源合作方面取得的成果。一方面，双方已经开始实现能源合作重点的转移。在欧盟与海合会的能源合作中，欧盟的规范性力量虽然一直推动和主导着双方合作的基本议题，但在过去 20 多年的合作历程中，欧盟与海合会之间的能源合作重点已从原来的传统领域即传统的油气产业领域转移。从目前的发展趋势看，欧盟与海合会未来能源合作的重点将逐步转向建设能源运输管道网络、发展可再生能源和清洁能源，以及提高能源效率等新的议题。同时，在双方的能源合作领域互动中，欧盟虽然继续占据主导地位（体现在其对能源合作议程的设置及其偏好的设定），但海合会也开始在各种场合积极推进或主持与欧盟的能源合作项目，而且这种趋势日益明显。对欧盟来说，必须进行自身心态的调整。因为目前欧盟在能源合作领域中，虽然占有更为充分的技术优势和话语权，但仍需要以平等的身份地位和相互利益的关切作为双方合作的前提。另一方面，欧盟与海合会在能源合作中还实现了能源战略的调整。近年来，双方从各自的能源战略出发，海合会国家"向东看"的趋势越发明显，而欧盟也在不断加强与东盟以及中国等亚洲国家在能源领域的合作，并与南地中海国家保持紧密的能源战略伙伴关系。这种同时"向东看"的趋势①，虽然有可能对欧盟与海合会的能源合作产生一定的离心力，但还是为双方在能源战略调整方面的合作提供了大量空间。总体来说，欧盟与海合会之间的经济合作进程虽然曾因双方自由贸易协定谈判的搁浅而屡受打击，但双方在能源领域的合作却为双方的经济合作注入了新动力，带来了新气象。如今，能源合作不仅构成了欧盟与海合会最初合作的动机，而且已经成为巩固双方经济合作关系的支柱。作为双方经济合作领域的亮点，欧盟与海合会之间的能源合作前景依然令人期待。

3. 海合会与东盟的经贸关系

自 20 世纪 70 年代以来，海湾阿拉伯国家与南亚、东南亚国家之间的贸易往来以及投资活动越来越多。1986 年，海合会部长会议第 18 次会议同意与远东国家尤其是东盟和韩国进行初步接触。但 1990 年以前，东盟与海合会没有建立官方的接触机制，主要通过联合国大会的通道进行临时性会晤，其合作极为有限。1990 年以来，东盟与海合会建立了日常的联系机制，但两个组织内部经济一体化进程的缓慢影响了双方经贸合作的深入和官方联系的层次。东盟与海合会关系的突破出现在 2000 年 2 月，海合会总谈判协调员访问东盟总部并会见了东盟秘书长，双方探讨了海合会国家与东盟国家之间的合作前景。作为回访，由部分东盟国家驻沙特大使组成的东盟委员会访问了海合会总秘书处，双方讨论了经济合作等方面的问题。2007 年 4 月 21 日，东盟秘书长王景荣与海合会秘书长阿卜杜勒—拉赫曼·阿提亚进行了广泛的合作会谈，涉及双方共同关注的地区与国际问题。2008 年 7 月，东盟国家外长第 41 次会议决定谋求海合会国家外长同意建立一种以年度外长会议为形式的正规化机制，海合会对此做了积极回应。2008 年 9 月，东盟秘书长素林·比素万访问海合会时在沙特指出，"随着世界范围内油价的上涨以及对粮食短缺越来越多的关注，东盟与海合会形成共识即可以有广阔的合作空间以及有关这两个地区问题的更紧密的

① 进入 21 世纪以来，随着亚洲能源市场的不断扩大，尤其是中国等新兴国家对能源需求的快速上升，海合会国家在对外交往中积极推进与亚洲国家合作的"东向"战略也日益明显。这是因为它们青睐以中国为首的亚洲国家的经济腾飞，希望分享东亚地区经济发展的红利和改革成功的经验。它们更看重以中国为代表的新兴大国，因为这些新兴大国不仅有潜力巨大的市场容量和规模庞大的综合国力，而且能够成为其能源合作的可靠伙伴，并成为平衡与西方大国争夺的有力砝码以及民族经济发展和对外国际交往的战略依托。

协调",海合会秘书长阿提亚指出，"我看到我们东盟—海合会增强的合作中有大量潜力"。

在东盟与海合会约定的来年部长级会议举行之前，2008年8月21日，海合会国家政府间商贸组织"海湾国家商工联合会"以及"国际海合会贸易中心"在马来西亚工业发展局（MIDA）设立"海合会—东盟经济中心"（GAEC），该中心作为这两个机构"唯一的官方代表机构"，从海合会获得了必要的支持。

在长期以来双边经贸合作框架的基础之上，东盟与海合会关系的进一步发展水到渠成。2009年6月29~30日，首届东盟—海合会部长级会议在巴林举行，东盟与海合会国家部长、高级代表以及双方秘书长出席，旨在发展更紧密和更有益的关系，目标是建立东盟—海合会合作框架及贸易协定，促进双方人民之间的联系与旅游业的发展。东盟与海合会互派大使也被提上了议事日程。在联合声明中，双方强调了依据国际法打击海盗的重要性和两个地区的私营部门通过东盟—海合会商业论坛来紧密合作的必要性，认识到了贸易和投资的潜力，以及食品安全与发展农业生产的重要性、供应和食品标准领域合资企业的重要性，注意到在能源部门包括烃能源和可替代、可再生能源信息交换方面合作的潜力，表达了对当前财政和经济危机的关注并认识到对双方不可避免的影响，同意建立官方网络以及推进旅游相关活动的规划。双方还约定签署《海合会—东盟2年工作计划》，并决定于2010年在东盟国家召开第二届部长级会议。2010年5月16日，由柬埔寨和科威特主持的东盟—海合会会议在利雅得举行，该会议审阅了2010~2012年行动计划，并讨论了在新加坡举行的第二届部长级会议的议程等。

东盟与海合会分别是东亚和中东发展最为成熟的地区经济组织。东盟自由贸易区的建立推进了东南亚经济一体化进程，东盟也成为连接东亚、大洋洲以及美洲国家经贸合作关系的纽带。海合会则协调着六个海湾石油君主国的发展步伐，对于连接地中海沿岸与欧盟起着极为关键的作用。面对当前海合会从海湾地区力量迈向中东地区性力量的战略走向，东盟在政治与经济层面不断加强与海合会的协调与合作，与此同时，海合会的大国外交战略也将处在不断变化中的东盟纳入其重要的战略目标领域，为此，应关注两个小国集团之间的合作。

4. 海合会与日本的经贸关系

日本与中东国家关系发展起步于20世纪50年代，且进展缓慢。1973年石油危机的爆发引起了日本的恐慌，其开始摆脱美国影响，独立制定对中东的政策。日本田中政府紧急将"亲以政策"调整为"亲阿拉伯能源外交"，田中内阁副首相、通产相和经济企划厅长官等要员先后出访西亚、北非16国，反复强调日本奉行"亲阿拉伯的新中东政策"（即"乞油外交"）。由此，阿盟首脑会议决定，将日本列为"友好国家"，取消原定1973年12月对日本再削减石油供应5%的计划。日本与海合会关系是其与中东关系战略中的重要一环，对日而言既是追求稳定能源供给的重要来源，也是在政治方面追求独立军事、外交政策，实现政治大国目标的关键步骤。

20世纪80年代，日本与海合会的经贸合作只是分别针对海合会各成员国，而非将其作为整体，主要内容包括重要经济官员往来、贸易关系、直接的民间投资、经济合作（政府开发援助）等。该时期，受到伊朗伊斯兰革命、两伊战争、石油价格浮动、产油国财政情况变化等因素影响，日本与海湾国家的贸易关系一直处于波动状态，但总体来说比较稳定，处于入超地位。20 世纪 90 年代以来，日本对海合会国家的石油进口量占其全部石油进口量的 70% 左右，且随着经济的发展，日本对石油的需求日益上升；与此同时，海湾国家也是日本重要的贸易伙伴，日本对其进行技术转移、海外投资等的前景广阔。因此，日本越来越直接地将海合会作为一个独立的国际组织来对待，为稳固与海湾国家的相互依存关系，日本制定了"推进以人物交流活跃化、技术合作为中心的经济合作，促进文化交流"的重要方针。进入 21 世纪以来，随着海合会一体化程度的增加，日本与海合会的双边经济贸易往来也进入紧密阶段。

5. 海合会与印度的经贸关系

海湾诸国与印度，中间只隔着阿拉伯海，从阿曼首都马斯喀特到印度孟买只有 967 英里的距离，双边经济文化交往由来已久。"冷战"期间，因印度与海合会主要国家分属苏美两大阵营，彼此间在印巴问题、巴以问题、苏联入侵阿富汗等问题上都存在明显分歧，政治关系一直在低谷徘徊。第一次海湾战争后，印度从现实主义角度和国内经济改革的需要出发，提出了全方位的多边自主外交政策，并于 2005 年提出了针对海湾地区的"西向政策"。此后，双方高层互访频繁，政治合作关系不断升温，经贸关系发展迅速。双方除了在石油领域的共同利益之外，在服务业、基础设施、文教事业方面都有合作的意向。

在经济领域，双方经贸往来密切，经贸合作成为印度与海合会关系的重点和亮点。2010 年 6 月，印度取代中国成为海合会最大的贸易伙伴。海合会已经成为印度第一大进口来源地和第二大出口目的地。为了推进与海合会的经贸关系，将印度产品打入海合会市场，2004 年，印度与海合会签署了《经济合作框架协议》。2006 年 3 月 21 ~ 22 日，印度与海合会在沙特首都利雅得展开了第一轮自贸区谈判。除了贸易往来，印度与海合会国家的双方直接投资也获得快速发展，印度许多著名的信息技术企业都在沙特麦地那的知识经济城设立了分支机构。

印度在海湾地区具有重要的经济利益。印度经济的飞速发展及国内石油资源的不断减少，使印度能源日益严重依赖进口，进口多来自海湾地区。卡塔尔则是印度天然气的主要供应国。维护能源安全已成了印度政府高度重视的战略问题。而且，近年来，由于伊朗问题的悬而不决，印度需要通过进口沙特原油来抵消伊朗原油削减的影响。印度还想改变两者在石油贸易领域的买方与卖方关系，希望投资沙特的上游油气领域，从而从源头上确保能源供应。因此，印度迫切需要密切与海合会国家的经济关系，以期确保能源安全，扩大在海湾地区的经济影响力。此外，印度的外包服务业比较发达，在全球商务服务出口领域处于领先地位，而海湾国家在服务业方面的发展水平较低，这是印度外包服务业"走出去"的一个最佳目的地。不可忽视的是，印度还看重海湾国家的"石油美元"。从近期经济发展战略看，印度拟大幅改善其基础设施，因此希望从沙特这样的海湾富裕国家引进大量外资，解决其基础设施建设的资金难题。当然，发展与海合会的关系也有助于更好地保护海湾印度劳工的权益，从而获取稳定的侨汇收入。

第二节 "卡塔尔断交门事件"下的海合会发展

海合会被视为中东地区的区域经济合作典范，对地区经济发展有重要的促进作用，在全球资本和金融市场中的地位也不容忽视，更在中国"一带一路"倡议中占有重要位置。然而，随着全球经济发展速度放缓，国际石油价格大幅波动，海合会成员国经济发展受到较大影响，海合会的发展也面临着诸多不利因素。特别是 2017 年 6 月 5 日，沙特、阿联酋、巴林、埃及四国以卡塔尔支持恐怖和破坏地区安全为由，宣布与卡塔尔断交，并对卡塔尔实施禁运和封锁；随后，又有多个国家宣布与卡塔尔断交或降低与卡塔尔的外交关系层级。2018 年 12 月 3 日，卡塔尔宣布，从 2019 年 1 月 1 日起退出石油输出国组织（欧佩克）。著名中东问题专家、对外经济贸易大学海湾研究中心主任丁隆教授在《世界知识》2017 年第 19 期发表题为《海合会：决裂只是时间问题?》一文，并指出"海合会国家之间虽然拥有政治制度、民族、宗教、语言等多方面共性，但在复杂的区内外形势下，这些有利因素并不能保证海湾一体化的实现。如今卡塔尔断交危机更使疲态尽显的海湾合作雪上加霜。海合会这个曾辉煌一时的阿拉伯区域组织恐将难逃名存实亡的命运"。

从着手撰写本书至今，已历时近三年，笔者不断根据形势变化进行相应修改。不管海合会作为一个区域性组织的结局如何，笔者都希望能够尽可能多地解析海合会及其成员国的经济发展情况，为大家了解海湾六国经济提供帮助。为此，在本书付梓之际，又多加一节，探讨其近况并努力探寻其走向。很难说事态会由此走向何方，也很难说海湾国家之间的裂痕会变得多大，但有一点很清楚，受欧盟启发，海合会成立了，它代表了除伊拉克以外阿拉伯所有海湾国家政府间联盟的共同经济、战略和安全利益。各成员国之间有太多利害关系，存在整体利益，这将会最大限度地保证海湾地区并不会真正走向暴力冲突或动荡。然而，对危机的快速解决不该抱太多期待。海合会前途依然扑朔迷离。中东和非洲的首席分析师托比约恩·索尔维特（Torbjorn Soltvedt）认为，海湾地区的政治格局正在"变得更加支离破碎"，令企业难以驾驭。

一、透视"卡塔尔断交门事件"

（一）成因分析

2017 年 6 月 5 日，沙特、阿联酋、巴林、埃及四国突然宣布与卡塔尔断绝外交关系，指控卡塔尔政府"煽动恐怖主义""干涉他国内政"，并纷纷驱逐卡塔尔大使，封锁与卡塔尔的陆海空交通。随后也门、利比亚、马尔代夫、毛里求斯和毛里塔尼亚五国也先后宣布与卡塔尔断交。以沙特为首的阿拉伯联盟亦发表声明，宣布将卡塔尔从该组织中开除。卡塔尔所遭遇的断交危机已逐渐演变成波斯湾地区数十年来最为严重的危机之一。

1. 伊朗问题立场是引起卡塔尔断交事件的主要根源

众所周知，除以色列外，中东地区多数国家信奉伊斯兰教。但由于对哈里发选择、律法行为、圣训原理、践行方式的信仰分歧以及《古兰经》理念自身的极强排他性，以沙特为首的逊尼派和以伊朗为首的什叶派矛盾和对抗的紧张状态从未中断，使中东地区深陷长期性、周期性的动荡旋涡。此次断交事件的导火索是卡塔尔埃米尔塔米姆在军队内部讲话中提到了"伊朗是本地区和伊斯兰教的重要力量，遏制伊朗是不明智的"等内容，这引起了沙特等国的不满，但事实上沙特等国发动"愤怒外交"显然已经过认真考量和长期谋划。21世纪以来，随着西方社会经济制裁的放松和解除，伊朗通过活跃的外交举动逐步回归国际政治舞台，不可避免地引起了沙特等逊尼派国家的警觉和担忧，而卡塔尔作为逊尼派国家却一直游离在"遏制什叶派联盟"之外，明确表态不愿意站队对抗伊朗，并公开奉行多边平衡外交，既善待哈马斯，也同情巴勒斯坦，此种"政治上的不正确"、力挺伊朗的举动自然会激怒沙特，其行为也被视为对海合会的背叛，已彻底激怒以沙特为首的逊尼派海湾阿拉伯国家。事实上，卡塔尔、伊朗共享波斯湾"北方气田"（伊朗称之为"南帕斯天然气田"）的所有权，经济上相互依存度高，该气田探明储量位居世界第一，有62%的面积位于卡塔尔水域内，是卡塔尔国家财富的主要来源，也成为促成卡伊合作的强大动力。

2. 抢夺地区政治地位主导权和经济事务话语权是根本诱因

中东历来都是内部势力相互角逐的焦点地区和域外力量参与资源分配的重要场所。

一方面，阿拉伯国家内部分歧严重，现有的海合会和阿盟等合作机制难以从根本上改变各国的分裂和内讧状态。卡塔尔虽然国土面积较小，但近年来其迫切在国际上展示"小国大外交"的政治抱负，凭借强大的经济实力和丰富的油气资源提高声望，依靠半岛电视台争夺阿拉伯世界话语权，不断通过承办国际赛事扩大知名度，并通过调停地区热点问题等提升国际影响力，从而在地区事务中与沙特进行竞争，在一定程度上削弱了"伊斯兰精神领袖"沙特在阿拉伯世界中的主导权。沙特、阿联酋等国一直以来都对卡塔尔的独立外交政策感到不满。在"阿拉伯之春"期间和之后，卡塔尔政府选择支持埃及穆兄会，这大大出乎沙特和阿联酋等国意料。卡塔尔认为，穆兄会是整个阿拉伯世界公民表达民主诉求的合法途径，而阿联酋和沙特则将其视为对它们统治海湾国家合法权利的威胁，还将其定性为意图颠覆所有海合会国家君主现状的恐怖组织政党。而在当下的区域矛盾（如叙利亚问题、利比亚问题、巴勒斯坦问题）中，卡塔尔也和它们处在不同立场，或支持不同派系。当地时间2019年12月3日，卡塔尔能源事务国务大臣萨阿德·卡比在多哈召开新闻发布会，宣布该国将在2019年初退出石油输出国组织（欧佩克），具体退出时间已确定为2019年1月1日。卡塔尔其实早就有全面退出包括欧佩克在内的、以沙特为"群主"的各种"群"的打算，这次主动提出退出欧佩克不过是历史进程中的必然，是世界局势正在加快变化的表现。因此，为保证绝对权威，沙特亟须通过"外交降格"和经济制裁等手段来打击卡塔尔，以此修复并巩固其在地区事务中的霸主地位。

另一方面，以美国为首的西方国家一直觊觎中东地区丰富的战略资源和突出的地缘位置，企图通过经济势力的重新洗牌和政治制度的极端民主化改造实现对阿拉伯世界的长久控制。卡塔尔心怀"称霸逊尼派世界"之志，不甘做大国博弈的棋子，在国际事务中以高明的手腕纵横捭阖并左右逢源，多次打破业已存在的脆弱的海湾战略平衡，并对美国等域外大国的现实利益造成了严峻挑战。为彰显经济支配力和政治存在感，美国等国亟须通过切实有效的"间接"强硬措施来消弭卡塔尔势力扩张的根基。自特朗普上任以来，美国政府在外交政策中处处体现出以现实利益为重、美国利益优先的理念，在中东问题上也一反奥巴马政府重视意识形态和西方价值的做法。2017年5月特朗普的中东之行，一举纠正了奥巴马和希拉里过去在中东政策上的"左倾"路线；而其改善与以沙特为首的海湾国家的关系，实质上也是为了遏制伊朗，以维护美元霸权，重塑中东地区影响力。美国总统特朗普2017年6月9日公开证实，卡塔尔作为"高级别的恐怖主义赞助者"，已严重阻碍了美国为缓解阿拉伯国家紧张局势和封锁行动所做出的努力，阿拉伯国家集体"围堵"卡塔尔应该就是其2017年5月到沙特访问时协助策划的方案。① 此次断交危机爆发后，无论是初期明确支持沙特和其他阿拉伯国家孤立卡塔尔行为的强硬立场，还是当前转变为介入斡旋断交危机的切实态度，特朗普政府始终以自身利益为出发点，控制断交危机烈度继续升级，排挤其他域外大国介入。

3. 意识形态斗争是间接原因

在意识形态方面，卡塔尔与沙特等海湾国家的暗中斗争也由来已久。虽同为逊尼派君主制国家，但沙特、阿联酋等君主专制国家与君主立宪制的卡塔尔在政治制度、政教关系等观念上分歧严重，双方分属阿拉伯世界中的保守派与革命派。断交事件强化了外界对卡塔尔"独立、自强、开放"的认同。卡塔尔一直致力于将自身打造成为"中东的瑞士"，此次事件以后，相信卡塔尔离其国家发展战略目标越来越近了。此外，美国中东政策理念从奥巴马政府到特朗普政府发生了极大转变，也使卡塔尔与其他海湾国家间的意识形态斗争形势发生了转变。

（二）影响分析

一是破坏域内安全格局。卡塔尔断交危机是中东地区一场严重的外交危机，其烈度的不断增强和影响的外溢效果不可小觑。尽管断交危机暂时对地区稳定影响不大，但断交危机体现出了海合会的内部分裂，证明中东地区的反伊朗集团并非铁板一块。针对此次断交危机，海合会成员国中除了阿联酋和巴林追随沙特之外，科威特和阿曼两国都保持了沉默。

二是冲击域外大国利益。断交危机的爆发和发展背后不仅有域外大国的身影，而且其影响也会外溢到域外大国，冲击美俄中等域外大国在中东地区的政治经济利益。一方面，断交危机冲击了美国在中东的政策部署。断交危机爆发后，虽然特朗普为断交国的行为背书，但美军中央司令部则表明美国不会改变对于卡塔尔的立场，称赞卡塔尔"持久致力于区域安全"。② 断交危机实质上偏离了美国遏制伊朗的初衷，对美军在卡塔尔的前线指挥部和军事基地也造成了一定冲击。另一方面，断交危机对俄罗斯和中国而言，既是挑战也是机遇。断交危机后俄外长呼吁多国通过对话解决分歧，但西方媒体咬定是俄罗斯黑客入侵卡塔尔媒体，造成了引发危机的"假新闻"事件。俄罗斯在国家形象再次受损的挑战下，通过借助伊朗、土耳其等国，或有机会参与斡旋卡塔尔危机，进一步介入中东局势，缓和在叙利亚

---

① 2017年5月特朗普的"中东之行"中，美国参与了沙特主导的伊斯兰国家反恐会议，两国签订了上千亿美元的军事合同，在中东重建了以沙特为首的反极端主义和遏制伊朗同盟，确立了建立排除伊朗的海湾地区安全秩序的基调。

② 为了保住石油美元体系的安全，美国在阿拉伯国家中常年驻扎军队。卡塔尔的乌代德空军基地则是美国驻海外的最大军事基地之一。该基地始建于1996年，当时耗资1亿美元。该空军基地在美国相继发动的伊拉克战争和阿富汗战争中起到了重要作用。而从2002年底开始，美国的空军联合作战指挥中心由沙特的苏丹王子空军基地搬迁至卡塔尔首都多哈附近，更成为美国中央司令部所在地。卡塔尔还为该基地免除了包括租金在内的一切费用。2018年8月，卡塔尔还拨款18亿美元用于乌代德空军基地扩建。卡塔尔断交风波发生时，尽管美国站在沙特一边大力抨击卡塔尔支持叙利亚、伊朗等"恐怖主义"的行为，但却没有对卡塔尔进行实质性的惩罚。在美国宣布从阿富汗、伊拉克撤军后，卡塔尔的乌代德空军基地对维护美国在中东的军事战略地位更加重要。

受到的战略压力。断交危机也会在一定程度上阻碍中国"一带一路"建设的推进。断交危机爆发后中国外交部表示，希望有关国家通过对话协商妥善解决分歧，维护团结，共同促进地区和平与稳定。而断交危机迫使中东国家不得不"站队"的情况，不利于各国交流合作的开展，因而也会阻碍"一带一路"建设的推进。事实上，卡塔尔愿意重新站队中俄之心与日俱增。作为欧佩克的一员与美国的盟友，卡塔尔从 2018 年 7 月开始，不顾美国的《以制裁反击美国敌人法案》①，公开表示想购买俄罗斯 S400 防空导弹系统，甚至表明与俄罗斯的谈判已进入实质性阶段，这让美国非常难堪。而随后的 9 月与 10 月，卡塔尔又分别与中国石油天然气集团有限公司、东华能源股份有限公司签署天然气供应协议，每年给中国增加供应 400 万吨液化天然气（LNG），使卡塔尔对中国的 LNG 供应量达到 1800 万吨/年，占中国天然气进口量的 1/5。该协议恰是在中美贸易战激战正酣、中国大幅减少对美国液化天然气（LNG）进口的背景下签署的。天然气资源关乎未来的新能源革命，作为未来最主要的新能源燃料，将逐步替代石油和煤炭等化石燃料，天然气是对付石油美元最重要的抓手之一。如果卡塔尔彻底倒向中俄，那么世界天然气储量前五名中就有四名（伊朗、俄罗斯、卡塔尔、土库曼斯坦）站在中俄一边，占全世界 50%左右的天然气资源将独立于石油美元体系。未来一旦全部使用人民币结算天然气，而作为化石燃料的石油逐渐被弃用，美国及美元将很难扭转败局。

三是损害全球反恐局势。当前国际反恐形势严峻，恐怖主义威胁已上升为国际社会共同面对的最为突出的全球性问题。虽然对卡塔尔是否支持恐怖主义并无实证，但确实有部分中东国家与各种恐怖组织关系错综复杂，有些中东国家王室成员、富豪长期给予恐怖组织大量资金援助。在叙利亚问题上，沙特支持的叙利亚派别与卡塔尔支持的派别相互对立，沙特支持的叙利亚境内的"支持阵线"实际是"伊斯兰国"的变种，而卡塔尔公开支持的哈马斯和穆斯林兄弟会均被沙特等国视为恐怖组织。断交危机爆发后，美国总统特朗普曾发推特表示，中东国家与卡塔尔断交是终结可怕的恐怖主义的开端。但作为中东地区反恐的主导方，美国若偏离了中东反恐既定目标，将会在反恐问题上释放出错误信号。而海合会内部如果继续分裂下去，各国之间的反恐合作将难以推进，也会给恐怖主义势力以可乘之机。

四是地区贸易环境未起波澜。事实上，卡塔尔争端爆发近一年来，地区贸易环境并未发生大的起伏。首先，卡塔尔由于地缘政治经济因素被迫作出让步，因而很难抵挡海湾和阿拉伯国家汹涌而来的断交潮，不会彻底倒向伊朗，其在外交上态度也已明显"服软"，表示愿意接受科威特埃米尔调解。但同时卡塔尔也不会轻易放弃已有影响力。随着断交危机后续行动烈度不断加大，为求自保，卡塔尔难免会选择走近土耳其乃至寻求俄罗斯介入斡旋。当前卡塔尔已开始实行最高级别戒备以防止邻国入侵，并释放出与俄罗斯接触的信号。在危机之前，四个抵制国家只占卡塔尔总出口的 10%，占进口的 16%。那些通过四国建立供应链的卡塔尔公司现在已经找到了新的经济伙伴开展业务，土耳其可能是最重要的

---

① 美国时间 2017 年 8 月 2 日，《以制裁反击美国敌人法案》（*Countering America's Adversaries Through Sanctions Act*）在通过国会两院审核后，由特朗普总统签字生效。法案中提到了俄罗斯、伊朗、朝鲜三国。相比之前的有关制裁法规，该法案扩大了对俄罗斯的行业制裁范围，并且要求美国政府对非美国人（含实体）开展与俄罗斯有关的部分业务进行附加额外制裁；由于美国总统个人权利受机制制约，该法案为了大幅度扩大对俄罗斯的经济制裁，同时还特别限制了美国总统减轻、搁置、豁免涉俄罗斯经济制裁的权力。

一个。此外，卡塔尔还将越来越多地寻求与亚洲建立联系，因为后者一直是液化天然气的巨大市场。

事实上，断交危机的走向主要取决于当事方的战略决策。当前断交危机已受到了域内外大国的关注，美国、俄罗斯、伊朗、土耳其等国纷纷介入；而如果处理不当，分歧得不到有效管控，断交危机有可能被域内外大国利用，从而彻底改变海湾地区政治格局。

二、海合会将何去何从

事实上，卡塔尔断交危机已经是"阿拉伯之春"后海合会面临的第二次重大危机。第一次危机发生在 2014 年 3 月 5 日，沙特、阿联酋和巴林暂停与卡塔尔的关系，诱因是卡塔尔支持穆斯林兄弟会①。卡塔尔被指违反了 2013 年海合会的安全协议，未能承诺不干涉海湾合作委员会成员国的内部事务，以及对"敌意媒体"进行庇护。虽然此次危机一度陷入僵局，并持续了八个月，但各国政府除了在外交上打"口水战"，实质上并没有采取其他的制裁措施与反制裁措施，各国的经贸和人员往来仍然保持正常，没有对海合会达成的统一市场、海关联盟等机制造成冲击。2014 年 11 月 16 日，沙特、阿联酋和巴林同意将各自的大使送回多哈，并与卡塔尔达成了一份补充协议，内容上进一步明确了不得支持穆兄会以及也门的反政府武装等规定。目前的卡塔尔断交危机可以说是上一次危机在潜伏后的又一次爆发。

第一次重大危机的解决，鼓舞了卡塔尔，也使其更加重视外交政策的独立性。卡塔尔认为其具有足够的政治智慧，可以做到一方面与海合会成员国保持良好关系，另一方面与其他"伙伴"友好往来。事实上，第二次危机直接破坏了海合会多年以来构建的合作基础，包括海合会内部已经建立起来的统一内部市场、海关联盟等重要成果。卡塔尔本身也被拖入与沙特等国家的全方位的外交风波之中。从海合会层面看，两次危机爆发后的事实也表明，海合会缺乏有效的争端解决机制。每当争端发生时，有争端的成员国之间的对话方式就是国与国直接进行"口水战"，例如，利用媒体相互抨击。海合会并没有作为一个地区组织发挥调停作用。第一次重大危机结束以后，各方签署的补充协议以机密的形式存在，也不存在确保协议得到执行的后续机制。也就是说，海合会目前既不能充当一个对话的平台，也不能成为争端解决方案的执行机构。一旦出现争端，只能由其成员国之间自行调停，这样的模式不仅效率低下，而且也使海合会本身很难抵御成员国之间重大危机的不利影响。

但危机还不至于导致海合会很快解散。自 2017 年 6 月断交风波以来，沙特等国并未与卡塔尔在贸易领域彻底断交，也并未提出将卡塔尔从海合会中除名，卡塔尔也没有主动提出要退出海合会。相反，海合会的存在仍然被各成员国所珍视，只是分歧太多。为期一

---

① 穆斯林兄弟会（Muslim Brotherhood Emblem）是穆斯林兄弟协会的简称，成立于 1928 年，是一个以伊斯兰逊尼派传统为主的宗教与政治团体。1936 年之后，其因反对英帝国在埃及的殖民统治，成为近代伊斯兰世界最早的政治反对团体。他们所推动的政治运动在伊斯兰世界形成一股风潮，扩散到许多伊斯兰国家，许多伊斯兰国家中的政治反对团体都源自穆兄会。甚至有人认为，它是近代历史最悠久、规模最大、组织最严密、在世界范围内最具影响力的伊斯兰政治集团。2011 年初以来发生的"阿拉伯之春"运动声势浩大、影响深远，埃及前总统穆巴拉克迫于国内动乱的压力而下台，埃及随后开始着手组织新任总统选举。2012 年 6 月 24 日，埃及当地时间下午 3 时 40 分，总统选举委员会宣布，穆兄会下属的埃及自由与正义党主席穆尔西赢得穆巴拉克下台后的首次埃及民主总统大选，成为埃及首位非军人总统。这是穆斯林兄弟会第一次在大国执政。但是以色列以及美国等西方国家对穆尔西的当选表示谨慎祝贺。2014 年 3 月 7 日，沙特内政部发表声明，把穆斯林兄弟会正式定性为恐怖组织。

天的第 39 届海合会首脑会议于 2018 年 12 月 9 日在沙特首都利雅得举行。科威特埃米尔（国家元首）萨巴赫、巴林国王哈马德、阿联酋副总统穆罕默德和阿曼副首相法赫德出席了当天的首脑会议。但会前收到萨勒曼国王邀请函的卡塔尔埃米尔（国家元首）塔米姆未出席，只是派遣外交国务大臣苏尔坦与会。沙特国王萨勒曼在开幕式上说，海合会的成立是为了维护海湾地区安全和稳定，希望它在当今和未来发挥更大的作用。科威特埃米尔萨巴赫也表示，海湾地区目前正面临诸多风险和挑战，需要海合会成员国加强团结和合作以共同面对，并呼吁海合会成员国停止相互之间的"舆论攻击"以及"播撒分裂的种子"，使海合会继续为成员国人民的福祉发挥作用。海合会秘书长扎耶尼在闭幕式上宣读的《利雅得首脑会议声明》指出，"海合会成员国致力于维护该组织运转并将在安全、外交、国防和经济等领域采取协调一致的行动"。这也让外界看到了持续半年多的卡塔尔与周边国家关系危机获得最终解决的希望。但与此同时，阿联酋外交部发表了一份声明，宣布阿联酋和沙特将建立一个双边合作委员会，其职能包括促进两国在军事、政治、经贸和文化领域，以及其他双方关心的问题的合作。目前，沙特方面尚未就该合作委员会的成立发表相关声明。卡塔尔外交大臣穆罕默德在多哈论坛上也阐明，卡塔尔依旧致力于维护海合会，但这一地区组织需要改革，所有成员国需要"照内部规矩"办事，卡塔尔方面认为，与"单打独斗"相比，海湾国家作为一个集体对西方更有影响力，但海合会作为集体目前"没有实际作用"，不能利用自身机制化解内部争端。卡塔尔先前多次明里暗里指认海合会沦为沙特操控地区事务的工具。

有专家认为（王琼，2018），危机解决的关键平台仍然是海合会本身。海合会虽然缺乏明确的争端解决机制，但是仍然可以作为提供对话的平台。事实上，科威特和阿曼长期在海合会中扮演居中调解的角色，促成成员国间各种争端的解决，并且与沙特和卡塔尔双方都保持着十分友好的关系。目前，科威特正在积极推动争端双方的对话，试图调解争端。而阿曼则处于配合的角色，努力避免危机的进一步升级。但是，此次以沙特为首的国家表现十分强硬，使得科威特几乎没有回旋的余地，只是充当传声筒的角色。此外，沙特和阿联酋正在寻求更紧密的合作也是不容忽视的事实。在沙特、阿联酋与卡塔尔交恶一周年之际，两国分别派出王储兼国防大臣穆罕默德·本·萨勒曼和阿联酋阿布扎比王储兼阿联酋武装部队副总司令穆罕默德·本·扎耶德在沙特红海沿岸城市吉达签署 20 条谅解备忘录，涉及 60 多个合作项目，涵盖国防、核能、油气、金融等领域。沙特与阿联酋经过多轮磋商终于结盟了。阿联酋《海湾新闻》2019 年 1 月 7 日报道，阿联酋民航局局长苏威迪透露，阿联酋和沙特已就建立两国航空领域共同市场达成原则一致，双方团队正就统一相关法律、制度和标准进行技术探讨，届时将形成海湾地区最大的航空市场。众所周知，沙特与阿联酋是海合会体量最大、实力最强的两个成员国，两国国内生产总值合计占这一海湾地区组织总值的 73%，超过 1 万亿美元。强强联合建立"试探性的新联盟"将会产生什么样的组合效应，静观沙特和阿联酋的关系能否取得更大的进展，将是一件有趣的事情。但阿拉伯世界的区域一体化已被证明很困难，即使是沙特和阿联酋也很难在大多数问题上达成一致。

在当前形势下，海合会国家仍需积极而有效地应对低油价挑战，推进经济深层次结构改革，促进产业多样化发展，深化对外投资合作，恢复其区域经济代表性，积极融入国际区域贸易安排勃兴的趋势。

第二章

海合会油气产业及主权财富基金的发展

第一节 海合会各成员国油气产业的发展现状

海合会成员国地处亚、欧、非三大洲交界处，均为典型的石油出口国，在国际能源体系中占据举足轻重的位置。截至 2014 年末，海合会国家的石油探明储量约占世界总量的 23.5%，是世界重要的能源输出主体。此前几十年，因石油和天然气储量丰富，原油生产成本较低，海合会国家积累了巨额资本，但在当前这一轮石油价格调整中，海合会国家已遭受数千亿美元的损失。

石油输出国经济持续发展的根本出路在于推进经济结构的多元化，即致力于改变过分依赖原油出口的状况。20 世纪末，海合会各国大力发展金融业便是成功的举措，国家主权财富基金已在世界金融领域占据了举足轻重的地位。面对今后低油价的"新常态"，海合会国家更是将经济多元化作为其主导发展战略。在海合会六国中，各国对石油的依赖程度和经济多元化程度也存在差别，目前经济多样化程度较高的成员国有阿联酋、巴林、卡塔尔等。相对而言，沙特经济对能源的依赖度仍然较高。沙特内阁在 2016 年 6 月通过了"2020 年国家经济转型计划"，该计划被媒体称为"去石油化"改革，其核心目标是非油收入由 2015 年的 435 亿美元上升到 2030 年的 2660 亿美元，增长 5.1 倍，同期非油出口量所占份额由 16% 上升到 50%，从而实现经济结构多元化、发展私营经济和削减开支，完成由石油出口大国向全球投资大国的转变。沙特已决定使国有的沙特阿美石油公司上市并出售部分股权，以吸收资金并强化国家主权财富基金（科威特等国也出台了类似计划）；在石油产业链上重视天然气并大力发展下游炼化和油气化工；在经济上大力发展民用和军事工业、服务业。

一、沙特

沙特 90% 的 GDP 来自石油燃料出口，沙特是名副其实的"石油王国"。在不考虑其他出口等消耗增长的因素前提下，已证实石油储量为 2626 亿桶，占全球储备比例为 17.85%；每日石油产量为 1052 万桶，其存储量可供其使用 273 年。虽然委内瑞拉被证实石油储量超过了沙特，但是在石油开采方面，还是逊色于沙特。

沙特是全球最大的石油出口国。石油产业的收入约占全国总收入的 75%、GDP 的

40%及出口收入的90%。沙特政府意识到，石油出口国之间"打价格战"的结果是让彼此遭受损失，最终没有真正的赢家。2011年以来，沙特等海合会国家长期压低产量，保持大量剩余产能，人为地促使油价在已降低需求的情况下反而保持在高位运行。但2015年，沙特不顾全球市场供应过剩而大幅度提高产量，使其2013~2015年产量的年增长率分别为-1.1%、0.9%、4.6%。2015年4月，沙特石油产量达到近1300万桶/日的最高水平。在其他石油输出国的拼抢下，沙特在世界石油市场上的份额有所流失，被媒体嘲笑"为市场而战的沙特竟落得了丢城弃池的结局"。[①]

持续的低油价导致沙特出口收入锐减。2015年9月，沙特的外汇储备从7370亿美元的高位降至6470亿美元，减少了12.2%，2016年5月进一步下降了20.8%。2015年，沙特首先发行了国内债券，年底不得不在国际市场上发行债券。2016年，其国债占GDP的比例由年初的6.7%上升到年末的17.3%，预计5年内可达50%。为此，标准普尔将沙特的信用评级从AA⁻下调至A⁺。这种现象在欧佩克成员国中颇具代表性，世界银行报告称西亚北非石油出口国的财政由2013年的盈余1280亿美元变成2016年的亏损2640亿美元。国际货币基金组织（IMF）估算，仅2015年的低油价已使海合会国家的财富蒸发了3600亿美元。

沙特面临的困难主要在于其过高的财政盈亏平衡油价。中东各国油田多为高产油田，生产成本一般为20~30美元/桶。但沙特巨大的王公贵族开支、对居民多种名目的高额补贴，特别是巨大的军费开支，使其国家财政平衡油价在100美元/桶以上。包括海合会成员国在内的其他中东产油国的国家财政平衡油价也相当高，使这些国家从国家政策角度丧失了低成本的优势。这同时指明了其应对低油价的路径——大幅降低财政盈亏平衡，这样一来油价方面的潜力是巨大的。

从20世纪70年代起，沙特就开始推行经济多元化战略。继提出"沙特阿拉伯2030愿景"（以下简称"沙特2030愿景"）后，沙特又提出了15年摆脱石油经济的未来计划。2016年4月推出的庞大经济改革计划——"沙特2030愿景"力图寻求在15年的时间内使沙特摆脱对石油的过度依赖。"沙特2030愿景"称，沙特今后的主要收入来源将是投资、民用和军事工业、房地产和旅游。在旅游业发展方面，沙特将推出一项新的签证计划，允许穆斯林民众在沙特居住更长时间。此外，沙特还大力发展国防工业，使其能承接50%的军费支出。咨询业也是一个在沙特蓬勃发展的新兴行业，2015年海合会国家咨询公司收入高达27亿美元，而沙特咨询业收入则占所有海合会国家咨询业全部收入的半壁江山。

尽管在石油领域能够呼风唤雨，但在天然气领域，沙特大大逊色于伊朗、俄罗斯等国家。沙特天然气探明储量为8.3万亿立方米，约合油当量548亿桶。沙特的天然气多为伴生气，沙特的第一大油田加瓦尔油田，其天然气储量占该国总天然气储量的30%。沙特也是世界第八大天然气产国，但沙特既不进口也不出口天然气。

二、阿联酋

阿联酋的工业以石油化学工业为主。1958年，阿联酋石油生产起步。1962年，阿联

---

① 2013年，沙特原油出口量占全球原油出口总量的8.5%，2014年、2015年分别降至7.9%和8.1%。以其占传统出口国——中国的份额计，2013~2015年分别为19.1%、16.1%、15.1%，份额主要被俄罗斯挤占。沙特在南非的份额主要被尼日利亚和安哥拉就近"侵占"，占比由2013年的53%锐减至2015年的22%，就连传统的美国市场也由17%降至2015年的14%。

酋就成为了世界第五大原油出口国、阿拉伯国家第二大原油生产国。阿联酋已证实石油储量 978 亿桶，占全球储备的比例为 6.65%；每日石油产量为 281 万桶。在不考虑其他出口等消耗增长的因素前提下，其存储量可供其使用 491 年，而且近些年来，阿联酋也在考虑多元化发展，减轻对石油的依赖性。阿联酋生产的原油大部分用于出口，阿联酋 97% 的电力靠天然气生产。

在油气生产和开发方面，自 20 世纪 60 年代，阿联酋的石油工业由壳牌石油公司（Shell）、英国石油公司（BP）、法国石油公司等世界级大石油公司发展建设起来后，阿联酋逐渐通过控股实现石油国有化。1988 年，阿联酋成立最高石油委员会，负责制定油气相关政策，颁布有关油气生产的决议，由外国参股公司负责技术、生产和管理。最高石油委员会同阿联酋国内和国际上有实力的能源公司建立了新型战略伙伴或战略同盟关系。与该委员会合作密切的公司有 Shell、BP、道达尔公司（Total）、埃克森美孚石油公司（Exxonmobil）、葡萄牙石油天然气公司（Partex）、日本石油开发公司（Jodco）等。阿联酋三大石油公司分别为阿布扎比陆上石油公司（ADCO）、阿布扎比海洋石油公司（ADMA）和扎库姆开发公司（ZADCO），这三家公司都由阿布扎比国家石油公司（Abu Dhabi National Oil Company，ADNOC)[①] 控股 60%，剩余股份由外国公司共同持有。上述三家石油公司原油产量占阿联酋全国原油总产量的 96%，其中，ADCO 承担所有陆上勘探、开发和生产工作，目标是将产能从 140 万桶/天提高到 180 万桶/天，占阿布扎比石油总产能的 60%；ADMA 负责开发阿联酋大陆架油田，计划增产 40 万桶/天，达到 100 万桶/天；ZADCO 负责阿布扎比最大的一块油田 ZKMTOP 及 UA、SATUHI 油田的开发，计划增产 25 万桶/天，达到 75 万桶/天。

阿联酋国有能源企业阿布扎比国家石油公司于 2018 年 11 月 4 日宣布在阿联酋发现了新的油气资源，该公司已在 2018 年初开放的 6 个未开发区块中斩获储量达 15 万亿立方英尺（约 4200 亿立方米）的天然气和 10 亿桶的原油。这家企业同时宣布了提升石油产量的计划：到 2020 年日产量将达到 400 万桶，到 2030 年进一步提高至 500 万桶。

阿联酋是世界第七大天然气储量国，已探明天然气储量为 6.1 万亿立方米，约合油当量 403 亿桶。阿联酋是全球第十大天然气消费国，但似乎不太注重开采其国内天然气，阿联酋是一个天然气净进口国。其邻国卡塔尔天然气产量丰富，是阿联酋天然气的主要进口国。

三、阿曼

阿曼是典型的资源输出型国家，油气产业是国民经济的支柱。油气产业的产值占国内生产总值的 46.6%（2014 年 1~9 月），其收入占政府财政收入的 85.6%（2014 年 1~11 月），出口额占出口总额的 65.7%（2014 年 1~11 月）。近年来，阿曼为改变过度依赖油气产业的单一经济结构，全面推进经济多元化战略，大力招商引资，努力发展基建、制造、物流、旅游、渔业等非油气产业，鼓励和支持私营企业特别是中小企业在经济建设中

---

① 阿布扎比国家石油公司是一家由能源和石化公司组成的大型多元化集团，每日生产约 300 万桶原油和 105 亿立方英尺的未净化天然气，其一体化上、中、下游业务由 14 家专业子公司和合资企业运营。

发挥更大作用。

油气数量和生产状况方面，截至 2016 年底，阿曼原油及凝析油储量 51.15 亿桶，较 2015 年底下降 2.57 亿桶，年内新增探明储量 1.1 亿桶；天然气储量 21.15 万亿立方英尺，较 2015 年底下降 690 亿立方英尺，年内新增探明储量 8400 亿立方英尺。2016 年原油及凝析油日均产量 100.4 万桶，较 2015 年的 98.1 万桶增长了 2.4%；自产天然气与通过"海豚"项目进口的天然气总量为 1.12 亿立方米，较 2015 年的 1.09 亿立方米增长了 2.3%，其中，非伴生气 8700 万立方米，伴生气 1900 万立方米，"海豚"项目进口气 600 万立方米。

阿曼政府尽一切努力鼓励国内及国外私营企业对阿曼油气产业各类型项目进行投资，包括勘探、生产、开发、油田工业服务以及基于天然气的下游项目。2016 年，阿曼油气产业投入资金 113 亿美元，与 2015 年的 114.3 亿美元基本持平，其中 71% 用于钻探、配套服务等，29% 用于执行项目，用于石油行业的资金约为 79 亿美元，较 2015 年的 82 亿美元略有下降；用于天然气行业的资金约为 34 亿美元，较 2015 年的 32 亿美元略有增长。

阿曼积极配合欧佩克的减产协议，切实落实每日 4.5 万桶的减产数量，约等于 2016 年 10 月日均产量的 4.5%。2016 年，阿曼原油出口均价 40.14 美元/桶，较 2015 年下降 16.31 美元/桶，降幅约为 28.9%。

四、巴林

巴林是海合会成员国中碳氢化合物产量最少的国家。巴林目前只有一个拥有几亿桶原油储量的油田，即与沙特共有的阿布萨法油田，该油田也是海湾地区第一个被发现并投产的油田。20 世纪 30 年代，巴林是海湾地区最早发现并开采石油的国家，石油与石化产业成为其支柱产业。现在的巴林正在逐渐摆脱对石油产业的依赖，2000～2012 年，石油产业在巴林经济中所占的比重从 44% 降到了 19%。2016 年，巴林油田原油产量为 1775.8 万桶（日产量约 4.9 万桶），阿布萨法油田原油产量为 5618.5 万桶（日产量约 15.4 万桶）。

目前巴林在建的大型油气项目有三个：一是投资近 50 亿美元的巴林石油公司现代化项目。该项目将于 2021 年投产，投产后，锡特拉炼油厂加工能力将从当前的 26 万桶/天提高到 36 万桶/天，氢气精炼装置产能将从 5.4 万桶/天提高到 7 万桶/天。二是投资 6.5 亿美元的液化天然气站项目。该项目位于萨拉曼港以东 4 公里，落成后，每天可处理 8 亿立方英尺天然气。三是投资 3.5 亿美元的巴林—沙特新石油管线项目。该项目管线全长 112 公里，完工后，将取代建于 1945 年的现有管线，沙特到巴林的日输油量将从目前的 23 万桶增加至 35 万桶（最高可达 40 万桶）。[①]

另据巴林自然资源和经济安全最高委员会在 2018 年 4 月 1 日的一份声明，巴林西海岸以西的巴林湾盆地新发现了储量巨大的石油和天然气田，足以维持长期开采致密油和深层气的需求，让巴林现有的油气储量"相形见绌"。

---

① 资料来源：中华人民共和国商务部. 2016 年巴林石油行业发展情况［EB/OL］. http：//www. mofcom. gov. cn/article/i/dxfw/gzzd/201706/20170602592867. shtml.

五、卡塔尔

卡塔尔国土面积很小，但其天然气探明储量达 8.49 万亿立方米，位居世界第三。2016 年，美国《全球金融》杂志根据人均国内生产总值以及购买力平价对全球 184 个国家和地区进行财富值排名，卡塔尔位列榜首。

20 世纪 90 年代以来，卡塔尔以天然气生产和出口作为能源发展战略的核心。2015 年以后，中东主要产油国之间的政治摩擦常常导致全球油价飙升。在卡塔尔和邻国的争端升级之际，全球天然气市场的交易员也进入高度戒备状态。2017 年 6 月 5 日，沙特、巴林、阿联酋和埃及宣布与卡塔尔断交，并指责后者支持恐怖主义活动。这一外交争端导致亚洲时段纽商所原油价格一度上涨 1.6% 至 48.42 美元，之后回落。

卡塔尔实际上并非主要产油国，其石油产量占欧佩克总产量的 2% 左右，2017 年 4 月日产量为 61.8 万桶。然而，这个位于阿拉伯半岛东部的小国家却在天然气市场扮演举足轻重的角色，天然气探明储量 24.5 万亿立方米，约合油当量 1617 亿桶，是全球第一大液化天然气出口国。国际天然气联盟的数据显示，2016 年卡塔尔出口液化天然气约 7720 万吨，相当于全球供应量的 1/3 左右。英国石油公司的《世界能源统计评估》显示，卡塔尔大部分天然气位于其巨大的海上北部气田，探明天然气储量排名全球第三位，仅次于俄罗斯和伊朗。卡塔尔的天然气出口主要是通过液化天然气运输船销往全球各地。卡塔尔天然气的主要客户都在亚洲，其中日本约 15% 的天然气购自卡塔尔。中东买家的购买规模在卡塔尔天然气总出口中的占比则不到 5%。全球最大的液化天然气进口商——日本 Jera 公司称，已从卡塔尔天然气公司得到保证，天然气出口将按原定计划继续进行。液化天然气价格通常由供应国与消费国签订的长期合同来决定，而且通常基于一个与油价相关的计算公式。然而，近年来随着来自美国和澳大利亚等国的全球天然气供应的增加，天然气现货市场也在不断扩大，这场卡塔尔外交风波不会立即对天然气消费大国的需求产生任何影响。但如果局势继续恶化，油价可能上涨，进而可能影响天然气价格。

2018 年 12 月 3 日，卡塔尔宣布退出欧佩克。两天之后，美国彭博新闻社网站发表分析文章，认为无法排除卡塔尔进一步退出海湾合作委员会（海合会）的可能性，从而"引起沙特的尴尬与愤怒"。但事实上，暂时可以排除沙特与阿联酋将卡塔尔逐出海合会的可能性，尽管巴林追随着沙特的脚步，但科威特、阿曼却对沙特的"霸凌行径"表示不满。此外，美国也不会同意任何驱逐卡塔尔的企图，从而将增大对沙特的压力，以结束危机和解除封锁。

六、科威特

尽管科威特地域狭小，但其在全球油气供应中发挥着重要的作用，作为欧佩克重要成员之一，其油气动态时刻影响着国际油价和国际能源供销平衡。科威特石油和天然气储量丰富，现已探明的石油储量为 968 亿桶，占世界储量的 10.8%，居世界第四位，其南部的大布尔干油田为世界第二大油田；天然气储量为 1.498 万亿立方米，占世界总储量的 1.1%。在不考虑其他出口等消耗增长的因素前提下，科威特的石油存储量可供其使用 453

年。石油是科威特财政收入的主要来源和国民经济的支柱，财政收入 90% 以上来自石油，其产值占国内生产总值的 40%，占出口创汇的 95%。

尽管科威特的主权基金余额达 5920 亿美元，但 2014 年 7 月以来的油价暴跌对其经济造成严重影响，政府不得不进行经济改革，具体改革措施包括：让私营部门在经济活动中发挥更大作用；推进国有企业私有化，允许公民持有港口、机场、发电厂等国有企业的股份；增加税种；上调各种公共服务费用，如水电费。此外，科威特也颁布了各项措施吸引外国投资。

海合会成员国中沙特、阿联酋、科威特均为欧佩克成员国，而限产保价是欧佩克存续的重要目的之一。从限产角度看，虽然能源出口国不会轻易实施出口数量限制，但是在 20 世纪 70 年代，阿拉伯国家石油禁运仍然使得进口国对这种威胁保持警惕。海合会成员未来实施任何出口数量限制的威胁对于中国而言都将意味着进口源的突然中断，是石油安全更为基本的问题。它不仅关乎中国的石油安全，而且是影响世界石油市场稳定性的重要因素。从保价角度看，事实上，为了提高其自身经济效益，海合会各成员国政府亦努力追求国内能源定价的市场化改革。例如，阿曼将国内油价确定在较国际市场更高的水平，以促进节约。海合会另一类价格歧视则给亚洲国家带来巨大的损失，这就是违背最惠国待遇的"亚洲加价"。以沙特阿美石油公司为首的石油公司将全球原油消费市场划分为美洲、欧洲与亚洲三大块，为它们分别选取不同的基准价格，经一定的调整获得其自身对各个目的地市场的出口价格，业界称之为"模式定价"。[①] 自 20 世纪 90 年代初以来，亚洲国家与欧美地区各国自中东同一港口进口同等规格原油，平均每桶要多支付 1~1.5 美元；年加价总额高达数十甚至上百亿美元。

虽然中国正努力改变经济增长方式，推动能源需求结构转型，但短期内仍需持续的化石能源供应。由于国际原油价格持续低迷、国内原油开采成本较高，2016 年以来中国原油产量下降，对外依存度已攀升至 63.8%。[②] 海合会国家是中国石油进口的重要来源地（如表 2-1 所示）。海关总署统计显示，2016 年中国原油进口 3.81 亿吨，创下 2011 年以来的新高；自海合会国家进口 1.15 亿吨，其所占份额高达 30.2%。[③] 除巴林外，海合会其他成员均是中国重要的原油进口来源国。沙特是中国在海合会的第一大原油贸易伙伴，其次为阿曼、科威特和阿联酋。中国对天然气的需求也持续高涨，2016 年超越韩国成为全球第二大液化天然气进口国。预计到 2020 年，中国天然气消费量将达到 4000 亿立方米，产量将达到 2200 亿立方米，进口 1800 亿立方米，对外依存度将达到 45%。[④] 而海合会国家正是中国天然气进口的重要保障，2016 年卡塔尔和阿联酋分别是中国第三和第四大进口来源地。海合会国家具备丰富的油气资源和便利的开采运输条件，能够满足中国不断上涨的需

---

① 一般认为，亚洲与欧美市场相比具有完全不同的生产与竞争格局，前者 50% 以上的原油进口依赖于中东，而后者这一比例在 20% 左右，模式定价由此成为导致亚洲加价形成的根本原因。但事实上不应遗忘石油市场的国际化与全球化特征，即便模式定价机制会带来暂时性的地区价格差异，区域间的二级流通也会使该差价趋于消失。中东国家若以低于对亚洲出口的价格对欧洲、北美出口，后两个地区的贸易商便可以将之随即转售至亚洲市场，赚取其中的差价。

② 资料来源：Foreign Oil Dependency Up [EB/OL]. [2017-01-13]. http://www.ecns.cn/business/2017/01-13/241517.shtml.

③ 资料来源：海关信息网. 海合会国家数据由相关国家数据加总计算得出 [EB/OL]. http://www.haiguan.info.

④ 贺志明. 中国天然气市场的基本现状和矛盾 [EB/OL]. [2014-05-04]. http://www.oilobserver.com/tendency/article/632.

求，在可预测的将来仍是中国油气进口的重要保障。"向东看"是海合会国家出口石油的重要转变方向。中国政府提出的"一带一路"倡议与海湾国家的经济发展联系紧密，双方的能源合作既可保障中国能源进口安全，也可保障海合会能源出口安全。

表 2-1　2015 年中国与海合会国家开展能源贸易情况

进口情况 ＼ 国家	沙特	卡塔尔	阿联酋	科威特	阿曼	巴林	合计
矿物能源进口金额（亿美元）	213	36	86	61	141	1	537
原油进口金额（亿美元）	208	1	51	57	140	—	457
原油进口数量（万吨）	5054	27	1257	1443	3206	—	10987

资料来源：UN Comtrade Database。

第二节　海合会国家主权财富基金的发展概况

目前，主权财富基金（Sovereign Wealth Funds，SWFs）已成为国际金融市场上一个日益活跃的参与者，而以巨额的石油收入为主要来源的海湾国家主权财富基金不断膨胀，在全球金融格局中扮演了越来越重要的角色。主权财富基金的发展已有半个世纪的历史。海合会国家的主权财富基金，无论在数量上还是在规模上都位于世界前列。麦肯锡预计，海合会国家主权财富基金规模在 2020 年将达到 8.8 万亿美元，占全球主权财富基金比例将达到 73%。根据美国主权财富基金研究所（Sovereign Wealth Fund Institute）2018 年 6 月发布的数据，阿联酋阿布扎比投资局资产规模为 6830 亿美元，位列全球第三；科威特投资局资产规模为 5920 亿美元，位居第四；沙特、卡塔尔的主权财富基金规模分列第六、第十。海合会国家主权财富基金在设立、监管和投资方面各具特色。近年来，海湾地区主权财富基金越来越多地投资于高科技领域，卡塔尔投资局、穆巴达拉、迪拜水电局等主权财富基金或政府相关实体正在通过在硅谷设立办公室或与硅谷风险投资巨头签署战略协议等方式涉足硅谷科技产业。

一、海合会国家主权财富基金的兴起及其整体发展概况

（一）海合会国家主权财富基金兴起的原因

主权财富基金的概念最早由美国道富银行经济学家安德鲁·罗扎诺夫（Andrew Roza-nov）提出。根据 IMF 的定义，主权财富基金是指一国政府所持有或控制的，具有特殊目的的投资基金或安排，主要资金来源为国际收支盈余、官方外汇交易收入、私有化收益、财政盈余和大宗商品出口收入，一般以财政稳定基金、储蓄基金、储备投资公司、发展基金或养老储备基金等形式存在。

中东地区油气储备丰富，能源出口创造的财富规模庞大，中东国家是以主权财富基金方式运营储备资产最早的实践者。海合会既是主权财富基金的发源地，也是主权财富基金分布最为密集的区域。海合会代表着主权财富基金中无法忽视的中东力量。丰富的石油和天然气资源使海合会国家通过资源出口积累了庞大的外汇储备，由于其国内的经济规模有限，海合会国家石油美元用于国内投资的比例相对较少，从而为国外投资提供了良好条件，不少国家较早设立了主权财富基金以管理国家财富。此外，海合会国家也希望通过加大主权财富基金的投资规模来保持汇率的稳定。海合会国家现行的汇率机制可以确保以本币计价的主权财富基金的市值稳定，从而解决石油收入的价值贬值问题。国际金融学院（IIF）发布研究报告称，受益于油价高企及石油增产，2012 年海合会对外经常账户盈余将由 2011 年的 3270 亿美元增至 3580 亿美元；至 2013 年末，有望增至 2.1 万亿美元，其中，境外资产的 60% 由主权财富基金管理。

自 1953 年科威特政府设立第一家以石油美元资产为基础的主权投资机构——科威特投资委员会以来，海合会主权财富基金长期活跃于国际资本市场，海合会主权财富基金早期的行事风格较为隐秘，投资倾向也比较保守被动。近年来，海合会主要主权财富基金投资风格渐趋主动积极，投资组合更加灵活多样，资产配置中风险资产占比呈现上升趋势。

20 世纪 90 年代以来，主权财富基金在全球范围内资产配置日趋活跃，成为国际资本市场举足轻重的投资力量。尤其自全球金融危机爆发后，中东及亚洲新兴经济体主权财富基金海外投资力度加大，投资领域及资产类别均大为拓展。一方面，主权财富基金的投资为深陷困境的主要发达国家市场注入了活力；另一方面，主权财富基金有别于一般机构投资者的主权性质，又引发了国际社会对其战略意图、投资风险与治理结构的担忧。

（二）海合会主权财富基金的规模与收益状况

据主权财富基金研究所权威数据统计，2014 年初，海湾六国主权财富基金总规模为 2.3 万亿美元，占全球的 36%，构成了西亚北非地区主权财富基金的主体，其中：阿联酋以 9750 亿美元占全球主权财富基金的 15%，阿布扎比投资局管理资产规模仅次于挪威养老金，位列全球第二；沙特和科威特的主权财富基金规模分别为 6800 亿美元和 4100 亿美元；卡塔尔的主权财富基金规模为 1700 亿美元，是英国哈罗德百货等全球著名公司的股东。沙特著名的桑巴金融集团（Samba）（2007）曾预测，未来 20 年，通过石油和天然气出口，海湾阿拉伯产油国将赚取 24 万亿美元的巨额收入，这将为海合会国家主权财富基金提供更为雄厚的资金来源。海合会主权财富基金统计表见表 2-2。

与欧美市场的投资相比，海合会的主权财富基金在其他区域的投资更容易被研究者所忽视。究其原因，既有投资数据难以获得的客观原因，也有一些主观原因，如发达国家一些媒体人士和分析人员更看重海合会投资所含的潜在政治意义。事实上，海合会主权财富基金在非欧美市场已开展了大量的投资。

2008 年，美国金融危机期间，海合会主权财富基金曾遭受重创，由于大量的资金进入欧美金融机构，表现激进的主权财富基金损失最严重的约缩水 40%，损失金额近 3550 亿美元。目前，由于油价持续平缓、资金流动性低对海湾国家的对外投资造成了影响，海合会国家的主权财富基金正以前所未有的速度从资产管理公司撤出，以填补财政赤字、稳固国家经济。

表 2-2 截至 2018 年 6 月海合会主权财富基金统计表

国家名称	下属酋长国分支	主权财富基金名称	管理资产（单位：10 亿美元）	设立时间
阿联酋	阿布扎比	阿布扎比投资局（ADIA）	683	1976
		国际石油投资公司（IPIC）	65.3	1984
		穆巴达拉投资公司（Mubadala Investment Company）	125	2002
		阿布扎比投资委员会（ADIC）①	123	2007
	迪拜	迪拜投资公司（ICD）	229.8	2006
		迪拜世界（Dubai World）旗下的投资公司 伊斯提斯马世界（Istithmar World）	9	2003
		迪拜国际金融中心投资公司（DIFC）	—	2006
	联邦	阿联酋联邦投资局	34	2007
	哈伊马角	哈伊马角投资局	1.2	2005
沙特		沙特货币管理局（Sama Foreign Holdings）	494	1952
		公共投资基金（PIF）	250	2008
科威特		科威特投资局（KIA）	592	1953
卡塔尔		卡塔尔投资局（QIA）	320	2005
巴林		穆塔拉卡特控股公司	10.6	2006
阿曼		国家总储备基金	18	1980
		阿曼投资基金	6.0	2006

资料来源：根据美国主权财富基金研究所（SWFI）网站数据整理。

二、海合会主权财富基金的特点

从 1953 年的科威特投资局到 2008 年开始筹备的沙特主权财富基金，这些基金在设立的初衷及资金来源方面存在相似之处；但各国经济发展水平不同，其基金规模、基金治理、透明度和投资战略等方面又各具特色。

（一）基金规模巨大

由于划分主权财富基金的标准不同，而且基金透明度低，基金的资金规模一直是个谜。不过可以确定的是，海合会国家的主权财富基金规模是巨大的。摩根斯坦利研究机构估算，海合会国家主要的主权财富基金之和高达 2.5 万亿美元。而据德国银行研究预计，海湾国家的主权财富基金在 2015 年就已增值到约 6 万亿美元，约为现在美国 GDP 的 1/2，占据全球主权财富基金价值的半壁江山。

（二）基金透明度不高

目前，国际社会评价主权财富基金依靠两大研究机构：一是美国政府智库彼得森国际

① 2018 年 3 月，阿联酋当局宣布将阿布扎比投资委员会并入穆巴达拉投资公司。

经济研究所，该机构研究员设计了有关主权财富基金的评分标准；二是主权财富基金研究所，该研究所开发了 L-M 透明度指数（Linaburg-Maduell Transparency Index）。除个别基金外，海合会国家的主权财富基金在两个系统中，得分普遍偏低。前一种评分标准显示，在2007 年选评的 38 个基金中，获得最高分值的是得 24 分的新西兰主权财富基金；分值最低的是卡塔尔主权财富基金，仅 0.25 分；全球平均分值为 10.27 分，高于平均分的基金有 18 个，而海合会国家主权财富基金的得分大多处于中下水平。L-M 评分标准中满分为 10 分，除阿联酋穆巴达拉投资公司和巴林的新设基金外，海合会国家的基金分值多在 6 分以下。

（三）投资多样化

海合会国家的主权财富基金与大多数的主权财富基金一样，一般采取较为保守的投资策略，主要投资美国国债和指数基金，但近年来投资逐渐趋于多样化。

1. 投资战略多样化

主权财富基金通常坚持稳健的投资战略。以沙特货币管理局为例，其基金的 20% 为现金和存款，55% 为固定收益的资产，剩余的 25% 主要是股权资产，几乎不涉足不动产或其他类型的投资。近年来，阿布扎比投资局和科威特投资局开始转向主动进攻型投资，如通过提高股权资产的投资比例、外商直接投资、跨境并购、对冲基金、衍生产品、杠杆收购等方式成为主动积极型的投资者。以阿布扎比投资局资产结构来看，其基金资产中的50%~60% 是分布在世界各地的产权资产，只有 20%~25% 是固定收益资产，10% 左右是私募股本和其他资产类型，如对冲基金等。科威特投资局管理的主权财富基金投资原来比较保守，现在也开始投资企业股权，它持有戴姆勒—奔驰汽车公司 6.9% 的股份，花旗银行6% 的股份。许多新设立的主权财富基金的投资战略更为多样化，如伊斯提斯马世界基金将60% 的资产投资于世界各主要城市的地产。此外，主权财富基金通常用于长期投资，但当前资金流动速度缓慢，这迫使投资者重新评估风险较高资产，比如私募股权及基础设施等。

2. 投资目的多样化

大多数海合会国家主权财富基金的海外投资主要出于两个目的：收购房地产和购买高质量的金融资产与企业股权。近年来，发展国内产业的技术需求亦是促使这些主权财富基金开展海外投资的动力之一。阿布扎比的主权财富基金都非常积极参与收购高新技术企业的股份，例如，购买奥地利石油天然气公司（OMV Group）股份，收购挪威的北欧化工公司（Borealis），以满足国内化工企业博努公司（Borouge Co.）的技术需要；穆塔拉卡特控股公司则收购了英国迈坎伦集团（MClaren Group）30% 的股份，来发展巴林的铝工业，并借助该公司的专业技术发展本国汽车配件制造业；穆巴达拉投资公司还购买了法拉利 5% 的股份，并计划在阿布扎比建立一个法拉利主题公园以振兴旅游业。主权财富基金通过入股国外大型企业，进一步提高了自身的生产和管理技术水平，有利于发展其国内经济并改变国内单一、脆弱的资源型经济发展模式。

3. 投资途径多样化

传统上，主权财富基金依靠专门的资产管理机构来管理资产。这种方法最大的益处在于可获得专业化的管理，同时还可以避免一些针对性的投资审查。但近年来，海合会国家成熟起来的主权财富基金开始直接对外投资，从而有利于节约投资佣金、拓展投资途径。

4. 投资区域多样化

近年来，海合会国家的主权财富基金投资区域逐渐从原先的欧美市场拓展到新兴国家的市场。海合会国家的主权财富基金没有忽略新兴市场蕴含的巨大潜力，纷纷表示要调整投资策略，提高在其他中东、北非和亚洲国家的投资比例。根据德意志银行的研究报告，海合会国家在欧美地区的新增投资存量将从现在的 3/4 降到 2020 年的 1/2 左右；而在亚洲的比例将由现在的 10% 提高到 20%。中国是被海合会主权财富基金看好的未来市场之一，海合会国家的主权财富基金目前已入股四川久大盐业（集团）公司、中国工商银行等中国企业，并在上海等地设立了代表处。

（四）国别分布广泛但不均衡

海合会所有成员国既是投资国也是东道国。从投资国角度看，阿联酋是主权财富基金在本区域内投资项目最多的国家，向巴林、阿曼、卡塔尔和沙特的多种行业分别进行了投资。巴林、阿曼和沙特的主权财富基金在本区域内的投资项目相对较少。从东道国角度看，巴林是吸收区域内主权财富基金投资项目最多的国家，共有 6 个项目，而科威特最少，只有 1 个项目。结合投资国和东道国两个标准，阿联酋参与的项目最多，共有 9 个，沙特参与的项目最少，只有 3 个。虽然沙特是海合会中的经济和人口大国，但在对外投资和吸收投资两方面都排名靠后，这与沙特长期实施"进口替代工业化战略"有密切关系。

（五）行业分布相对集中，持股比重分布较分散

在投资行业的分布上，海合会主权财富基金的投资主要集中于金融服务业，共有八项投资，其中，巴林吸收了六项金融服务业的投资，这在一定程度上体现出巴林作为海湾地区离岸中心的地位，也反映出巴林为继续巩固区域金融地位而做出的努力。除了金融服务业、工业、能源和旅游业等，其他服务业的分布较均匀。这种相对集中的投资分布情形与各成员国为推行经济多样化战略而使经济结构趋同的发展趋势相关。在持股比重的分布上，海合会主权财富基金在区域内的投资分布较为分散，既有 0.5% 的持股比重，也有 100% 的持股比重，其中持股比重位于 11%~30% 的投资最多，占到 40%。

纵观海合会主权财富基金的发展历程可知，海合会成员国政府普遍希望通过设立主权财富基金这种投资实体方式改变本国单一的石油经济发展模式，而海合会国家的主权财富基金确实较好地履行了该项宗旨。如"迪拜世界"及旗下的基金负责在全球进行投资，涉足多元化的行业领域，在迪拜快速的经济增长中发挥了重大作用，为国内和国际经济发展提供了动力。随着承担风险意愿的不断增强，基金面临的投资风险也势必增大。但政策风险将是海合会国家和其他国家未来需要长期面临的现实问题。许多国家通过修改国内外资监管法律制度，对海合会国家主权财富基金的发展造成负面影响。当然，海合会国家主权财富基金在基金管理和风险控制水平上还有待提高，已有一些主权财富基金开始注重本国基金透明度的问题。阿布扎比投资局和卡塔尔投资局等基金都积极参与了《圣地亚哥原则》①的研究和制定，而且有若干个海合会的基金也开始坚持良好的透明度原则。与此同

---

① 《圣地亚哥原则》于 2008 年 10 月在世界银行和国际货币基金组织年会期间获得 26 家主权财富基金所在国政府的认可。《圣地亚哥原则》是一套有关主权财富基金的行为准则，属自愿性质。《圣地亚哥原则》确立了主权财富基金的四项指导目标：一是有助于保持全球金融体系的稳定、促进资本和投资的自由流动；二是遵守投资接受国相应的法律、法规和信息披露要求；三是投资是基于经济和财务的回报与风险考量；四是建立透明、健全的公司治理架构，以保证公司良好的运营控制、风险管理和问责机制。主权财富基金《圣地亚哥原则》共有 24 条，涵盖三个关键领域：一是主权财富基金的法律框架、目标及与宏观经济政策的协调；二是制度框架和公司治理架构；三是投资和风险管理框架。

时，海合会在基金的专业化管理、投资途径、投资区域、投资战略的多元化方面的经验和教训也使得这一地区的基金运作日渐成熟。

三、主权财富基金与促进海合会金融合作

海合会的主权财富基金不仅在区域内开展了大量投资，而且还组建了合资主权财富基金。这对推进区域金融合作具有重要意义。然而，以主权财富基金为推手，促进和实现海合会金融合作道路上所面临的障碍在短期内依然无法完全消除，毕竟石油在很长一段时间内依然是海合会各成员国的主要经济来源。因此，主权财富基金在推动海合会金融合作的前进道路上依旧任重道远。

（一）海合会的金融合作进程

自成立以来，区域经济一体化就是海合会的重要议题之一，其先后提出了关税同盟、共同市场和共同货币等合作计划，并在上述领域取得了实质性进展。

1. 海合会的金融合作协议

虽然海湾六国达成集体合作的初衷是维护地区安全，但在海合会1981年成立的海合会宪章中明确写到要"致力于所有领域的协调、合作与融合"。同年11月，海合会召开第二届首脑会议，并签订了《经济一体化协议》，提出了经济一体化的目标，即实现成员国经济的协调、互补和互联，逐步按协议基本章程规定达到经济一体化的最高阶段；经济、财政、金融和贸易体制、方针政策和战略逐步靠拢，最终达到统一。在具体的经济合作内容上，海合会提出了建立自由贸易区、关税同盟和货币联盟的动议。2001年海合会签署了新的经济合作协议。在这份新协议中，最引人关注的就是金融和货币领域的合作规划，不仅提出了整合金融市场的具体要求，还设定了建成货币联盟的时间表。2001年6月27日，海合会货币联盟技术委员会就推行统一货币问题确定了"三步走"的方案：第一步，美元作为六国共同的结算货币，各国货币通过一个固定汇率与美元挂钩，但是允许有一定幅度的浮动；第二步，建立相应的机构，负责制定统一的货币标准，确立统一货币的法律框架；第三步，建立统一的货币发行和监管机构——海湾中央银行，统一发行货币。

2. 海合会成员国实现金融合作的有利条件

与东亚区域金融合作相比，海合会具备许多有利条件：首先，海合会成员国在政治、经济、宗教和文化等方面具有很强的一致性，这对建立互信具有不可忽视的作用。其次，海合会建立了较为完善的合作机制，制定了明确的金融合作目标。基于海合会宪章，最高理事会、部长理事会以及其他领域的专门委员会各司其职，建立了较为完善的议、决、行体制，避免了区域合作"议而不决、决而不行"的困境。尤为重要的是，海合会成员国达成了明确的金融合作目标，指明了合作的前进方向，避免了东亚合作中《清迈协议》定位不清所引起的问题。最后，海合会有明确的领导国家。无论是按照人口规模和国土面积，还是依据产业地位和外交战略，沙特始终是区域内的领导者。

3. 海合会金融合作面临的挑战

作为走向货币一体化的重要步骤之一，海合会成员国以固定汇率钉住美元面临很大挑战。科威特当局认为，在全球流动性过剩的时期，美元不断贬值，钉住美元就意味着输入通货膨胀，因而在2007年宣布放弃钉住美元改为钉住一篮子货币；阿联酋货币当局也声

明要从钉住美元转变为钉住一篮子货币;实际上在 2006 年,阿曼就认为无法实现预定的目标,因而建议其他国家先行一步,阿曼在条件成熟后再加入货币联盟——要在近年实现统一货币的目标将会非常困难。此外,海合会成员国的市场开放程度也不均衡,时常引起摩擦和纠纷。例如,虽然在 1997 年就允许各成员国的国民银行到其他成员国开设分行,但十多年后,总共只有 16 家银行到其他成员国开设分行,卡塔尔既没有本国银行去其他成员国开设分行,也没有其他国家的银行到卡塔尔开设分行。

(二) 主权财富基金在促进海合会金融合作方面所面临的障碍

在经济多样化的探索中,海合会的经济结构呈现出两大特征:其一,石油依然是区域内最主要的产业。无论是从政府收入还是从对外贸易来看,石油产业都具有不可替代的重要性。其二,经济多样化的方向雷同。大多数国家都是通过增加服务业的比重来实现经济多样化的目标。但是对于海湾地区而言,所能发展的服务业只有金融业、旅游业等有限的几个行业。因而在海湾地区出现了争相建设(区域)金融中心的景象,不仅迪拜先行一步积极筹建国际金融中心,卡塔尔和巴林也纷纷推出"金融中心"或"金融港"的建设计划。

如果海合会成员国仍然高度依赖石油产业且其他产业发展方向存在雷同现象,海合会主权财富基金所能选择的可投资行业就非常有限。毕竟主权财富基金不是实行捐助的慈善基金,它不追求"千年发展目标",也不是为帮助其他国家发展而组建的,它完全以盈利为目的,而盈利的压力使主权财富基金只能尽量选择预期较为稳定的行业,这使其无法也无力承担起开拓新产业的责任。目前石油产业仍然是海合会几个国家的支柱产业。如果说海合会各国石油出口占总出口比重还呈现出差异性变迁的话,石油出口占国内生产总值的比重则表现出了惊人的相似性。21 世纪初,海合会成员国石油出口占其国内生产总值的比重不断攀升。

四、海合会各成员国家主权财富基金概况

(一) 阿联酋主权财富基金最具规模

阿联酋拥有世界上规模最大、数量最多的主权财富基金,其中阿布扎比投资局(Abu Dhabi Investment Authority,ADIA)资金规模达 6270 亿美元。此外,阿联酋还有七大主权财富基金,分别是国际石油投资公司(International Petroleum Investment Company,IPIC)、迪拜投资公司(Investment Corporation of Dubai)、穆巴达拉投资公司(Mubadala)、迪拜世界(Dubai World)全资控股的伊斯提斯马世界(Istithmar World)、迪拜国际金融中心投资公司、哈伊马角投资局以及阿联酋联邦投资局(Emirates Investment Authority)。

阿布扎比投资局是位居世界第一的主权财富基金也是一家全球性投资机构,其使命是将国有资产进行谨慎投资,创造长期价值,维护和保持阿布扎比酋长国当前和未来的繁荣。阿布扎比投资局成立于 1976 年,资金来源主要是阿布扎比的石油收益,其管理的投资组合跨行业、跨地区,涉及多种资产等级,包括公开上市的股票、固定收益工具、房地产和私募股权。阿布扎比投资局的最高权力机构是董事会,董事会由董事会主席、常务董事及其他董事会成员组成。董事会一般不涉及基金的投资和经营决定,而任命常务董事负

责处理。常务董事任命经理并赋予其相当大的财政及行政职权，其在经营方面有相当的独立性。阿布扎比投资局所有部门都由投资委员会和战略委员会来领导。阿布扎比投资局有明确的方针、程序和体系来确保其有效运行。目前，阿布扎比投资局的投资比例是：50%～60%的股票，20%～25%的固定收益，5%～8%的房地产，5%～10%的资金用作直接投资。依据《重组阿布扎比投资局的法案》，阿布扎比投资局取代了阿布扎比财政部下属的金融投资委员会，成为由阿布扎比政府全资拥有和监管的独立法人组织。其投资目标是接受政府划拨的资金，以有利于酋长国公共利益为目的进行投资，以保证酋长国未来福利所需的必要财政资源。

（二）沙特主权财富基金相对滞后

沙特是海合会的核心国，但从严格意义上来说，沙特是海合会中成立主权财富基金最晚的国家。直至 2008 年 5 月，沙特才宣布在公共投资基金（The Public Investment Fund, PIF）内设立一个独立从属主权投资的基金，至此，沙特第一个真正意义上的主权财富基金才得以诞生。公共投资基金成立于 1971 年，规模为 53 亿美元，最初以促进沙特国民经济发展为目标，并专注于国内投资。由于沙特金融管理局（Saudi Arabian Monetary Agency, SAMA）既是沙特管理外汇储备的中央银行，又承担主权投资的职能，因而学界对沙特金融管理局是否属于主权财富基金范畴存在争议。尽管沙特金融管理局不是正式的主权财富基金，但是它运作着沙特绝大部分的外币资产。沙特金融管理局透明度很低，每个月仅发布一次报告。据评级机构穆迪报告显示，2015 年 8 月沙特外汇储备为 7310 亿美元，9 月则下降至 6420 亿美元。同期，沙特金融管理局通报表示，其下属主权财富基金资产管理公司已撤资 50 亿～70 亿美元。为降低对石油收入的依赖，2016 年 4 月 1 日，沙特副王储穆罕默德·本·萨勒曼推行 1000 亿美元基金计划，其中就包括出售阿美石油公司 5% 的股权，售股资金将转化为公共投资基金，最终用于非石油产业投资。

五、科威特主权财富基金历史最为悠久

1953 年，科威特在伦敦成立了科威特投资委员会，全球第一个主权财富基金由此诞生。1960 年、1976 年分别设立了一般储备基金（General Reserve Fund）和未来基金（Future Generations Fund）。1982 年，科威特投资局（Kuwait Investment Authority, KIA）成立。科威特投资局是一个政府所有的独立投资机构，主要负责管理一般储备基金和未来基金，此外，还有财政部委托其以科威特政府名义代为管理的其他基金。据估算，科威特投资局持有 2960 亿美元的资产。一般储备基金的资金来源主要为包括石油收入在内的所有财政收入，同时，它也需负担所有财政预算支出。一般储备基金还持有所有政府资产，包括科威特在公共企业（如科威特阿拉伯经济发展基金、科威特石油公司等）中的资产，以及在多边和国际组织（如世界银行、国际货币基金组织、阿拉伯基金等）中的资产。未来基金是由一般储备基金中 50% 的资产创立的，科威特政府先注资 70 亿美元，之后每年从财政收入中划拨 10% 到未来基金。科威特投资局在帮助科威特实现海湾战争后重建中发挥了重要的作用。1990 年，伊拉克入侵科威特，伊拉克撤军时焚毁了科威特 700 多口油井致使科威特在此后三年没有石油收入。科威特投资局投入 800 多亿美元资金用于科威特的战后重建。科威特政府注重海外投资战略，并把海外投资作为科威特仅次于石油工业的第

二大经济支柱。

六、卡塔尔主权财富基金最为活跃

卡塔尔是全球已探明天然气的储备大国,储量排名世界第三,仅次于俄罗斯和伊朗。以石油、天然气收入为来源的卡塔尔主权财富基金在全球资本市场中扮演了相当活跃的角色。

卡塔尔投资局(Qatar Investment Authority,QIA)是卡塔尔政府于2005年建立的,总部设在首都多哈,目的是通过多样化资产组合巩固国民经济发展的根基。卡塔尔投资局的主要基金包括卡塔尔控股有限责任公司、卡塔尔投资公司和卡塔尔投资集团。卡塔尔控股有限责任公司成立于2006年,是卡塔尔进行战略及直接投资的主要工具,资产规模在150亿美元左右,其中包括卡塔尔和迪拜合资公司拥有的10亿美元;卡塔尔投资公司负责运营包括对冲基金在内的所有资产管理业务,资产规模在300亿美元左右;卡塔尔投资集团于2004年建立,最初资本额为10亿美元,现资产规模约420亿美元,主要在全球参与房地产投资业务。虽然卡塔尔投资局成立的时间很短,但是它拥有非常稳健的投资记录和广泛的投资领域与区域——这与卡塔尔致力于打造世界级金融中心和投资管理中心不无关系。

七、巴林、阿曼主权财富基金规模和影响较小

相对于海合会其他国家,巴林和阿曼的主权财富基金规模和影响都较小。巴林的主权财富基金——穆塔拉卡特控股公司(Mumtalakat)成立于2006年6月,由巴林政府全资拥有,由财政部管理,资产规模达91亿美元。穆塔拉卡特控股公司的愿景是实现巴林财富的增长,确保可持续的投资回报,为子孙后代创造财富。穆塔拉卡特控股公司具有较高的透明度,目前,其对巴林本土的投资权重非常大,涉及房地产、电子通信等诸多产业。该基金主要由国有企业构成,如海湾航空公司、巴林房地产公司(Edemas)。国家总储备基金(Oman State General Reserve Fund)是阿曼政府出于管理外汇储备投资的目的于1980年成立的,资产规模达82亿美元,资金来源于油气收入。该基金由阿曼苏丹政府拥有,由财政部管理,而它的监管机构则是金融事务和能源委员会(Financial Affairs and Energy Resources Council,FAERC)。阿曼投资基金(Oman Investment Fund)于2006年建立,该基金在全球范围内进行中长期投资。

第三节 海合会非石油产业展望

有报告显示,到2050年海合会将不再主要依靠石油收入,其未来经济命运也将超脱于波动的油价。换言之,现在的海合会已经不是20世纪初期刚刚发现石油的海合会了。基于海合会采取的一系列改革措施,到2050年,海合会成员国如科威特、阿联酋、沙特

和巴林将实现经济多样化的发展目标。"迪拜 2021 愿景""沙特 2030 愿景"、增值税的实施①以及提高女性地位②等举措已经成为该地区改革的范例。

过去几十年石油价格的涨涨跌跌对海合会经济波动产生了不利影响，尤其是 2014 年油价的暴跌给海合会当头一棒，因此海合会意识到发展经济再也不能仅仅依赖石油。目前来看，阿联酋已经领先于其他成员国。阿联酋最早于 2010 年宣布了"迪拜 2021 愿景"改革计划，且各项改革措施稳步推进。全球经济指标数据（Trading Economics）发布的数据显示，目前阿联酋出口贸易中仅有 40% 来自石油和天然气，所占比例在海合会中最低，而科威特和阿曼则改革缓慢，其中科威特石油产值占该国国内生产总值的 40%，占其出口总额的 90% 和财政收入的 80%。

非石油产业真的能支撑起习惯于依赖石油产业发展的地区吗？海合会若摆脱对石油的依赖，又有哪些非石油产业即将崛起？

首先，旅游业和酒店业是未来该地区发展的基础。近年来，阿联酋已经持续培育和发展其旅游业。迪拜国际机场（DXB）被评为世界上最繁忙的机场，其近期发布的报告显示，2018 年上半年该机场乘客数量突破 4370 万，比上年同期增长 1.6%。另外，2020 年世博会也将为迪拜发展酒店业带来机遇。其次，吸引外国直接投资也起到了关键作用。海合会一直在寻求海外投资机会。阿联酋和沙特在吸引外国直接投资方面也处在海合会前列。沙特公共投资基金（PIF）目前持有海外几家大公司的股份，例如，总计投资 720 亿美元入股优步和特斯拉。据纽约时报报道，沙特公共投资基金投入 35 亿美元入股优步，同时投资特斯拉，股权比例为 5%。该基金还花费 4 亿美元投资美国初创企业。沙特一直致力于投资他们认为将在经济和人类未来发展中发挥关键作用的科技公司。再次，积极发展绿色经济。沙特一直在关注绿色能源企业。2018 年 3 月初，沙特和软银集团宣布了一项耗资 2000 亿美元的太阳能项目，预计到 2030 年太阳能发电将达到 200 吉瓦。沙特大片的沙漠将为该项目创造有利的发展环境，该项目产生的能源将远远超过沙特本国对能源的需求，这意味着沙特可能成为世界上最大的太阳能出口国之一。阿联酋也有自己的太阳能计划，位于迪拜南部沙漠的太阳能主题公园占地 16.2 平方公里。Smithsonian Magazine 报道，到 2030 年，该公园太阳能容量将达到 5000 兆瓦，能够减少排放 650 万吨二氧化碳，并为 80 万户家庭供电。巴林更是胸有成竹。巴林电力和水务部长 Abdulhussain Mirza 表示，到 2035 年该国拟将可再生能源占总能耗的比例提升到 10%。最后，区块链将成为海合会经济发展的又一亮点。加密货币和区块链的崛起已经引发海合会银行业的强烈关注。为了让海合会在没有石油的情况下能够生存，这些国家正接受和适应即将到来的变化。阿布扎比国家银行已成为中东和北非地区第一家通过区块链引入实时跨境支付的银行，并与瑞波（Ripple）建立了合作关系。同样，沙特中央银行也与瑞波签署了相关合作项目。

---

① 根据《海湾合作委员会成员国家增值税框架协议》规定，自 2018 年起，海合会的六个成员国将开征增值税。增值税税率定为 5%，出口货物及服务、油气、医疗、教育等领域实行零税率或免税，年营业收入超过 37.5 万沙特里亚尔（约合 99995 美元）的企业需要进行增值税注册。

② 据阿联酋官方通讯社（WAM）2018 年 12 月 4 日报道，该国副总统、总理兼迪拜酋长谢赫·穆罕默德·本·拉希德·阿勒马克图姆主持内阁特别会议，根据总统谢赫·哈利法·本·扎耶德·阿勒纳哈扬的指示批准多项旨在提升阿联酋妇女地位，提升其在本国、区域和全球领域事务参与度的一揽子新政策和新立法。根据这些新政，阿联酋驻外使团中女性工作人员比例将显著提升。此外，本次内阁特别会议还通过了关于防止家庭暴力的立法框架草案。

第三章

中国—海合会的交往及其经贸合作状况

第一节　海合会各国同中国的交往

中国与西亚北非国家建交相对较早，科威特是最早与中国建交的海合会国家，随后其他国家相继与中国建立正式外交关系，在政治、经济、文化等诸多方面进行合作。源远流长的历史文化、高度互补的资源禀赋、得天独厚的区位优势，以及合作共赢的积极愿望，都是中国—海合会国家深化合作的有力推动因素。2013 年我国提出"一带一路"倡议以来，海合会国家对此表示出积极的态度，沙特、科威特、卡塔尔与阿曼四个国家积极加入了由中国倡导成立的亚洲基础设施投资银行（AIIB），并成为首批创始成员国。2014 年 6 月，中国—阿拉伯国家合作论坛第六届部长级会议期间，与会的阿拉伯国家外长与官员对中国提出的"一带一路"倡议给予了高度的赞扬。

一、海合会国家同中国的外交关系

尽管与中国相距遥远，但是海合会国家自古以来与中国就有着友好的交往。回顾历史，2100 年前开启的古丝绸之路上，无数使者、商旅、文人往来穿梭、不绝于道，长长的驼队络绎不绝，满载的商船相向而行，运来了阿拉伯国家的香料、药材，载去了中国的丝绸、瓷器，互促经济繁荣的同时，缔结下深厚的友谊，在人类文明的交流史上，留下了互学互鉴的光辉印记。

1955 年，在万隆召开的亚非国家会议给中国和西亚北非国家提供了增进了解、建立关系的机会。万隆会议期间，中国政府支持西非国家争取和维护独立、主权的立场以及"求同存异"维护亚非团结的精神给与会国家留下了深刻印象。万隆会议为中国与发展中国家之间发展关系奠定了基础，会后即出现了与中国建交的高峰；1971 年，中国在联合国恢复了合法席位，出现了 1949 年以来的第二个建交高峰，科威特在 1971 年与中国建交，成为第一个与中国建交的海合会国家；沙特、阿联酋、卡塔尔与巴林等国均在 20 世纪八九十年代与中国建交。

由于海合会国家在地缘、能源等方面的重要性①，特别是西亚北非大变局以来所起的"安全岛"作用，中国非常重视与海合会及其成员国的关系。自建交后，中国—海合会国家关系保持良好的发展势头，在能源、交通、电力、钢铁等领域的合作已经达到一定的规模。近年来，中国—海合会国家高层始终保持着较为密切的政治与经济交流。

中国历来奉行尊重主权和不干涉别国内政的原则，积极维护中东地区各国人民的根本利益和地区的稳定，与地区各国的关系持续稳步发展。中国共产党第十八次全国代表大会通过的政治报告把加强同广大发展中国家关系放在重要位置，重申"中国主张和平解决国际争端和热点问题，反对动辄诉诸武力或以武力相威胁，反对颠覆别国合法政权，反对一切形式的恐怖主义"——中国与西亚北非的外交是党的十八大报告精神的生动实践。

二、新形势下中国与海合会合作共赢的机遇与挑战

中国与海合会成员国处于亚洲的东西两端，友好交往源远流长。2013年，中国国家主席习近平提出建立"丝绸之路经济带"和"21世纪海上丝绸之路"的倡议构思，为全面提升中海合作关系发展提供了新前景，创造了互利共赢的新机遇，堪称新时期提升双方合作的"新引擎"。"一带一路"倡议也得到海湾国家的广泛关注和积极响应。2014年6月初，一位海湾国家外长曾经深情地说，中方提出振兴丝绸之路的倡议构想拨动了阿拉伯人的心弦，双方在这方面的合作有广阔前景。中海共建"一带一路"将引领双方战略合作关系的未来发展，成为新形势下中国与海湾国家合作的主线，将带动双方经贸、能源、基础设施建设、高新科技等领域合作迈上新台阶，为双方关系不断提升增活力、填动力、寻机遇。海合会国家拥有雄厚的经济实力和比较成熟的市场，面对国际经济复苏和转型也有雄心勃勃的发展规划，会成为"一带一路"建设推进的重点地区，也会是较早取得成效的地区。

2014年1月，习近平主席会见海湾合作委员会代表团时表示，中国和海合会建立关系以来，双方关系持续健康发展；双方是政治互信高、经贸合作实、人文交流密的好兄弟、好朋友、好伙伴；中方将一如既往同海合会发展长期友好关系。双方要加强规划和设计，突出合作重点，丰富合作内涵；中方愿同海方共同努力，推动"一带一路"建设。在此后接待沙特王储萨勒曼亲王和科威特首相访华时，共建"一带一路"成为双方的重要话题。

2014年6月初，在北京举办的中阿合作论坛第六届部长级会议上，习近平主席提出中阿双方本着"共商、共建、共享"的原则，合作共建"一带一路"的重要倡议，并提出了"1+2+3"的中阿合作格局。② 在高新领域合作方面，习主席提出了"三个中心"的合作设想，即探讨设立中阿技术转移中心，共建阿拉伯和平利用核能培训中心，研究中国北

---

① 海湾地区包括"海合会"国家以及伊朗、伊拉克，位于"三洲"（亚洲、非洲、欧洲）和"五海"（地中海、红海、阿拉伯海、里海、黑海）之地，毗邻博斯普鲁斯海峡、达达尼尔海峡、曼德海峡、霍尔木兹海峡四大海洋战略通道，在"一带一路"建设中处于"丝绸之路经济带"与"21世纪海上丝绸之路"的交汇地带，区位优势明显，资源禀赋独特，工业化潜力巨大，具有重要战略价值。

② "1"是指以能源合作为主轴，深化油气领域全产业链合作，维护能源运输通道安全，构建互惠互利、安全可靠、长期友好的中阿能源战略合作关系；"2"是指以基础设施建设、贸易和投资便利化为两翼，加强中阿在重大发展项目、标志性民生项目上的合作，为促进双边贸易和投资建立相关制度性安排；"3"是指以核能、航天卫星、新能源三大高新领域为突破口，努力提升中阿务实合作层次。

斗卫星导航系统落地阿拉伯项目。

2018 年 7 月 10 日，习近平主席出席了中阿合作论坛第八届部长级会议开幕式并发表重要讲话，讲话中习近平主席指出，为促进各国共同繁荣进步，中方倡议共建"一带一路"，秉持共商、共建、共享原则，推动政策沟通、设施联通、贸易畅通、资金融通、民心相通，得到包括阿拉伯世界在内的国际社会的广泛支持和积极参与；作为历史上丝路文明的重要参与者和缔造者之一，阿拉伯国家身处"一带一路"交汇地带，是与我国共建"一带一路"的天然合作伙伴。与此同时，习近平主席还宣布了中阿双方将于本届会议上签署《中阿合作共建"一带一路"行动宣言》，并表示中方愿参与阿拉伯国家有关港口和未来阿拉伯铁路网建设，支持阿方构建连接中亚和东非、沟通印度洋和地中海的黄金枢纽物流网；要携手打造蓝色经济通道，共建海洋合作中心，促进海洋产业发展，提升海洋公共服务能力；要共建"一带一路"空间信息走廊，发展航天合作，推动中国北斗导航系统和气象遥感卫星技术服务阿拉伯国家建设。中国将与阿拉伯国家积极推动油气合作、低碳能源合作"双轮"转动，继续推进"油气+"合作模式，深化石油、天然气勘探、开采、炼化、储运等全产业链合作；要顺应全球能源革命、绿色低碳产业蓬勃发展的趋势，加强和平利用核能、太阳能、风能、水电等领域合作，共同构建油气牵引、核能跟进、清洁能源提速的中阿能源合作格局，打造互惠互利、长期友好的中阿能源战略合作关系。在金融和高科技技术领域，要努力实现金融合作、高新技术合作"两翼"齐飞，中国将致力于研究如何发挥好高新技术的驱动作用和金融合作的服务支撑作用，为共建"一带一路"做好短期配合和长期配套，探索适合中东需求、体现中东特色的金融、科技合作模式；建立产能合作金融平台，围绕工业园建设拓展多元化投融资渠道，推进园区服务、企业成长、金融支持三位一体发展；支持中国有关金融证券机构同阿拉伯国家主权财富基金和管理机构合作，建立立足海湾、辐射中东北非、吸收全球投资者的国际交易平台，争取实现要素自由流动、资源高效配置、市场深度融合，服务"一带一路"建设；为推动金融同业交流合作，中国将成立"中国—阿拉伯国家银行联合体"，配备 30 亿美元金融合作专项贷款。中国愿结合阿拉伯国家中长期发展战略规划，加强双方数字经济、人工智能、新材料、生物制药、智慧城市等领域合作，落实好中阿科技伙伴计划，在双方感兴趣的重点领域共建联合实验室。加快网上丝绸之路建设，争取在网络基础设施、大数据、云计算、电子商务等领域达成更多合作共识和成果。

合作共建"一带一路"已成为新形势下中国与海湾国家合作的主线，将带动双方在经贸、能源、基础设施建设、高新科技等领域合作迈上新台阶。中方愿意将中国与海湾国家的未来发展对接起来，把中国的优势产能与阿拉伯国家的比较优势对接起来，在完善中国对外开放布局的同时，也给海湾国家带来更稳定的能源收益、更完善的基础设施条件、更先进的科学技术水平，实现共同发展、共同繁荣。中海共建"一带一路"将引领双方战略合作关系的未来发展，将为双方关系的不断提升增活力、添动力。

历史已经证明，中国与海湾乃至整个阿拉伯世界是利益共同体和命运共同体，共同的利益需求是推动中国与海湾国家合作的不竭动力。对国际社会而言，丝绸之路的概念具有共享性，没有排他性。正如习近平总书记 2014 年 11 月在二十国集团布里斯班峰会上所言，"独行快，众行远"，建设"一带一路"是一个开放和包容性的合作进程，中方也是以开放的心态欢迎欧洲、美国以及国际社会参与合作，携手共建共享"一带一路"，实现

"以点带面""从线到片"，逐步形成区域大合作，实现"政策沟通、道路联通、贸易畅通、货币流通、民心相通"。中国所倡议成立的亚洲基础设施投资银行、丝路基金以及金砖国家开发银行等，将为亚洲的开发建设提供强大的资金支持。

总体来看，海合会成员国是中国最主要的能源合作对象和重要的劳务市场以及商品集散地，是中阿经贸合作的主要伙伴之一，维护并提升这一合作关系事关中国的能源安全以及进一步实施"走出去"战略。近年来，中国—海合会经贸关系取得了积极进展，但同海合会与欧美等传统大国和印度等新兴大国之间的经贸关系形成了较强的博弈局面。当前国际金融经济危机和中东局势动荡等不利因素，尤其是此次卡塔尔断交危机，都将对"一带一路"建设的推进产生不容忽视的负面影响。一旦断交事件引发连环报复性、非理性政治经济行为，将直接影响中国—中亚—西亚等经济走廊建设，对于下一阶段中国加速布局"一带一路"极为不利，中国—海合会自贸区建设谈判恐将再次被搁置，而"石油人民币"在中东地区的推出和使用也必受其乱。中国应努力巩固与海合会国家的传统友好关系，中国企业则应在当地承担起更多的社会责任、融入当地社会环境、树立社会形象，创造性地开展新形势下的双边经贸合作与交往。考虑到在西亚北非地区的海外利益，中国应积极利用海合会这一区域组织平台，从深化中国—海合会战略对话这一机制入手，着力推动中国—海合会自贸区建设谈判，争取早日达成双边自贸协定，进而从制度设计层面预防内外部因素对中国—海合会、中阿经贸合作的阻隔和干扰。

第二节　中国—海合会的经贸合作发展

"一带一路"倡议提出后，中国对外经贸合作出现了新局面，中国与海合会成员国的贸易提速尤其显著。2014年中海自贸区谈判重启。在"一带一路"倡议背景下，加快发展中国与海合会国家的贸易并挖掘双边贸易潜力，对实现中国外贸转型发展、调整贸易的地理方向和巩固贸易地位都具有重要意义。

一、中国—海合会国家双边贸易发展概况及特点

基于当前的经济发展和贸易现状，中国—海合会能源与制成品贸易无疑是最值得关注和需要充分发展的。但是，随着世界服务经济的发展，特别是中国步入世界服务贸易大国行列之后，中国—海合会服务贸易合作也值得期待，而双边投资也不容忽视。随着双边重启自贸区谈判、持续推进战略对话机制，加上"一带一路"倡议的利好推动，中国—海合会成员国经贸发展正面临难得的机遇期。

1. 贸易规模高速增长，中国贸易逆差不断扩大

进入21世纪以来，中国与海合会国家之间的双边贸易高速增长。据统计，2001~2008年，中海进出口贸易总额由97.6亿美元上升至923亿美元，增长了约8.5倍，其中，中国对海合会国家的出口额由40.7亿美元上升至385.8亿美元，增长了8.48倍；进口额由56亿美元涨至537.3亿美元，增长了8.6倍。受国际金融危机的影响，2009年，中国对

海合会进出口贸易总额降至 679.2 亿美元，同比下降 26.4%。2010 年以后，中国—海合会的双边贸易再次出现大幅增长，但 2013 年后大幅下降，2017 年重新回暖。2010~2011 年，中国—海合会六国贸易总额分别为 925.3 亿美元和 1337 亿美元，同比增长分别为 36.2% 和 44.5%，分别占中国与阿拉伯国家联盟贸易总额的 63.8% 和 68.3%。2012 年，中国—海合会国家贸易总额为 1550 亿美元，同比增长 15.9%，其中，中国出口 540 亿美元，进口 1010 亿美元，中国贸易逆差高达 470 亿美元。2013 年，中国—海合会国家贸易总额达到创历史新高的 1653.1 亿美元，占当年中国外贸总额的近 4%，其中，中国出口 596.7 亿美元，进口 1056.2 亿美元。自 2015 年起，受国际油价变动影响，贸易总额大幅下跌，但在 2017 年总体数据都有所回升。中国仍然是海合会第二大出口目的国、第二大进口来源国、第一大非石油产品贸易进口来源国，同时海合会是中国第七大货物贸易伙伴和第六大出口目的地。

在贸易平衡方面，中国在与海合会国家的贸易中总体持续保持逆差地位。2013 年，中国对海合会国家的贸易逆差最大值为 460 亿美元（见表 3-1）。近年来，中方贸易逆差出现较大波动，2017 年重新回到逆差趋势。

表 3-1　2013~2017 年中国对海合会货物贸易概况　　　　　　单位：亿美元

年份	出口额	进口额	贸易总额	总额增长率（%）	贸易差额
2013	596.7	1056.2	1653	—	-460
2014	686	1066	1752	5.95	-380
2015	678	688	1366	-22.02	-10
2016	562	561	1123	-17.81	1
2017	551	729	1280	14.03	-178

资料来源：根据 UN Comtrade 数据库整理。

整体上，中国对海合会成员国的商品出口占中国总出口比例较低，中国向海合会国家出口的商品以低技术含量、资源密集型的工业制成品为主，2017 年上述两类产品在中国对海合会货物贸易总额中所占比重分别为 41.2% 和 9.9%，而高科技工业制成品仅占 17.4%。相对而言，石油、矿物燃料和相关原料一直是中国从海合会国家进口的主要商品，矿物燃料进口约占中国自海合会进口总额的 80%，其中绝大部分是原油。2017 年，受国际油价下跌影响，原油在中国对海合会货物进口贸易中所占比重有所下降，但仍然达到了 66.3%。

2. 沙特是中国在海合会成员国中最大的贸易伙伴

目前，沙特是中国在西亚及中东地区最大的贸易伙伴，中国则是沙特第二大进口国和第四大出口市场。据中国商务部统计，2017 年中沙双边贸易额为 500 亿美元，其中，中国进口 318 亿美元，出口 182 亿美元，同比分别增长 18.3%、34.4% 和 -2.3%。在贸易结构上，中国对沙特出口的主要商品为计算机及相关产品、通信设备及产品、纺织、家电、建材、家具等，部分产品已占据沙特市场的较大份额。中国从沙特进口的主要商品有原油、乙二醇、液化天然气、初级形态的塑料和钢材等资源和原料性产品。

3. 阿联酋是中国在海合会成员国中最大的出口市场

阿联酋是中国在中东地区的第二大贸易伙伴。据阿联酋经济部统计，2014～2016 年，阿联酋与中国双边贸易额合计达 5206 亿迪拉姆（约合 1418 亿美元），中国连续三年在阿联酋主要贸易伙伴排名中位居榜首。阿联酋前五大贸易伙伴依次是中国、印度、美国、沙特和德国。阿联酋已经成为中国在海湾地区最大的出口市场，其主要原因是，阿联酋是世界重要的转口贸易中心，中国销往阿联酋的很多货物并不是用于该国自身的消费，而是以再出口形式转销其他阿拉伯国家或非洲国家。中国对阿联酋出口的商品主要为机械、电机、电器及音像设备、钢铁制品、纺织服装、鞋帽、家具、塑料制品等；中国从阿联酋进口的主要商品是矿物燃料、石油、沥青、铜铝及其制品、化工产品等。

4. 中国与阿曼、卡塔尔、科威特的双边贸易不断发展

阿曼是中国在海合会国家的第三大贸易伙伴，也是中国第三大石油进口来源国。目前，中国已连续十年保持阿曼石油第一大进口国地位，阿曼每日生产的 100 万桶原油中，80% 都供给了中国，石化产品、矿产品和海产品也是其向中国出口的主要产品。此外，中国与阿曼的经贸合作还涉及电信、基础设施、渔业和商业等众多领域，中国的华为公司目前是阿曼电信业的主要设备供应商，在阿曼电信市场所占份额稳居首位。据商务部统计，2016 年中国对阿曼直接投资流量为 462 万美元，截至 2016 年底，中国对阿曼直接投资存量 8663 万美元。

卡塔尔是世界上人均 GDP 最高的国家之一，其液化天然气出口量位居世界第一。中卡两国贸易目前正处于快速上升的阶段。此前，国际油价下跌导致中卡贸易陷入低谷，但自 2017 年以来，这一情况已经改变，2017 年中卡贸易额达到 110 亿美元。根据国家信息中心发布的《"一带一路"贸易合作大数据报告（2018）》，在"一带一路"沿线国家中，与中国进出口贸易总额增长最快的贸易伙伴是卡塔尔，增速超过 35%。

2016 年，中国与科威特双边贸易额为 93.7117 亿美元，其中，中国进口 63.7028 亿美元，出口 30.0089 亿美元。中国从科威特进口的商品主要是原油、矿物燃料、沥青、有机化工产品等；中国对科威特出口的商品主要是机电产品、钢铁产品、纺织服装、家具等。

巴林是海合会中经济总量最小的国家。2016 年，中国与巴林双边贸易额只有 8.9021 亿美元，其中，中国出口为 7.9049 亿美元。

二、中国—海合会国家的投资合作概况

中国—海合会国家的资本合作主要包括互相投资、工程承包、劳务合作和设计咨询等。近年来，双边资本合作更加密切，并表现出继续发展的良好势头，海合会对中国的直接投资逐年增加。2003～2010 年，中国对海合会的直接投资额由 1066 万美元升至 16.74 亿美元（见表 3-2），短短 7 年时间增加了约 156 倍。中国对海合会直接投资的存量增长十分迅速，增长速度都在 50% 以上。2010 年以后，由于国际油价波动和政治因素，投资规模也受到较大影响。但与此同时，中国也在积极推动"一带一路"倡议的落实，抓住机遇，迎接挑战，深化与海合会国家在投资、金融领域的合作，未来中国与海合会双向投资在规模、结构方面仍有较大发展空间。据中国商务部统计，截至 2013 年底，中国对海合会国家直接投资存量总计为 37.82 亿美元，仅占当年中国非金融类对外直接投资总存量

5434 亿美元的 0.7%。从国别上看，沙特和阿联酋是吸引中国直接投资最多的两个海合会国家。截至 2015 年底，中国对沙特和阿联酋的直接投资存量分别为 17.47 亿美元和 15.15 亿美元，分别占中国对海合会六国直接投资总存量的 46% 和 40%；中国对阿曼、卡塔尔和科威特的直接投资存量分别为 1.75 亿美元、2.54 亿美元、0.89 亿美元。阿联酋是中国企业对海合会国家投资的首选目的地，目前已有 3000 多家中国企业在阿联酋开设了公司或办事处。中国投资阿联酋的主要领域为钢铁、建材、建筑机械、五金、化工等。2015 年，中国和阿联酋宣布建立 100 亿美元的共同投资基金。

自 2004 年开始，随着中国和海合会贸易往来的逐渐频繁，中国对海合会成员国油气行业的投资也出现了热潮。截至 2015 年 10 月，中国在三个海合会成员国（阿联酋、沙特和卡塔尔）共投资了七个油气项目，其中包括六个油气勘探开发项目和一个炼厂项目，总投资额超过 100 亿美元。在海合会成员国中，目前只有阿联酋和阿曼的油气领域对外资采取完全开放的政策，沙特与科威特两国石油上游领域不对外开放，并采取"有差别化对待"的合作政策，即优先向海合会内部其他成员国开放。换言之，虽然海合会各成员国油气产业开放程度不低，但依然受到诸多条件的限制。例如，海合会国家对参股比例和本地化有着较高要求和限制，阿曼对外资公司的本地化要求高达 90%，因而中国目前可进入的投资受限。

表 3-2　2010~2015 年中国对海合会六国投资情况　　　　　　单位：亿美元

国家 \ 年份	2010	2011	2012	2013	2014	2015
沙特	7.61	8.83	12.06	17.47	19.87	23.34
阿联酋	7.64	11.75	13.37	15.15	23.33	46.03
阿曼	0.21	0.29	0.33	1.75	1.90	2.01
巴林	0	0.01	0.07	0.02	0.04	0.04
卡塔尔	0.77	1.3	2.2	2.54	3.54	4.50
科威特	0.51	0.93	0.83	0.89	3.46	5.44
合计	16.74	23.11	28.86	37.82	52.14	82.35

资料来源：历年《中国对外直接投资统计公报》《外商投资报告》。

与海合会国家在欧美国家的巨额投资相比，海合会国家对中国的直接投资规模很小。2015 年，中国实际利用海合会国家直接投资金额为 3.2 亿美元，仅为同年中国对海直接投资流量的 16.2%。中国所吸引的海合会国家直接投资同样主要来自阿联酋和沙特两国。2015 年，中国实际利用沙特和阿联酋直接投资金额为 3.16 亿美元，占当年中国实际利用海合会国家直接投资金额的 99%。海合会国家对中国投资主要流向石化和金融领域，投资方式主要是主权财富基金和合资，主要项目包括：2008 年，阿联酋博禄公司投资 2980 万美元在上海建立工程塑料生产基地；2009 年，沙特基础工业公司和中国石化集团合作兴建天津炼油化工一体化项目；阿曼石油公司与韩国 GS 集团签订协议，购买了青岛丽东化工有限公司 30% 的股份，并与中国燃气共同投资 4000 万美元注册成立合资企业；等等。

海合会在金融领域对中国的投资主要通过主权财富基金和合资的方式进行。2006 年，沙特王国控股公司购买了 3.9 亿美元中国银行股份；科威特投资总局和卡塔尔投资局分别出资 7.2 亿美元和 2.06 亿美元购买中国工商银行股份；2010 年，上述两家主权财富基金又分别出资 8 亿美元和 28 亿美元购买了中国农业银行股份，卡塔尔投资局成为中国农业银行 H 股最大的投资者；阿联酋阿布扎比国际联合投资公司斥资 7.75 亿美元入股重庆农村商业银行；卡塔尔投资局收购了中信资本控股有限公司超过 20% 的股权等。

三、中国—海合会国家的国际承包工程概况

对外工程承包是中国实施"走出去"战略的重要渠道，也是推动落实"一带一路"倡议的重要内容。商务部数据显示，仅 2017 年 1~4 月，中国企业与"一带一路"沿线国家新签对外承包项目就达到 1862 项，合同金额达 318.5 亿美元。而在"一带一路"沿线国家中，海合会国家无疑是最大的工程承包市场之一。进入 21 世纪，中国对海合会国家工程承包项目量增长迅速。2006 年，中国对海承包工程营业额 24.3 亿美元，到 2015 年这一数据已增长至 116.7 亿美元，占中国对外承包工程营业额总量的 7.6%，年均增长率达到 17%。受金融危机的影响，2009 年以后，中国对海承包工程业务增速放缓，营业额年均增长率仅为 6.2%。沙特是中国在海合会国家中最大的工程承包市场，2015 年，中国对沙特承包工程完成营业额达到 70.2 亿美元，占中国对海承包工程营业额的 60.1%。

除了数量上的增长，中国对海承包工程项目的结构也有所优化，逐步从以劳动密集型为主转变为劳动、技术、资金密集型相结合的模式，业务范围从普通的房屋建设、路桥建设扩展到工业、能源、通信、石化等领域。

四、经贸合作发展的特点

首先，能源合作不断升级。经济的高速发展带动了中国对油气资源的巨大需求，经过多年的石油贸易往来，中国已经成为海合会国家长期、稳定、可靠的能源供应市场。在新的历史阶段，能源贸易仍然是双方重要的合作领域。规模庞大的石油贸易巩固了双方互利共赢的经济合作。来自海合会国家的原油供给是中国经济发展的重要保障。此外，由于全球经济复苏乏力，石油需求疲软，美国页岩油开采商与传统产油国之间的较量引发了石油供应过剩，2015 年国际原油价格较 2014 年下跌 35% 左右，在此背景下，中国对石油的强劲需求也有助于稳定国际市场原油价格，减轻海合会国家的财政和经济压力。

其次，基础设施建设合作升温。海合会国家是国际承包工程高端市场之一，该地区的工程建设项目长期被欧美和日韩企业把持。近年来，随着工程装备和技术工艺水平的大幅提升，越来越多的中国企业参与了海合会国家重点基础设施项目的建设，涉及铁路、港口、发电、水利等领域。中资企业在海合会国家的承包工程正逐步转型，呈现出诸多新的特征。一是油气开发相关工程建设能力获得认可。凭借技术、装备和工艺水准的大幅提升，中国企业在发达国家长期垄断的高端石油开采服务市场获得了一席之地。二是技术含量高的现代化交通基础设施建设项目增多。三是港口合作激活海合会国家国际贸易区位优势。四是工业生产相关设施建设为产能合作搭建桥梁。五是中国企业越来越重视与当地企业开展合作，与当地企业组建联合体进行投标和施工建设，逐渐成为中资工程企业的战略选择。

再次，海合会国家经济转型释放新的合作空间，经贸合作不断释放新的空间和新机遇。由于可开采石油资源储量减少以及国际原油价格持续低迷，海合会国家意识到过度依赖石油的单一经济结构存在巨大风险，纷纷提出经济转型计划，加速工业化进程，着力完善商贸旅游等服务业基础设施。阿联酋是海合会国家中最早探索转型的国家，非石油产业收入已经占到其国民生产总值的70%左右，目前正积极发展信息、金融、航空产业和工业。巴林的石油产业在其国民经济中的比重已低于20%，石油、金融、制造业和政府服务四个产业的经济比重都在10%～20%，目前巴林已成为海湾地区知名的离岸金融中心。2016年，沙特公布了经济改革计划"沙特2030愿景"，对政府机构进行大规模调整，成立高达2万亿美元的主权财富投资基金，力求逐步摆脱对石油的过度依赖，重点发展产业投资、民用和军用工业、房地产、旅游和咨询行业；人均资源富足的卡塔尔也开始实施经济多元化战略，大力改善国内投资环境，扩大开放领域，加强基础设施建设，力图吸引外国投资，重点发展金融、科技、农业等产业。而中国"一带一路"倡议的提出，也让新时期的中海经贸合作充满了生机。中国与海合会国家的经贸合作在新的历史时期不断释放新的空间和机遇，预计双方在能源、承包工程、投资和金融领域的合作将不断深化和升级。

最后，中国对海合会各国贸易依存度仍然偏低。中国对海合会各国的贸易依存度都很低，最高的是沙特，也仅为1.5%。海合会各国对中国的贸易依存度相对较高，最低的是卡塔尔，为3.45%。近年来，海合会的年进口市场规模在4000亿美元左右，中国对海合会出口尚有巨大的提升空间。尽管中国自海合会国家的原油进口在不断增长，海合会国家在中国原油市场的份额仍低于其在全球市场的份额。综合考虑中海货物贸易现状、海合会国家非油商品的出口潜力及中国制造业的快速发展等，中海货物贸易有着广阔的发展前景。

五、中国与海合会经贸合作存在的挑战

（一）欠佳的营商环境抬高了企业经营成本

尽管海合会国家的人均收入水平已经位居全球前列，但从发展阶段上来看，其依然属于发展中国家，市场发育尚不完全，加之受到传统习惯的限制，总体营商环境还不够理想。世界银行发布的《世界营商环境2017》报告显示，纳入评估的190个国家（地区）当中，阿联酋、巴林、阿曼、卡塔尔、沙特、科威特分别排名第26位、第63位、第66位、第83位、第94位和第102位。在市场准入、财产保护、商事纠纷解决等方面，外国企业在海合会国家享有的待遇明显低于当地企业。海合会国家对外资进入设置了明确壁垒，例如，沙特等国保留了担保人制度，要求进入该国的外商企业必须选择当地具有一定资质的人员作为担保人，并向担保人上交一定比例的利润或收入抽成；沙特、阿联酋等国要求外资必须与本地企业组建合资企业且持有股权比例不得高于49%。沙特等国要求外国工程承包商必须与当地代理人进行合作并交纳代理费，与当地承包商合资或联合经营，在合资企业中不能取得过半股权；卡塔尔、阿联酋等国则要求外国承包商必须聘用一定比例的当地工人，采购当地工程设备和建筑材料，限制外资工程企业与石油开采环节的工程承包。在承包工程业务方面，海合会国家业主通常要求与承建方签订固定金合同，项目建设过程中由于需求变化而产生的额外成本完全由承建方承担。在支付模式上，海合会国家通常要求承包企业自行筹集资金垫付前期建设支出，待完工后统一支付。此外，中资企业也

面临着潜在的标准障碍,海合会国家大多采用欧美国家工程建设规范,明确要求使用西方设备和材料,聘请欧美监理公司。

(二) 单一经济结构转型尚存不确定性

长期以来,海合会国家试图推进经济转型,但这一过程充满了不确定性,难度较大。阿拉伯半岛环境恶劣,土地贫瘠,阿联酋、沙特可耕作土地面积分别仅占其国土面积的5%和1.67%,淡水资源严重缺乏,大部分国家年均降水量在100毫米以下,劳动力价格高昂,缺乏发展工业、农业的基础。尽管海合会国家力图实现经济多元化,但除阿联酋外,其他海合会国家石油天然气产业出口额占总出口的比重均超过70%。对油气行业的过度依赖导致国民经济运行与国际油价波动之间形成了较强的共振关系。虽然阿联酋通过发展房地产业和旅游业降低了石化行业在经济中的比重,但其非实体经济基础相对较弱,难以形成稳定的竞争力。未来国际原油需求的低迷、页岩油气开采技术的成熟、替代性新能源行业的发展以及房地产价格的下跌都会削减海合会国家的财政收入和购买力,限制该地区国家对外国商品、服务、工程建设等方面的需求。此外,海合会国家通常要求工程承包企业带资开展工程建设,这使得在国际油价低位运行或化石能源遭遇替代时中资工程承包企业将面临巨大的资金回收风险。

(三) 恶劣气候条件是经济合作的客观障碍

海合会国家所处的阿拉伯半岛属于热带沙漠气候,一年中有8个月的平均气温在40摄氏度左右,夏季正午时段地面温度更是高达50~70摄氏度,地表黄沙遍布,水资源严重缺乏,经常遭遇严重的沙暴天气,生活和工作条件极其恶劣。沙特法律规定,除非得到国王特别批准,否则任何企业不得要求劳工在正午时段开展户外工作。严酷的自然环境将对户外工程建设作业产生极大的不利影响,并直接危及作业人员的人身安全和工程质量,限制“中国速度、中国效率”的发挥。

(四) 伊朗与海合会国家的潜在对抗威胁地区稳定

除巴林外,海湾六国中的其他几国均为逊尼派穆斯林占据多数的国家,伊朗则是强势的什叶派大国。逊尼派、什叶派两个教派的纷争已持续上千年时间。沙特凭借大规模的油气资源出口积累了巨额财富,政治军事上依附美国,是阿拉伯世界核心大国。然而,由于地处环境恶劣的阿拉伯高原,沙特严重依赖石油产业,缺乏发展其他产业的自然条件,一旦石油资源枯竭或被新能源替代,将失去经济发展基础,甚至陷入政治动荡。因此,沙特长期致力于强化对周边国家的控制,试图扩大势力范围。而作为中东地区的另一大国,伊朗对沙特的势力扩张心存戒备,近年来,两国在多个周边国家的内战中明争暗斗。海合会国家和伊朗都拥有丰富的石油和天然气资源,是全球主要的能源基地。同质化的资源禀赋、经济结构为海合会和伊朗的经济利益冲突埋下了隐患。伊斯兰革命之后,国际社会制裁严重削弱了伊朗的综合国力,导致区域国家间的博弈趋于缓和,而2015年伊朗核协议的达成、制裁的解禁恢复了伊朗的“正常国家”地位,使其重获融入全球经济体系的机遇,客观上可能重新激化双方的矛盾和对立。2016年初,伊朗总统鲁哈尼分别造访法国、意大利,并与其达成民航、汽车、石油、交通等多个领域的合作意向,签署价值超过400亿美元的经贸合同,欧洲、亚洲等地的多国商务代表团也纷纷赴伊朗开展经贸合作谈判。伊朗试图借此重新扩大全球油气市场份额。伊朗经济实力的复苏引发了海合会国家的警觉，它们开始寻求从政治外交途径实施对伊朗的制衡，2016 年 1 月 2 日，沙特处决了什叶派激进教士尼米尔，引发了和伊朗之间的外交风波。随后沙特宣布与伊朗断绝外交关系，巴林、苏丹也相继与伊朗断交，阿联酋降低了伊朗的外交级别，沙特与伊朗两国外交冲突已演变成海合会国家和伊朗的对立。

（五）日益猖獗的极端组织威胁地区稳定

从 2014 年开始，伊拉克、叙利亚政府以及俄罗斯、法国、美国等国际力量对"伊斯兰国"的军事基地进行了持续打击，节节败退的极端组织成员可能逐渐向周边的海合会国家渗透。而后，沙特、阿联酋、卡塔尔、巴林等国也加入了由美国主导的联军，对叙利亚境内的"伊斯兰国"目标实施空中打击。遭到打击的极端势力可能采取"化整为零"的策略，实施小规模武装袭击，并扩展发动恐怖活动的区域。2015 年，沙特陆续发生多起极端分子发起的炸弹袭击，造成多人伤亡；同年，科威特一座清真寺遇到"自杀式"炸弹袭击，至少造成 27 人死亡。2017 年斋月之际，沙特三个地方在同一天发生自杀式恐怖事件，造成多人丧生。极端宗教势力狂热追捧"原教旨主义"，具有极强的排外倾向，可能会给中资企业在当地的工程和项目造成潜在威胁，增加双方开展合作的风险。

（六）域外利益相关大国牵制中海合作

海合会国家是全球石化能源中心，是亚洲、非洲、欧洲连接交汇的地带，重要的战略地位引发全球各方政治势力在此开展政治角逐。因此，中国与海合会国家的经贸合作会不可避免地受到相关利益国家的竞争和牵制。其一是海合会与欧盟之间的关系。地理上，海合会国家与欧洲隔地中海相望，双方往来具有区位优势；历史上，欧盟国家曾是海合会国家的宗主国，至今仍对其施加广泛影响；经济上，欧盟曾连续多年成为海合会国家最大的贸易伙伴，双方经济相互依赖程度深。海合会与欧盟早在 1990 年就已经启动自贸区谈判，虽然由于投资开放、天然气定价、知识产权保护等方面存在分歧而屡遭拖延，但近期有望重新启动。其二是海合会与美国之间的关系。美国是海合会重要的战略伙伴和军事盟友。经济上，美国是海合会国家主要的贸易伙伴，近 5 年双方贸易额均超过 1000 亿美元，且双方保持着紧密的军事合作关系，美国在海湾六国都派有驻军，设置军事基地和设施，常年为各国提供军事训练支持，出售大宗武器，协助其建设导弹防御系统，在该地区形成了无可比拟的军事存在。美国将中国提出的"一带一路"倡议视为地缘挑战，认为中国试图借此控制欧亚大陆的中心地带，抵消美国的"新丝绸之路"战略和亚太再平衡战略，很可能会利用既有的影响加大对海合会国家的拉拢和利诱，疏离中国与海合会之间的关系，干扰双方互利合作。其三是海合会与印度之间的关系。印度与海合会国家隔海相望，地理位置更加接近。印度是海合会国家最主要的粮食供应国和劳动力输入国。双方已在 2004 年启动自贸区谈判，经济和人员往来联系紧密。印度精英阶层普遍掌握英语，与通用英语的海合会各国开展交流更为顺畅。

海合会国家是阿拉伯国家很重要的板块，对中东乃至全球的和平、稳定与发展具有重大意义。2016 年 1 月，习近平作为中国国家主席首次访问中东地区，第一站就到了沙特。在中国同阿拉伯国家的合作中，海合会国家始终走在前列，目前，已有三个海合会国家同中国建立了战略合作关系，有五个海合会国家成为亚投行的创始会员国，有三个海合会国家同中国签署了共建"一带一路"的合作文件。总之，海合会六国在国际经济舞台的重要性和地位远远超过了其他阿拉伯国家。加强与海合会国家的经贸合作，不仅可保障我国的能源安全，也有助于实现我国在中东地区政治经济利益的最大化。海合会国家油气和非油气商品的对华出口尚有增长潜力，其庞大的货物进口和工程承包需求对中国商品和企业无疑是不可多得的良好市场。

此番阿拉伯政坛剧变更凸显了海合会国家在阿拉伯世界的魄力和作用。目前，中国的国际和周边环境面临着新的挑战，应积极推进中海自贸区等制度化平台的建设，充分利用经贸合作这一杠杆来促进双边政治关系的发展，与海合会国家结成相互依靠的牢固的战略伙伴。

六、未来双方经贸合作中应注意的问题

第一，中国在海合会国家的根基浅于其他主要竞争伙伴。中国直到20世纪90年代才与所有海合会国家建立正式外交关系，欧美、日本等发达国家则远远早于中国。20世纪30年代起，海合会国家正是借助欧美才开始了石油勘探开发。欧美企业及商品牢牢占据海合会国家市场近半个世纪之后，中国企业和商品才开始向其进军。由于经济腾飞较早，日本、韩国的商品和企业也较早打入海合会市场，中国—海合会国家经贸合作的根基要大大浅于发达国家。海合会对欧美的技术相对比较认可，欧美企业也因此占据了海合会大部分的服务市场、装备制造市场以及炼化产业。

第二，互补性不等于合作性。中国和海合会国家的经济互补性是双边经贸合作赖以快速稳定发展的基础。中国具有比较优势的出口商品品种大大超过海合会国家，海合会国家比较优势极强的矿物燃料等，中国则不具备比较优势，中海双方在资源和市场方面有较强的互补性。但欧美日韩等发达国家与海合会国家具有同样的互补性，中国面临着来自发达国家以及印度等新兴国家的强劲竞争，互补性只是双方合作的基础，合作性有赖于双方共同努力。

第三，海合会地区内外局势不稳。阿以冲突、伊朗核问题、卡塔尔断交风波等给海合会所处的海湾地区经济形势带来一定负面影响，同时以美国为首的西方国家长期以来竭力干预、介入该地区国家事务，加之经济"逆全球化"、贸易投资保护主义抬头、资源输出国财政经济困难等因素都在一定程度上影响了中海双边经贸合作。与海合会国家的经贸合作必须具备一定的风险意识，但这种意识不必成为我们与该地区开展业务的障碍，毕竟作为全球重要的能源供应地区，包括欧美在内的世界强国都不愿意看到这一地区发生短期或长期动荡。

第四，中国商品和企业在海合会国家的宣传力度不够。以家电产品为例，中国民族品牌对海合会国家的出口十几年来虽有所增长，但占据海合会国家主要家电市场的仍然是欧美日韩的品牌。欧美日韩品牌在当地早已深入人心，这就需要我们为开拓市场付出更多的努力。除在海合会国家举办商品博览会、推介会等传统手段外，中国企业可考虑通过当地主流媒体等加大国产品牌的广告宣传，并通过建立良好的营销和售后服务网络来赢得海合会国家消费者的认同。

第五，海合会石化产品将冲击中国市场。中国石化行业的发展在很大程度上受资源短缺的制约，但中国拥有庞大的石化产品消费市场。海合会国家的石化产品的成本优势远远

超过包括中国在内的许多国家的产品。例如，对比沙特、中国主要石化产品的生产成本，沙特乙烯、聚乙烯、乙二醇的成本仅为中国的29%~30%，聚丙烯稍高，为中国的75%。中国—海合会自由贸易协定一旦签署，随着关税的下调，海合会石化产品将大量进入中国市场，国内一些石化生产企业轻则利润缩水，重则停产倒闭，故应及早着手准备迎接不可避免的挑战。

第六，中国廉价劳务优势在减弱。随着经济的快速增长和国内人均收入的提高，中国原有的廉价劳务优势在不断减弱，印巴、东南亚劳务不仅价格低廉且通用英语，在语言上具有优势，周边也门、苏丹等阿拉伯国家劳务人员与海合会国家属同一民族，更受到当地青睐。我国与海合会国家的劳务合作目前面临较大挑战，外派企业在派出劳务的工资待遇上面临越来越大的压力。此外，还需要改善外派劳务人员结构，减少体力劳务，增加技术型劳务的输出。

第七，中国企业间协调力、产品竞争力等需进一步提高。中国企业在贸易和工程承包业务方面还没有形成有效的内部协调和合作机制，在与海合会国家的经贸合作中各自为战，严重影响了中国企业的经营质量和效率。中国出口产品种类繁多，但缺乏拳头产品和品牌产品。我国的制造业产业结构需要继续优化，制造业水平有待提高。中国制造业产业的升级、国际品牌的形成自然会带来中国出口从量到质的增长。

第八，应继续加强诚信建设。少数国内商家存在认知误区，认为海合会国家资金充足，海合会企业和商家不善管理，与对方的合作敷衍了事，甚至恶意欺诈，时常出现以次充好、违背诚信的行为，虽然为数不多，但严重影响中国商品和企业整体形象，延误中国企业合作商机，甚至在部分海合会国家引发对中国商品的信任危机。诚信建设不论在国内还是国际市场都须高度重视。

第九，中海自贸区建设必要且迫切。自贸区建设等互利互惠的制度化平台是我们可采纳的促进中海双边经济、政治关系的重要工具。担心自贸区建成后，海合会石化产品将冲击国内市场是阻碍中海自贸区进程的主要障碍之一。海合会石化产品的大量涌入会给国内相关企业带来负面影响，但主要冲击和挤压的是日本、韩国在中国的市场份额，从整体看，中海自贸区建设对中国经济的影响利大于弊。中国—海合会自贸区谈判不宜久拖。目前，海合会与欧盟、日本、印度、韩国等也展开了自贸区谈判，巴林、阿曼已与美国单独签署了自贸协定。尽早签署中海自贸区协议，可有效规避贸易转移产生的负面效应，同时可使我们抢得先机，在各方面赢得更多的战略主动，为未来双边关系的进一步发展做好铺垫。

总之，中国提出了构建横跨欧亚大陆的"丝绸之路经济带"和联系太平洋、印度洋和大西洋的"21世纪海上丝绸之路"，这两条丝绸之路交汇于中东地区。海合会国家在中国构建"一带一路"倡议中具有不可或缺的重要地位，以海合会作为一个重要支点，可以辐射整个西亚地区。过去10年，海湾国家逐渐失去了美国和欧洲第一大石油供应来源的地位，而中国经济的快速增长、石油需求的迅速增加，恰恰为海湾国家寻求长期稳定的石油出口市场提供了重大战略机遇。未来10年，能源供需缺口和外部资源条件的约束或将成为制约中国经济持续发展的最大瓶颈。预计到2020年，中国石油的需求将达7亿吨，其中2/3需要进口。在此背景下，中国—海合会的经贸合作仍具有良好的发展前景。

第三节 中国—海合会能源合作发展

一、中国—海合会能源合作的重要意义

油气资源是我国国力发展的支柱之一，也是油气资源国经济和社会发展的重要支柱之一，对于后者而言，至关重要的问题就是找到稳定、可靠、长久、广阔的输出油气的市场，并推行能够扬长避短的、灵活的且具有可持续性的能源发展战略。

近年来，各大石油进口国均发布誓言要"超越以石油为基础的经济，摆脱对中东石油的依赖"，但中东、欧佩克在国际石油市场的比例实际上依然呈逐年上升的势头。经济合作与发展组织预测，欧佩克在 2030 年可以满足世界一半以上的石油需求，这一份额甚至超过 20 世纪 70 年代初的水平。换言之，石油供应趋向于集中，而多元化在下降。尽管石油市场的全球化特征使以控制来源为特征的石油进口安全政策意义受到质疑，但海合会对中国的能源安全具有十分重要的意义。海合会秘书处能源部主任阿卜杜拉指出，"中国自身的油气储产量相较而言比较小，对于中东石油的需求不断增加，扩大在中东地区的直接投资是中国所希望达到的局面。此外，对于中国的整个产业链，中东产油国也有进入之意。因此，中阿之间的这种业务往来逐渐就具备了互相投资和贸易的性质"，"中阿之间的联系与发展将会对它们之间的互相投资和贸易起到促进作用，使这二者之间利益相互融合的理想方法之一就是使它们相互投资"。我国学者吴磊也指出："目前世界石油格局的核心是中东地区，放射线是霍尔木兹海峡和波斯湾，战略目标是争夺石油利益与权力。"中阿之间在能源领域的合作不断加强的动力即在于此。中国和海合会分别在 2005 年和 2008 年举办了两次能源小组对话会。此外，双方还提出共建"一带一路"的思路，旨在升级中海友好合作关系，努力打造安全可靠、互利互惠、长期友好的能源战略合作关系，促使双方民族振兴的目标得以实现，从而形成互利共赢的局面。

自"冷战"结束后，中国政府在处理中东国际事务方面，呈现出强调公平、公正以及更加务实的姿态，对国际社会为使中东热点问题得到和平解决而做出的努力表示支持。对于中国面对各种国际、地区问题所表现出来的伸张正义的态度以及促进共同发展、维护世界和平的决心与做法，阿拉伯世界表示赞赏并相信在油气消费方面中国市场的潜力必将是巨大的，希望在能源领域与中国建立起全面合作交往的关系。

从地缘角度及出口能力看，海合会国家是未来中国原油最充足、最理想的来源地。一方面，海合会国家是中国最充足的原油进口来源地。自 1996 年中国成为原油净进口国以来，海合会国家就成为了中国最主要的原油进口来源地，这种状况至今没有改变，而其他地区在中国原油进口构成中的占比却有较大变化。另一方面，海合会国家是中国地缘条件最理想的原油进口来源地。非洲尤其是西非这几年石油勘探开发取得巨大进展，已成为世界重要的原油出口地区。西非与中国有良好的政治互信关系，目前是中国第二大原油进口来源地，且其出口增长的后劲十足。但自西非的原油进口运输距离较远，西非国家安全局

势也影响原油的生产和出口，海上运输安全问题也值得关注。从地缘角度看，除中东地区外，美国还有自家门口的加拿大、距离不远的墨西哥等中南美洲产油大国作为其良好的油源选择，而中国、日本、韩国、印度等东亚国家原油采购的地缘条件不如美国，海合会国家所处的地区不仅油源充足、集中，相对非洲、南美等到中国的运输距离更短、运输成本更低。在可预见的将来，海合会国家仍将是包括中国在内的东亚国家最重要的石油供应地。

习近平主席指出，能源安全是关系国家经济社会发展的全局性、战略性问题，对国家繁荣发展、人民生活改善、社会长治久安至关重要。面对能源供需格局新变化、国际能源发展新趋势，保障国家能源安全，必须推动能源生产和消费革命，全方位加强国际合作，实现开放条件下的能源安全；务实推进"一带一路"能源合作，加大与中亚、中东、美洲、非洲等油气的合作力度。

在追求石油进口安全的策略上，很多国家政府都致力于扩大进口油中本国企业投资开发的权益油的比重。这背后的逻辑是利用权益油抵抗国际油价剧烈波动的风险，"安全系数"更高，其本质是要求拥有权益油的相关企业承担一定的社会责任，关键时期以国家经济安全，而不是自身的成本收益作为决策依据。中国正在成为世界市场上的资本输出国，中国政府支持三大国企在世界范围内寻找油源，其目的也是如此。中国原油的进口来源地主要集中于非洲、拉丁美洲以及中亚地区，在海合会成员国中涉足相对较浅。中石油和中石化在阿曼的风险勘探项目，以及中石化在沙特的天然气开发项目，是中国企业参与海合会国家油气开发为数不多的例子，规模相对有限。因此，在确认海合会石油供应对中国不可或缺意义的前提下，如何改善进口条件，并扩大中国企业在其油气部门的直接投资，是中国政府追求的重要目标。

近年来，中国的"走出去"战略在资源开采领域已初见成效，非洲石油进口比重呈扩大之势，俄罗斯、中亚与中国之间相关石油管道的贯通亦将为中国石油进口多元化提供新的渠道。然而，上述努力均无法从根本上改变中东的市场比较优势，也无法改变其将在可预见的未来成为中国最重要的石油进口来源地的现实——这一基本格局决定了中国继续保持甚至加强与中东国家之间石油合作的重要性，而缔结中海自贸区正是其中的努力之一。事实上，除中国外，美国、欧盟、日本等均在积极追求与中东或海合会成立自贸区。扩大中国企业在中东油气部门的投资无疑是中国—海合会签署自贸区协议的重要利益所在。然而，该问题触及石油生产和消费国最深层次的利益冲突，任何实质性突破均非一蹴而就的事。从世界范围内看，1998 年便生效的《能源宪章条约》（Energy Charter Treaty，ECT）规定了最先进的能源部门投资准入规则，被称为世界上第一个多边投资条约，但它至今未能获得目标资源国俄罗斯的正式批准。尽管日本新能源战略计划意欲在 2030 年时实现海外油源自主开发率达到 40%，然而与印度尼西亚、文莱新签署协定中的能源条款均未能获得任何明确的投资开放法律承诺，而仅仅是号召缔约方"依据各自法律法规"。为加强能源部门的稳定和互惠关系，促进相互间合作，应鼓励和便利双方能源部门私人企业间的合作。具体到海合会国家，美国与阿联酋的自贸区谈判被迫中断，最主要的原因就是美国坚持要阿联酋对能源等部门投资开放做出明确的法律承诺却遭到拒绝。中国可以借助与海合会的自贸区谈判实施能源外交，推进与海合会之间制度化的能源对话和相互信任。

二、中国—海合会能源合作的方式

一方面，建立"战略石油伙伴关系"。中东特别是海湾地区油气储量非常大，生产成本也不高，是全球著名的油气宝库。所以，中国发展对外能源合作的重点自然会指向沙特等国。中国与沙特于1999年签署了石油合作协议，中沙之间的"战略石油伙伴关系"由此建立起来。按照协议约定，除了上游石油勘探与生产以外，沙特方面会将其石油和天然气市场向中国开放，中国方面则会将其下游市场向沙特阿美石油公司（即沙特国家石油公司）开放，此外，还要共建炼油厂并对所进口的原油进行提炼和加工。沙特从2002年至今，一直承担着中国最大原油供应国的角色。科威特石油公司于2005年3月与中国签订了长期供应原油的协议，在北京设立了办事处，使其对中国的石油出口量逐步增加。2005年4月，"中阿合作论坛企业家大会"在中国首都北京召开，"中国—中东能源合作基金"正式启动。该基金是由中国出口信用保险公司与阿联酋有关机构合作共建，具备融资、项目运作以及保险等多项功能，可提供全方位的金融服务，促进中阿企业之间的经贸合作。

另一方面，双方能源企业相互投资合作。中阿能源企业之间的投资是双向的，而且得到了蓬勃发展。阿拉伯世界一直有着"向西看"的传统，希望向西方学习，增强自身的发展实力；改革开放以来，中国经济的腾飞让世界瞩目，也让阿拉伯世界的各国纷纷修改政策，转而开始逐渐"向东看"。以石油大亨沙特为例，沙特的原油储量和产量均在世界独占鳌头，巩固原油市场的占有率一直是该国的基本政策目标，随着中国经济的腾飞，沙特向中国抛来了橄榄枝，希望与中国合作设立炼油厂或合资企业，以达到两个目的：一是满足沙特本国和中东地区的能源需求，二是加强原油的炼化实力，出口成品油至亚洲的一些新兴经济体，拉动其经济发展。目前，两国能源合作水平全面提高，两国能源合作方式和对话机制逐步完善，在能源领域开展全方位合作，并且签署了在石油、天然气以及矿产等领域进一步加强合作的协议。

三、国际能源新格局中中海能源合作面临的机遇与挑战

（一）中国与海合会国家能源合作面临的机遇

1. 开拓新市场是海合会国家的内生需求

中东素有"世界石油阀门"之称，石油资源非常丰富。在国际能源生产与出口中，海合会国家所占的份额极大。在国际能源机制中，除印度尼西亚和委内瑞拉以外，欧佩克成员均为中东国家。尽管中亚以及非洲的一些地区近年来有较高的油气藏被发现，但在未来很长一段时间里，国际石油市场的核心仍然是中东，其重要性甚至会继续增强。美国原来是沙特最大的原油出口目标国，自2002年以来，来自沙特的原油在美国原油进口总量中的比重已不足20%，而且还呈缓慢下滑态势。中国能源进口需求相对稳定，沙特等海湾国家也需要维持石油出口的稳定，沙特每年40%的原油出口到东亚地区，这一地区最大的客户就是中国。

2. 紧抓能源合作契机

石油领域的合作是我国与海合会国家经贸合作的重要内容。海合会已探明原油储量占

世界总储量的42%，原油产量占世界总产量的22%；天然气储量占世界总储量的23%，天然气产量占世界总产量的8%。在未来的几十年内，中东仍将是我国主要的能源进口来源地。2009年2月，时任国家主席胡锦涛访问沙特，沙特政府承诺"任何时候都保证对中国原油供应"。沙特希望2010年底前实现向中国出口原油100万桶/日，这相当于非洲第二大石油出口国安哥拉每日出口总量的一半以上。海合会国家希望分享不断扩大的中国市场蛋糕，中国石油企业也迫切期望能够进入海合会石油勘探开发市场。但海合会国家不允许外资进入石油勘探市场。例如，沙特政府规定，其境内所有石油资源的勘探开采权只能归沙特阿美石油公司所有，作为甲方，沙特阿美石油公司可以出资聘请他国石油公司进行勘探生产，但产品只能归沙特阿美石油公司。外资公司在沙特的机会主要集中在天然气领域。中国企业比欧美企业进入沙特要晚，但中国企业拥有在复杂地层找油以及老油井再生方面的经验，所以还是具有独特的优势。在当前国际经济形势相对不景气的情况下，加强中国和海合会双方的合作意义更加重大，中国—海合会及其成员国之间的关系，尤其是在经贸、能源领域的合作，应在互利、双赢的道路上不断推进。

（二）中国与海合会国家能源合作面临的挑战

首先，中东地缘政治风险引发该区域能源产量的波动，对能源运输线形成威胁，可能影响中国的能源安全。近年来，海合会国家所在中东地区政局动荡、冲突频发。地区各类双边、多边冲突和国内骚乱导致能源供应中断或价格剧烈波动的可能性一直存在。中国石油供应线漫长，安全形势的恶化还会直接威胁中国获取中东石油的海上供应线，如索马里海盗就直接威胁通过亚丁湾和曼德海峡的中国油轮。霍尔木兹海峡是中国进口大多数中东石油的必经之路，如果伊朗与西方发生冲突，霍尔木兹海峡有可能被切断，这将严重影响中国的能源安全。其次，中国与中东的能源合作受到西方国家的攻击和指责。一方面，随着许多全球性问题的凸显，国际社会在人权、劳工、环保、知识产权等方面的法律和规范也在不断发展和完善，而迅速拓展的中国公民、企业、法人在相关国家的经济贸易活动还没有适应这些新情况、跟上这些新发展，由此在当地引起了一些矛盾和纠纷；另一方面，有些西方人士开始打着"中国责任论"的旗号指责中国，部分西方国家以其标准来评价中国与部分国家经贸合作的发展，指责中国在中东等地区搞"新殖民主义"，特别攻击中国不遵守人权、劳工、环保、知识产权等方面的规范。最后，中海能源合作在未来所面临的竞争局面必然会越来越激烈，西方大国以及其他消费国是这些竞争的主要来源。有学者认为，中国与中东的关系可能取代美国与中东的关系，成为影响世界能源问题前景的决定性因素。[①] 如何处理中国与美国、欧洲等西方大国在中东的关系成为中国今后要面临的重要课题。中国在各种场合都强调，中国与美国在中东虽有分歧和竞争，但在能源方面应是合作共赢关系，而不是零和游戏。保障中东能源生产及能源运输通道安全符合中美以及各方的共同利益，合作才有共赢，冲突则会导致两败俱伤。

从长期来看，中国与海合会国家能源合作仍面临激烈的竞争和严峻的挑战。一方面，中国应加大对海合会国家的关注和引导力度，从顶层设计到具体的战略、各层次人员交流入手，展现中国积极的国家形象，增加与海合会产油国的合作；另一方面，中国应大力发展新能源和可再生能源，发展低碳经济，提高能源的使用效率，从而充分利用好国际国内

① 资料来源：中村玲子. 美国攻打伊拉克背后隐藏着石油地缘政治学［J］. 经济学人（日本），2002.

的能源资源，保障中国的能源安全。

目前，石油安全问题已日益凸显，一旦遇到一些不可控因素，特别是战争因素，不仅会导致国际市场油价波动幅度加大，也可能导致中国的石油进口通道被切断，届时将直接危及中国经济和军事安全。因此，必须保障石油贸易安全，这就需要构建新的石油安全版图。海合会国家石油储量巨大，是世界上主要的石油供应者，也是中国最重要的石油贸易伙伴。加强与海合会的政治经济关系，特别是加强双边石油合作是非常必要的，对中国的石油安全有着重要的战略意义。但不容忽视的是，海合会成员国油气部门的投资准入一向都是实实在在的严苛限制。虽没有宪法的明文禁止，拥有近 1/4 的世界石油储量的沙特迄今仍将外资拒之门外，科威特宪法则明文禁止外资拥有石油上游利益。为突破该宪法限制，1997 年科威特政府便推出"科威特工程"（Kuwait Project），旨在通过特别立法，引入跨国公司资本和技术参与石油上游生产。该计划拟绕过所有权问题，不涉及任何产品分成、租让等内容，而以所谓"每桶费"的形式支付外国公司报酬，却仍然一直遭到国会的重重阻挠。近期，科威特国有石油公司（Kuwait Petroleum Corporation）拟与中国合作开发其北方油田，项目规模达 85 亿美元，亦面临如何克服国会反对的问题。其他海合会国家对外资准入石油开发相对宽松一些，但是相关的法律制度常常缺乏统一性和透明度，政府以自然资源主权为基础的自由裁量权，或者说权力外交常常具有决定性的影响力。例如，阿联酋自然资源主权归属于各酋长国所有，既没有统一的联邦能源政策也没有相关的立法，石油资源开发的条件完全取决于各地方政府与石油公司之间的合同约定。阿曼的外国投资也在很大程度上以个案为基础确定，投资准入的最惠国待遇和国民待遇远远没有实现。而上述这些也是中国企业"走出去"在中东涉足很浅的体制原因之所在。

（三）双边石油贸易存在的问题

1. 双边石油贸易商品结构不合理

2013 年，中国从海合会进口的石油产品（HS27 类产品）中，最多的是 HS2709 石油原油及从沥青矿物中提取的原油，占 88%，其次是 HS2711 液化气，占 10.4%，这两类商品占比达到 98.4%。然后依次是 HS2707 蒸馏高温煤焦油所得的油类及其他产品、HS2710 石油及从沥青矿物中提取的油类，占比分别为 1.1% 和 0.5%。显然，中国从海合会进口的石油以未经过加工的原油为主，而经过加工的石油产品比重极低，商品结构不尽合理。中国大量进口原油，经过长途运输，然后在国内进行加工生产，造成了较为严重的环境污染。

2. 行业垄断限制了竞争

中国石油行业的进口垄断是造成行业低效率的主要原因之一。"两桶油"的作用从早期的为国内提供廉价资源以帮助本国其他企业降低成本、预防通胀，转变为彻底的垄断营利机构，运行成本居高不下，致使国内成品油价向发达国家看齐。现有成品油定价体系还不完善，导致国际市场原油价格上涨时，国内成品油提价迅速；而国际市场油价下降时，国内成品油价格却难以同步下降。凭借行政垄断，可以获取巨额利润，而这些利润是建立在国民福利的损失基础上的。

3. 石油合作模式比较单一

目前，双方石油市场都设有较高准入壁垒，对外资进入本国石油行业限制较多。海合会国家实行严格的外资准入限制，不允许外资进入，中国企业通常只能开展上游服务业务。中国方面对石油更是实行国企垄断，对民营资本尚不开放，更何况外企。双方在石油方面的合作模式比较单一，仅限于石油贸易与石油勘探服务和开采服务等方面。目前，鲜有中国企业参与油田开采，中国石油企业在海合会国家不能自主经营油田、开采并出口原油，只能提供相关的服务，如开展与石油相关的国际工程承包业务；而海合会国家资金充裕，其企业同时具备资源优势和资金优势，但不能在中国建石油炼化企业，在中国当前石油及成品油管理体制下，只能以出口方式向中国销售原油及制品。

4. 没有石油定价权

国际市场原油价格主要是指美国纽约商业交易所的轻质低硫原油期货价格和伦敦国际石油交易所的北海布伦特原油期货价格，以美元定价，很大程度上由发达国家特别是美国控制。中国拥有原油进口权的企业数量极少，虽然避免了出现类似铁矿石进口价格的困境，但中国在国际市场石油定价权方面几乎没有影响力，未能在原油进口议价方面获得明显好处，基本上只能被动接受国际原油市场价格，这与中国全球第二大石油进口国的身份不相匹配。进入21世纪后，国际原油价格一路上扬，大大增加了中国的能源消费支出，提高了经济运行的成本。

（四）促进中海石油合作的建议

1. 打破"两桶油"的垄断，推动石油自由贸易

由于石油是一种重要的、不可再生的、严重依赖进口的战略性资源，因此中国必须继续保持从海合会进口的石油的规模。对此，首先，中国应打破"两桶油"的垄断，促进行业内的竞争，迫使包括"两桶油"在内的企业采取各种措施应对竞争，加快技术进步、提高产品质量、改善服务、降低成本；其次，中国应借国际市场油价跳水的机会取消原油进口配额，降低交易成本，并逐步允许更多企业从事石油和成品油进口业务，打破当前的国有寡头垄断格局；最后，双方政府在自贸区谈判过程中应予以充分考虑，为双边石油贸易提供便利，减少乃至取消交易的管制措施。

2. 鼓励从海合会进口成品油

中国有石油进口权的国有企业不仅应努力保持从海合会进口的石油的规模，同时还应调整经营思路，改变以进口原油为主的做法，适当增加从海合会进口成品油的比重。众所周知，石油炼化环节往往会造成比较严重的环境污染问题。减少成品油进口障碍，降低进口关税，直接进口成品油，既可以利用国外石油资源，又可以减轻国内环境保护压力。同时，廉价成品油的进口也会倒逼国内行业竞争，促使国内炼化企业改进技术、降低成本，从而提高行业的竞争力。

3. 加强石油定价合作

国际市场原油价格经常发生较大幅度波动，对中国与海合会的石油贸易存在不利影响。2014年下半年，沙特原油增产，欧佩克成员国都不同意减产保价，致使国际原油价格一度跌去一半，在有所反弹之后，又开始暴跌。中国原油进口成本大幅下降，但可以预期，低价石油不会维持太长时间，油价迟早还会反弹至高位。因此，中海双方应加强石油定价方面的合作，加快推出并完善上海原油期货交易，并构建合理的双边石油贸易定价机制，与发达国家争夺国际市场原油定价权。中国近年来在大力推进人民币国际化进程，并与不少国家签署了货币互换协定，为此，可以考虑与海合会国家也进行货币合作，并鼓励在双边石油贸易中使用人民币进行结算。

4. 加强石油开发与加工合作

中海双方还应加强双边石油开发与加工合作，促进相互之间的能源产业投资。一方面，双边自贸区谈判中，应考虑加强双边石油开采合作，特别是中方应争取获得在海合会市场的石油开采准入资格，使中资企业可以参股或以其他方式合作开发海合会国家油田项目；另一方面，应允许海合会国家石油企业到中国设立独立或合资企业开展石油加工业务，并给予其原油进口权，使其可以从海合会自行进口原油至中国。

第四节　中国—海合会自由贸易区谈判

一、中国海合会自贸区谈判的战略意义及其总体历程

（一）中海自贸区谈判的背景和意义

近年来，欧美地区对原油需求有所下降，海合会国家也希望能够找到新的稳定的能源需求市场，加强和中国的经贸合作可以获得巨额的经济利益，因此，在"一带一路"倡议的背景下，重启并致力于建成中海自贸区对双方均具有重大的战略意义。与此同时，近期全球和中东地区的政治经济格局正发生深刻的变化：全球经济总体复苏乏力，大宗商品价格触底波动，以美国为首的发达国家经济步入上行通道，发展中国家增长动力不足，财政、债务状况恶化，形成"北升南降"格局；在欧洲，尽管保守势力没有赢得荷兰、法国、奥地利等国 2017 年大选，但在立法机构中的席位有所增加，将通过难民、就业等议题牵制本国参与经济全球化的进程。特朗普当选美国总统后，一方面主张"美国优先"，反对多边贸易体系，通过贸易制裁威胁、南海争端、"萨德"反导系统等牵制中国；另一方面又将沙特作为就任后的首访国家，强化同阿拉伯国家的政治、军事同盟关系。在中东地区，伊朗部分获得核制裁解禁，叙利亚内战依旧焦灼并成为大国博弈的焦点，极端宗教主义、恐怖主义长期盘踞叙利亚、伊拉克等国并向周边国家和欧洲渗透。经济"逆全球化"、贸易投资保护主义抬头、资源输出国财政经济困难、中东安全局势严峻等趋势都将不可避免地给我国与海合会的经贸合作带来诸多不确定性和潜在挑战。

2016 年 1 月，中国政府发布了《中国对阿拉伯国家政策文件》，提出"中国将继承和发扬中阿传统友好，不断充实和深化中阿全方位、多层次、宽领域合作格局，促进全面合作、共同发展的战略合作关系持续健康发展"。2016 年伊始，习近平主席在沙特会见海合会合作委员会秘书长扎耶尼时，将我国与海合会的关系推向了新的高度。双方的合作逐渐从传统的贸易、投资、工程建设向深层次的国际经贸治理领域延伸，中国—海合会自由贸易区谈判重新启动，截至 2016 年末，双方已经进行了 9 轮谈判，结束了 15 个议题中 9 个议题的谈判，在技术性贸易壁垒、法律条款、电子商务 3 个章节内容上接近达成一致，在货物、服务等核心领域取得积极进展。

中海自贸区的建立具有重大意义，将产生互利共赢的效应。从经济发展结构的角度来

看，双方近年来的经济转型为中国与海合会国家创造了巨大的合作空间，中海双方经贸合作将迎来重大机遇期。长期以来，海合会国家的经济结构单一，低油价及全球石油需求的减少使以石化业为主导的整个海合会地区经济发展面临风险。加强与中国的经济合作，有助于海合会国家获得中国的技术支持与知识产权等，从而尽早摆脱单一经济发展的约束。对于中国而言，自贸区的建立可以扩大中国的出口商品市场，推动双方开展产能合作，促进中国经济结构合理化。此外，中国在轨道交通、电力、通信、港口、电子信息、民用核能等领域的设备技术水平和建设运营能力上，都有很强的国际竞争力，在改善海合会国家经济发展结构的同时，可以为中国培育一批具有国际知名度的跨国公司。从能源经贸合作视角来看，中国经济快速发展，对能源的需求日益增多，加强与海合会国家的合作，可以使我们获得更加稳定的原油、天然气等资源，以满足经济发展的需要。

（二）中海自贸区谈判历程

自古丝绸之路开辟起，我国始终与阿拉伯世界保持着良好的交往传统。1981 年海合会成立，中国便与之建立了合作关系。自 1990 年起，历次联合国大会期间，我国外长均会集体会见海合会秘书长和海合会各国外交大臣。1996 年，双边建立起了政治经济的对话机制，双方的经贸合作也日益紧密。中海之间的经贸合作形式基本涵盖了改革开放以来中国对外经济合作的所有主要形式，而且在工程承包和劳务合作等方面还具有一定的代表性。中国与海合会六国的经济互补性较强，经贸合作日益密切，形成了以能源合作为抓手、以商品贸易为基础的全方位发展态势，启动并进行了数轮自贸区建设谈判。

1. 谈判的各阶段

（1）谈判初启阶段。2004 年 7 月 8 日，中海双边签订《经济、贸易、投资和技术合作框架协议》，并宣布开启中海自贸区谈判；2005 年 4 月，中海自贸区首轮谈判在沙特首都利雅得举行，双方就自贸区谈判的工作机制达成协议，并就货物贸易、技术合作和投资等问题进行了初步讨论。

（2）谈判深入阶段。2005 年 6 月，中海自贸区第二轮谈判在北京举行，双方签署了《经济贸易协定》和《投资保护协定》，中国还与除沙特以外的其他海合会五国签署了《避免双重征税协定》；2006 年 1 月 18~19 日，双边在北京开展了中海自贸区第三轮谈判，集中讨论了关税、原产地规则、市场准入等问题，并就技术性贸易壁垒、海关核查程序、贸易救济、卫生和植物卫生措施等议题交换了初步意见。在第三轮谈判之后，双方还举行了三次协调会议；2006 年 7 月，第四轮中海自贸区谈判在浙江嘉兴举行，双方深入研究磋商了货物的市场准入、卫生和植物卫生措施、技术性贸易壁垒、原产地规则、贸易救济等议题，并初步了解及交换了双方服务贸易的要价问题。

（3）谈判波折阶段。由于各方面原因，中海自贸区谈判中断。直至 2009 年 2 月，时任国家主席胡锦涛出访中东才打破谈判僵局，双方决定尽快重启中海自贸区谈判。2009 年 6 月 22~24 日，第五轮谈判在沙特首都利雅得进行，中海自贸区谈判重启，双方继续就货物贸易相关问题以及服务贸易的初步要价深入磋商。然而，后期基于种种原因，特别是国际市场的变化，海合会决定停止其所有正在进行中的与全球其他贸易伙伴共计 17 个国家和地区组织的自由贸易谈判。此后再无实质性进展，出现了中海自贸区谈判与中海经贸关系快速发展相脱节的现象。

（4）谈判重启阶段。2016 年 1 月 19 日，中国商务部和海湾阿拉伯国家合作委员会秘书处共同宣布，中国和海合会已于 17 日恢复自由贸易协定谈判，并将加快谈判节奏，以期在 2016 年年内达成一份全面的自由贸易协定。双方共同发表的联合新闻稿说，双方于 2016 年 1 月 19 日原则上结束实质性货物贸易谈判，并将于当年 2 月中下旬举行下一轮谈判，争取在年内达成中海自贸协定。2016 年 5 月 8～10 日，中海自贸区第七轮谈判在广州结束。在三天的谈判中，双方就服务贸易、投资、经济技术合作以及货物贸易遗留问题等内容进行了深入交流，谈判取得积极进展。2016 年 10 月 25～27 日，中海自贸区第八轮谈判在北京举行。中国商务部副部长王受文与海合会自贸谈判总协调人、沙特财政副大臣巴兹分别率团出席此轮谈判。在为期三天的谈判中，双方就服务贸易、投资、电子商务以及货物贸易遗留问题等内容进行了深入磋商。2016 年 12 月 19～21 日，中海自贸区第九轮谈判在沙特首都利雅得举行。中国商务部副部长王受文与海合会自贸谈判总协调人、沙特财政副大臣巴兹分别率团出席此轮谈判。双方就服务贸易、投资等内容进行深入交流。截至 2016 年末，双方已经进行了 9 轮谈判，结束了 15 个议题中 9 个议题的谈判，在技术性贸易壁垒、法律条款、电子商务 3 个章节内容上接近达成一致，在货物、服务等核心领域取得积极进展。

在 2017 年 1 月举行的中国—海湾国家经济合作智库峰会上，商务部副部长兼国际贸易谈判副代表王受文表示，在"一带一路"建设加快推进的背景下，中海双方具有巨大的合作潜力，中海自贸区的建设则是双边经贸合作的重要内容之一。中海自贸协定是互利共赢的，协定的达成将为双边自贸合作创造更加优惠、便利、稳定的政策环境和制度保障，将把双边合作的潜力转化为经济增长的动力。重新启动的中海自贸协定谈判已取得长足进展，但我们不会就此止步。科威特驻华大使萨米尔·哈亚特表示，"未来我们将不断推进各项工作，期待大家都能够开诚布公地寻求解决方案并最终达成有利于中海双方的共识"。阿曼驻华大使阿卜杜拉·萨阿迪表示，"中国正在超越美国和欧洲成为海合会最大的贸易伙伴国，贸易的发展会进一步拓展双边经济往来，希望与中国及海合会其他成员国实现互利共赢的发展与合作"。

2. 战略对话历程

2010 年 6 月 4 日，中国—海合会首轮战略对话在北京举行，双方同意尽快启动经贸联委会机制，并就双方共同关心的国际和地区问题进行了深入沟通。

2011 年 5 月 2 日，中国—海合会第二轮战略对话在阿布扎比举行，双方均表达了希望尽早完成中海自贸区谈判的意愿，并就双方共同关心的国际政治问题进行了沟通。

2014 年 1 月 17 日，中国—海合会第三轮战略对话在北京举行，双方就中海关系及各领域的深化合作进行了探讨，双方均强调应加快中海自贸区的谈判进程。

2014 年 3 月，沙特阿拉伯王国王储兼副首相、国防大臣萨勒曼访问中国期间，与习近平、李克强、李源潮等中方领导人会谈时，均提到要加快推进中海自贸区谈判的议题。

2016 年 4 月 25 日，中国与海湾合作委员会在京举行战略对话政治工作组高官会。中国外交部亚非司司长邓励与海合会轮值主席国、沙特外交部海合会司司长沙姆拉尼、海合会助理秘书长欧维什格共同主持。双方就新形势下推进中海集体合作、中海自贸区谈判及中东和平进程等共同关心的问题深入交换了看法，并达成广泛共识。

总体来看，中海自贸区谈判迄今已历时十年有余，谈判范围涵盖了货物贸易、经济技术合作和服务贸易等领域，并在货物贸易的大多数领域达成了一致，服务贸易的谈判也在进行中；与此同时，为解决双方在政治和外交方面存在的分歧，双方还举行了三轮战略对话，以期望能够更好地实现中海自贸区的建设与谈判目标。目前，中海自贸区的谈判总体正朝着一个好的方向发展，但是国际上的大国因素以及区域内的地区形势对中海自贸区的谈判影响较大，不容忽视。最终贸易协定文本很难在短期内确定，自贸区谈判的实际进展远远落后于预期设想。

二、中海自贸区谈判中断缘由

自 2003 年起，海合会就开始积极与世界主要贸易大国开展自贸区谈判，但迄今为止，欧盟、日本、印度等主要经济体都没有与海合会签订自贸区协议，美国则是单独与巴林、阿曼两个小国签订了自贸区协议。同样，中国同海合会的自贸区谈判自 2004 年 7 月启动以来已历经数轮谈判交锋，其间遇到了诸多困难与问题，[①] 另有很多深层次原因也影响着中海自贸区谈判的进程。中海自贸区谈判至今已历时 10 年多，与高速增长的双边贸易相比，中海自贸区谈判的进展比较缓慢。目前，卡塔尔断交风波对中东地区的政治、经济、安全局势产生了重大影响，引起了全世界的高度关注（唐志超，2017）。李伟建（2017）认为，这一突发事件会对中国在中东地区推进"一带一路"建设产生负面影响。丁隆（2017）则指出，卡塔尔外交危机持续发酵，阿拉伯世界最成功的区域组织海合会很可能会因此名存实亡。在中国积极融入全球贸易体系、推动"一带一路"倡议实施、构建自贸区大框架的背景下，中国在进行贸易协定谈判中，鲜有出现由于谈判一方内部发生政治冲突而影响谈判进程的情况。此次卡塔尔外交危机可能会对中国和海合会成员国造成一定程度的负面影响，为本已历经波折的自贸区谈判增添新的变数。

（一）利益让渡是影响谈判的根本原因

中海自贸区谈判的最大难题在于谈判双方基于各自利益的考量，以及因利益得失不均而导致的分歧，症结则在于双方对谈判预设的利益期望值较高。海合会期望签署自贸区协议后立即取消双方间所有产品的进口关税；中方则希望对海合会主要出口中国的石化产品仍预设保护性关税。实际谈判中，双方在该问题上各持己见，互不相让。

一方面，中方认为，由于海合会成员国的石化产品原材料价格低廉，以沙特为例，其原油开采成本仅为 4~5 美元/桶，天然气成本也远远低于国际平均水平，即使将国际运输成本考虑在内，海合会国家的石化产品较之于中国的同类产品仍有巨大的价格优势，特别是在国际油气价格高企时期其价格优势更为明显。中方担心一旦实行零关税，开放国内能源市场，海合会国家的石化产品势必会对国内石化行业造成巨大冲击，这不仅会导致国家石化行业从业人员大批下岗，引发社会问题，而且会给国家战略、产业安全、财政收入和国家相关总体发展规划部署带来巨大影响。因此，除非贸易自由化能够带来海合会对华油气出口价格的下降，中国将很难从中海自贸区建设中获取实质性利益，所以中方一直不肯

---

① 目前双方谈判的主要分歧点在于：一是石化产品关税税率问题。海合会期望签订自贸区协议后，能够立即取消双方所有产品的进出口关税，而中方希望对海合会国家出口到中国的石化产品仍预设保护性关税。二是油气市场准入等合作问题。中国在与海合会国家谈判过程中，期望能通过签署自贸协定获取在海合会国家的石油、天然气领域的开发投资权益，而海合会国家近年来对外资进入石油、天然气领域实行限制与禁止，拒绝将这一领域加入自贸区谈判，该提议引发了双方的利益冲突。

对海合会国家石化产品减免关税的要价让步。此外，目前海合会对中国大多数出口商品征收的关税税率仅为5%左右。自贸区建立后，因为海合会国家人均收入水平都很高，有限的关税降低和商品价格下降不一定会对海合会国家的消费产生较大影响，也不一定会带动中国对海合会国家出口的增长。

另一方面，海方强调，自贸区建成后，中国商品将凭借零关税大举进入海湾市场，而石化产品是海合会国家除石油、天然气外主要出口中国的非石油商品（按照海合会的统计方法，石化产品属于非石油产品）中的拳头产品。中国对多数油气产品已经实施零关税，但对石化产品的保护还高于世界平均水平，石化产品将是海合会国家从自贸区关税减免中获益的主要商品，对上述产品免除关税是海方对华商签自贸协议的核心利益所在。因此海方坚持认为，如果在该问题上达不成共识，那么中海自贸协议就不是一份公平的协议，双方就没有继续谈判的必要。由此可见，在海合会国家石化产品减免关税问题上，双方均难以实现各自谈判预期，利益相争成为导致中海自贸区谈判陷入僵局重要原因。

（二）双方谈判协调机制存在问题

一方面，中方谈判协调机制存在内部沟通不畅问题。在内部协商无法达成共识，而上级又下达了务必要在指定时间内完成谈判任务的情况下，中国参与谈判的技术团队在谈判中往往不得不走形式。由于事先未得到决策部门授权，中方谈判团队时常无法在谈判中作出具体承诺。在谈判中断期间，中海双方的交流大多都停留在口头和文字上，未能取得实质性进展。

另一方面，海合会内部运行机制亦对谈判形成掣肘。海合会成立之初，主要是为了实现成员国集体安全及军事协调目的，经贸方面的排位相对靠后。海合会内部决策程序复杂拖沓，且部分成员国之间存在矛盾。例如，沙特、巴林和阿联酋反对卡塔尔支持埃及的穆兄会，2014年上述三国还为此召回驻卡大使，也在一定程度上影响了海合会对外谈判统一立场的形成和调整。近年来，随着"阿拉伯之春"给地区国家带来的形势动荡，海合会国家的地缘政治环境趋于恶化，地区政治安全挑战耗损了海合会国家大量精力和财力，这也是海合会多年来所倡导的海湾一体化和海湾共同市场迟迟难以实现的重要原因之一，其对外自贸区谈判也受到一定冲击和影响。

（三）政治噪声给经贸合作带来直接影响

中国与海合会之间长期保持着传统友好关系，特别是1990年，中国与最后一个海合会成员国沙特建交后，中海关系得到全面快速发展。中国历来十分关注西亚北非局势，对该地区局势动荡的基本立场有三点：一是坚持不干涉内政原则，尊重和支持地区国家自主处理内部事务，相信该地区国家和人民有能力、有办法找到适合本国国情的发展道路和治国理政方式；二是反对使用武力，呼吁各方通过政治手段以和平方式解决矛盾；三是呼吁国际社会支持地区国家为恢复政局稳定、发展经济、解决热点问题所做的努力，特别是积极推进中东和平进程，为地区恢复和平稳定、寻求可持续发展创造良好外部条件。

中方反对外国干涉叙利亚内政，支持伊朗核问题最终协议的达成，但海合会国家则支持叙利亚反对派推翻现总统巴沙尔，并担忧伊核计划带来地区军事威胁，反对国际社会解除对伊核计划带来地区军事威胁和制裁。尤其是，近年来中方在联合国安理会前后三次投票否决了海合会提出的解决叙利亚问题的决议草案，引发海方不满。海方还迅速对中国表达出不理解、不认同的情绪。这种情绪至今依然困扰着双方关系的发展。中海地缘政治上的磨合，客观上影响了海合会国家进一步与中国扩大经贸合作的意愿和主动性。

（四）双方内外部利益集团的阻挠与竞争

1. 中方视角

由于在传统计划经济体制下，中国石化行业"大而全，小而全"的发展模式牵涉各方错综复杂的利益链条，出于对自身行业利益的保护，中国石化巨头及其主管部门对海合会免税让利的要价一直持反对立场，认为除非海合会拿油气资源开发权交换，否则绝不让步。事实上，除中国外，目前许多国家都在试图与海合会商签自贸协议。特别是日本、印度和韩国，都想赶在中国之前与海合会签署自贸协议，以抢占市场先机。

2. 海方视角

海合会六国在1981年组建了区域性联盟海湾合作委员会，旨在广泛地进行经济合作。但当前海合会成员国已经分裂成为两"派"，其中：阿联酋、阿曼和科威特与卡塔尔关系友善，因为上述三国需要卡塔尔的天然气，而沙特和巴林由于政治原因拒绝购买卡塔尔的天然气，尽管这两个国家也面临天然气原料短缺的困境。2017年3月5日，沙特、巴林和阿联酋三国发表联合声明，由于在政治上存在分歧，从即日起召回各自驻卡塔尔大使。

卡塔尔是全球最大的液化天然气出口国，卡塔尔巨大的北方气田拥有全球最大的天然气储量，该气田可以支持整个海合会成员国经济发展的需求。目前，海合会除卡塔尔外的其他五个成员国均面临天然气供应日益短缺的困境，主要是受到国内消费日益增长以及缺乏天然气供应来源的影响。究其原因，中东地区正在大力发展石化产业，这凸显了该地区对于天然气稳定供应的需要。所有海合会国家的电力生产和石化生产均依赖天然气。据海湾石化和化工协会（GPCA）称，2013~2017年这五年间，海合会成员国将新增5400万吨/年的化工产能，到2017年底，化工产能将达到1.836亿吨/年。因为卡塔尔在地理上与这些国家接近，可以帮助其他成员国快速且低成本获得天然气。2014年4月，科威特签署了一份从卡塔尔进口液化天然气的协议以满足其能源需求，但是这份由科威特国家石油和卡塔尔天然气公司签署协议的具体细节并没有公布。阿曼和阿联酋则通过海底管道从卡塔尔北部气田购买天然气。巴林主要依赖从俄罗斯进口天然气。但西方和俄罗斯的地缘政治局势正在因为克里米亚入俄一事趋于紧张，这可能会促使巴林提前与卡塔尔方面改善关系，以求获得稳定的天然气供应。沙特的天然气生产能力目前可以满足国内需求。但由于沙特国内消费正在强劲增长，对于天然气供应短缺的担忧日益增加，这可能导致沙特国内天然气价格大幅上涨，从而影响石化产业发展。考虑到其天然气消费逐年增加的压力，沙特或许也需要考虑与卡塔尔合作带来的益处。如果不从卡塔尔进口天然气，沙特只能将提高天然气供应的希望寄托在国内石油生产上，因为沙特多数天然气来自油田的伴生气。为了摆脱天然气供应短缺的困境，即将建设和投产的沙特石化装置也将使用石油等液体原料。与此同时，沙特基础工业公司已经计划建设一个石油制化学品的联合体，应该在2020年底前建成投产。该联合体预计每年使用约1000万吨原油作为原料生产石化产品和专用化学品。石脑油和石油是可行的天然气替代原料，由此看来，沙特或许并不需要向卡塔尔"屈服"。

（五）中方对海合会谈判策略存在误判

中方从海合会国家作为中国主要能源进口市场的角度出发，在中海自贸区谈判中存在不切实际的过高期望，期待海方能够效仿非洲模式，即以向中国让渡石油、天然气领域上游开发投资权益来换取中方对海方石化产品减免关税的让步。事实上，自20世纪70年代国际石油危机爆发以来，海湾阿拉伯国家陆续通过赎买等方式强行将其石油、天然气领域上游开发权益从西方国家油气公司手中收归国有，并相继立法对外资进入该领域加以禁止和限制。中方在该问题上的要价无异于触及到了对方谈判的底线，不仅引发了双方间的利益冲突，而且涉及修改海合会国家相关法律等问题，这实际上是不可能办到的。而中国油气公司打入非洲能源领域上游可谓是特殊条件下产生的个案，很难在海合会国家成功复制。海方已多次拒绝中方将自贸区谈判与能源合作挂钩的提议，反对将能源合作纳入自贸区谈判议题。

（六）域外大国对中海自贸区谈判形成掣肘

中国—海合会双方长期以来形成了各自较为固定的经济交往和合作对象。一般而言，海合会国家的经济合作对象首先是成员国内部，其次是其他阿拉伯国家，然后是原宗主国所在地——欧盟国家和该地区战略主导国——美国。至于一些新兴国家，则可能处于其经济合作对象相对外围的地位。从欧盟来看，"9·11事件"后，欧盟对海合会的关注度提高，努力加强与海合会国家的伙伴关系。从美国来看，鉴于美国的超级大国地位，海合会国家把美国当成其"保险箱"。美国也十分重视与这些国家的军事、能源和经贸关系。尤其是与沙特等盟国的军事合作和军火贸易，推动了双方经济贸易合作关系的深入发展。从1988年开始，海合会就与欧共体（后欧盟）开始了建立自贸区的谈判，此外，南方共同市场、欧洲自由贸易联盟（EFTA）、美国、澳大利亚、日本、土耳其、新西兰、中国等众多国家（组织）均与海合会开展自贸区谈判，目前海合会国家与新加坡自贸区协定已经生效。然而，因其涉及成员国多较为封闭，海合会对外经济合作虽然积极，但缔结协定的较少。且从全球几大有影响力的区域贸易协定来看，海合会成员国参与较少，对全球经贸规则的影响极为有限。

由于历史和地缘等的直接或间接影响，印度与海湾地区有着非常独特的联系，主要体现为印度在海湾的劳务和经贸关系。海合会已经成为印度第一大进口来源地和第二大出口目的地，印度还一直是海合会最大的粮食供应国。海合会与印度于2004年签订《双边经济合作框架协议》，启动了自贸区谈判，可见大国影响因素的存在将直接影响谈判的进程。

三、积极推动中海自贸区谈判的重要性

（一）双方经济发展的需要

2009年爆发的全球性金融危机对海合会国家产生了深刻的影响。低油价及全球石油需求的减少，使以石化行业为主导的整个海合会地区经济都面临风险和损失，并波及银行、建筑、房地产、电信等相关行业。海合会国家的巨额财富出现大幅缩水。金融危机后，中国经济虽然开始进入新常态，增长速度放缓，但仍然是世界经济和贸易增长的重要推动力。海合会国家最缺乏的还是知识和技术，非常需要中国帮助它们发展民用工业和夯实经

济基础。因此，加强与中国的经济合作，有助于海合会国家尽快摆脱金融危机带来的负面影响，摆脱单一经济发展的约束。有学者采用全球贸易分析模型（GTAP）定量预测分析了中海自贸区建成所带来的经济效应，认为中海自贸区的建成将对两地产生贸易创造效应，并对世界其他国家和地区产生贸易转移效应。中国的贸易平衡因能源进口增加，超过本身出口贸易平衡变化幅度为1.32%。与此同时，随着中海自贸区的建立，中国将增加食品、纺织、服装、电子设备、机械设备等商品对海合会国家的出口，劳务、投资方面也将更为活跃。中海自贸区建成后，我国的服务贸易出口企业也可以在该地区获得更好的发展空间。海合会对中国的出口增加将主要体现在原油、天然气以及化学制品等部门，对中国的出口将远高于海合会对其他国家和地区的出口。尽管中国—海合会的经贸合作取得了较好成果，中海自贸区一旦建成，将极大地推动双边经贸的进一步发展，但建成双边自贸区还有很多的障碍需要克服。

（二）强化和保障双方能源进出口安全的需要

全球探明石油储量1888亿吨，中国仅占1.1%（2010年数据）。随着中国经济发展对能源需求的增加，中国原油进口依存度不断提高。美国能源信息署（EIA）预测2020年中国石油进口量将由目前的600万桶/日增长到870万桶/日。到2040年，中国的石油消费量将以每年2%的速度增长，而全球平均水平为0.8%。因而中国经济的安全在于拥有稳定的能源进口来源。近年来，"低碳经济"等概念风行多国，各国都加大了对清洁能源的开发力度。特别是美国页岩气的开发减少了石油的进口，美国能源信息署预测，2020年美国的石油进口将由2005年峰值时的1350万桶/日降至680万桶/日。这对于高度依赖石油出口的海合会国家来说，无疑是"雪上加霜"。及时找到稳定的能源合作伙伴对海合会国家能源出口市场的稳定将起到关键作用。从海合会的立场看，中国能源需求的扩大是美国需求下降状况下的有效保障。对于中国而言，美国较低的能源需求意味着中国获得更多石油的可能，从而能以较便宜的能源促进经济增长。因此，中国—海合会国家联手无疑可以保障双方的利益。

（三）实现"一带一路"倡议构想的必然选择

2014年1月，习近平主席会见海合会代表团时，提出与包括海合会国家在内的西亚国家共建"丝绸之路经济带"。海合会成员国是西亚的主体，蕴藏着丰富的石油和天然气，在世界政治和经济舞台上都占有一定地位。历史上，这一地区就是丝绸之路的通达之地，而且"一带一路"的汇合点正是在阿拉伯地区。中国提出希望加强双方在铁路、公路、港口、民航、电信等领域的合作，还表示愿意同其探讨在和平利用核能、卫星制造与发射等领域开展具体项目合作。如能在这些领域开展合作，肯定会提升海合会成员国的经济水平，实现共赢。海合会国家在阿拉伯地区占有重要的地位，同时也是中国"一带一路"沿线的重要合作伙伴。中海自贸区协议谈判将成为中海经济合作的里程碑，会大大加强双边关系，扩大合作范围，并携手开辟广阔的第三方市场，达到互利共赢。在货物贸易方面，中国是海合会第二大贸易伙伴，仅次于欧盟，而海合会是中国第九大贸易伙伴。如果自贸协定签署，中国很快将成为海合会最大贸易伙伴，而海合会也将在中国对外贸易中扮演更加重要的角色。中海自贸区的最终建成将充分显示双边经济合作的巨大潜力和互补性，为南南合作树立典范。

（四）防止中国在区域化竞争中被边缘化的必然选择

重启中海自贸区谈判，有利于中国抢占先机，赢得战略主动。中国直到20世纪90年代才与所有海合会国家建立正式外交关系。不论是从经济层面看还是从政治层面看，中国在海合会的根基都要大大浅于欧美。除了中国，海合会还在与欧盟、日本、印度、韩国等国（组织）开展自贸区谈判，巴林、阿曼已与美国单独签署了自贸协定。自贸区的制度性安排可使我国抢得先机，赢得更多的战略主动，为未来双边关系的进一步发展做好铺垫。因此，有必要重启中海自贸区谈判，争取尽早签署中海自贸区协议。

四、推动中海自贸区谈判的政策建议

（一）推动双方争取尽早达成协议

中国和海湾合作委员会互为重要的政治、经贸、能源合作伙伴。双方应该建立紧密、全方位友好合作关系，这符合彼此共同利益。近年来，中国—海合会关系不断发展，并取得丰富成果。双方要积极行动，进一步密切双方的对话机制，尽快达成双赢协定。具体来讲，中国要做好以下几方面：

（1）在经贸领域深化相互依存。中国和海合会国家之间的经贸有很大的互补性，双方的经贸联系也越来越紧密。海合会及其成员国不仅拥有丰富的油气资源，而且还持有大量的石油美元，基础设施建设方兴未艾，建筑等工程技术和劳工的需求旺盛，中国—海合会之间的合作空间极大。中国和海合会应着力构建一种相互依赖的经济关系，积极拓展海合会市场，大力发展对海合会的服务贸易，出台政策吸引海合会国家投资中国的石化产业，形成"你中有我、我中有你"的格局。

（2）对海合会采取重点突破。中国正与海合会就建立自贸区开展谈判，但近来进展缓慢，实践中可以考虑从该地区单个国家，如海合会几个关键的核心国家（沙特、阿联酋）入手，争取早日"破局"，取得实质性进展，切实与海合会建立起制度化的合作机制。

（3）处理好与美国的关系。美国与海合会中的沙特、巴林等国关系密切。中美在能源问题上既有竞争，又有合作，面对美国能源战略的调整，中国应该保持冷静的态度和清醒的头脑，把握机会，应对挑战。中国要采取高超的政治智慧来处理中美能源关系，扩大共同利益、管控分歧、实现良性互动，构建中美在中东的新型大国关系。

（4）密切多边合作。中国和海合会在中阿合作论坛等东边合作框架下加强合作，共同推动中国—阿拉伯国家关系发展。双方就重大全球性问题和地区热点问题（如叙利亚问题）保持沟通协调，共同维护地区和平稳定和发展中国家利益。

（二）深化和推动重点领域合作

携手共建"一带一路"，双方应从"共商"开始，通过研讨交流等互动，明白"一带一路"是什么、为什么、怎么办，即要明确这一倡议的内涵、实现目标和路径，以此进一步增进彼此间的了解与互信。在此基础上，要选好合作重点，以点带面，逐步实施，实现高质量发展。"一带一路"倡议在经贸合作方面覆盖贸易、投资、基础设施互联互通、金融、区域经济一体化等广泛领域，各领域关联性强，相互促进。目前双方探讨的领域可以包括以下内容：一是进一步促进贸易和投资的便利化，扩大双边贸易投资规模，提高贸易投资水平，使双方在贸易投资领域的合作潜力充分释放，并为更多领域的合作创造条件；二是加强双向投资合作；三是加强油气资源开发合作，推动双方合作向下游产业延伸；四是充分利用海湾地区独特的区域优势，进一步统筹谋划陆上、海上、航空基础建设设施互联互通；五是携手提高区域经济一体化水平。

依托自身资源优势的石化业是海合会国家政府支持的重点行业。为摆脱国家经济对石油出口的过度依赖，海合会国家利用石油出口积累的雄厚资本致力于发展非石油业。它们与世界上技术领先的石化公司进行合资合作，引进先进的技术设备，建设了超大规模的石化生产装置，并不断扩大生产规模，使海合会国家石化业迅猛发展。其石化产品出口已在全球市场占有重要地位，成为世界石化制造中心。相比之下，中国的石化行业大而不强，行业国际竞争力相对较弱。特别是中国的石油石化企业缺乏自己的核能力和核心产品，存在低端产品产能过剩、高端产品供应不足、技术创新水平低、集约发展程度较低、企业结构不合理等诸多问题。中海自贸区协议一旦签署，随着关税的减免，颇具竞争优势的海合会石化产品将大量涌入中国，给中国相关石化行业带来不小震动。中海自贸区谈判久拖不决的原因之一是中国石化企业担心关税减免后，海合会这些石化产品将大举进入中国市场，对中国的石化行业造成冲击。因此，在未来的谈判中石化产品的谈判仍将是个难点。

中国—海合会成员之间的市场结构具有互补性，进口市场准入自然是双方均关注的问题。石化产品作为下游产品，更是面临典型的市场准入问题，是海合会积极参与区域一体化的重要原因。若要借助自贸区安排提高海外石油供应安全系数，就有必要设计专门的石油条款。这是西方发达国家与能源供应国缔结相关协定的典型做法。[①] 中海自贸区协定中纳入专门的石油或能源条款有助于实现其战略意义。

（三）中国油气企业应"未雨绸缪"

石化企业应研究经济新常态下中国石化化工产业的重大战略问题和结构性难题，并根据自身情况，制定企业发展规划。坚持问题导向，如可针对中国与海合会签署自贸区协议之后可能面临的例如创新能力不足、产业布局集约化水平不高、安全环保水平有待提升等问题，提出解决方案并制定提升企业核心竞争力的发展目标。至关重要的是要大力实施创新驱动，积极推进自身产业结构转型升级，要在石化产品的精益化和差异化上下足功夫，大规模开发高性能、高附加值、低成本及专用化产品。此外，还应通过工业化和信息化的深度融合提升石化企业的国际竞争力。

---

① 1989年签订的《美加自由贸易协定》第六章是专门的能源类货物贸易的规则。该章后来被《北美自由贸易协定》完整地吸收。日本是如今联动实施自贸区战略与能源外交战略最为突出的国家，2006年6月签署的《日本与文莱经济伙伴关系协定》首次成功纳入了专门的能源条款，确保文莱对日本的能源供应安全；同年8月，日本又与另一重要的能源供应伙伴印度尼西亚签署了《日本与印度尼西亚经济伙伴关系协定》，其中的能源条款更为详尽。

第四章

海合会六国之沙特

第一节　沙特国家概况

一、国情简况

沙特阿拉伯王国，简称沙特。首都利雅得是沙特第一大城市和政治、文化中心及政府机关所在地，位于沙特中部。官方语言为阿拉伯语，商界通行英语。货币为沙特里亚尔。截至 2017 年底，沙特总人口 3294 万。主要民族为阿拉伯族，此外，还有少量的贝都因人。伊斯兰教为国教，其中逊尼派穆斯林占人口大多数，分布在全国各地，什叶派人数极少，约占全国总人口的 10%，主要居住在东部地区。

二、地理位置与自然条件

（一）地理概述

沙特位于亚洲西南部的阿拉伯半岛，东濒波斯湾，西临红海，同约旦、伊拉克、科威特、阿联酋、阿曼、也门等国接壤。海岸线长 2437 公里，领土面积 224 万平方公里，居世界第 14 位。沙特地势西高东低，全境大部分为高原，西部红海沿岸为狭长平原，以东为赛拉特山；山地以东地势逐渐下降，直至东部平原；沙漠广布，其北部有大内夫得沙漠，南部有鲁卜哈利沙漠。沙特西部高原属地中海气候，其他地区属热带沙漠气候。夏季炎热干燥，最高气温可达 50℃ 以上；冬季气候温和。年平均降雨不超过 200 毫米。

（二）自然条件

沙特是世界上石油储量最为丰富的国家，以石油王国著称。沙特石油剩余可采储量为 363 亿吨，占世界总储量的 26%，居世界首位；天然气剩余可采储量为 6.9 万亿立方米，占世界总储量的 4%，居世界第四位；还有金、铜、铁、锡、铝、锌等矿藏。沙特还是世界上最大的淡化海水生产国，其海水淡化量占世界总量的 21% 左右。

三、政治环境

（一）政治体制

沙特是君主制国家，禁止一切政党活动，因此沙特无任何党派，没有现代意义上的宪法。沙特以《古兰经》为国家的根本大法。《古兰经》和穆罕默德的《圣训》是国家执法的依据。1992年3月1日，法赫德国王颁布《治国基本法》，规定由沙特国王的子孙中的优秀者出任国王，王储在国王去世后有权继承王位。国王行使最高行政权和司法权，有权任命、解散或改组内阁，解散协商会议，有权批准和否决内阁会议决议及与外国签订的条约、协议。2007年，沙特王室确立了由国王和效忠委员会共同确定王储人选的制度。

国王是国家元首和政府首脑，拥有挑选大臣并监督其工作的权力，指导制定国家的宏观政策，保证政府各部门之间的协调与合作，推动大臣会议各项活动的顺利、连续和协调开展，指导大臣会议与其他政府部门的工作，监督法律实施、各种议事程序和决议是否合法等。沙特实行地区、省（市）、县三级地方行政区划制度。全国有13个地区，地区最高行政长官为总督，与大臣平级，向国王负责，但地区内部的具体事务则由内政部领导。

1. 大臣会议

沙特政府内阁称为大臣会议，是国家最高行政和立法机构。大臣会议成立于1953年，作为沙特最高政府权力机构，大臣会议的各项权力由国王授予。大臣会议必须服从政府基本法和协商会议法的各项规定，负责制定、监督和实施内政、外交、金融、经济、教育、国防，以及与国家宏观事务相关的各项政策，并检查协商会议通过的各项决议，对政府所有财政和行政事务拥有执行权和决定权。

2. 协商会议

沙特协商会议于1993年12月29日正式成立，是国家政治咨询机构，下设12个专门委员会。协商会议既是沙特王国的咨议性机关，也是沙特政治制度的必要组成部分。协商会议制度的产生与发展，使得20世纪后期沙特政治力量和政治结构呈现出多元化发展趋势，协商会议在沙特王室成功应对现代化带来的挑战和维护国内政治稳定方面发挥了重要作用。协商会议由主席和150名委员组成，由国王任命，任期4年，可连任。

3. 司法

沙特没有专门独立的立法机构，沙特王国的立法活动遵循伊斯兰教法的各项基本原则，立法活动由国王、大臣会议、协商会议、宗教等部门共同完成，其中：大臣会议处于立法活动的核心地位。依照《大臣会议条法》，大臣会议负责制定、修改除沙里亚（伊斯兰教法）涵盖领域之外的所有法律、规章和国王敕令，并负责对其所制定、修改的法律，以及福利、交通、商业、运输等领域的章程进行系统阐述。从2007年起，阿卜杜拉国王开始着手建立新的司法体系，设立三级法院，最高法院院长由国王任命。

4. 政党

沙特禁止政党和党派活动，国家一切部门都在以国王为中心的中央政府领导下运转。尽管沙特国内严禁组织党派和党派活动，但是沙特政府不能阻止社会利益和社会结构出现分化，因此也不能阻止基于这些分化而出现的各种反对派势力的崛起。1953年第一个反政府组织"沙特民族改革阵线"成立，该组织由青年军人、文官和石油公司低级职员组成，秘密从事反政府活动，1956年该组织被镇压取缔。当前对沙特政治影响较大的反对派势力，主要是体制内的现代改革派、宗教反对派和体制外的极端主义势力。

（二）政局现状

沙特王室家族在沙特国家的政治生活和权力分配中占据绝对优势。沙特家族的重要成员控制着大臣会议各个关键部门，他们在国王的直接领导下行使最高行政权力和部分立法权力。沙特家族全面控制着军队、国民卫队等武装力量，以此来维护国家主权，确保王室的统治地位，其中，国民卫队为维护王权发挥着重要而特殊的作用，战时配合正规军作战，平时负责维持国内治安，保护王室和重要石油产区的安全。此外，警察和情报系统的最高权力也牢牢控制在沙特王室家族手中。为确保王室的绝对控制，沙特王室在一些关键部门实行双亲王负责制，比如国防部和内政部等部门的执行机构首脑总是由一些年轻亲王充任。

2005年8月1日法赫德国王因病逝世，阿卜杜拉亲王继承王位，成为沙特王国的最高领导人、武装部队最高司令、政府首相兼国民卫队司令，执掌着王室和国家的最高权力。面对国内不容乐观的经济形势，阿卜杜拉采取了一系列大胆的改革措施：设立最高经济委员会统筹管理社会经济、制定政策鼓励外来投资、对一些企业实行私有化。同时，努力设法创造就业机会，降低失业率。2015年1月23日，沙特国王阿卜杜拉·本·阿卜杜勒·阿齐兹去世，萨勒曼·本·阿卜杜勒—阿齐兹·阿勒沙特继任为国王。萨勒曼生于1935年，自幼接受伊斯兰正统教育，多年担任利雅得省省长，2011年11月被任命为国防大臣，2012年6月18日任王储兼副首相和国防大臣，曾于1999年4月、2014年3月两次访华。

现任萨勒曼国王虽然任命了阿卜杜拉指定的穆克林为副首相兼王储，但是很快就任命了纳伊夫王子为副王储兼第二副首相和内政大臣，也任命了亲儿子穆罕默德·本·萨勒曼接替此前由他担任的国防大臣一职。2015年4月30日，现任国王萨勒曼宣布废除其同父异母弟弟穆克林的王储及副首相职务，指定其侄子、原副王储纳伊夫王子为新王储，而30岁的穆罕默德·本·萨勒曼亲王则被任命为副王储。

四、社会文化环境

（一）人口和民族

2017年，沙特总人口为3294万。其中，沙特公民1941万，约占沙特总人口的70%；男性1880万、女性1414万。沙特主体民族为阿拉伯人，逊尼派穆斯林占人口大多数，分布在全国各地。什叶派人数极少，约占全国人口的10%，主要居住在东部地区；另有很少的黑人、印度裔以及突厥人等其他居民，他们全部是穆斯林。阿拉伯人属于闪米特人（Semite，旧译闪族），讲闪米特—含米特语系的阿拉伯语，阿拉伯半岛是他们的故乡、摇篮和文明发祥地。

（二）宗教信仰

沙特以伊斯兰教为国教。以逊尼派为主。什叶派人数极少，主要居住在东部地区，只占全国人口的10%。此外，还有贝都因人游牧部落为主的沙斐仪派。沙特禁止在公共场所从事除伊斯兰教之外的宗教信仰活动。每年在伊斯兰教历的第12个月，数以百万计的穆斯林都会聚集在沙特的麦加,参加一年一度的朝觐。"麦加"是伊斯兰教先知穆罕默德的诞生地和创教发祥地。沙特民众是世界上最虔诚的伊斯兰教徒之一,禁忌较多。妇女始终保持着伊斯兰教的传统习惯,不接触陌生男人,外出活动穿黑袍、蒙面纱。在沙特,严禁崇拜偶像。不允许商店出售小孩玩的洋娃娃,不得携带人物雕塑进入公共场所。

(三) 社交习俗

在沙特人的民族习惯中,一般人总喜欢拉着朋友的手在路上走,认为这是对朋友友好的表示。他们喜欢用咖啡敬客。客人接过咖啡最好一饮而尽,因为在他们的民族传统习惯中,这样才是礼貌之举。饮过后,如想继续饮用,拇指与食指捏住小盅不动,主人便会再斟,若不想再饮,应按他们的传统习惯,将小盅左右一摇,主人便会知道客人的意图。沙特人偏好白色(纯洁)、绿色(生命),而忌用黄色(死亡)。国王身着土黄色长袍,象征神圣和尊贵。一般人不能"皇袍加身"。

(四) 商务礼俗

沙特人打招呼的礼仪很讲究,见面时先互相问候说"撒拉姆,阿拉库姆"(你好),然后握手并说"凯伊夫,哈拉克"(身体好)。有的沙特人会伸出左手放在客人的右肩上并吻客人的双颊。由于人文和地理位置的原因,沙特各地的风俗习惯有许多共同之处。该国严格实行政教合一,要想成功地在沙特做好贸易工作,必须了解伊斯兰教的一些习俗与规定,否则就可能给工作带来不便,甚至使贸易活动失败。例如,向该国出口冻鸡,不能用机械宰杀,更不能有血迹,否则可能被退货。其原因不是货不好,而是卖方对鸡的加工方法违反了古兰经规定的只能人工宰杀,不可用机器的规定。此外,只许男人屠宰,不准女人动手。鸡体及包装不得有一点血污,否则就认为是不吉利。各种设计忌用猪和类似猪的熊猫、十字架、六角星等作图案。

按照沙特人的商务礼俗,冬日宜穿保守式样的西装。会见应先预约,但同其他阿拉伯国家一样,沙特人有会见不守时的习惯。因此,即使是在约定的时间去拜会,最好仍在日程上留一点余地。对方晚到15~30分钟是常有的事。依公司类别而定,上班时间千差万别,夜间上班的公司也很多,最好约对方到咖啡店单独谈判。在洽谈业务时,沙特人员常被来往人员打断,而他们认为这是"家庭"的延伸,不认为是失礼。遇到这种情况,一是耐心等待,二是预约到外面单独洽谈。当地商人多通晓英文,名片和说明宜用阿拉伯文和英文两种文字。来往信件人名前冠以职衔,其中来函用阿拉伯文,回函也以阿拉伯文为宜。

一般人在外多以握手问候为礼。如果双方(指男子)信仰一致或比较友好,双方会左右贴面三次。有时候主人为表示亲切,会用左手拉着对方右手边走边说。交换物品时,用右手或用双手,忌用左手。按穆斯林的习俗,该国以牛、羊为上品,忌食猪肉,忌食有贝壳的海鲜和无鳞鱼,肉食不带血。以前阿拉伯人多用右手抓饭,现在招待客人多用西式餐具。

沙特人热情好客,应邀去主人家做客时可带些小礼品,如糖果、工艺品等。由于禁酒,最好不要送酒类礼品,更不能单独给女主人送礼,也忌送妇女图片及妇女形象的雕塑品。骑马打猎用品在沙特很有用场,因而送一只猎鹰,主人会非常喜欢。与阿拉伯人初次见面就送礼,可能被认为是行贿,此外也切勿把用旧的东西送给他们。

（五）饮食习俗

阿拉伯人嗜好甜食和红茶。甜食即点心，统称为"哈尔瓦"。阿拉伯人喜爱红茶。他们喜在每杯红茶里都放进半杯甚至大半杯的白糖，再放几片鲜嫩的薄荷叶。沙特贝都因人常把饮红茶或咖啡当成是娱乐，每天必饮。沙特人每日习惯两餐。早餐主要是"弗瓦勒"（一种高粱糊糊做成的食品）蘸奶油。晚餐为正餐，通常吃烙饼，食用时抹上奶油、蜂蜜等，这是沙特人最爱吃的主食。沙特人家常饭一般是阿拉伯大饼、面包、牛羊肉，还有一种叫"黑米叶"的牛油炒饭。"泡馍"也是他们常吃的主食，即将高粱面饼用手掰碎，浇上鲜牛奶或再加上奶油、糖，一起进食。在沙特，"羊眼"被视为极其珍贵的食品，就像中国的"熊掌"一样，是难得的一种珍品。沙特人用餐惯于用手抓饭，并喜爱品尝中国菜肴。

（六）民俗

沙特人始终保持着游牧民族古朴殷勤好客的美德。沙特人尊重现行的国际礼节，对外宾一律以礼相待，对贵客更是关怀备至。沙特人重义气，到沙特人家做客，如果客人不肯喝主人提供的茶或咖啡，主人可能会认为这是客人对他的不信任。沙特人喜欢以本国特有的咖啡待客。喝的时候用小杯子，由仆人拿一把咖啡壶，将咖啡精确地倒入杯中，仆人决不会让客人和主人的杯子空着，没等杯中的咖啡见底，就再次斟满，直至客人示意不再喝（手拿小杯轻轻摇晃）为止。此外，沙特人还喜欢用熏香和喷洒香水这种阿拉伯人的传统待客方式，以示对客人的尊重和友好。

五、外交政策

（一）外交原则

沙特奉行独立自主、温和务实、不结盟的外交政策，主张国与国之间相互尊重、和平共处、互不干涉内政。沙特将发展与美关系放在外交首位。重视发展与阿拉伯、伊斯兰国家的关系，致力于阿拉伯团结和海湾合作委员会的一体化建设，积极参与地区热点问题。大力开展多元化外交，加强与中国、欧盟国家、俄罗斯和日本等大国的关系。沙特能源和伊斯兰大国地位被各方看重。

（二）大国关系

沙特与美国关系密切，美国是沙特最重要的战略合作伙伴，最主要的武器供应者。美国是沙特第一大贸易伙伴，沙特是美国重要的石油来源国，两国有着共同的战略利益。多年来，沙特奉行"以石油换安全"的石油外交理念，即以石油换取与美国密切的盟友关系。根据非正式协议，沙特提供廉价原油，换取美国提供的安全保障。海湾危机之后，以沙特为首的海合会国家有意识地发展与欧盟和日本的关系，以此来增加自己在与美国关系中的分量，沙特实施全方位外交，与英国、法国、德国和日本均建立了战略合作关系。作为经济大国的日本，每年从海湾地区进口的原油占其总进口量的70%左右，仅从沙特进口的原油就占35%，因此发展与沙特的关系对日本来说非常重要。迄今日本和沙特两国的合作关系只局限在经贸领域，沙特打算在发展两国经贸关系的基础上，调整其外交政策，进一步发展与日本在其他领域的关系。海湾危机爆发后，沙特需要苏联的合作，1990年9月双方恢复外交关系。2007年俄罗斯总统普京访问沙特,这是俄方最高领导人首访沙特。但是沙、俄同为世界石油大国,2009年俄罗斯石油产量超过沙特,成为世界最大产油国,未来两国争夺世界石油大国地位的斗争不可避免。

(三) 邻国关系

沙特较注意发挥自己地区大国的作用,重视与其他阿拉伯国家之间的关系。沙特注重同埃及的关系,两国都是中东地区大国,在反对西方新殖民主义政策、维护阿拉伯民族权益以及在阿以冲突问题上,双方有着共同利益。但双方在政治制度、意识形态以及价值观上存在很大分歧。如在政治上,两国共同反对美国在中东倡导的民主化改革,支持巴勒斯坦民族解放运动,共同打击恐怖主义。沙特和伊拉克同为海湾地区大国,两国有很长的共同的边境线,伊拉克是一个对沙特国家安全至关重要的国家,但边界与民族宗教问题是沙伊关系中的主要问题。沙特与伊朗同为海湾石油大国,两国之间隔着狭窄的霍尔木兹海峡,彼此在对方的军事力量打击范围之内,从地理角度看,两国在国家安全上互为威胁。沙特对以色列持非常谨慎的立场,既谴责巴勒斯坦的自杀性暴力事件,也反对以色列的"定点清除"政策、"单边撤离"计划以及犹太人定居点政策。

六、沙特与中国的双边关系

(一) 外交关系

沙特与中国自1990年7月21日建立外交关系以来,双边关系得到两国领导人的高度重视,高层互访频繁,外交关系不断深化,经贸合作日益加强,在教育、文化、卫生和体育等方面签署多项合作文件。

(二) 经贸关系

1. 贸易关系

中沙两国自1990年建立外交关系以来,双边经贸关系发展迅速,特别是进入新的历史时期,依托战略性友好关系不断深化,双边经贸合作实现了跨越式发展。2015年,中国超过美国成为沙特的第一大贸易伙伴,沙特则成为中国在西亚地区最大的贸易伙伴。2016年1月,中沙宣布建立"中沙全面战略伙伴关系",并签署涉及共建"一带一路"及产能、能源、通信、环境、文化、航天、科技等领域的14项合作文件,标志着两国关系进入新阶段,中沙经贸关系继续深入。

如图4-1所示,2008~2016年,中沙贸易总额常年维持在400亿美元以上的高水平,其贸易总额变化也是有升有降,状态稳定。2009年受国际金融危机的影响,中沙贸易总额下滑22.10%,仅为325.98亿美元;但随着中沙关系的深入发展,2010~2012年,双边贸易呈现出超高的增速,三年的贸易总额分别为431.95亿美元、643.17亿美元和733.14亿美元,同比增速分别为32.51%、48.90%和13.99%,2012年之后双边贸易总额保持稳定;2013~2014年,双边贸易总额均维持在700亿美元左右。然而随着沙特对石油经济和非石油经济的规划调整,中国自沙特的进口锐减,导致2015年开始双边贸易总额有所下滑,2015年和2016年分别为518.34亿美元和422.77亿美元,降幅分别为-24.97%和-18.44%。

中沙贸易中,中国始终处于"入超"地位,不过贸易逆差有所缩小。如图4-1所示,中国对沙特的贸易逆差由 2008 年的约 202 亿美元逐步增长，至 2011 年逆差已破 300 亿美元，达到了 346.18 亿美元，其后逆差持续维持高位，2012~2014 年分别为 364.08 亿美元、347.11 亿美元和 279.32 亿美元，随着中国对沙特进口的锐减，贸易逆差有所缩小，2015 年双边贸易逆差大幅缩小为 84.67 亿美元，2016 年进一步缩小至 49.75 亿美元。

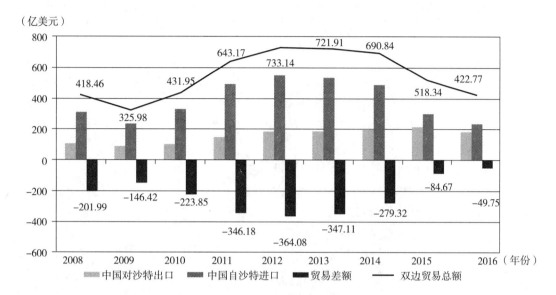

图 4-1　2008~2016 年中国与沙特贸易情况

资料来源：联合国商品贸易数据库。

此外，从贸易商品结构看，中沙贸易的商品结构各有侧重：中国对沙特出口商品主要侧重于机电产品、纺织品和日用品，中国自沙特进口商品则集中于原油和石化产品。具体而言，中国对沙特阿拉伯出口商品主要类别包括：①机械器具及零件；②电机、电气、音像设备及其零附件；③针织或钩编的服装及衣着附件；④钢铁制品；⑤橡胶及其制品；⑥陶瓷产品；⑦非针织或非钩编的服装及衣着附件；⑧皮革制品、旅行箱包、动物肠线制品；⑨化学纤维长丝；⑩家具、寝具、灯具等。中国自沙特阿拉伯进口商品主要类别包括：①原油及其产品、沥青等；②有机化学品；③铜及其制品；④塑料及其制品；⑤盐、硫磺、土及石料、石灰及水泥等；⑥鞣料、着色料、涂料、油灰、墨水等；⑦钢铁；⑧生皮（毛皮除外）及皮革；⑨无机化学品、贵金属等的化合物；⑩絮胎、毡呢及无纺织物、线绳制品等。

2. 投资关系

沙特具有很强的投资吸引力，其国内政治社会稳定、经济运行平稳、外汇储备持续增加、支付能力强、可持续发展空间比较大，尤其是对投资领域和投资比例的限制逐步减少，利润可自由兑换和汇出，通信、交通、银行、保险及零售业已陆续对国外投资者开放。据世界银行和国际金融公司联合发布的《2018 年营商环境报告》（Doing Business 2018），在全球 189 个经济体中，沙特的营商便利度排名第 92 位。世界经济论坛《2016~2017 年全球竞争力报告》显示，沙特在全球最具竞争力的 138 个国家和地区中，排名第 29 位。中国对西亚地区的投资也主要集中在沙特，同时沙特对中国的投资也较多，中沙投资的具体情况如表 4-1 所示。

表 4-1　2005~2016 年中国与沙特投资情况　　　　单位：万美元

年份	2005	2006	2007	2008	2009	2010	2011	2012	2013	2014	2015	2016
中对沙	2145	11720	11796	8839	9023	3648	12256	15367	47882	18430	40479	2390
沙对中	937	816	12265	27524	11365	48397	2194	4987	—	—	—	—

资料来源：《中国对外直接投资统计公报》《外商投资报告》。

3. 劳务合作

在两国政府基础设施建设领域合作协议的助力下，沙特已成为当前中国最具增长潜力的海外工程承包市场之一。2017 年，中国企业在沙特新签承包工程合同 124 份，新签合同额 29.28 亿美元，完成营业额 63.44 亿美元，当年派出各类劳务人员 1.80 万人，年末在沙特劳务人员约有 2.95 万人。

新签大型工程承包项目包括中国铁建股份有限公司承建沙特国王阿卜杜拉·本·阿卜杜勒·阿齐兹开发内政部安全总部第五期军营项目、山东电力基本建设总公司承建沙特吉赞 2400 兆瓦煤气化联合循环电站项目电站包与公用包的 EPC 总承包、山东电力基本建设总公司还承建沙特阿美 3 号及 5 号燃气增压站项目等。

七、沙特在"一带一路"沿线国家中的地位

沙特地处亚、非、欧三大洲交汇处，是伊斯兰教发源地和伊斯兰教两大圣城麦加和麦地那所在地，是中东地区最大的经济体和消费市场，也是世贸组织、二十国集团、石油输出国组织成员，具有独特的地理位置和强大的宗教和经济影响力。沙特位于"一带"和"一路"的重要交汇点，在"一带一路"建设中的区位优势十分明显。在中国与阿拉伯国家以能源合作为主轴，贸易和投资便利化为两翼，核能、航天卫星和新能源三大高新领域为突破口的"1+2+3"合作格局中，沙特作为对全球经济影响力巨大的能源大国，也是最具潜力的合作伙伴之一。2016 年，中沙签署《关于共同推进丝绸之路经济带和 21 世纪海上丝绸之路以及开展能源合作的谅解备忘录》，双方同意加强战略对接，强化在铁路、港口、电站、通信、工业园区、住房、投资、金融、航天、和平利用核能、可再生能源等领域的合作。

2014 年下半年以来的国际油价持续下跌对沙特经济造成了前所未有的严重冲击。为扭转经济持续下降的趋势，沙特提出了经济调整的"沙特 2030 愿景"，其内容包括：调整产业结构，从对石油过度依赖向新能源和矿业等多样化拓展；重视吸引外资；加强企业私有化的转变；劳动就业从依靠外籍劳工向"沙特化"转变；等等。"沙特 2030 愿景"的三大支柱之一是成为伊斯兰和阿拉伯中心，"一带一路"建设不仅有助于沿线国家经济发展，也有助于促进区域和平稳定，这二者也是沙特当前迫切需要的。加强中沙两国全面战略伙伴关系，与中国及沿线国家共建"一带一路"，是实现"沙特 2030 愿景"的最佳路径之一。结合沙特未来经济发展重点与中国"一带一路"倡议的契合点，中沙可在能源安全、产能合作、基础设施、贸易和投资以及金融五个方面加强合作，推动"一带一路"在沙特的落地，并实现共赢。

第一，应继续发展能源合作。随着经济的快速发展，中国石油需求迅速增长并成为第二大石油消费国，因此，长期安全稳定的石油供应，是中国经济持续发展的保证；而继续发展石油和天然气产业，延长石油产业的中下游产业链，挖掘沙特的石油和天然气能源全

产业链价值，充分发挥油气储备的优势也是发挥沙特比较优势及核心竞争力的关键。因此，中沙可通过建立长期稳定的石油贸易关系，扩大在石油天然气工业上游和下游产业的相互投资等多种方式，加强两国在石油和天然气能源领域的合作。此外，沙特拥有太阳能和风能领域的天然优势，其"2030愿景"提出能源革命，建立新兴能源市场，计划到2030年这两大新能源在国内能源消耗中的占比将翻三番，因此中阿可加强在新兴能源领域的对接和合作，带动中沙经济创新增长。

第二，应积极发展产能合作。沙特未来将积极推动产业结构调整，而中国作为工业门类最齐全的国家，目前在全球有220种产品的产量排在全球第一位，而且性价比最高，大量成熟技术和优质产能的领域对沙特经济调整将起到积极促进作用，与此同时，中沙还可以共同合作开发第三方市场，在共建"一带一路"当中实现"沙特2030愿景"。

第三，应努力扩大基础设施投资领域的合作。沙特位于丝绸之路的重要交汇处，是实现"一带一路"互联互通的重要节点。为发挥其地理优势，沙特正在建设一个独特的区域物流枢纽，并计划在港口、铁路、公路和机场建设方面进行大规模投入，同时计划加强与私营部门合作（PPP），开展一系列全新的国际合作，来完善基础设施，建立连接国内外的基础设施网络。中国的建筑工程企业是国际工程建设市场上的一支重要力量，中国在高铁等领域拥有独创的专利技术，已在沙特承建过一批成功项目，未来可加强中沙在基础设施建设领域的合作，促进陆海联运，从而帮助巩固沙特在亚非欧的物流枢纽优势地位，促进区域经济贸易投资发展与经济增长。

第四，应拓展促进贸易和投资合作。沙特具备强大的投资实力，据沙特投资总局（SAGIA）的报告，在未来10年，沙特在重大项目的投资将接近7000亿美元，并计划开放其年收入千亿美元的零售市场，这也是海湾地区最大的零售市场。中沙两国应加强其在贸易和投资领域的合作，充分激活两国企业的创新活力，尤其是要发挥沙特作为"一带一路"重要核心节点的作用，发挥沙特重要的贸易窗口的作用，加速推动中海自贸区谈判进程。

第五，应积极发展金融合作。沙特拥有全球最大的主权财富基金。近年来，中沙在金融领域合作已取得较快发展。例如，中国工商银行已在沙特设立分行，沙特也已成为亚洲基础设施投资银行重要成员；2015年，沙特开始发行国际债券融资，为中国提供了购买国际债券的新机会；2016年，经中国人民银行授权，银行间外汇市场实现对沙特里亚尔的直接交易。未来，双方还可以携手推进两国的货币互换，加强亚洲债券市场的建设，发挥中沙在亚投行、世界银行、国际货币基金组织等国际金融机构的作用。

第二节　沙特的经济发展状况

一、经济概况

（一）宏观经济情况

根据国际货币基金组织2017年7月发布的数据，由于全球油价持续性下跌，沙特的实际GDP增幅在近年来不断降低，失业率也达到12.3%。自2016年提出"2030愿景"以来，沙特政府已将改革提上日程并取得了良好进展。财政政策开始发挥效果，经济环境也得以改善。改革过程中流程的设计、优化以及协调至关重要，需沙特政府和社会民众的共同努力。未来沙特经济的走向将取决于国际石油价格的变动以及经济改革的实施效果。此外，2016年以来，由于能源和水价上涨，沙特CPI指数处于下滑趋势，但伴随沙特政府的能源改革以及2018年起征增值税，下滑趋势有望得到扭转。

沙特近几年一直处于财政赤字状态，如果政府新能源改革顺利进行，能源价格上升，政府支出能按计划实现，IMF预计财政赤字占GDP百分比将从2016年的17.2%降至9.3%，并于2022年降至1%。如果2017年下半年石油出口收入保持增长，进口增长以及资本外流得以控制，2017年经常账户将出现盈余，根据沙特央行的政策，国外净资产额将继续减少，但会被控制在合理范围（见表4-2）。

表4-2 沙特宏观经济情况一览表

年份	2012	2013	2014	2015	2016	2017
产出和物价（年度百分比变化）（%）						
实际GDP	5.4	2.7	3.7	4.1	1.7	-0.7
实际石油GDP	5.1	-1.6	2.1	5.3	3.8	—
实际非石油GDP	5.5	6.4	4.9	3.2	0.2	—
名义GDP（10亿美元）	736	747	756	654	646	—
居民消费价格指数CPI（平均）	2.9	3.5	2.7	2.2	3.5	-0.9
财政和金融（占GDP百分比）（%）						
政府收入	45.2	41.3	36.8	25	21.4	24.1
其中：来自石油的政府收入	41.5	37	32.2	18.2	12.7	16.9
政府支出	33.2	35.5	40.2	40.7	38.6	33.3
财政收支平衡（"-"表示赤字）	12	5.8	-3.4	-15.8	-17.2	-9.2
非石油收支平衡（占非石油GDP百分比）	-60.1	-59.4	-63.6	-49.8	-44.7	-38.5
广义货币（年度百分比变化）	13.9	10.9	11.9	2.5	0.8	0.2
国际收支（单位：10亿美元）						
出口	388.4	375.9	342.5	203.5	182.3	221.9
其中：来自石油以及相关产业	337.2	321.7	284.4	153	136.2	170.2
进口	-141.8	-153.3	-158.5	-159.3	-123.9	-123.4
经常账户	164.8	135.4	73.8	-56.7	-24.9	10.5
经常账户（占GDP百分比）	22.4	18.1	9.8	-8.7	-3.9	1.5
沙特央行国外资产净额	647.6	716.7	724.3	608.9	528.6	488.9
沙特央行国外资产净额（来自进口贸易收入）	33.8	33.2	35.1	37.5	31.7	—
实际外汇变动百分比	3.2	3	9.4	8.4	4.8	—

资料来源：IMF数据库。

（二）产业结构及主要优势产业和产品

石油和石化工业是沙特的经济命脉。2016 年，沙特石油石化产业生产总值为 1564.86 亿美元，占 GDP 的 24.7%。主要产品为原油和石化产品，当年出口额为 1343.73 亿美元（含石油、炼油、天然气）。沙特石油储量位列世界第二，也是世界最大的石油出口国和第二大石油生产国。根据沙特政府数据（欧佩克年度统计报告，2015），目前被探明的石油储备达 2600 亿桶，约占世界石油储量的 1/4。沙特的石油储备不仅丰富且距地表较近，因此开采的成本更低，盈利率更高。沙特 95% 的石油由半国营的沙特阿美石油公司（Saudi Aramco）开采，其余 5% 石油开采也由类似的半国营石油公司控制。近年来，沙特政府充分利用本国丰富的石油、天然气资源，积极引进国外的先进技术设备，大力发展钢铁、炼铝、水泥、海水淡化、电力工业、农业和服务业等非石油产业，依赖石油的单一经济结构有所改观。

沙特 40% 的 GDP 来自私人部门。截至 2014 年，沙特有 820 万外籍劳工，他们在沙特经济中扮演重要角色。沙特政府数年来致力于减轻对石油的依赖性，提高本国居民就业率，在通信、发电领域也开始允许引入私人及外国投资，并致力配合 WTO，推动贸易自由化进程。2016 年，沙特内阁批准接受 WTO《贸易便利化协定议定书》，成为第二个批准这一多边协定的阿拉伯国家。

沙特目前发展最快的部门是房地产业，房地产业在本国非石油 GDP 中贡献突出。沙特官方数据显示，目前 47% 的沙特家庭拥有住房，计划 2020 年这一数字将提升至 52%。沙特住房部估计，2017~2022 年，沙特住房缺口将达 150 万套。2016 年，仅 9~10 月的房产销售额就达 740 亿美元，房地产的发展主要受需求带动，受投机因素影响较小。沙特的土地所有权仅限于沙特公民，但在一些限制下海合会国家的居民和企业也拥有土地。在"沙特 2030 愿景"的改革宏图中，房地产业尤为关键，根据"2030 愿景"内容，"在策略性地区，政府将投资于房地产业，整合城市地区的教育机构、零售商、娱乐中心，沿海地段将用于旅游项目，为工业项目分配适宜的用地。"国家改革计划中将政府财政的 590 亿沙特里亚尔（约 157 亿美元）用于房地产业，也是政府财政支出中预算最大的一笔。改革的其他目标还包括将房地产行业对 GDP 贡献提高 5~10 个百分点；与私人机构建立合作制，开发政府用地；为住房建筑计划建立许可制度和融资方案。

2010~2016 年沙特农业、工业、制造业增加值一览表如表 4-3 所示。

表 4-3　2010~2016 年沙特农业、工业、制造业增加值一览表　　单位：亿美元

年份	农业增加值	工业增加值	制造业增加值
2010	139.46	3083.90	581.79
2011	145.75	4274.21	672.01
2012	153.03	4613.91	720.48
2013	161.07	4469.61	741.52
2014	168.44	4324.50	816.50
2015	171.38	2962.04	829.91
2016	173.21	2798.41	831.89

资料来源："一带一路"数据库。

目前，旅游业每年为沙特的国内生产总值贡献高达 226 亿美元。朝圣行业是沙特第二重要的产业，排名仅次于石油和天然气。每年都有近 200 万国外信众来到圣城麦加朝觐，这一数字 2020 年预计将达到 270 万。作为国家经济多元化战略的一部分，沙特计划未来大力发展旅游业，2017 年 8 月，沙特推出名为"红海计划"的大型旅游开发项目，计划将红海沿岸 50 座岛屿、休眠火山等区域打造成超级观光度假区，预计将使旅游业产值年增 40 亿美元。

沙特的零售业占海湾地区零售市场的 42%，在过去 20 年经历了快速发展，批发零售业市场规模年均增长 12%，逐步由小规模非组织化的市场向组织化、规模化的超市、卖场转变。其中，增长最快的商品主要有消费电子和家用电器（13%）、健康和美妆（12%），但网络零售业发展尚属于初级阶段。沙特的零售市场潜力巨大，国家目前鼓励非石油产业和私营经济发展，并从 2007 年起逐步取消外商投资批发零售业的限制。根据经济学人智库的预测，沙特的零售收入将在 2019 年超过 1300 亿美元。

沙特包装产业占据海湾合作委员会各成员国市场总额的 70%，年增长率高达 15%。包装产业已经成为沙特最具有活力的产业之一。据估计，2011～2015 年，食品消费量年均增长率将为 4.6%，到 2015 年将达 5110 万吨。食品消耗每年不断增加导致对安全、环保、可循环使用的包装产品需求越来越大。随着印刷、包装和塑料制品产业的增长，沙特包装市场正不断扩大，且逐步走向多样化。

二、国内市场状况

沙特绝大多数生产资料和消费品依靠进口。2016 年总需求达 6386.13 亿美元，同比下降-7.08%，其中私人消费 2763.29 亿美元。沙特人口结构年轻化，且具有较强购买力。据统计，沙特 20～30 岁的人口约占总人口的 70%。沙特的消费层面较广，既有出手阔绰的王公贵族和富裕的中产阶级，也有下层百姓和占总人口 2/3 的外来劳工。

受文化风俗和极端气候的影响，沙特禁止开设电影院、KTV 等娱乐设施，也不适合进行户外运动。此外，沙特的网络支付和快递系统发展滞后，网络消费受到制约，因此既能满足购物需求又兼具滑冰、水上乐园的设施齐全的购物中心成为主要的消费场所。

三、基础设施建设状况

2013～2020 年，沙特在建或计划建设中的民用建筑项目达 285 个，总额超过 2600 亿美元，包括政府投资 270 亿美元的建筑和教育项目。沙特投资总局（SAGIA）称，未来 10 年，沙特在国内基础设施建设将超过 1000 亿美元，尤其是交通与物流领域。

在沙特，公路交通是主要运输方式。沙特道路总长 19.3 万公里，公路总里程为 5.5 万公里，其中主要公路 1.5 万公里，支线公路 30500 公里，二级公路 9500 公里。国际公路网与约旦、也门、科威特、卡塔尔、阿联酋、巴林等国相通。在铁路建设方面，沙特现有铁路是利雅得—达曼铁路，全长 590 公里。正在建设的有南北铁路，全长 2400 公里。2016 年，海湾国家规划中的铁路项目合同总额超过 2400 亿美元。其中，沙特规划中铁路项目数量最多且金额最大，位列海湾六国之首。目前，沙特铁路规划项目总金额近 1300

亿美元，约占海湾国家铁路项目合同总额的50%。其中，在建地铁线路6条，施工进度近48%，预计将在两年内完成验收并移交运营。麦加地铁项目是"吉达公共交通"项目（JPTP）的重要组成部分，总金额预计高达50亿美元，设计工作目前已完成30%。沙特交通部拟将私营部门对铁路经营发展的贡献率提升至50%，鼓励私营部门参与到利雅得地铁等优先保障的大型交通项目中。沙特有机场27个，其中包括4个国际机场、6个地区机场、17个本地机场，年运输旅客1890万人次，飞行55895航次，货物运输38.2万吨。水运方面，目前沙特各大港口总共拥有183个泊位。总吞吐量达到了1.5亿吨，其集装箱每年装卸总量200万标准箱，每年到访沙特港口的船舶也达到1200艘次。

在电力方面，2016年，沙特发电额将达123.4亿美元，同比增速超过50%。沙特电力公司（SEC）是沙特最大的发电企业，其发电方式主要是原油发电，电厂主要分布在吉达、达曼等沿海城市。2016年沙特电力与多家银行签署协议，共融资近38亿美元，主要用于电力领域扩建项目。沙特政府计划到2020年再提高3000万千瓦发电能力。在增速方面，用电需求将保持6%~8%的增长速度。

沙特政府将为两家国有企业提供42.6亿里亚尔（约合人民币76.4亿元）助其部署光纤网络以连接200万个家庭和企业用户。沙特通信与信息技术部表示，此举是为了实现到2020年国内光纤网络大范围覆盖，这对国家通信基础设施的长期发展具有非常重要的作用。2010~2016年沙特通信信息情况见表4-4。

表4-4　2010~2016年沙特通信信息情况　　　　　单位：百人

年份 \ 通信类型	移动电话用户数	固定电话用户数	互联网用户数
2010	189.17	15.28	41.00
2011	194.51	16.69	47.50
2012	187.36	16.97	54.00
2013	184.20	17.13	60.50
2014	179.56	12.33	64.71
2015	179.56	12.33	64.71
2016	176.59	12.53	69.62

资料来源："一带一路"数据库。

四、对外贸易发展状况

（一）对外贸易总量及其变化特征

沙特经济高度依赖贸易。作为石油储量和产量第一的石油大国，沙特出口以石油和石油产品为主，除石油以外其他商品均依赖进口。2014年，受到国际石油价格变动的影响，沙特出口总额大幅下降（见表4-5）。近年来，沙特政府大力推行经济多元化政策，努力扩大非石油生产，减少对"石油美元"的依赖，具体表现为出口总额持续降低，贸易依存度不断下降。与此同时，较高的贸易顺差情况也有所改善。

表 4-5　2010~2016 年沙特对外贸易基本情况

年份	出口总额（亿美元）	进口总额（亿美元）	进出口总额（亿美元）	贸易增长率（%）	贸易依存度（%）
2010	2614.94	2118.59	4733.53	—	89.62
2011	3758.15	1865.404	5623.554	18.80	83.78
2012	3989.75	2054.818	6044.568	7.49	82.13
2013	3871.81	2199.002	6070.812	0.43	81.31
2014	3413.33	1738	5151.33	-15.15	68.11
2015	2034.67	1746.67	3781.34	-26.59	57.79
2016	2155.46	2287.716	4443.176	17.50	68.73

资料来源：根据"一带一路"数据库和世界银行数据整理得出，其中，贸易依存度＝进出口总额/GDP（当年价格）。

（二）对外贸易结构

1. 出口商品结构

根据联合国商品贸易统计数据库，近三年来，沙特出口商品依然以石油及相关商品为主，虽然 2014 年石油价格暴跌后，沙特能源决策体系已发生变动，但沙特并未选择"限产提价"的传统政策，而是选择坚定地执行不减产政策，其石油产量甚至有所提高，这一举措主要是为了适应国际能源格局的变动和调整。在世界能源格局的变化中，石油的地位下降是长期趋势，但石油的战略重要性短期内不会发生变化，与此同时，美国页岩油的开发取得了巨大进展，加拿大、巴西等国非常规石油潜力不容小觑，在这样的国际环境下，沙特的不减产政策旨在维护其在国际能源消费市场的主导地位，进而维护沙特的石油霸主地位。因此，石油出口量近年来虽在下降，但依然在沙特出口商品中占据重要地位（见表 4-6）。制造业在沙特商品出口中占比仅次于石油，但较之埃及等国占比依然较少。沙特政府近年来致力于改善经济结构，提高制造业在国民经济中的地位，未来制造业在 GDP 中的占比尚有较大提升空间。

表 4-6　2010~2016 年沙特出口商品结构

年份	货物出口（BOP，亿美元现价）	燃料（%）	制造业（%）	食品（%）	矿石和金属（%）	农业原材料（%）
2010	2511.43	87.54	11.11	1.16	0.15	0.02
2011	3647.35	88.62	10.32	0.90	0.12	0.02
2012	3883.70	88.50	10.46	0.86	0.14	0.02
2013	3759.01	87.43	11.25	0.88	0.40	0.02
2014	3424.57	84.94	13.21	1.01	0.77	0.02
2015	2035.37	78.40	18.42	1.80	1.31	0.04
2016	1823.32	—	—	—	—	—

资料来源：根据"一带一路"数据库整理，商品结构主要指各项占货物出口的比值。

2. 进口商品结构

近年来，沙特进口商品前五位分别为汽车、通信产品、黄金（包括镀白金的黄金制品）、药物及货运机动车。沙特是中东地区最大的汽车市场。每年进口车辆超过275000辆，加之每年223亿美元以上的汽车配件进口和销售额（沙特人75%的可支配收入花费在个人项目上），使沙特成为全球人均汽车配件及附件消费最高的国家之一，世界第五大汽配采购国。由于沙特本国的制造业水平欠发达，对汽车的需求主要通过进口来满足。目前，日系车在沙特汽车市场占主导地位。

随着2000年沙特开放电信市场，沙特固定电话、互联网和移动通信市场正逐渐从政府垄断转向市场化，电信市场的市场自由度不断提高。随着手机高度普及，语音市场已经成熟，与此同时，随着年轻人口以及对技术渴望人群的增加，再加上智能设备普及率的大幅提高，数据服务行业发展迅速。伴随全球科技水平的不断提高和电信成本的逐渐下降，未来几年沙特的电信产品尤其是智能手机需求将持续扩大。

沙特对黄金的需求长盛不衰。在传统习惯上，黄金是沙特妇女的主要装饰品。据沙特有关部门估算，沙特每对新婚夫妇购置金饰的平均花费为4000美元，而在沙特南部地区，这一数字达到6600美元。对已婚的沙特妇女来说，佩戴的各种金饰堪称其身份的象征及其身价的"砝码"。据统计，沙特妇女的黄金购买量超过总购买量的85%，而积攒黄金也是沙特家庭的重要储蓄手段之一。沙特黄金市场20%的黄金来自迪拜的出口返销，另有20%靠国外进口，其余60%为国内自产。

作为中东地区最大的终端市场，沙特还是中东地区人均医疗支出排名第一的国家。药品和医疗消费支出至2017年将达到349000万美元。沙特医疗现代化程度很高，既是中东地区最大的医疗设备和用品市场，又是中东最大的药品市场，沙特的药品市场占海湾地区市场份额的65%，而99%的药品依赖进口，在沙特药品进口没有任何壁垒，即完全免税，医药市场空间和利润相当可观。

2010~2016年沙特进口商品结构如表4-7所示。

表4-7　2010~2016年沙特进口商品结构

年份	货物进口（BOP，亿美元现价）	制造业（%）	食品（%）	矿石和金属（%）	农业原材料（%）	燃料（%）
2010	974.31	77.72	16.06	4.98	0.94	0.25
2011	1199.61	77.80	15.50	5.50	0.85	0.29
2012	1417.99	79.51	14.22	4.97	0.78	0.47
2013	1533.44	78.58	14.89	4.32	0.73	1.41
2014	1584.62	78.68	14.63	4.36	0.70	1.57
2015	1592.71	80.67	14.06	3.66	0.77	0.77
2016	1239.48	—	—	—	—	—

（三）主要出口目的地和主要进口来源地

沙特主要的贸易伙伴是中国、美国、德国、日本、韩国、阿联酋、印度、法国和意大利。根据中国海关公布的数据，2011 年，中国首次跃居沙特第一大外贸伙伴国，双边贸易总额达 644 亿美元。2016 年，中沙贸易总额为 423 亿美元，其中，沙特对中国出口 263 亿美元，进口 160 亿美元。

五、服务贸易发展状况

近年来，沙特出口服务贸易发展速度较快，进口服务贸易变化不大。2016 年，沙特商业服务出口额为 152.68 亿美元，较 2010 年增长 47.5%，主要出口类项为旅行服务，占服务出口的比重高达 72.67%（见表 4-8）；沙特商业服务进口额为 509.66 亿美元，主要进口类项为旅行服务、计算机、通信和其他服务、交通（见表 4-9）。

表 4-8　2010~2016 年沙特商业服务出口结构（各项占服务出口额比值）

年份	商业服务出口（亿美元现价）	旅行服务（%）	交通服务（%）	保险与金融服务（%）	计算机、通信和其他服务（%）
2010	103.51	64.84	19.67	11.99	3.50
2011	111.16	76.10	17.77	3.12	3.01
2012	105.75	70.28	21.50	4.46	3.75
2013	113.08	67.66	23.57	5.35	3.42
2014	119.62	68.87	24.13	3.23	3.76
2015	138.07	73.36	20.66	4.03	1.94
2016	152.68	72.67	20.20	5.20	1.92

资料来源："一带一路"数据库。

表 4-9　2010~2016 年沙特商业服务进口结构（各项占服务进口额比值）

年份	商业服务进口（亿美元现价）	旅行服务（%）	计算机、通信和其他服务（%）	交通服务（%）	保险与金融服务（%）
2010	509.96	41.44	28.31	24.95	5.30
2011	549.54	31.43	34.15	27.93	6.49
2012	498.89	34.12	23.30	35.82	6.76
2013	517.45	34.13	22.28	37.20	6.39
2014	626.83	38.48	24.52	31.79	5.21
2015	556.90	34.74	23.90	36.09	5.28
2016	509.66	36.73	28.61	29.89	4.77

资料来源："一带一路"数据库。

六、对外直接投资发展状况

2003~2015 年，沙特在外国的直接投资总额近 414 亿美元。阿拉伯投资和出口信贷担保公司发布的最新数据显示，截至 2017 年 8 月，沙特共有 240 家公司进行海外投资，投资项目总数为 526 个，遍布 30 多个国家，创造了 9.6 万个工作岗位。沙特的海外投资东道国包括中国、土耳其、阿联酋、约旦、韩国、埃及、黎巴嫩、南非、巴基斯坦和美国。沙特基础工业公司（萨比克）是沙特开展海湾投资最为广泛的企业，已实施了 81 个海外投资项目，投资总额约 100 亿美元。

七、金融业发展状况

20 世纪 70 年代以前，沙特王室对现代金融态度较为保守，沙特的银行资本规模因而相对较小，业务范围狭窄，服务对象主要是本国传统行业部门；70 年代末石油提价后，石油收入急速增长，沙特的金融体系在此期间开始筹备建立，金融业初具规模后，沙特的投资方式更加多元化、国际化，金融体系不断完善。1978 年，沙特成为国际货币基金组织永久成员之一，开始在世界金融体系占有一席之地。20 世纪 80 年代，受两伊战争影响，沙特金融业进入衰退期。90 年代，在金融全球化浪潮的冲击下，沙特开始了金融自由化改革。随着改革不断深化，沙特银行体系开始转向良性发展，资本充足率和利润回报率升高，不良贷款率有所下降，金融机构在资产配置方面更加有效。进入 21 世纪，伴随金融一体化进程以及石油价格的再次高涨，沙特金融业蓬勃发展。2010 年以后，沙特政府意识到完全依赖"石油经济"的风险性，开始加大完善金融体系的力度，改善投资环境、吸引外资，向多元化经济模式转变。沙特在全球最具信用经济体中排名第 15 位，在 76 个信用风险国家中排名第 14 位。

八、营商环境

根据世界银行所发布的《2017 年全球营商环境报告》（*Doing Business* 2017），就整体表现而言，沙特营商环境便利度在全球 190 个经济体中排名为 94/190，在海合会六国中排名第 5（前沿指数 61.11），低于六国平均水平，如图 4-2 所示。就具体指标而言，如图 4-3 所示，沙特在办理破产、跨境贸易和开办企业三个方面排名靠后，而在办理施工许可、获得电力以及登记财产方面较有优势。

根据世界银行《2017 年全球营商环境报告》数据（见表 4-10），在沙特开办企业，男性平均需要 12 项手续，15 天，花费 4.1% 的人均收入；女性平均需要 15 项手续，18 天，花费 4.1% 的人均收入，在全球 190 个经济体中排名第 147（147/190），海合会六国中排名第五。造成男女数据差异的原因主要有三方面：首先，在沙特，女性开办企业需办理身份证，而办理身份证必须征得家族男性亲属（父亲、兄弟、丈夫或儿子）的同意；其次，沙特并不为女性颁发驾驶执照，并且女性离家需要获得丈夫的同意；最后，如果女性经营的公司同时面向女性消费者和男性消费者，则该公司必须由男性管理。以上因素实际导致的影响可能比数据所显示的更大。例如，由于未能取得丈夫同意，一些女性根本无法开办企业。值得注意的是，沙特政府于 2012 年将税务、保险等相关部门业务窗口汇总，2017 年减少了公司章程的公正时间，这两项举措优化了开办企业的流程，并降低了相关成本。

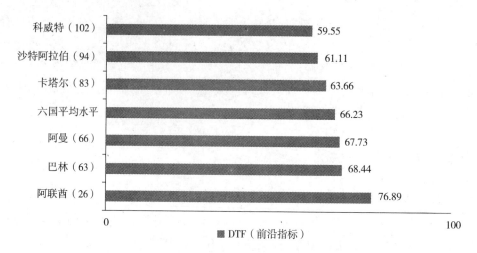

图 4-2　海合会六国营商环境比较

资料来源:《2017 年全球营商环境报告》(*Doing Business* 2017)。

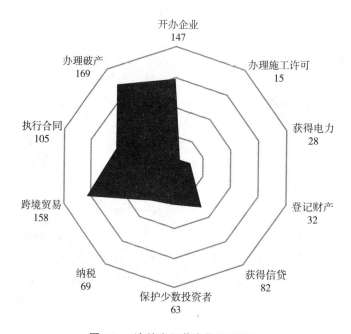

图 4-3　沙特主要营商指标雷达图

资料来源:《2017 年全球营商环境报告》(*Doing Business* 2017)。

　　沙特在办理施工许可方面,人均需要 13 项手续,106 天,在全球 190 个经济体中排名第 15(15/190),在海合会六国中仅次于阿联酋(4/190)。沙特政府于 2012 年开始采用更先进的办理流程,提高办理施工许可的效率。

　　在获得电力方面,在沙特人均需要 4 项手续,61 天,花费 31.4% 的人均收入,总体排名 28/190,海合会六国中仅次于阿联酋(4/190),但排名较 2016 年数据(23/190)有所下滑。2013 年,政府提高了相关费用,增加了获得电力的成本。

　　在登记财产方面,在沙特人均需要 3 项手续和 3 天时间。由于不存在官方贿赂,不收取财产的资本利得税或增值税,花费为 0,总体排名 32/190,在海合会六国中排名第四。政府于 2016 年在土地登记中开始使用电子系统,提高了财产转移的速度。

世界银行《全球营商环境报告》对获得信贷的便利程度的衡量分为信贷信息系统和借贷双方在抵押物、破产方面的法律权利两个方面，信贷信息系统让贷款人了解和考量潜在借款人（企业创办者）的信用记录，同时记录借款人的还款信息、可行的抵押物（担保），法律法规使企业创办者在贷款时能使用他们的财产（尤其是动产）进行抵押，保障贷款者的权益。这两个方面通过信用信贷信息深度指数（0~8）和法律权利力度指数（0~12）分别体现，指数越高，说明信贷信息越充分，借贷者的法律权益越高。沙特的信贷信息深度指数为8（最高为8），法律权利力度指数为2（最高为12），获得信贷方面总体排名为82/190，在海合会六国中排名第一。法律权利力度指数极低是由于阿拉伯国家伊斯兰金融体系中，基本没有关于抵押物方面的法律法规，这个特点在海合会六国该指数中均有体现。沙特于2011年修改了商业留置法，使融资更加灵活，并允许借方违约时借贷双方庭外和解。

保护少数投资者对企业权益融资的能力和股东权益，主要通过保护少数投资者力度指数（0~10）体现，指数越高，企业权益融资能力越强，股东权益保护程度越高，沙特的该指数为5.8，总体排名为63/190，在海合会六国中仅次于阿联酋。2017年，沙特政府通过提高企业信息透明度，加强和完善所有权和企业结构，提高了对少数投资者的保护力度。

在纳税方面，沙特总体排名69/190，在海合会六国中排名第六，且远远落后于其他五国。从纳税的具体指标看，主要差距体现在计税流程指数上，计税流程指数的衡量取决于办理和获得增值税退税所需时间、办理和完成企业所得税税务审计所需时间两个方面。沙特虽然还未开征增值税，但是沙特2017年采用了更复杂的所得税申报系统，导致该指标的异常。

在跨境贸易方面，沙特总体排名158/190，在海合会六国中排名最后，具体来看，相对其他五国，沙特进口和出口的流程都更为复杂，所需时间更长，成本更高，还有较大的改善空间。

执行合同主要衡量对企业法律纠纷处理的司法效率，沙特商业纠纷解决时间平均575天，花费占索赔金额的27.5%，总体排名105/190，在海合会六国中排名第四。根据具体指标，在沙特，商业纠纷诉讼受理过程较为漫长（365天），诉讼费（占索赔金额的20%）较高，导致沙特在企业法律纠纷的司法处理方面位于劣势。

在办理破产方面，沙特总体排名169/190，在海合会六国中排名最后，远远落后于其他五国，根据具体指标，沙特在企业财产回收和处理方面均没有相关的流程和法规，可能导致破产企业资产无法及时清算，企业债权人的权益无法得到保障。

表4-10　沙特主要营商指标一览表

指标	2017年	2016年
开办企业（排名）	147	146
开办企业（DTF）	77.09	76.07
手续数——男性（项）	12	12
所需时间——男性（天）	15	19
成本——男性（占收入百分数）（%）	4.1	4.1

续表

指标	2017 年	2016 年
手续数——女性（项）	15	15
所需时间——女性（天）	18	22
成本率——女性（占收入百分数）（%）	4.1	4.1
最低缴入资本率（占收入百分数）（%）	0	0
办理施工许可（排名）	15	14
办理施工许可（DTF）	80.66	80.75
手续数（项）	13	13
时间（天）	106	106
成本率（占仓库价值百分数）（%）	0.5	0.4
建筑质量控制指数（0~15）	12	12
获得电力（排名）	28	23
获得电力（DTF）	84.81	84.83
手续数（项）	4	4
时间（天）	61	61
成本率（占收入百分数）（%）	31.4	26.2
供电可靠性和费率透明度指数（0~8）	6	6
登记财产（排名）	32	32
登记财产（DTF）	78.51	78.15
手续数（项）	3	3
时间（天）	3	6
成本率（占财产价值百分数）（%）	0	0
土地管理质量指数（0~30）	9.5	9.5
获得信贷（排名）	82	78
获得信贷（DTF）	50	50
法律权利力度指数（0~12）	2	2
信贷信息深度指数（0~8）	8	8
信用信息登记覆盖率（占成年人百分数）（%）	0	0
机构信用信息登记覆盖率（占成年人百分数）（%）	48.3	47.3
保护少数投资者（排名）	63	97
保护少数投资者（DTF）	58.33	51.67
保护少数投资者力度指数（0~10）	5.8	5.2
利益冲突监管程度指数（0~10）	6.7	6.7
股东监管程度指数（0~10）	5	3.7
纳税（排名）	69	65
纳税（DTF）	77.04	77.15
每年缴纳次数（次）	3	3

指标	2017 年	2016 年
每年所需时间（小时）	67	64
总税率（占利润百分数）（%）	15.7	15
计税流程指数	10.9	
跨境贸易（排名）	158	158
跨境贸易（DTF）	49.62	49.62
出口时间：边境规程（小时）	69	69
出口成本：边境规程（美元）	264	264
出口时间：文书规程（小时）	90	90
出口成本：文书规程（美元）	105	105
进口时间：边境规程（小时）	228	228
进口成本：边境规程（美元）	779	779
进口时间：文书规程（小时）	131	131
进口成本：文书规程（美元）	390	390
执行合同（排名）	105	103
执行合同（DTF）	55.07	55.07
时间（天）	575	575
成本率（占索赔金额百分数）（%）	27.5	27.5
司法程序质量指数（0~18）	6	6
办理破产（排名）	169	169
办理破产（DTF）	0	0
回收率（百分数）（%）	0	0
时间（年）	无实际流程	无实际流程
成本（占财产百分数）（%）	无实际流程	无实际流程
办理破产流程力度指数	0	0

资料来源：《2017 年全球营商环境报告》（*Doing Business* 2017）。

第三节　沙特的经济制度与经济政策

一、基本经济制度及其变化

（一）沙特经济发展概况

沙特实行自由经济政策。麦加是伊斯兰教的先知穆罕默德的诞生地，是穆斯林的朝觐圣地。沙特是世界上最大的大麦进口国，年均进口约 600 万吨。水果自给率达到 60%。畜牧业主要有绵羊、山羊、骆驼等。主要农产品有小麦、玉米、椰枣、柑橘、葡萄、石榴等。沙特的谷物自给率比较低，只有约 20%，依靠大量进口才能满足需求。

（二）工业

石油和石化产业是沙特的经济命脉。沙特政府充分利用本国丰富的石油、天然气资源，积极引进国外的先进技术设备，大力发展钢铁、炼铝、水泥、海水淡化、电力工业、农业和服务业等非石油产业，依赖石油的单一经济结构有所改观。沙特曾经是一个土地贫瘠、资源匮乏、地广人稀的沙漠之国。1938 年，达兰地区发现了石油，沙特的历史从此发生了根本改变。依靠对石油资源的开发和利用，沙特从一个贫穷的国家发展成为一个人均收入位居世界前列、实力雄厚的新兴国家。沙特的石油资源极其丰富，已探明的石油储量居全球之冠，约占世界总储量的 1/4。不但如此，沙特的石油还具有品质多样的特点，从重油到轻油品种齐全，可满足世界各地炼油厂的需要。沙特的石油勘探工程中心也是世界上最大最先进的科学研究设施之一，在中东地区更是首屈一指。沙特广泛使用的三维地震探测技术，可以准确地划分新发现的油层的界线；运用横向钻探技术，使在困难地带和近海进行勘探成为可能。沙特最为成功的勘探是在中央阿拉伯地区。从这里开采出来的原油基本不含硫，并且很轻，用很低的成本就可以将原油精炼成具有高附加值的轻型产品。在尽力挖掘陆地原油生产潜力的同时，沙特还大力发展钻井平台技术，努力挖掘海上石油生产潜力。

从 20 世纪 60 年代大规模勘探以来，沙特已经发现了约 70 个油气田，其中包括世界上最大的佳沃油田和世界上最大的海上油田——萨法尼亚油田。为了收集天然气，20 世纪 70 年代，沙特建造了万能天然气系统。该系统每日可收集加工 1.3 亿标准立方米的天然气，相当于每日为世界能源市场增加 100 多万桶的原油。红海沿岸的延布工业区和地处海湾的朱拜勒工业区的燃料、原料以及重要的公用设施的电力均来自该系统。现代化运输方面，沙特石油管道输送系统在国内纵横交错，连通所有的加工厂和散货储存中心。东西走向的管道是横跨两个海岸的大动脉，将原油和液化气输送到全国各地以及国内各个工厂和两岸的装卸码头。沙特拥有世界上最新的原油运输船队，每艘船重 30 多万吨，原油总运载量达 200 多万桶。开拓性经营方面，除了向世界各地输送原油外，沙特还开展了炼油和行销业务，在海外投资建立公司。美国、菲律宾、韩国等很多国家都有沙特独资和合资兴建的石油公司，其中设在美国的"企业之星"公司从开业之初就成为美国第六大石油销售企业。沙特非常重视环境保护，提倡安全与无污染作业。1989 年，沙特制定了环境作业评估计划，对排气、排水、地下水污染等进行持续追踪调查。此外，沙特还实施了最大限度减少废物、固体和危险废物的计划，建有反应敏锐的环保系统，并定期进行演习。在 1991 年治理海湾石油溢漏过程中，沙特回收了原油 100 万桶，创下了世界漏油回收的最高纪录。

（三）农业

沙特十分重视农业发展。全国有可耕地 3200 万公顷，已耕地 360 万公顷。农业从业人员约为 39 万，农业收入占国民生产总值的 4.7%。政府对农业实行优惠政策，鼓励农作物特别是小麦的种植，调动了农民积极性。主要农产品有小麦、椰枣、玉米、水稻、柑橘、葡萄、石榴等。粮食自给率为98%，小麦已实现自给自足并出口，但后期沙特政府考虑到种植成本问题，暂时放弃了粮食种植，选择以进口为主，并大力拓展海外农业直接投资。畜牧业主要有绵羊、山羊、骆驼等。政府还利用地方和私营企业力量兴办肉鸡、蛋鸡场，发展养鱼业，鼓励大公司建立各种农场。沙特有自流水井4万眼，饮用水井5.2万眼，水坝220座，蓄水能力达8亿立方米。

（四）财政金融

沙特官方海外资产约1280亿美元。2005年，沙特政府国内公债1266.7亿美元，占GDP的41%。沙特有商业银行10家，其中国民银行、利雅得银行和拉吉希金融投资公司三家为国有银行，其余为合资银行，分支机构1210家，资本约230亿里亚尔，利润约70亿里亚尔。沙特有7家证券交易所。

油价大跌后，沙特财政状况持续弱化，经济增长前景急剧恶化，主要经济指标都面临下行预期。因此，沙特采取了诸多措施应对。2015年沙特启动了公共投资基金和人力资源发展基金，同时控制资本支出。2016年的紧缩预算标志着沙特政府迄今为止对国际能源价格崩溃最强烈的反应，紧缩方案涉及广泛的经济改革，包括削减大多数经济部门的支出、实施新税收和启动私有化计划，以及改革能源和公用事业价格等。

二、经济发展模式变迁

（一）变迁历程

沙特是世界石油生产大国。现代沙特王国是以沙特家族为核心，以伊斯兰教为旗帜，通过部落征服战争建立起来的。成立之初，原始的游牧业、脆弱的农业和有限的朝觐业构成了国家经济的主体，政府财政十分拮据。20世纪50年代以后，石油开采逐渐使传统的社会经济结构发生演变：游牧经济走向衰落，部落社会趋于瓦解，取而代之的是石油等新兴工业部门和现代城市生活方式。

沙特传统的经济结构以游牧业为主，牧场归各部落所有，牲畜由各家族所有，属于封建农奴制的经济制度。与这种经济结构相适应的是部落社会组织，人们以父系血缘为纽带、按家族为单位结成部落。它是沙特传统社会结构的基础。在部落社会基础上，产生了现代沙特社会特殊的国家形式，即家族统治下的君主制。君主制和保守的伊斯兰教作为传统的国家政权形式和意识形态，二者互相依赖，互为统一。20世纪初，伊本·沙特在建立统一的沙特国家的过程中，巧妙地利用与各部落首领的联姻和瓦哈比派的伊斯兰复兴运动，成功地统一了自9世纪以来就分崩离析的阿拉伯半岛。而沙特统一国家的建立，很大程度上依赖于宗教意识形态的统一和通过联姻建立起来的血缘关系。这也说明，沙特人在思想上依然摆脱不了根深蒂固的传统观念，血缘、家族和宗教意识超越现代国家认同。传统的思想意识在较长时期内影响沙特国民的行为方式。

国情决定经济发展模式，而当代沙特最大的国情就是其石油资源极为丰富。发现石油前，沙特政府的年收入仅3500万里亚尔，相当于700万美元，政府财政收入的主要来源是朝觐收入。1945年起，石油成为沙特经济的主要支柱。由于西方石油公司的垄断，沙特政府最初只是参与石油生产的利润分成。20世纪50年代是沙特社会历史发展的一个重要转折点。石油的开采受到了西方国家的外部冲击。"二战"结束后,美国石油财团加紧掠夺沙特的石油资源,大量资本、技术人员源源不断地输往沙特。美国从自身利益出发,对沙特进行了大量的经济援助和军事援助。石油开发及其所带来的外部冲击,进一步推动了沙特传统社会经济结构的演变——财政赤字、物价上涨、政局动荡、激进和保守势力纷纷登台。以费萨尔国王为代表的上层统治者中的改革派,随即采取了种种有力措施来改革不合理的传统制度,促进了社会的稳定和经济的发展。

1958 年,国王任命经济学家安瓦尔管理沙特货币局。安瓦尔提出了两项稳定经济的计划,其中之一就是在财政状况稳定后,为国家未来的发展做准备。在他的建议下,沙特于 1958 年成立了财政经济咨询委员会。1960 年,费萨尔国王要求世界银行重建和发展组织来研究沙特经济的难题。该组织为沙特提出了一个发展国家资源和促进经济发展的基础方案。1962 年 11 月 6 日,费萨尔公布了 10 项改革措施。1965 年,沙特政府成立了中心计划组织,该组织为制定一个切实可行的计划采取了四项行之有效的措施:一是在特定时间范围内检查国民经济情况,并形成报告出版,公之于众;二是根据报告发现的问题,制定总体的策划纲要,上交各大臣审核;三是综合各大臣意见,形成一个经济发展的总体战略,上交国王批准;四是计划实施过程中,该组织每年开展总结和预测。1969 年,中心计划组织制定出第一个五年发展规划,开始了国家计划下实行经济转型的过程。

1972 年以后,沙特政府在石油生产中获得了主动权,于是全面实行以石油生产和石油出口带动国民经济发展的战略。沙特注重经济计划,已经连续实施了六个"五年发展计划",经济建设取得了显著成就。1970~1980 年间,沙特国内生产总值(按 1969~1970 年不变价格计算)从 196 亿里亚尔增加到 530 亿里亚尔,年平均增长率 10.5%,超过了同期美国的 GDP 增速;1974~1984 年,沙特建立了两个工业城市(朱拜勒和延布),成立沙特基本工业公司、粮食储存组织,建设了国际机场、港口、输电网。虽然沙特制造业的发展速度较快,但沙特并未达到联合国规定的工业化标准。工业化作为沙特经济发展的目标尚需时日。此后沙特一直在尽力推动经济多样化,但石油产业发展仍是沙特国民经济发展的主要动力。20 世纪 80 年代以来,由于世界市场结构发生变化和石油价格总体呈下跌趋势,沙特经济发展主要依靠的石油产量和石油收入都大幅度下降。

在现代化进程中,沙特对本国的君主制采取了既维护又改革的策略。在第二个五年计划(1976~1980 年)中,政府明确提出了保持伊斯兰教和道德观念的目标。维护君主制和伊斯兰教的途径在于小心谨慎的社会改革,为此在"二五"计划中,沙特政府提出增加社会各阶层的福利,在保证经济增长的同时,要控制通货膨胀的幅度;设立专项基金,用无息贷款来扶助沙特公民从事经济活动。与此同时,针对沙特人力资源缺乏、人口素质低等实际情况,提出通过教育培训和提高健康水平,发展人力资源,提高国民素质,"二五"计划对人力资源的投资,有 83% 用于教育。到 1990 年,沙特王国已成功实施了四个"五年计划",取得了巨大成就。昔日原始落后的游牧国家已转变为一个充满朝气的现代石油王国。20 世纪 90 年代初,法赫德国王对沙特王国的政治体制又进行了重大的改革。沙特社会经济结构的演变,是以石油为动机、君主制为制约因素的外部冲击和内部适应相结合的变动模式——沙特以这种独特的模式完成了社会经济结构的演变。

(二)特征

(1)立足石油开采与出口,巩固和发展石化工业,实现下游工业化。这是沙特石油蕴藏量居世界首位这一基本国情决定的。石油收入是沙特对外贸易收入、财政收入乃至国民收入的重要来源，在某种程度上，经济形势的好坏取决于国际石油市场的行情。沙特经济形势在2015年以后趋于严峻，就是它在经济发展中严重依赖石油出口所致。

（2）加速实现经济多样化，逐步减轻对石油部门的依赖，使石油采空后经济不至于倒退。据预测，沙特石油资源90年内不会采空。但从完全依赖石油开采，到逐步减轻石油部门的比重，沙特当局意识到最终目标是彻底摆脱经济发展对石油产业的依赖。从费萨尔继承王位的1962年开始，沙特即致力于工业化。此外，在沙特经济和社会发展中，建设基础设施和发展社会公共事业起到了重要作用。政府大力发展建筑业，使建筑业成为经济增长点。农牧业的发展是沙特的另一大奇迹。沙特政府认为，农业自给不仅是一个经济问题，而且关系到国家的安全和社会的稳定。为此，沙特政府对农业采取了倾斜政策。沙特发展农业具有地广人稀的优势，加之政府投入巨额资金，采用先进的灌溉技术，使缺水和干旱的自然劣势得以改善，农业得到了极大发展。

（3）在主要依靠国家财力发展经济的同时，注重发挥私人资本的作用，鼓励私营部门的发展和引进外资。沙特政府非常重视私营部门在经济发展中的作用，认为实现经济多样化的发展要靠私营部门。大力进行私有化，也是增加政府财政收入的重要手段之一。1988年，沙特决定部分出售沙特基本工业公司和海湾国际银行的股票，被认为是减少政府在经济中的作用和实行经济自由化的重大举措。沙特是国际货币基金组织中西方七大国之外唯一在执委会中有代表的国家，但沙特并不愿意按照国际货币基金组织的建议实施全盘私有化，因而沙特私有化的进程非常缓慢，政府希望推行国营部门起主导作用的市场经济。

（4）依赖国外要素实现经济发展。沙特本国劳动力不足，需要大量引进周边阿拉伯国家和其他亚洲国家的劳工。20世纪80年代初，在沙特的外籍劳工有210多万人，已达到高峰，外籍劳工与沙特劳工之比为4∶3，外籍劳工在经济重要部门占绝大多数，例如，在现代工业部门占70%以上。虽然沙特政府宣布要削减外籍劳工，但未来外籍劳工仍将会在沙特经济中起重要作用。长期以来，沙特对理工科教育不够重视，理工科大学生在学生比重中一直徘徊在15%左右，因而本国的技术力量薄弱，不得不引进外国技术，主要是西方发达国家的技术。沙特的发展模式被称作东方人力和西方技术在沙特领土上结合的"嵌入型"模式。

三、经济社会发展战略及规划的制定与执行情况

20世纪70年代初，沙特在制定第一个五年计划的同时，和欧佩克其他成员国联合从西方石油公司夺回了确定原油价格和利润分成的权利，石油收入大增，有了巨额资金，为此后各个"五年计划"的制定和实施打下了坚实的物质基础。沙特政府清醒地认识到，巨额资金必须配以正确的发展战略，经济发展才能取得真正的成功，尽管沙特在各个"五年计划"中具体目标不尽相同，但20年来却有几条贯穿始终的战略指导思想。

（一）经济多样化发展

经济多样化发展战略是沙特制定实施过去四个"五年计划"的一条主线，沙特虽然有丰富的石油，但石油终究是一种消耗量大而又不能人工大规模再生的自然资源。沙特政府意识到单靠石油开采和出口，势必坐吃山空，鉴于对未来的担心，政府从第一个五年计划

制定时起，即明确把经济多样化作为三大主要目标之一①。

经济多样化发展要求非石油矿业年增长率由前3年的年平均6.0%上升到"一五"期间的23.3%，制造业由12.1%上升到14%，建筑业由4.2%上升到10.4%，农业由1.7%上升到4.6%。"一五"计划期间，由于当时国内技术吸收能力的限制，多样化战略与实际执行情况相距较大。但由于这一战略构想是符合沙特国情和长远利益的，所以在"二五"计划中被保存下来，并增加了一些新的内容，例如，不再笼统地讲"减少对石油的依赖"，而是提"减少对原油出口的依赖"，旨在提高沙特对石油深加工品出口的比重，"二五"计划期间非采油部门生产年增长率16.6%，而采油部门仅为4.8%，整个采油部门在国民生产总值中的比重下降了4.5%。"三五"计划重申了经济多样化的重要性，明确重点发展方向是资本密集型产业，强调提高制造业的生产能力。针对当时石油价格疲软的严峻形势，成立了以法赫德国王为首的开发朱拜勒和延布工业区的王室委员会，坚决实行经济结构多样化调整，沙特下游工业以及冶金、电力、机械制造和维修等工业因而有了长足发展，农业的落后状态也在这五年内发生了根本改观。"四五"计划是在世界石油价格时涨时落的不稳定情况下制定的，但经济多样化发展工作仍继续进行，兴办了大量新的企业，国产化肥、钢铁、水泥等不仅部分替代了进口，而且开始供应地区市场和国际市场，石油业在国内生产总值中的比重从1985年的80%降至1990年的40%。在第三个、第四个五年计划中，沙特为实现经济多样化而暂时降低经济增长速度，力图造就较为齐全的自身工农业体系，为将来石油采尽之年的经济自立创造了条件，实为远见卓识之举。

（二）重视人力资源开发

沙特政府在大力兴建基础设施和推动产业多元化发展的同时，十分重视人才的培养工作，这是更为根本性的措施，也是沙特经济得以腾飞的最重要原因之一。20世纪50年代，沙特文盲率高达95%，本国劳动力十分稀少，女性基本不参加工作，而参加工作的男性的文化和技术素养又普遍较差，政府不得已而使用大批文化程度较高的外籍劳工以应基础设施建设之急需。但政府认识到，依靠外籍劳工终非长久之计，因而在"一五"计划制定时就决定把开发人力资源作为重要的长期战略目标，使社会上各种人都能为本国经济发展做出有效的贡献。1970~1975年，沙特用于教育、职工训练和文化事业的政府拨款在各项发展拨款中占第一位。"二五"计划进一步具体规定了人才开发的途径，除强调文化教育和技术训练外，还重视道德价值教育和健康水平的提高。"三五"计划和"四五"计划提出"工人阿拉伯化"的目标。20世纪80年代后期，沙特本国工人比重已超过外来劳工比重。近20年来，沙特的学校教育发展速度堪称世界之最：平均每天造一所小学，三天建一所中学。国内现有中小学15000余所，高校7所，从小学到大学全部实行免费教育。在重视教育投资的同时，沙特对教学课程和内容进行改革。学校虽未放弃对学生的伊斯兰宗教和道德教育，但适应现代化建设需要的工程、医学、化工、管理及艺术等知识传授在课时上已占主要部分，并选派大批学生公费去国外深造，争取使沙特中高层技术管理人才也基本实现本土化。

（三）适应本国国情的产业发展次序

（1）先以发展基础设施建设为主，其后逐步转为发展直接生产部门为主。多数发展中

---

① 其他目标分别是国民生产总值年均增长率达9.8%与开发人才资源。

国家在制定工业化发展战略时，注意力首先集中在直接生产部门特别是制造业部门，在执行过程中发现基础设施形成"瓶颈"时，再采取临时措施加以补救。沙特采取了首先以发展基础设施为主，而后转为以发展直接生产部门为主的产业发展次序。实践证明，这一产业次序策略是相当成功的。"一五"和"二五"期间，沙特政府生产性拨款绝大部分用于交通、通信、电力、供水等基础设施，用于工农业直接生产的拨款很少，如"一五"期间工农商业拨款仅占全部生产开发拨款的18.4%，"二五"期间该比例有所上升（主要是农业投入增加，但也只有28.9%），从"三五"计划开始，由于基础设施条件已明显改善，政府开始将投资重心向直接生产部门转移，国内外私人资本也由于沙特良好的基础条件吸引而大量增加，避免了其他发展中国家在直接生产部门和基础设施之间左右为难的现象。

（2）先以发展建筑业为主，逐步向以发展制造业为主的方向转变。从资金积累作用看，石油部门是沙特经济发展的引擎；但从产业之间关联效应分析，建筑业则是沙特经济发展的传动器。沙特的石油工业最早是由外国公司建立的，而且很长一段时间为外国资本所控制，建筑业则是沙特位列第一的本土产业。在"一五"和"二五"计划中，为配合多样化发展，沙特优先发展建筑业。20世纪80年代，沙特建筑业实际年均增长率高达18.1%，在各产业中居首位，并对沙特经济产生了如下积极影响：一方面，创造了较为方便的住宅条件以吸引外来劳工，外来劳工的补充又进一步促进了石油开采和建筑业本身的发展；另一方面，在繁荣的建筑业的影响下，采矿业、水泥工业、钢铁工业等相关产业得以同步发展。这种连带效应在20世纪80年代已产生明显功效。1974~1977年，沙特全国开办的工厂只有650家，到1990年已达近3000家，工业门类也较齐全。

（3）在石油工业中，由单纯采油和出口原油逐渐向中间石油产品生产及石油深加工出口方向发展。沙特虽然很早就大规模生产和出口石油，但到1968年，全国只有一家炼油厂，国内所需石油制成品大部分仍需从国外进口。20世纪70年代初，政府在提高原油出口价格的同时，积极发展炼油工业和石化工业，靠增值价值进一步扩大石油收入。在石化产品满足国内需求后，及时将市场转向国际。由于石油加工是就地取材，故沙特石化产品成本较低。高利润的石化产品为其他非石油工业部门提供了更多的资金和充足的投入物，而非石油工业发展又推动了石油工业的进一步发展，使沙特经济处于较为理想的良性循环之中。

（四）"沙特2030愿景"

2016年4月25日，沙特公布了一项庞大的经济改革计划——"沙特2030愿景"，寻求在未来15年的时间里实现经济产业多元化，摆脱对石油的过度依赖。外媒分析认为，沙特改革的紧迫性在增强，但要取得实效，经济结构中的一些深层次障碍需要克服。

1. 改革动力——持续低油价令财政状况严重吃紧

从20世纪70年代开始，沙特就开始推行经济多元化战略，迄今已取得了一定进展。而随着国家视野的不断拓宽，目睹周边国家在发展高端服务业方面走出的成功之路，加上低油价倒逼，沙特越发认识到进一步深化经济多元化战略的重要性。特别是新一轮油价下跌，使石油占财政收入比重超过70%的沙特出现了近十年来罕见的经济拮据局面。2015年，沙特出现了高达980亿美元的财政赤字，外汇储备也大幅缩水15.8%。外界普遍认为，由于国际原油价格持续处于低位，沙特政府已经开始面临日益严峻的经济和社会压力。事实上，沙特历史上曾多次讨论推行经济改革，但由于种种原因，迟迟未能实施。在产油国失去对油价控制、油价重回高位无望、国际市场供大于求、市场份额之争日益激烈的大背景下，沙特政府意识到，必须进行改革了——这也是沙特迎接"后石油"时代到来的必由之路。

2. 计划内容——重点发展投资、工业、房地产和旅游

"沙特 2030 愿景"旨在"去石油化"，致力于经济全面发展。正如该计划的筹划人和执行者沙特副王储穆罕默德·本·萨勒曼所言，愿景目标就是到 2020 年沙特经济基本摆脱对石油的依赖，"过去很多年来，沙特人已经养成了'油瘾'，这是很危险的，它阻碍了国家各项事业发展。"

"沙特 2030 愿景"明确了沙特的发展方向，其核心内容是出售国营能源巨擘沙特阿美石油公司的部分股权和建立世界最大主权财富基金等。沙特准备通过公开募股，出售沙特阿美石油公司 5%的股份，筹得资金作为总额 2 万亿美元主权财富基金的一部分。"沙特 2030 愿景"宣称，沙特今后主要收入来源将是投资、民用和军事工业、房地产和旅游，而不是石油。

"沙特 2030 愿景"提出了几项具体指标：私营部门在国民经济中的比例从此前的 40%增至 60%；新增就业 100 万人，失业率从 11.6%降至 7%，女性劳动力的参与率从 22%上调至 30%；非石油部门收入从 440 亿美元增长至 2670 亿美元。为此，"沙特 2030 愿景"特别强调要着力解决沙特的住房和失业问题，确保国内的水和能源供应。此外，沙特还致力于发展本国旅游业，除麦加、麦地那接待前来朝觐的穆斯林外，沙特将欢迎更多其他类型的游客，一项新的签证计划将允许穆斯林和阿拉伯地区民众在沙特居住更长时间，为沙特带来更多收入。此外，由于目前沙特的私营领域（包括建筑、房地产、电力和通信等）80%的劳动力是外国人，他们对沙特的经济发展作用不容小觑，"沙特 2030 愿景"还承诺给外籍常住人口提供更多绿卡，以方便他们在沙特长期工作。

"沙特 2030 愿景"这样写道："我们将一直努力，通过教育和培训以及提供高质量的就业、健康、住房、娱乐等服务，使我们国家成为所有寻求发展机会者的乐土。"除上述计划外，沙特还将大力发展本国国防工业，使其能承受本国 50%的军费支出（2016 年，沙特购买了价值 870 多亿美元的武器，是全球第三大军火购买国）。

3. 八大举措

沙特此番改革的愿景和具体措施如下：

（1）减少福利补贴，提高水费、电费、油气费等。长期以来，沙特政府给民众提供了较高的社会福利，比如目前沙特国内的成品油价格仅为 0.26 美元/升，为全球第二低，削减财政补贴，也将为沙特每年增加 300 亿美元的收入。

（2）增加税收。沙特人长期享受政府的免税政策，使政府的非石油收入所占比例一直较低。未来沙特政府将开征 5%的增值税、奢侈品税、烟草税，向外籍劳工征税和建立类似美国的绿卡体系。上述非石油税收每年将为沙特带来数百亿美元的收入。而沙特的"绿卡"计划及一项允许雇主为超额外国员工支付费用的计划，预计每年也将为沙特带来 100 亿美元的收入。持有绿卡的永久居民，沙特将不再实施保人制度，持卡人可以在沙特购置房地产、从事工商业及相关活动，但需缴纳宗教税、增值税和保险费等税费。

（3）出售阿美石油公司股份，设立"公共投资基金"。沙特阿美石油公司是世界上最大的石油公司之一，沙特计划出售其不超过 5%的股份，加上沙特政府拥有的 7000 亿美元

的主权基金，以及在西方国家的 6000 亿~7000 亿美元的地产、金融投资等，组建规模达 2 万亿美元的"公共投资基金"。该基金将超过挪威主权基金，成为全球最大的主权基金。

（4）实行"沙化"政策。沙特将通过限制入境签证来减少外国劳工，并颁布法律法规要求提高沙特人在私有部门中的比例，从而提高就业率。此外，沙特还将促进女性就业，此举将不仅有利于促进经济发展，还将有利于控制过快的人口增长。

（5）经济多元化。由于沙特人口结构较为年轻，沙特试图引入市场机制，促进劳动密集型产业如制造业和加工业的发展，并对中国等东亚国家抱有很大的期望。沙特希望通过此举减轻对油气产业的依赖，在促进经济多元化的同时解决就业问题。

（6）私有化。沙特政府希望减少不必要的公共职能，从医疗、教育到国有企业等多行业逐渐开展私有化，并希望私营部门提供一定的公共服务。沙特政府计划设立特许学校和私人医保制度，并考虑对 20 多家机构和国有企业全部或部分私有化，其中包括国有航空公司、电信公司和发电厂等。

（7）调节中下阶层的补助。在沙特高昂的福利补助中，只有 20% 流向了中下层民众，而税收改革将主要针对其余 80% 的民众。政府将会给底层民众提供更完善和健全的社会福利和补助。

（8）增加旅游和朝觐收入。朝觐收入曾是沙特最主要的税收来源之一，每年数以千万计的朝觐人员为沙特带来了可观的经济效益，沙特将通过提高旅游和朝觐人数来促进国家经济的发展。

第四节 沙特经济领域的主要法规与政策

一、对外贸易法律体系与政策

（一）对外贸易管理部门与法规

沙特与贸易相关的机构有：沙特商业投资部、沙特海关、沙特标准局、沙特农业部、沙特卫生部、沙特商工总会。与贸易相关的主要法律法规有《商标法》《关于执行商标法的规定》《商标名称法》《关于执行商标名称法的规定》《外国投资法》《外同投资法实行条例》《版权法》《专利、集成电设计图案、植物种类和工业模型法》《商业竞争法》《关税法》等，以及根据有关立法颁布的实施细则。

（二）对外贸易管理

沙特对一般产品实行自由贸易政策，对进口商品没有数量或价格限制。但法律禁止进口不符合伊斯兰宗教规定的产品以及武器、酒精、麻醉药、猪肉、色情制品、酿酒设备及某些雕塑品。所有进口食品都要遵守有关健康和卫生的法规。此外，沙特商工部特别要求商业机构、市场、商店在所有发票、价格标签、商品说明、合同、印刷品、质保证书中必须使用阿拉伯语，英语只可作为辅助用语。

（三）关税制度

根据 CIF 计算从价税，沙特的平均关税为 5%，海合会成员国出口商品只要出具原产地证明或认证证书就可免征关税。为保护国内产业，沙特对 492 种产品征收 12% 的关税，一些幼稚产业的产品则享受 20% 的关税保护，其中包括芝麻、家具、食盐、可食用内脏、兔肉、矿泉水和塑料管等。此外，对经过保质处理的牛奶以及其他 9 种农产品征收 25% 的关税。沙特还对海枣征收 40% 的关税，对香烟及其他烟草制品征收 100% 的关税。

（四）对外贸易商品检验检疫制度

沙特对进口商品检验严格，沙特标准局制定了进口标准和进口程序，阐明了对所有进口商品、产品以及与度量、标准、商标、商品和产品的鉴定、检样方法和检验、测试有关的标准。为促进沙特标准局标准的执行，沙特商工部于 1995 年 9 月实行国际统一证书程序制，要求每批依沙特规定进口到达沙特口岸的货物均需附有统一证书，无证载运到沙特进口港的货物将被拒绝入港。沙特标准局在全世界各地均设立了办事处，以便在货物离港前签发统一证书。此外，沙特标准局授权地区许可证中心管理登记注册手续、签发统一证书和经批准的沙特标准局式样的许可证。某些情况下，沙特标准局办事处还可要求进行任意抽样检验和检测。

2012 年，中国国家标准化管理局与沙特标准局签署了两国标准化技术合作协议，旨在加强两国标准化领域的交流与合作，促进双边经贸关系发展，保证进出口产品质量，消除贸易壁垒，保护消费者安全。

（五）往来贸易注意事项

①沙特关税相对较低，贸易壁垒较少，但某些特殊商品，如钢材、水泥等建材商品的关税的征免，以及一些商品的进出口的允许与限制措施等经常会因国内市场情况而变动，应给予关注；②对进口商品要求严格，如产品及包装上必须标注原产地，空调、洗衣机、冰箱等家电产品必须加贴能耗分级标签等，所有产品必须符合沙特标准局（SASO）标准；③市场相对复杂，在某些领域透明度不够，政策周期长，办理有关政府手续的时间过长；④因注册贸易公司门槛过高（必须是合资公司，外方投资额不低于 2000 万里亚尔），对沙特出口仍需通过代理和分销方式进行，因而需要优选当地代理和分销商，审慎签订独家代理协议；⑤货物运抵沙特港口后，如出现纠纷，外方出口商不能自行将货物运回，而需征得沙方进口商同意，方可将货物运回等。

二、对外直接投资法律体系与政策

（一）投资管理部门

沙特投资总局（SAGIA）是直接负责协调沙特政府各部门处理沙特境内外商业投资事务的官方管理机构，隶属于最高经济委员会，并组成以政府大臣和私营机构代表为成员的管理委员会。

（二）投资管理制度

1. 投资行业的规定

沙特投资总局在其网站上公布的六大类鼓励性投资行业包括：以能源为基础的产业、

交通运输业、信息通信技术产业、医疗卫生、生命科学和教育。外商禁止投资如下领域：石油物资的勘探和生产、军用机械设备及服务生产、民用爆炸物生产、服务领域内的军用物资供给、安全领域、麦加和麦地那不动产投资、与朝觐相关的导游服务、劳务供应、不动产经纪人服务、与印刷和传播法规相关的服务、计算器程序的生产和销售、城市间陆地客运、护理服务、医疗服务及国际分类码 31191 项下的医疗服务、鲜活水产捕捞、毒剂中心、血液银行及卫生检疫机构。

2. 投资方式的规定

根据《外商投资法》，沙特允许设立外商独资或合资企业。外资企业可以投资除《禁止外商投资目录》规定以外的其他各种行业。外国投资者不需要寻找当地合伙人，可拥有公司经营所需的财产。沙特尚未明文禁止外资大规模并购行为，除投资总局公布的外资进入行业清单所含行业外，外资可自由进入沙特市场。

3. 对外国投资的优惠

沙特对于外商直接投资有一系列优惠政策。此外，沙特政府启动庞大的经济城建设计划，已对外公布在拉比格、麦地那、吉赞、哈伊勒、塔布克、阿赫萨建设六座经济城，重点推动沙特的能源、运输、科技、金融、贸易和旅游发展，吸引国内外投资，并对外商在经济城、工业城以及朱拜勒、延布专属工业区内的投资提供更加优惠的待遇。例如，允许设立外商独资企业，所有企业不论何种资本指标均享受国民待遇；所有生产所必需的原材料免进口关税；建设项目可获得项目成本 50%、最高 1 亿美元的无息贷款；租购房屋土地可享受较低价格和长期固定租金；政府采购倾向于本国制造的产品；回撤资金无严格限制；等等。

（三）投资合作需注意的事项

（1）按照沙特《外国投资法》规定，外资可以在沙特国内成立全资子公司或分公司，享受沙特当地法人公司的同等待遇，但在实际运作中，《外国投资法》的相关规定较为笼统，沙特政府相关部门往往通过独立的规章制度对本国企业和国民给予更多保护，中资企业不易享受到实际意义上的同等待遇。

（2）《外国投资法》规定合法注册的外资企业不必通过沙特代理人进行商务活动。但实际上，根据沙特各相关政府部门的内部规定，外资企业与当地注册、劳动、税收、海关等各环节政府部门打交道时必须委托沙特当地人作为代理人，否则不予接待，特别是在协调处理一些难点问题时只能通过当地代理人或中间人协调政府关系，对外资企业不利。另外，虽然沙特投资业运作较为规范且法律严格，但沙特国内仲裁机构偏袒当地人的情况也有可能发生，中国投资商应严格按照当地法律办事，签署投资合同前应咨询当地法律顾问，评估风险，必要时可向使馆经商处求助。

（3）在投资行业选择上，投资沙特应重点结合当地廉价的能源优惠条件做文章，注意选择当地政府支持发展的新兴化工行业作为投资重点，可选择诸如精细化工、冶金、采矿等能耗大、利润率高的政府或私人项目进行投资。中资公司投资沙特之前应当仔细研阅沙特投资总局发布的行业鼓励政策，及时了解情况，作出战略选择。

（4）在投资区域选择上，沙特政府为了促进民族工业的多元化发展，在沙特不同地区开辟了以阿卜杜拉国王经济城为代表的六个经济城作为振兴沙特经济的未来发展战略，政府为经济城中的外国投资商提供包括税收、能源利用在内的一系列优厚待遇，其中沙特政府拟将吉赞经济城重点向中国投资商推荐，中国投资者可对其进行考察。

（5）沙特实行本币里亚尔与美元挂钩的货币政策，受美元持续贬值、国际市场大宗商品价格飙升及沙特政府投资规模急剧膨胀的影响，沙特国内通胀指数近年来连续攀升。中国投资者进入沙特市场之前需要对投资项目的可行性进行深入研究，尤其要对投资额大且时间跨度较长的投资项目做好先期调研。

（6）由于沙特政府机关的办事程序较为烦琐，加之全年节假日和宗教假期较多，政府机关的行政办事效率相对不高，中资企业在沙特投资办事时要有相当的耐心。

三、工程承包法律体系及基本内容

（一）许可制度

沙特工程承包市场受沙特政府保护，工程承包市场的发展主要得益于政府投资的推动。在沙特商工部成功注册，并持有沙特投资总局颁发的投资许可证的外国承包商，可以直接参与沙特政府和私人承包工程项目的投标。初次进入沙特市场且没有在当地获得注册经营地位和承包商资格的外资承包企业，必须通过与有资格的当地承包商建立联合体、建立合资企业、转包或分包以及委托当地承包商代理等间接方式参与承包工程竞争，而且在同等价格条件下，沙特个人或公司以及沙特拥有多数股份的合资企业享有优先权。

沙特承包工程市场实施资质管理制度，由沙特城乡事务部统筹管理。该部根据市场特点划定了 29 个专业分类，并由该部所属的承包商评级署依照企业注册资金、累计承揽项目总额等参数，将在沙承包商分为五个等级，其中一级为最高。根据专业及等级的不同，承包商所能够承揽的项目规模也有严格限制，例如，房建领域，单个项目总额不超过 420 万里亚尔的，对参与企业无等级要求；超过 420 万里亚尔，但低于 700 万里亚尔的，参与企业须具备五级以上资质；以此类推，随着项目总额的增加，对于企业资质的要求也越高，一旦项目总额超过 2.8 亿里亚尔，参与企业必须具备一级资质方可参与项目投标。

中沙两国政府《关于加强基础设施建设领域合作的协定（2008 年）》和中国商务部与沙特城乡事务部《工程合作谅解备忘录（2007 年）》的一个主要成果，就是通过政府推荐渠道解决中资承包企业进入沙特市场的资质问题。目前，协议项下有 39 家中国企业可以不受资质分级制度限制直接参与城乡事务部主管的所有基础设施建设领域的项目投标。

除资质管理以外，沙特相关政府机构和主要行业的国有垄断企业（如阿美石油公司 ARAMCO、沙特电力公司 SEC 等）还通过各种形式的短名单（Short list of Qualification）控制进入市场的承包商和主要设备材料供应商的资格，从而进一步构成了进入沙特主流承包市场的技术壁垒。

（二）招标方式

沙特主要的招标方式包括：①私营项目和国营企业项目自行招标；②100 万沙特里亚尔（约合 26.67 万美元）以上的政府项目必须公开招标，招标领域包括建筑工程、机械与设备、办公设备、操作与维护工程、食品供应、钻井、备用零部件、咨询活动、药品采购、武器等。沙特奉行国内优先原则，同等价格与条件下，具备资质的沙特个人或公司享有优先权，其次才是在沙特拥有多数股份的合资企业。

政府项目和政府参与投资的项目一般由主办单位招标，沙特政府没有统筹招标的机构，各部门向中央财政申请立项后，自行筹划招标，报财政部批准。招标公告通常由主办单位选择报纸刊发，一般在中央政府机关周报（《麦加报》）上登载，有时也从各单位的企业名单中选择邀请投标。

（三）承包工程方面的注意事项

采取承包商代理的情况下，大部分的代理商事实上并不参与工程项目的建设，他们的作用是通过获得政府政策优势或当地的品牌优势来协助国际工程企业获得并完成工程项目。沙特代理协议规定，当地代理商是国际工程承包企业在当地承揽项目的有效负责人，有权以国际工程承包企业的名义开展工作。

沙特社会治安总体良好，但恐怖袭击、抢劫事件也时有发生，中资机构或个人在沙特应保持高度警惕，要加强工地和办公场所安全设施建设、安保人员设置和安保制度规范，建立行之有效的应急机制以应对突发事件的发生。

四、劳动用工法律制度与政策

（一）劳工（动）法的核心内容

沙特劳工制度主要适用 2005 年颁布的《劳工法》和劳工部的相关补充规定。主要内容包括：雇主必须与雇员签订劳动合同；工资必须每月足额汇入雇员特定的工资账户；每日工作不得超过 8 小时或每周工作不得超过 48 小时，斋月期间穆斯林每天工作时间缩减至 6 小时或每周 36 小时；雇主须承担外籍雇员的签证更新费用、签证过期罚款、办理往返签证的费用，以及离境和入境的机票费用。

（二）外国人在当地工作的规定

外籍劳工在沙特和本地劳工一样受《劳工法》约束。根据《劳工法》的规定，外国人可在沙特民事领域任何岗位就业，包括军事领域公开招聘的岗位；外国人到沙特务工，必须经过沙特劳工部的批准，并获得其颁发的工作许可证；外籍工人必须与雇主签订书面合同，接受雇主担任其担保人；外籍工人必须持有有效的居住证和工作签证；雇员只能受雇于其担保人，不得为他人工作；担保人不得让自己的雇员为他人工作，不得纵容雇员脱离其管理自行从业；从担保人处逃逸的外籍劳工 2 年内禁止被任何单位、个人雇用或收留。

五、外汇管理制度与政策

沙特没有针对外汇管理具体立法。但是，沙特货币管理局（沙特央行）会采取措施控制货币的数量和流通，货币管理局禁止银行在没有征得其事先同意的情况下用里亚尔进行国际金融交易。金额超过 10 万里亚尔的交易必须通知货币管理局。任何沙特居民、外国投资者的常设机构在向沙特境外汇款时，应按以下比例缴纳预提费：特许税 15%，管理费 20%，租金 5%，机票、航空运费和海运费 5%，国际电信服务费 5%，其他类别汇款的预提费不超过 15%。待出具完税证明后，款项全部退回。

六、知识产权保护的相关规定

沙特通过《专利法》《商标法》和《版权法》等法律，对本国人及外国人所拥有的知识产权提供保护。任何自然人或法人，在其知识产权受到侵害时，可通过法律途径要求损害赔偿费，并依据法律规定采取相应措施。沙特的《打击商业欺诈的规定》也对知识产权提供了间接的保护。对于生产假货或仿冒的行为可以处以查封和销毁假冒商品，并处以最高 10 万里亚尔的罚款。

第五章

海合会六国之阿联酋

第一节　阿联酋国家概况

一、国情简况

阿联酋全称阿拉伯联合酋长国（The United Arab Emirate），是由阿布扎比、迪拜、沙迦、阿治曼、乌姆盖万、哈伊马角和富查伊拉七个酋长国组成的联邦国家。首都为阿布扎比。官方语言为阿拉伯语，通用英语。货币为迪拉姆。截至 2017 年，阿联酋人口为 940 万，其中，本国人口 106.6 万，占人口总数的 11.5%，外籍人口 820.4 万，占 88.5%。全国总人口中阿拉伯人占 87%，其他民族占 13%。伊斯兰教是国教，居民大多信奉伊斯兰教。

二、地理位置与自然条件

（一）地理概述

在地理和历史上，阿联酋是指阿拉伯半岛海湾南岸沿海及其内陆地带的诸酋长国，位于阿拉伯半岛东南端，东与阿曼毗邻，西北与卡塔尔接壤，南部和西南与沙特王国交界，北临波斯湾（又名阿拉伯湾），与伊朗隔海相望，是扼波斯湾进入印度洋的海上交通要冲。国土面积（包括岛屿）8.36 万平方公里，在海湾阿拉伯六国中位居第三。阿联酋属热带沙漠气候，全年分为两季，年平均降雨量约为 100 毫米，多集中于 1~2 月。近年来，雨量有渐增之势。

（二）资源

阿联酋矿产资源非常丰富。已探明的石油和天然气储量分别为 978 亿桶（约占世界总储量的 9.5%）和 6.43 万亿立方米，分别位居世界第六和第七。油、气资源主要分布在阿布扎比酋长国，其储量约分别占阿联酋总储量的 94.3% 和 92.5%，其次是迪拜、沙迦和哈伊马角 3 个酋长国。其他矿产资源还有锰矿，分布在阿联酋北部地区；铜矿分布在富查伊拉和哈伊马角；铬矿分布在沙迦、阿治曼、富查伊拉和哈伊马角；石膏矿分布在艾因地区；石灰岩分布在哈伊马角，特别是哈贾尔山脉地区；云母矿分布在富查伊拉；岩盐分布在阿联酋东部和西部。植物资源主要有椰枣树，超过 4000 万棵，每年产椰枣上百万吨，种类有 120 多种。此外，阿联酋海域内水产资源丰富，沿海有珊瑚，盛产珍珠，有丰富的渔业资源，已发现鱼类和海洋生物 3000 多种。

三、政治环境

(一) 政治体制

阿联酋的最高权力机关为联邦最高委员会，由七个酋长国的酋长组成，国内外重大政策问题均由该委员会讨论决定，总统和副总统亦从中选举产生，任期 5 年。伊斯兰教是阿联酋国教。除外交和国防相对统一外，各酋长国具有相当大的独立性和自主权。联邦国民议会是联邦的咨询机构，每届任期 2 年。议会职权是审议联邦政府提出的法律、法规草案，并有权提出修改意见或予以否决。阿联酋联邦政府是联邦最高委员会的执行机构，在联邦最高委员会的监督下，在宪法和法律规定的权限范围内具体实施各项政务工作，根据各酋长国的政治影响和经济实力分配部长职位，阿布扎比、迪拜两酋长国占主要职位。

(二) 政体简介

1. 宪法

1971 年 7 月 18 日，联邦最高委员会通过临时宪法，同年 12 月 2 日宣布临时宪法生效。截至 1991 年 10 月，该临时宪法已修订 5 次。1996 年 12 月，联邦最高委员会通过决议，将临时宪法确定为正式宪法，并确定阿布扎比市为阿联酋永久首都。

2. 议会

联邦国民议会成立于 1972 年，是全国协商性咨询机构，而非立法机关。每届任期 4 年，负责讨论内阁会议提出的法案，并提出修改建议。2006 年 8 月，阿联酋颁布新的议会选举法，规定联邦国民议会成员为 40 名，其中 20 名由各酋长国酋长提名，总统任命，其余 20 名通过选举产生，议长和两名副议长均由议会选举产生——这被视为阿联酋在民主改革道路上迈出的重要一步。

3. 政府

根据 1971 年临时宪法的规定，阿联酋是一个君主立宪制国家，是在各酋长国基础上建立起来的联邦国家，实行总统负责制，7 位酋长组成联邦最高委员会，是阿联酋最高权力机构。联邦最高委员会成员，分别兼任其各自酋长国的酋长（或称统治者），重大内外政策制定、联邦预算审核、法律和条约批准均由该委员会讨论决定。阿布扎比酋长和迪拜酋长分别是总统和副总统的法定人选，任期 5 年。总统兼任武装部队总司令。除外交和国防相对统一外，各酋长国拥有相当的独立性和自主权。联邦经费基本上由阿布扎比和迪拜两个酋长国承担。

4. 司法

阿联酋的司法机构由两个基本组织构成，即设在阿布扎比、沙迦、阿治曼、乌姆盖万和富查伊拉 5 个酋长国的联邦司法机构和设在迪拜和哈伊马角两个酋长国的地方司法机构。司法机构要求法官"独立审判，只服从法律和自己的良心"。联邦高等法院是最高司法机构，也就是联邦最高法院，由首席法官和不超过 5 名成员的法官团组成，全部由总统任命。最高法院负责审理涉及宪法的案件，研讨关于联邦宪法的诉讼和普遍性的法律、法规，解释宪法等任务。

5. 政党

阿联酋无合法政党，只有社会团体，主要有红新月会、妇女联合总会、集邮协会等。红新月会（RCA）是阿联酋国家对外从事慈善人道工作的一个组织，于 1983 年 1 月成立。红新月会内设有一个妇女委员会，名誉主席是已故总统扎耶德的夫人法蒂玛。

四、社会文化环境

（一）人口和民族

阿联酋本国人口较少，外来移民多，缺乏劳动力。2017 年，总人口为 940 万，外籍人口占 88.5%，主要来自印度、巴基斯坦、埃及、叙利亚、约旦、巴勒斯坦、也门、伊拉克等国。本国居民包括哈德尔人和贝都因人。哈德尔人大多定居在沿海城镇，分布在东部山区和北部沿海及内地绿洲的城镇和林泽地区，人口数量日益增加，居住区域逐渐扩大。贝都因人则分布在广阔沙漠地区。阿联酋人口增长率较高，其中，外来人口增速是本土人口增速的近两倍。人口性别结构历来是男高女低，男性比例一直在 65% 以上。按地区分布，人口主要集中在阿布扎比、迪拜和沙迦。居民大多信奉伊斯兰教，多数属逊尼派。民族结构比较单一，主体是阿拉伯半岛的闪族后代阿拉伯民族，主要来自阿拉伯半岛西南部的也门。

（二）宗教信仰

阿联酋属于阿拉伯国家，国教是伊斯兰教，绝大部分居民是穆斯林。阿联酋实行政教合一，对其他宗教人士奉行信仰自由的政策。在中东伊斯兰国家中，阿联酋的宗教政策相对最为开放。全国范围内，特别是在迪拜，除数量众多随处可见的清真寺外，也有基督教和天主教的教堂，甚至还有为数不多的印度教神庙以及一座佛教寺庙（位于加尔忽德区）。但是对于除伊斯兰教以外的其他宗教进行公开宣教是不允许的。阿联酋的大多数酋长国，信奉逊尼教派，而在迪拜约 310 万人口中，什叶派穆斯林占总人口的 35%~40%，沙迦的什叶派穆斯林占沙迦总人口的 25% 左右。

（三）社交习俗

阿联酋是一个典型的阿拉伯国家，伊斯兰文化是其主要根基，具有穆斯林独特的生活方式和文化风俗。阿联酋人以热情好客、举止文雅、谦恭有礼而著称。阿联酋的妇女地位低下，一般都不准会客和在公共场合露面。他们一般习惯用咖啡敬客，客人要连喝主人敬的三杯咖啡才算是礼貌，如不想喝，需要不停地摇动手中的杯子，主人便会理解。阿联酋人在社交场合与客人相见时，一般都惯以握手为礼。他们与亲朋好友相见时，一般还习惯施亲吻礼（即亲吻对方的双颊，对方也应还之以礼，以表示相互的尊敬）。

（四）商务礼俗

根据阿联酋的商务礼俗，冬天访问宜穿保守式样西服。访问政府办公厅及大公司须先行约定。参与政府机构的投标时，必须通过当地的代理来做。在设立公司时，也需有当地的担保人出面才行。签证的取得，通常是由当地的客户，也就是所谓的担保人拍发电报，凭电文在机场取得签证。和其他中东地区国家的商业习惯相同，在阿联酋做生意，要谦虚有礼并有耐心，销售姿态务必放低。本地商人不喜欢与派驻在沙特或其他邻近国家的商务代表谈判，他们愿意直接和制造厂商打交道。

阿联酋国内节假日较多，还有长达一个月的斋月，虽然斋月期间仍旧工作，但办事效率比平常低，政府机构及绝大多数的公司都会把下班时间提前到下午两点半左右。因此，来阿访问或做生意、办展览要注意避开当地的节假日。斋月期间，在日出后和日落前，禁止在公共场所和大街上喝水、吸烟、吃东西，当地绝大多数的餐馆和饮品店在这个时期也是关门停业；女士们要尽量穿长袖衣服和长裤，不要太暴露。

下班以后，当地商人喜欢到咖啡店聚会，晚宴总是在对方家中进行。往往只有男性才会被邀请至阿联酋商人家做客，女性毫无社会地位。在与当地人的交往中，与先生谈话不能主动问及其夫人的情况。与妇女交往只能简单问候几句，不能单独或长时间地谈话，更不能因好奇盯住她们的服饰看，也不要给她们拍照。

（五）饮食习俗

按照《古兰经》中规定，穆斯林饮食范围和习惯包括禁食猪、马、骡、驴、狗、蛇、火鸡、自死肉、浮水鱼以及一切动物的血；禁食虎、狼、狮、豹、熊、象、猴、鹰、鹞等鸷鸟猛兽；禁吸鸦片，禁饮酒等。阿联酋人在饮食嗜好上有如下特点：注重讲究菜肴丰盛，注重饭菜质量；不喜太咸，爱甜、辣味；主食一般以面食为主食，偏爱吃甜点心；爱吃牛肉、羊肉、鸡、蛋类等；蔬菜喜欢番茄、黄瓜、豌豆、洋葱、茄子、卷心菜、土豆等；调料爱用橄榄、柠檬、丁香、豆蔻、桂花、芫荽、生姜、郁金粉等；对煎、炸、烤等烹调方法制作的菜肴比较偏爱；喜爱中国的清真菜；一般喜欢饮用果汁、可口可乐、矿泉水及凉开水，每餐必喝酸牛奶及浓咖啡；爱吃新鲜水果中的香蕉、荔枝、柑、橘、哈密瓜、西瓜、柿子等；干果乐于吃杏仁、核桃、葡萄干、松子等。

一般阿拉伯家庭是席地用餐，且用手抓食，在他们传统观念中，右手总是干净的，左手是不洁的，故吃饭时必须用右手将食物直接送进口中。在待人接物方面，例如，递送东西给他人（端水、递茶），或者是接别人递送过来的东西时，也必须要用右手，否则就是极大的不恭敬。做客时最好入境随俗。除在寓所或饭店的客房酒吧内可以喝酒外，其他任何公共场所均不允许喝酒。

（六）社会文化与民俗

阿联酋是典型的阿拉伯国家，国人信奉伊斯兰教，有着独特的生活方式、文化风俗和文化禁忌。当地人传统服饰的特点是男人穿白袍，头戴白头巾；妇女穿黑袍，披黑头巾，有的面蒙黑纱。在公共场合，男女的活动场所是分开的。穆斯林每天必须做五次礼拜，每周星期五午后要做主拜，也称"聚礼"。

伊斯兰教禁止偶像崇拜，洋娃娃也好，裸照也好，一律被当作偶像。阿联酋虽然是伊斯兰国家，信仰伊斯兰教，但国家实行全方位对外开放，政策较为开明，对外国人在衣食住行等方面没有太多的限制，某些超市的指定区域可以买到猪肉，基本可满足居住在阿联酋的他国人士的需求。

阿联酋人喜爱棕色、深蓝色，禁忌粉红色、黄色、紫色，喜爱羚羊，以猪、十字架、六角形作图案为禁忌。阿联酋的阿布扎比人极偏爱白色的鹰，认为白色纯洁的鹰代表力量、勇敢、敏捷和游牧人崇尚的"武士品格"。他们为了抒发自己挚爱白鹰的胸怀，往往还以自己的名字来为其饲养的鹰命名。阿联酋人酷爱羚羊。他们赞赏羚羊极为敏感的嗅觉、极强的追踪力，认为羚羊为广袤无垠的沙漠增添了生机。因此，在许多流芳千古的阿拉伯民间故事、童话和寓言中，羚羊多被人们视为美好精神的化身和吉祥如意的象征。他们对骆驼也非常喜爱，把骆驼视为最亲密的伙伴。因为在一望无垠的沙漠里，人们生活一刻也离不开骆驼。所以，阿联酋法律中明文规定了保护骆驼的内容，如果有人撞死或伤害骆驼，就要受到重罚。他们喜爱绿色，把绿色视为生命，认为绿色会给人们带来美好与幸福。他们对树有着极其深厚的感情，尤为喜爱椰枣树，因为椰枣是阿联酋人生活中必不可少的食品，椰枣树为生活增添了绚丽的色彩。

五、对外交往

（一）外交原则

阿联酋的外交方针和基本原则是：实现国家最高利益，体现与海湾阿拉伯国家之间的历史联系，建立同阿拉伯兄弟国家之间最强有力的密切关系，维护阿拉伯民族的利益，巩固同伊斯兰世界的兄弟情结，为加强世界和平做出积极贡献，向世界开放，在睦邻友好、相互尊重、互不干涉内政的基础上，建立与一切国家和人民的友好与合作关系。外交政策具体表现为：奉行温和、平衡、睦邻友好和不结盟的外交政策；主张通过和平协商解决争端，维护世界和平；致力于加强海合会国家间的团结与合作，重视发展同美国等西方国家的关系。近年来，阿联酋开始推行"东向"政策，积极发展与中国、日本等亚洲国家的关系，目前已同183个国家建立了外交关系。

（二）与大国关系

（1）阿联酋与美国的关系。阿联酋丰富的石油资源和所处的战略位置，颇受美国重视。美国每年从阿联酋进口石油，并同英国、法国、荷兰等国一同在阿联酋开采石油。美国由于军事、经济、科技水平和实力，特别是在解决中东问题上的重大作用，亦得到阿联酋的特别关注。两国关系比较密切，双方军政要员经常互访，并就两国关系、中东与海湾地区局势等问题进行磋商。2018年10月，两国举行"铁魔术19"联合军演。中国商务部统计中心发布数据显示，2016年阿联酋与美国贸易规模为260亿美元，较2015年的254.4亿美元有所上升，占海合会国家与美国贸易规模的21.2%；阿联酋自美国进口229.8亿美元，同比下降9.3%，阿联酋向美国出口24.6亿美元，同比增长22%。

（2）阿联酋与英国、法国、德国的关系。历史上，英国曾经是阿联酋的宗主国。阿联酋独立后，仍与英国保持着密切关系。英国极其重视其在海湾地区的政治和经济利益，经常派军政要员访阿，参加历届迪拜国际航空展及阿布扎比防务展。阿联酋与法国在军事上合作尤为密切。法国参加历届迪拜国际航空展及阿布扎比防务展，是阿联酋主要的武器供应国。2008年1月，两国签订和平使用核能协议。2015年3月，阿联酋、埃及和法国签署了三方经济谅解备忘录（MOU）。根据备忘录，三方将致力于促进民营资本投资于埃及优先发展的能源、基础设施、交通运输、信息技术、通信等重点领域。该谅解备忘录还包括了阿联酋和法国联合在埃及开发可再生能源的计划，以实现埃及 2020 年可再生能源占比 20%的发展目标。阿联酋与德国近年来关系发展迅速，两国均视对方为重要合作伙伴，两国高层往来增多。

（3）阿联酋与俄罗斯的关系。1985 年 11 月，阿联酋与苏联建交。苏联解体后，阿联酋继续与俄罗斯保持友好合作关系。阿联酋曾向俄罗斯提供紧急财政援助，帮助俄新政府渡过经济难关。阿联酋重视俄罗斯的大国地位，希望与俄罗斯保持稳定关系，并在国际事务中继续发挥应有的作用。

（三）与邻国关系

阿联酋与沙特在历史上、文化上和宗教信仰上关系密切，曾经有历史遗留的边界问题和相互认同问题。阿联酋成立时，由于两国边界争端和布赖米绿洲问题等，沙特未予承认。1974 年 8 月，阿联酋总统扎耶德主动访问沙特，积极亲善，双方就边界问题达成协议，并建立了外交关系。此后，两国关系发展较快，并在中东问题、石油问题、海湾安全与合作和其他对外关系问题上频繁进行协调和磋商。1982 年，两国与海湾其他阿拉伯四国协商成立了海湾合作委员会。1982 年 2 月 12 日，两国签订双边安全协定，规定双方在交换治安情报、提供补给和装备、提供训练、引渡逃犯和共同维护边界安全等方面进行合作。

阿联酋与伊朗关系正常，在历史、经济和宗教等领域有广泛的联系。但两国存在"三岛"领土争议，阿联酋注重发展与伊朗周边国家的关系。2015 年 1 月 8 日，阿伊签署了加强两国航空运输和航空安全的协议。

六、中国与阿联酋的关系

（一）双方的外交关系

1984 年 11 月 1 日，中阿两国建立外交关系。建交以来，两国关系发展顺利，高层和各级别人员互访不断，双方在各领域的友好合作不断深化。2007 年 1 月 30 日，时任国家主席胡锦涛过境迪拜，与迪拜酋长穆罕默德会面。2008 年 3 月，阿联酋副总统兼总理迪拜酋长穆罕默德·本·拉希德·阿勒·马克图姆访华；同年，阿联酋政府向中国四川地震灾区捐款 5000 万美元用于灾后重建。2009 年 8 月，阿布扎比酋长国王储穆罕默德·本·扎耶德·阿勒纳哈扬访华。2012 年 1 月，时任国务院总理温家宝率团访问阿联酋。2012 年 3 月，阿布扎比酋长国王储穆罕默德·本·扎耶德·阿勒纳哈扬访华。2018 年 7 月，国家主席习近平对阿联酋进行国事访问。

（二）双方的经贸往来

1. 双边贸易

近年来，中阿双边贸易发展迅速，阿联酋是中国在中东地区的第二大贸易伙伴；中国是阿联酋全球第二大非石油贸易伙伴，双边贸易额占其全球非石油贸易总额的 8%左右。中阿双边贸易情况如表 5-1 所示。

表5-1　2010~2016年中阿双边贸易统计

类项 年份	进出口贸易总额		中国向阿联酋出口		中国自阿联酋进口	
	金额 （亿美元）	同比变化 （%）	金额 （亿美元）	同比变化 （%）	金额 （亿美元）	同比变化 （%）
2010	256.87	21.01	212.35	13.97	445.16	71.53
2011	351.19	36.72	268.13	26.26	830.66	86.60
2012	404.20	15.09	295.68	10.28	108.52	30.64
2013	462.35	14.39	334.11	13.00	128.24	18.17
2014	547.97	18.52	390.34	16.83	157.63	22.92
2015	486.01	-11.31	370.69	-5.03	115.32	-26.84
2016	400.60	-17.5	300.7	-18.8	99.9	-13.3

资料来源：联合国贸易数据库网站。

中国对阿联酋出口商品主要类别包括：①机械器具及零件；②电机、电气、音像设备及其零附件；③针织或钩编的服装及衣着附件；④家具、灯具、寝具等，活动房；⑤非针织或非钩编的服装及衣着附件；⑥钢铁制品；⑦鞋靴、护腿和类似品及其零件；⑧塑料及其制品；⑨化学纤维长丝；⑩车辆机器零附件，但铁道车辆除外。

中国从阿联酋进口商品主要类别包括：①矿物燃料、矿物油及其产品，沥青等；②塑料及其制品；③铜及其制品；④动、植物油、脂、蜡，精制食用油脂；⑤有机化学品；⑥盐、硫磺、土及石料、石灰、水泥；⑦矿砂、矿渣及矿灰；⑧珠宝、贵金属及制品、仿首饰、硬币；⑨铝及其制品；⑩虫胶、树胶、树脂及其他植物液、汁。

阿联酋是中国在阿拉伯世界最大的出口目的地和第二大贸易伙伴。2016年，中阿双边贸易额为400.6亿美元。其中，中国出口300.7亿美元，进口99.9亿美元，同比分别下降17.5%、18.8%和13.3%。2016年中国原油进口总量为3.81亿吨，原油对外依存度攀升至65.4%，其中从阿联酋进口原油1218万吨，占总量的3.2%。[①]

2. 双边投资

阿联酋自然资源丰富、政局长期稳定、地理位置优越、商业环境宽松、经济开放度高，是西亚地区最具投资吸引力的国家之一。其投资吸引力表现为税率低、港口物流便利、服务快捷高效。国际金融危机和地区动荡爆发以来，阿联酋已成为地区资金流、物流的避风港，其地区性贸易、金融、物流枢纽的地位进一步提高。据世界银行和国际金融公司联合发布的《2016年营商环境报告》（Doing Business 2016），阿联酋在全球189个经济体中排名第31位。其中三项指标排名有所上升：投资者保护力度上升15位，执行合同便利程度上升9位，获得建设许可便利程度上升1位。世界经济论坛《2015~2016年全球竞争力报告》显示，阿联酋在全球最具竞争力的140个国家和地区中，排第17位。一直以来，中国与阿联酋发挥各自比较优势，不断拓展和深化相互投资（见表5-2）。

---

① 中国2016年原油进口创下六年最大增幅 [EB/OL]. http://news.cnpc.com.cn/system/2017/01/16/001630258.shtml.

表 5-2　2005~2016 年中国与阿联酋投资情况　　　　　　单位：万美元

年份	2005	2006	2007	2008	2009	2010	2011	2012	2013	2014	2015	2016
中对阿	2605	2812	4915	12738	8890	34883	31458	10511	29458	70534	126868	-39138
阿对中	9203	14156	10080	9381	10273	11003	7265	12963	—	—	—	—

资料来源：《中国对外直接投资统计公报》《外商投资报告》。

3. 劳务合作及其他

2015 年，中国企业在阿联酋新签承包工程合同 51 份，新签合同金额 18.45 亿美元，完成营业额 15.39 亿美元；当年派出各类劳务人员 1250 人，年末在阿联酋劳务人员 11648 人。新签大型工程承包项目包括：华为技术有限公司承建阿联酋电信项目、中国石油工程建设公司承建曼德油田开发一期项目等。

2015 年，中阿双方续签本币互换协议，签署有关设立中阿共同投资基金、驾照互认协议，并将双方互免签证范围从外交护照持有人扩大到中方公务和因公普通护照持有人及阿方特别公务护照持有人。2018 年，阿联酋宣布将 7 月 17~24 日定为"阿联酋中国周"，中阿旅游业有望持续升温，中国贸易周—阿联酋展也于同年 12 月 5~7 日举行。

七、阿联酋在"一带一路"沿线国家中的地位

地处阿拉伯半岛东部、北邻波斯湾的阿联酋，位于亚非欧三大洲的交界地区，自古以来就是连接东西方文明的重要纽带。作为阿拉伯世界经济最为开放的国家，阿联酋经济总量居阿拉伯国家第二位，为阿拉伯国家第三大产油国。近年来，阿联酋致力于推动经济多元化发展，并已取得显著成效。根据阿联酋联合报的数据，非石油行业占本国国内生产总值的 77%，服务业对国内生产总值的贡献率已达 52.3%。因此，阿联酋也是海合会成员国中受油价下跌影响最小的国家。

阿联酋是中国在阿拉伯世界最大的出口市场和贸易伙伴，目前包括中航技、中石油、中国银行、华为等在内的 30 多家中国企业已在该国首都阿布扎比扎根。随着两国共建"一带一路"进程的加快，借助阿联酋将于 2020 年举办世界博览会，以及正在推进的新时期各类经济发展战略规划的契机，中阿两国经贸合作的规模和水平将会得到极大提升。2015 年 12 月 14 日，中阿签署了关于设立中阿共同投资基金的备忘录，标志着中阿基金正式设立。中阿基金总规模 100 亿美元，一期规模 40 亿美元，双方各出资 50%。基金按照商业原则运作，投资方向为传统能源、基础设施建设和高端制造业、清洁能源及其他高增长行业；投资地域以中国、阿联酋以及其他高增长国家和地区为主。设立中阿基金是中阿双方不断加深和紧密两国经济合作的重大举措，对进一步深化中国与阿联酋等海湾国家的务实合作、配合"一带一路"倡议、促进国际产能和装备制造合作具有重要意义。2017 年 9 月 6 日，中国和阿联酋在中国—阿联酋第六届经贸联委会上签署了 3 个谅解备忘录和 2 个合作协议，其中 3 个谅解备忘录分别涉及中小企业、贸易救济和双边投资、贸易促进合作等方面。在"一带一路"倡议和"阿联酋 2021 愿景"框架下，两国在中小企业、新能源、高新技术、知识经济、创新及工业等领域还有更多的共同利益和合作机遇。

（一）企业投资方面

据统计，阿联酋境内共有4000多家中国企业，其中，国有企业及机构约40家，覆盖能源、建筑、物流、金融、航空、交通等行业；民营企业则主要从事贸易、会展、旅游、餐饮等行业。目前，中国企业能够较好地融入阿联酋社会，与当地政府机构、企业及团体开展多方位的合作。例如，华为公司与阿联酋电信合作升级固定和移动通信网络、中石油承包阿布扎比原油管线、中材国际承建艾因水泥厂等，都彰显出中国企业在阿联酋市场上蓬勃发展的巨大潜力。受阿联酋相关投资法律的限制，在阿联酋发展的中资企业大都选择直接投资建厂或设立办事处的模式，不会选择收购、兼并当地企业。目前企业存在的风险主要集中在自身风险防范能力较低、对阿联酋有关投资的法律政策不够了解、当地市场对中国产品和品牌有顾虑以及海外融资难等方面。

（二）能源合作方面

在传统能源方面，2017年2月20日，中国华信能源公司签约获得阿布扎比陆上ADCO区块4%的权益，以及每年1000万吨的长期原油贸易额度，未来将为中国市场每年稳定提供超过1300万吨的优质原油。这是中国企业首次入股阿联酋最大的油气区块，由此也奠定了中国企业在中东上游区块的地位，获取了话语权和长期稳定的油气权益，对于增强我国的能源安全具有重要的战略意义。

在新能源领域，中国光伏企业早在2007年就已进军中东市场，为阿联酋马克图姆太阳能园区等光伏发电项目输出大量太阳能电池组件，市场占有率逐年攀升；2015年10月，中国哈尔滨电气国际工程公司（哈电国际）和沙特电力组成的联合体预中标迪拜Hassyan清洁煤电站一期项目，项目金额18亿美元，这是中国企业首次在阿联酋拿下电力类承包项目，标志着中国企业通过参与投资实现转型升级，正式进入海湾电力高端市场。2017年1月10日，阿联酋公布2050年能源战略。根据上述战略，到2050年阿联酋能源结构中44%为可再生能源、38%为天然气、12%为清洁化石能源、6%为核能，总投资预计达6000亿迪拉姆。而中国目前也在大力提倡可再生能源的创新与发展，因此，两国在这一领域具有共同的利益以及广阔的合作前景。

（三）旅游业合作领域

为推动旅游业发展，迪拜政府制定了2020年发展规划。根据该规划，到2020年，迪拜将接待2000万游客，旅游业总收入将达3000亿迪拉姆（约合822亿美元）。迪拜旅游局提供的数据显示，2017年，迪拜接待了超过76万名中国游客，比2016年高出41%。2016年3月14日，中国与阿联酋正式施行两国驾驶证免试互认换领，对促进两国经济文化交流、便利双方公民旅游求学具有重要意义。自2016年11月1日起，中国公民持普通护照入境阿联酋无须预先申请签证，入境不收取费用，停留期30天。持照人可按阿联酋相关规定缴费延期一次，再停留30天。签证的开放将进一步推动中国对阿联酋的旅游热潮。但阿联酋对华旅游消费有待提高。从海外旅游目的地来看，迄今为止，阿联酋游客出境游到访最多的国家为沙特、泰国等国，中国排名较低。来华游客大多以旅行团形式为主、40岁以上游客占多数，在华停留时间较短，游览城市较少。我国旅游业对阿联酋市场开拓尚有较大提升空间。

（四）农业领域

阿联酋农业较不发达，农业、畜牧业和林业的产值仅占国内生产总值的2.4%。粮食、主要肉类产品依赖进口。近年来，政府采取鼓励务农的政策，向农民免费提供种子、化肥和无息贷款，并对农产品全部实行包购包销，以确保农民的收入，致使阿联酋农业得到一定发展。未来，我国可结合阿联酋农业发展的需要，充分发挥我国在农业科技领域的优势，推进两国农业科技合作。

第二节　阿联酋的经济发展状况

一、经济概况

（一）宏观经济情况

受到全球油价波动影响，一些基础设施建设延期，全球贸易增长放缓，2017年阿联酋经济发展有所滞后。按照IMF预测值，实际GDP增长由2016年的3%降低至2017年的1.3%，居民消费价格指数CPI由2015年的4.1%降至2016年的1.8%。尽管阿联酋政府持续实施财政政策促进经济，石油收入的降低仍导致财政赤字（财政收支平衡占GDP百分比由2014年的1.9%降至2016年的-4.1%，见表5-3），同时，经常账户平衡占GDP百分比降至2017年的2.6%。

根据国际货币基金组织的预测，伴随国际油价再度稳固、全球经济局势稳定、非石油收入继续增长和2020年世界博览会等因素，阿联酋经济将回暖；但阿联酋与卡塔尔的断交事件，以及将于2018年起征收增值税这一措施也会对阿联酋的经济增长产生负面影响。阿联酋政府推动经济发展的关键在于适应新的全球石油市场变化，稳步进行结构改革以摆脱对石油的依赖性，在金融领域提高监管力度以及透明度。

表5-3　阿联酋宏观经济情况一览表

指标 ＼ 年份	2014	2015	2016	2017（预计）	2018（预计）
产出和物价	年度百分比变化（%）				
实际GDP	3.3	3.8	3.0	1.3	3.4
实际石油GDP	0.4	5.4	3.8	-2.9	3.2
实际非石油GDP	4.6	3.2	2.7	3.3	3.4
名义GDP（10亿美元）	403	358	349	381	403
居民消费价格指数CPI（平均）	2.3	4.1	1.8	2.2	2.9
投资与储蓄	占GDP百分比（%）				
总国内投资	24.0	28.4	26.9	26.9	26.8

年份 指标	2014	2015	2016	2017（预计）	2018（预计）
总固定资本	22.8	27.0	25.4	25.5	25.5
投资与储蓄	占 GDP 百分比（%）				
其中：公共投资	9.1	11.1	10.1	9.0	8.5
私人投资	13.6	15.9	15.3	16.5	17.1
总国民储蓄	38.8	29.1	29.3	29.5	29.6
其中：公共储蓄	9.0	3.0	1.8	2.1	3.1
私人储蓄	29.7	26.1	27.5	27.4	26.5
财政	占 GDP 百分比（%）				
政府收入	35.0	29.0	28.5	27.1	27.4
税收	18.9	12.5	9.1	9.3	9.9
政府支出	33.1	32.4	32.6	30.3	29.3
财政收支平衡（"–"表示赤字）	1.9	−3.4	−4.1	−3.1	−1.9
货币	年度百分比变化（%）				
净外国资产	16.7	−12.4	5.3	−3.4	−1.8
净国内资产	5.4	11.7	2.7	6.2	11.3
广义货币（年度百分比变化）	7.9	5.5	3.3	4.2	8.8
国际收支	10 亿美元				
货物出口	343	300	292	312	328
其中：来自石油	102	61	51	57	61
货物进口	235	224	227	241	254
经常账户平衡	53.6	16.7	8.4	10.0	11.2
经常账户平衡（占 GDP 百分比）	13.3	4.7	2.4	2.6	2.8
对外负债（占 GDP 百分比）	48.2	62.9	66.2	61.2	58.5
总官方储蓄	78.5	94.0	85.4	80.7	79.5

注：根据 2019 年 2 月 IMF 更新的最新数据，2017 年与 2018 年的经济数据依然是预测值，可能是阿联酋官方不愿意公布这些数据。

资料来源：国际货币基金组织。

（二）产业结构及主要优势产业和产品

阿联酋石油、天然气资源丰富，已探明的石油储量为 978 亿桶（约 133 亿吨），居世界第七位。石油产业是阿联酋第三大产业，近年来占 GDP 的比重在 30% 左右。巨额稳定的石油收入是阿联酋财政收入的主要来源，也是促使其成为海湾地区第二大经济体和世界上最富裕的国家之一的重要原因。阿联酋石油生产主要在阿布扎比酋长国，阿布扎比的产油量占阿联酋产油总量的 96% 以上。阿布扎比石油业正处在成熟期，按目前的产量和储量计算，还可生产 120 多年。迪拜酋长国的石油业处于枯竭期，储量有限，按目前的产量和储量计算，最多还能开采 20 年。其他酋长国处于开发、勘察找油阶段。为了减少对石油产业的依赖，降低石油价格波动对经济增长的影响，阿联酋政府一直致力于加大对生产制造、贸易、运输、服务行业的投资，增加非石油收入在国内生产总值中的比例。

阿联酋已探明的天然气储量约 6.09 万亿立方米，排在俄罗斯、伊朗、卡塔尔、土库曼斯坦、沙特和美国之后，居世界第七位，其中大部分位于阿布扎比。阿联酋虽拥有丰富的天然气资源，但由于国内天然气需求量大，大部分用于回灌采油，同时多为酸性气田，开采难度大、成本高，目前阿联酋仍采取天然气进口政策，通过海豚计划（Dolphin Project）从卡塔尔进口天然气。阿联酋的石油和天然气生产主要依靠阿布扎比国家石油公司（ADNOC）下属的 ADCO、ADMA、ZADCO 等公司。为满足日益增长的天然气需求，ADNOC 将天然气项目开发作为今后的一个发展重点。目前，ADNOC 正考虑投资 200 亿美元启动阿布扎比西部高酸度气田开发项目，预计至 2020 年日产量可达 10 亿立方英尺，可满足阿联酋 18% 天然气需求。ADNOC 表示，目前阿布扎比海上油田的钻机设备已较之前增加了 50%，而 ADNOC 还计划进一步提高钻机设备的数量，在未来五年内每年将有 25 亿美元用于海上油田特别是天然气田钻井设备投资，而每年钻探油井的数量也将保持在 160 口左右。

此外，阿联酋还在着力推动石化冶金、加工制造、新能源、金融、旅游等产业的发展，非石油产业在经济增长中的比重不断提高，地区性贸易、金融、物流枢纽的地位进一步加强。2016 年阿联酋非石油 GDP 比重超过 80%。炼铝业是阿联酋主要非石油产业之一。2013 年 6 月，阿联酋两大铝业巨头迪拜铝业（DUBAL）和酋长国铝业（EMAL）宣布合并成立酋长国全球铝业公司（Emirates Global Aluminum），合并后的公司总资产达 550 亿迪拉姆（约合 150 亿美元），成为全球第四大铝业公司。

房地产业在阿联酋经济中扮演着重要角色。2012 年以来，随着相关经济行业的复苏，阿联酋房地产和建筑业进入复苏轨道，但房价上涨趋势在 2014 年末开始趋缓，2015 年部分房价开始下降。阿联酋中央银行发布的年报显示，2016 年迪拜房产价格下降 4.6%，跌幅较 2015 年的 5.5% 有所收窄，房屋均价为 13983 迪拉姆/平方米，阿布扎比房产价格保持稳定，平均售价为 11787 迪拉姆/平方米。从房屋租金看，阿联酋自 2014 年起租金呈现下跌态势，阿布扎比 2016 年租金平均下降 7.16%，迪拜租金下降 7.36%。

在过去 10~15 年，阿联酋的零售业长期保持两位数增长，2014 年起受油价下跌和美元走强影响，阿联酋零售业开始疲软，增长率不断下滑，但仍具有一定的吸引力。根据全球知名管理咨询公司科尔尼（A. T. Kearney）公布的 2016 年全球零售业发展指数，阿联酋排名全球第七位，人均销售额 7159 美元，为海湾地区最高水平。随着零售业实现了实体店到线上购物的稳步转变，电商在阿联酋日益受到欢迎，目前电商销量的 80% 来自手机客户端。

建筑业在阿联酋非石油 GDP 占比中仅次于零售业（2016 年为 10.3%）。截至 2017 年 9 月初，阿联酋在建建筑项目 7878 个，项目总额为 2279 亿美元。建筑项目大部分位于迪拜和北部酋长国。未来几年，市场需求量的上涨将促使阿联酋建筑项目如期推进。大多数项目业主和开发商计划在 2020 年 10 月之前完成建筑项目，届时迪拜 2020 世博会将迎来 2000 万酒店客人和 2500 万参观游客。

纺织服装业占阿联酋国内生产总值的 10%，为该国第二大出口产业，其中迪拜的产业规模最大，年产值达 24 亿美元。迪拜目前有 325 家成衣厂、4 家纺织厂，另有 582 家成衣批发商、9000 家零售商及 13000 家成衣服饰店。76% 的成衣外销，主要外销地区为欧洲及美国。

旅游业是阿联酋最具活力的产业之一。2016年，旅游业占阿联酋GDP比重为12.1%，拉动GDP增长433亿美元。旅游业的蓬勃发展具体表现为：一方面，旅游基础设施投入较大。据迪拜商会数据，受世博会配套旅游项目建设拉动，预计未来5年阿联酋旅游业支出将会增加，2022年将达560亿美元（2057亿迪拉姆）。另一方面，旅游形式、目的地以及客源市场逐渐多元化。形式上，2016年，休闲旅游支出313亿美元，占整体旅游业比重77%，2011年以来年均增速超过9%；商务旅行总额91.3亿美元，2011年以来年均增速10.8%；2016年共有1490万名休闲和商务旅行者访问阿联酋，同比增长4.9%。就目的地而言，目前，迪拜是中东地区排名第一的旅行目的地，在全球最吸引游客的旅行目的地排行榜上高居第五位。除了迪拜，阿布扎比等其他地区的旅游业也正迅速崛起，这些地区目前正在积极打造中东艺术文化中心，古根海姆博物馆、卢浮宫等已经纷纷在此建立分馆。客源市场方面，中东地区是最大的游客来源地，游客总数占比28.6%，其次是亚太地区和欧洲，占比分别为25.7%和17.1%。

阿联酋的创意产品也值得关注。2015年，阿联酋创意产品外贸总额达307亿美元，其中，出口和再出口达161亿美元，占全球创意产品出口（5380亿美元）的3%，排名位列第九，占阿拉伯国家创意产品出口（210亿美元）的75%。创意产品包括具有创造性和知识资本投入的珠宝、广告材料、枝形吊灯、包袋等产品和服务。

根据表5-4，在阿联酋产业结构中，农业增加值一直处于较低水平。阿联酋沿海平原以荒凉的沙漠为主，内部则以沙丘、山地为主，地表渗水率高、存水能力差、水汽含量低、土壤养分少。恶劣的自然环境决定了阿联酋农业发展的现实，阿联酋的粮食供应严重依赖进口，比例高达89%。2014年开始的油价波动对阿联酋的工业产生了较大影响，工业增加值由2014年的1805亿美元降至2016年的718亿美元。但阿联酋的制造业一直稳步增长，2017年开始，阿联酋政府开始大力发展制造业，预计到2025年制造业规模将达750亿美元，占GDP比重的25%。2018年颁布的《新投资法》放宽了包括制造业和服务业等特定行业的外资比例限制，允许外资100%控股，预计新法案的出台将推动外资流入量增长15%。

表5-4 2010~2016年阿联酋产业增加值情况   单位：亿美元

年份	农业增加值	工业增加值	制造业增加值
2010	22.20	1246.03	230.91
2011	23.62	1739.87	270.67
2012	23.92	1855.10	287.24
2013	25.11	1855.39	294.31
2014	25.73	1805.23	315.03
2015	26.54	1239.30	321.17
2016	27.95	718.32	330.08

资料来源：根据"一带一路"数据库整理。

二、国内市场状况

随着近年来经济的稳步增长、国民收入的不断提高及人口数量的快速增长，阿联酋社会最终消费支出亦逐年递增。2015 年，阿联酋最终消费支出总额约合 2174 亿美元（7979亿迪拉姆），其中私人支出约 1879 亿美元（6896 亿迪拉姆），约占社会最终消费总额的86.4%。据 IMF 数据，2015 年阿联酋储蓄率为 27.19%。另据 CA 数据，2016 年，当地居民家庭支出占 GDP 的 61.19%，政府消费占 GDP 的 9.3%，固定资产投资占 29.7%，库存投资占 0.7%，出口货物和服务占 81.5%，进口货物和服务占 82.3%。

毕马威（KPMG）2017 年对 51 个国家进行的消费者习惯调查显示，阿联酋网络消费者平均每次交易额为 332 美元，位列全球之首，且 58% 的产品来自海外供应商。但阿联酋网络消费者的购物频率低于全球平均水平，这表明阿联酋未来网购市场还有进一步的增长空间。与此同时，阿联酋消费者更愿意花费较长时间来购物，这使智能手机购物迅速成为阿联酋国民网购的首选方式。阿联酋消费者也更愿意分享他们的购买偏好（45%），这一比例高于全球平均水平（31%）。在阿联酋，购物者网购产品排名前列的类别包括时尚饰品、电子产品、手机、女装和香水。现金交付仍然是阿联酋消费者欢迎的付款方式之一，网上支付服务供应商还需要做大量工作以改变人们的支付习惯。此外，在各年龄段中，X世代的消费者（出生于 1966~1981 年）平均每人每年完成近 19 次交易，是过去 12 个月中网购最多的年龄组；千禧一代（出生于 1982~2001 年）和婴儿潮一代（出生于 1946~1965 年）在网上购物方面旗鼓相当。

三、基础设施建设状况

阿联酋国内的基础交通条件较好，公路总里程 4080 公里，在世界竞争力报告中，阿联酋道路质量排名全球首位。2003 年，阿联酋公共工程部开始实施一项投资 1.5 亿迪拉姆的国家公路网工程，将所有酋长国的高速公路连接成网，并与沙特、阿曼公路相连。现各酋长国之间均有现代化高速公路相连，路面质量优良。全国约有机动车 320 万辆。

阿联酋铁路以货运为主。阿联酋已启动了总投资约 110 亿美元、全长 1200 多公里的联邦铁路项目，最初预计 2018 年完工，但目前进展落后于计划工期，联邦铁路一期项目建成后，联邦铁路二期项目经过四年招标于 2016 年初最终因预算问题无限期暂停。该铁路完工后将纳入全长 2200 多公里的海湾铁路网，届时将联通海合会六国。迪拜分别于2009 年和 2011 年建成红线和绿线城铁项目，运营里程分别为 52.1 公里和 22.5 公里，2016 年红线延长线（2020 世博会线）授标，预计 2020 年第一季度投入运营。2013 年，阿布扎比推出城轨项目，规划全长 131 公里，包括地铁轻轨和快速公交等，目前该项目处于停滞状态。

在空运方面，阿联酋境内共有机场 39 个，其中包括阿布扎比、迪拜等 7 个国际机场。阿联酋虽然地处中东沙漠地带，但在地理位置上有着得天独厚的优势——处于东西方的交接地带，同时也可以辐射到非洲，甚至是南美和澳大利亚地区。在航线选择中，阿联酋选择的是遵守"开放天空"策略。这意味着，阿联酋航空在运营跨国航线时不受严格限制。在此背景下，阿联酋航空公司迅速发展，2016 年荣获"全球最佳航空公司"称号。阿联酋已同包括中国在内的 155 个国家签订了双边航空协定，世界各国的 109 个航空公司有定期航班飞往阿联酋各个机场。阿联酋现有机场 21 个，其中国际机场 7 个。2017 年，阿联酋各大机场旅客流量达 1.23 亿人次，其中，迪拜国际机场客运量 8820 万人次，再创新高。迪拜国际机场始建于 1960 年，后经多次扩建，日起降约 500 架次，属本地区最繁忙的客、货空港。目前该机场已成为世界第三繁忙的机场，预计 2025 年，年旅客数量将达 1 亿人次。马克图姆国际机场位于迪拜世界中心，是迪拜第二座国际机场，该机场一期工程于 2013 年 10 月 27 日投入使用，建有一座航站楼和一条跑道，2017 年上半年马克图姆国际机场客流量达 55 万人次。据路透社报道，马克图姆国际机场的重大扩建工程将于 2030 年启用。迪拜政府声明称，在扩建计划的第一阶段于 2030 年启用后，机场的年旅客吞吐量将达到 1.3 亿人次，并且这一数字最终会超过 2.6 亿人次。阿布扎比机场建于 1970 年，目前只有一条跑道，2016 年 1~10 月的旅客吞吐量约 2043 万人次，同比增长 5.4%。阿布扎比国际机场扩建项目总投资金额超过 82 亿美元，全部扩建工程最终完工后，阿布扎比国际机场空港廊桥将达到 80 个，年客运能力将超过 5000 万人次，空港区面积将超过 3400 公顷，能够满足未来 40 年来往阿布扎比的旅客流量需要。

水运方面，阿联酋共有 16 个现代化的港口，其中 9 个港口具有集装箱货运码头、仓储及其他先进的设施。全国港口泊位超过 200 个，其中 80% 的泊位在阿布扎比酋长国和迪拜酋长国港口。沿阿拉伯湾的主要港口有：阿布扎比酋长国的哈里发港和扎耶德港、迪拜酋长国的拉希德港和杰布·阿里港、沙迦酋长国的哈里德港、哈伊马角酋长国的萨格尔港、沙迦酋长国的科尔·富坎港和富查伊拉酋长国的富查伊拉港。其中，拉希德港和科尔·富坎港均属世界排名前 50 位的大型集装箱货运码头。迪拜杰布·阿里港是全球最大的人造港和中东地区最大的港口，码头长 15 公里，有 67 个泊位，拥有世界一流的配套设施和服务。2013 年，杰布·阿里港 2 号码头完工，年吞吐能力增至 1500 万标准箱；2015 年，3 号码头投入使用，年吞吐能力增至 1900 万标准箱。目前，杰布·阿里港集装箱吞吐量居世界前 10 位，是中东北非第一大港。迪拜的港口连续 9 年荣获中东最佳港口奖。目前，阿布扎比酋长国哈里发港一期已完工。项目第一阶段包括具有年处理 200 万吨 20 英尺标准箱能力的港口和面积 51 平方公里的工业区 A 区。根据世界银行 2017 年公布的全球物流绩效指数，阿联酋的国际物流绩效指数为 3.94，在 160 个国家中排名第 13 位。

阿联酋的通信设施较为完备。截至 2017 年 3 月，阿联酋全国手机用户累计为 1983.5 万户。阿联酋人均使用互联网比例在中东国家中排名第一，阿联酋有 51% 的消费者都有过网购行为，排名中东地区首位。据 2016 年世界经济论坛公布的研究报告，阿联酋的电信网络成熟度在全球 139 个国家（地区）中排名第 26 位，在阿拉伯地区排名第一。目前阿联酋的通信业务主要由两家公司——阿联酋电信公司和酋长国综合通讯公司提供。①阿联酋电信公司（Etisalat）成立于 1976 年 8 月 30 日，政府持有其 60% 的股份。直到 2006 年，Etisalat 都是阿联酋唯一的一家电信运营商，垄断了阿联酋几乎所有的电信业务。阿联酋电信公司是著名的电信服务提供商，其电信网络的高质量和覆盖率，使阿联酋在无缝隙、高质量的联通性方面，居世界前列。该公司目前在 15 个国家运营，经营范围覆盖亚洲、中东、非洲。②2005 年 12 月，酋长国综合通讯公司（EITC，股票代码"du"）上市，阿联酋联邦政府拥有酋长国综合通讯公司（EITC）50% 的股份，"du" 持有阿联酋第二张全国性移动服务牌照，为住宅和企业用户提供固话、电视以及高速互联网服务。在 ARC Chart 公布的一项调查中，其被评为 2012 年度中东及非洲地区最佳移动宽带网络。

阿联酋统管全国水电事务的主要机构是联邦水电局（Fewa），但具体管理则由主要酋长国的有关机构分别负责。阿布扎比水电局（Adwea）负责阿布扎比、艾因和西部地区，迪拜水电局（Dewa）负责迪拜，沙迦水电局（Sewa）和 Fewa 分别负责沙迦及北部地区。阿联酋 2014 年装机容量为 28829 兆瓦，近 97% 的电力生产以天然气为燃料，剩余的 3% 则使用石油、煤炭以及可再生能源。电网方面，2011 年海合会统一输电系统建成，成员国之间可在紧急用电时互送电力。为摆脱对天然气高度依赖的单一能源供应结构风险，阿联酋努力通过发展太阳能、风能、清洁煤和核能等，加速实现能源结构多元化。2009 年底，阿布扎比与韩国签署了价值 200 亿美元的核电站建设合同，首个核反应堆预计将于 2018 年开始发电，目前 1 号机已经基本建成，总体完工率为 80%。2012 年，迪拜推出马克图姆太阳能公园项目，项目计划总投资 120 亿迪拉姆（约 33 亿美元），总装机容量超过 1000 兆瓦，建成后有望成为世界最大的单相太阳能发电项目。2016 年初，中国哈尔滨电气与沙特 AcWa 电力组成的联合体中标迪拜哈翔清洁煤电厂一、二期共 2400 兆瓦项目，其中哈电占股 14.6%，丝路基金占股 7.4%；2017 年初，由中国晶科能源和日本丸红株式会社组成的联合体中标 1177 兆瓦阿布扎比 Noor 太阳能光伏电站，该电站建成后将成为世界最大的单一太阳能光伏电站项目。根据阿联酋能源发展规划，计划到 2020 年发电总量中核电占 25%、可再生能源发电占 7%，天然气发电占 67%~70%，到 2030 年，可再生能源电量占阿联酋总发电量的比重将超过 10%。此外，迪拜还提出到 2030 年其可再生能源发电占比将增至 15%。

四、对外贸易发展状况

（一）对外贸易总量及其变化特征

由表 5-5 可知，阿联酋的对外贸易在 2012 年以前均维持较高增长率，2012 年以后受国际石油价格波动影响，贸易增长率大幅下降，在 2015 年呈现负增长（-7.3%），但总体波动幅度较沙特等海湾国家要小，2016 年进出口额增长率有所回升，未来的贸易增长情况有赖于阿联酋政府经济转型政策的实施效果。

表 5-5　2010~2016 年阿联酋对外贸易基本情况　单位：亿美元

年份	出口总额	进口总额	进出口总额	贸易增长率（%）
2010	2252.75	2291.01	4543.76	—
2011	3148.34	2864.50	6012.85	32.33
2012	3757.98	3197.70	6955.68	15.68
2013	3925.71	3327.57	7253.28	4.28
2014	3995.70	3589.38	7585.08	4.57
2015	3594.01	3437.17	7031.18	-7.30
2016	3620.69	3537.64	7158.34	1.81

资料来源：根据"一带一路"数据库整理。

（二）对外贸易结构

1. 出口商品结构

作为世界石油重要输出国，阿联酋出口商品中原油及石油占据第一、第二位，其次是黄金，阿拉伯人是天生的商人和最珠光宝气的民族，迪拜人尤其喜爱金饰。在未发现石油之前，阿联酋最主要的产业是珍珠采集和海上贸易，这一传统保留至今。迪拜是世界贸易量第二的黄金市场，位于城北达伊拉的"黄金街"世界闻名。排名第四位的出口商品是电子通信产品，钻石为阿联酋第五大出口商品，阿联酋目前为世界第三大钻石出口国，出口量仅次于印度和欧盟。2015 年世界钻石总贸易额为 840 亿美元，其中阿联酋占 15%。

2. 进口商品结构

在阿联酋的进口商品中排名前五的分别是黄金、电子通信产品、汽车、钻石以及珠宝。阿联酋不仅是黄金、钻石及珠宝的出口大国，对于这三种产品的需求量也十分巨大。虽然受到油价波动影响，中东黄金珠宝饰品市场持续低迷，但黄金、钻石及珠宝依然在阿联酋进口商品中占据重要地位，阿联酋政府目前主要希望借助年轻一代消费群体推动消费需求，振兴市场，一方面，加强宣扬历史传统文化，另一方面，向年轻人灌输黄金理财的观念，并根据年轻人喜好改良产品设计。中东地区对电子通信产品具有庞大需求，市场情报机构 Analysys Mason 2017 发布的报告显示，中东地区电信市场将以约 2.9% 的年均增长率增长，于 2018 年达到 960 亿美元，其中，阿联酋、卡塔尔和沙特这些较富裕的国家增长最为强劲，而阿联酋则以超过 3% 的年复合增长率位居该地区之首。阿联酋人均汽车拥有量很大，其汽车市场活力强劲，汽车销售量一直领先于中东各国，虽然中东其他国家的汽车销售量呈现超越阿联酋的强劲态势，但是目前为止阿联酋仍为中东地区最具活力的汽车市场，而阿联酋并没有自己的汽车品牌，因此阿联酋汽车进口量在其他进口商品中遥遥领先。

（三）主要出口目的地和主要进口来源地

从贸易对象来看，阿联酋的出口目的地来源较为集中，7 个国家或地区占据了 80% 以上的出口量，阿联酋主要出口对象为亚洲地区和伊朗，2015 年占比分别为 22.2% 和 4.2%。而进口来源则相对分散，17 个国家或地区占据 80% 以上进口量，中国和美国为重要的进口来源地，2015 年分别占总进口量的 11.8% 和 7.8%。

五、对外直接投资发展状况

联合国贸易和发展会议（UNCTAD）发布 2018 年世界投资报告称，阿联酋 2017 年吸引外国直接投资 104 亿美元，年增长率 15.6%，FDI 吸引力全球排名第 30 位。另有数据显示，截至 2017 年底，阿联酋吸引 FDI 总量占阿拉伯国家吸引 FDI 总量的 40%[①]。

六、金融业发展状况

阿联酋金融体系较为完善。在阿联酋从事金融业务的机构有银行、证券公司、财务投

---

① 数据来源：阿联酋经济部，http://www.ccpit.org/Contents/Channel3920/2018/1224/1105039/content1105039.htm。

资公司、金融咨询公司、金融中介公司等各类金融机构。迪拜已成为位列伦敦、纽约、新加坡、中国香港、法兰克福等之后的全球第 15 位金融中心，也是全球伊斯兰金融的中心。迪拜拥有得天独厚的时区优势，填补了东西方交易市场上的"金融真空"。迪拜政府于 2004 年创立了迪拜国际金融中心（DIFC），实施零税收和外资 100%控股政策。截至 2016 年底，在迪拜国际金融中心注册的活跃公司数量达 1648 家，同比增长 14%。其中，金融服务企业 447 家，同比增长 10%。随着中国与海湾地区的贸易与投资迅速增长，迪拜正式成为人民币跨境贸易结算中心。在迪拜，渣打银行、汇丰银行等国际性银行均已开通人民币跨境贸易结算业务；在阿联酋设有分行或相当于分行机构的中资银行有工商银行、农业银行、建设银行和中国银行。随着华人群体在当地的壮大，加之阿联酋相对宽松的货币和外汇政策，针对华人的金融业服务需求将会越来越大。

2009 年金融危机后，阿联酋一直实行较为宽松的货币政策，官方利率保持在 1%，以低利率确保流动性充足，刺激经济复苏与增长。2014 年底，阿联酋银行的贷款/存款比例为 98%，银行间一个月拆借利率降至 0.39%（2013 年底为 0.46%，2012 年底为 0.8%），其流动性无虞。阿联酋央行对官方利率的调整紧跟美联储利率的变化。

阿联酋是中东银行业最发达的国家，国内共有 23 家国有银行和 28 家外国银行，总资产约 5000 亿美元。2009 年迪拜债务危机之后，阿联酋对债务进行了重组，银行资产负债表趋于健康，不良贷款率由 2012 年的 10.5%下降到 2013 年底的 9.5%和 2014 年的 8%～9%。在此背景下，银行贷款将持续增长。2015 年 4 月，阿联酋境内银行 5 年来首次上调贷款利率，幅度超过 50 个基点。

七、营商环境

根据世界银行所发布的《2017 年全球营商环境报告》，就整体表现而言，阿联酋营商环境便利度在全球 190 个经济体中排名为 26/190，在海合会六国中排名第一（前沿指数 76.89）。就具体指标而言，阿联酋大部分指标均在海合会六国中居领先地位，如图 5-1 所示。

根据世界银行《2017 年全球营商环境报告》数据，在阿联酋开办企业，男性平均需要 4 项手续、8 天、花费 13%的人均收入，女性平均需要 5 项手续、9 天、花费 13%的人均收入，在全球 190 个经济体中排名第 53（53/190），海合会六国中排名第二，仅次于阿曼。在海合会六国中，阿联酋和阿曼是女性开办企业手续数最少的国家（5 项），阿联酋女性开办企业手续比男性多出一项，即离家及开办企业须经丈夫同意。近年来，阿联酋政府实施了三项举措：2012 年，阿联酋将企业文件归档要求与经济发展部门整合，将颁布贸易许可证和企业注册与迪拜工商会整合；2013 年，取消了对企业在成功注册后必须准备英语和阿拉伯语名牌的要求；2017 年，优化了企业名称注册以及企业章程公正的流程，并把企业注册流程与人力资源部门、社会保障养老部门整合。上述三项举措的实施提高了开办企业的便利度和效率，降低了成本。

阿联酋在办理施工许可方面，人均需要 11 项手续、49 天、花费 2.3%的仓库价值，在全球 190 个经济体中排名第四（4/190），在海合会六国中排名第一。阿联酋政府于 2016 年优化了企业取得民事防护许可的流程，2017 年开始实施基于风险的工程监督，并将最后工程检验整合到取得完工证书的流程里。这两项措施都提高了办理施工许可的效率。

在获得电力方面，人均需要 3 项手续、28 天、花费 24.7% 的人均收入，总体排名 4/190，在海合会六国中排名第一。在优化企业获得电力流程，减少成本方面，阿联酋政府近年来做出如下改革措施：2014 年取消了现场考察的要求并减少提供电力连接的时间；2016 年减少了估算供电成本的时间；2017 年在审核电力申请、实施监督以及仪表安装方面采用了具有严格期限限制的新的模式，同时对停电实施补偿措施。

在登记财产方面，人均需要 2 项手续、1.5 天、花费 0.2% 的财产价值，总体排名 11/190，在海合会六国中排名第一。2014 年，政府增加了办理土地登记的工作时间并减少了土地转让费用；2015 年开始使用新的服务中心和财产交易合约；2017 年提高了土地登记过程的透明度。以上三项改革措施均优化了登记财产的流程，降低了成本。

在获得信贷方面，阿联酋的信贷信息深度指数为 7（最高为 8），法律权利力度指数为 2（最高为 12），获得信贷方面总体排名为 101/190，在海合会六国中与巴林并列第二。法律权利力度指数极低是由于阿拉伯国家伊斯兰金融体系中基本没有针对抵押物方面的法律法规，这个特点在海合会六国该指数中均有体现。阿联酋近年来的改革措施主要集中在建立并完善中央银行监管下的信贷部门的工作，加强信贷信息共享。

通过保护少数投资者力度指数（0~10）可以对一国保护少数投资者对企业权益融资的能力和股东权益进行衡量，该指数越高，企业权益融资能力越强，股东权益保护程度越高，阿联酋该指数为 7.5，总体排名为 9/190，在海合会六国中排名第一。2014~2015 年，阿联酋在企业关联交易方面积极加强信息披露和监管力度，保障股东权益；2016~2017 年，阿联酋出台政策，进一步提高股东在企业收购、做出重大决策方面的参与度，从而强化股东权利、完善公司结构、提高企业管理的透明度。

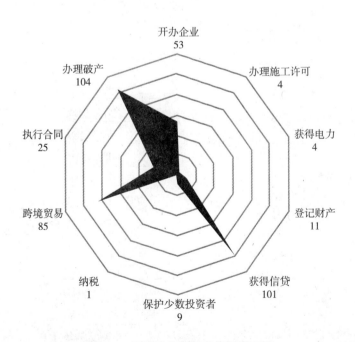

图 5-1　阿联酋主要营商指标雷达图

资料来源：《2017 年全球营商环境报告》。

在纳税方面，阿联酋总体排名 1/190，在 190 个经济体中排名第一。阿联酋是一个低税国家，境内无企业所得税和个人所得税、增值税、印花税等税种。阿联酋没有联邦税收体系，税收制度由各酋长国自行规定。

在跨境贸易方面，阿联酋总体排名 85/190，在海合会六国中排名第三，具体来看，相对其他五国，阿联酋跨境贸易中出入境所需时间处于平均水平，但出入境办理花费较大。2011 年，迪拜海关研发并使用了新的电子报关系统，缩短了报关时间。

执行合同主要衡量对企业法律纠纷处理的司法效率，阿联酋商业纠纷解决平均时间为 495 天，花费占索赔金额的 20.1%，总体排名 25/190，在海合会六国中排名第一。2016 年，阿联酋成立了新的案件管理部门并配备胜任的法院，同时推行诉讼电子化，诉讼当事人可在网上提出诉讼，进行流程查询。

在办理破产方面，2017 年阿联酋总体排名 104/190（见表 5-6），在海合会六国中排名第三，但阿联酋的财产回收率较低（29%），回收时间较长（3.2 年），还有提升空间。

表 5-6 阿联酋主要营商指标一览表

指标	2017 年	2016 年
开办企业（排名）	53	65
开办企业（DTF）	91.21	88.5
手续数——男性（项）	4	6
所需时间——男性（天）	8	8
成本——男性（占人均收入百分数）（%）	13	11.2
手续数——女性	5	7
所需时间——女性（天）	9	9
成本率——女性（占人均收入百分数）（%）	13	11.2
最低缴入资本率（占人均收入百分数）（%）	0	0
办理施工许可（排名）	4	4
办理施工许可（DTF）	86.15	85.68
手续数（项）	11	10
时间（天）	49	46.5
成本率（占仓库价值百分数）（%）	2.3	2.3
建筑质量控制指数（0~15）	13	12
获得电力（排名）	4	4
获得电力（DTF）	98.84	95.28
手续数（项）	3	3
时间（天）	28	32
成本率（占人均收入百分数）（%）	24.7	23.5
供电可靠性和费率透明度指数（0~8）	8	7
登记财产（排名）	11	10
登记财产（DTF）	90.04	89.23

续表

指标	2017 年	2016 年
手续数（项）	2	2
时间（天）	1.5	1.5
成本率（占财产价值百分数）（%）	0.2	0.2
土地管理质量指数（0~30）	21	20
获得信贷（排名）	101	97
获得信贷（DTF）	45	45
法律权利力度指数（0~12）	2	2
信贷信息深度指数（0~8）	7	7
信用信息登记覆盖率（占成年人百分数）（%）	8.9	7.7
机构信用信息登记覆盖率（占成年人百分数）（%）	53.8	38.4
保护少数投资者（排名）	9	48
保护少数投资者（DTF）	75	61.67
保护少数投资者力度指数（0~10）	7.5	6.2
利益冲突监管程度指数（0~10）	7.7	7.7
股东监管程度指数（0~10）	7.3	4.7
纳税（排名）	1	1
纳税（DTF）	99.44	99.44
每年缴纳次数（次）	4	4
每年所需时间（小时）	12	12
总税率（占利润百分数）（%）	15.9	15.9
计税流程指数		
跨境贸易（排名）	85	84
跨境贸易（DTF）	71.5	71.5
出口时间：边境规程（小时）	27	27
出口成本：边境规程（美元）	462	462
出口时间：文书规程（小时）	6	6
出口成本：文书规程（美元）	178	178
进口时间：边境规程（小时）	54	54
进口成本：边境规程（美元）	678	678
进口时间：文书规程（小时）	12	12
进口成本：文书规程（美元）	283	283
执行合同（排名）	25	24
执行合同（DTF）	71.14	71.37
时间（天）	495	495
成本率（占索赔金额百分数）（%）	20.1	19.5
司法程序质量指数（0~18）	12	12

指标	2017 年	2016 年
办理破产（排名）	104	99
办理破产（DTF）	40.61	40.61
回收率（百分数）（%）	29	29
时间（年）	3.2	3.2
成本（占财产百分数）（%）	20	20
办理破产流程力度指数	8	8

资料来源：《2017 年全球营商环境报告》。

第三节　阿联酋的经济发展模式与经济政策

一、阿联酋多元化经济发展变迁

阿联酋是 1971 年 12 月建国的海湾年轻小国，占地面积 8.36 万平方公里。阿联酋地下蕴藏着丰富的石油和天然气资源，是典型的油气资源国。阿联酋建国 40 余年，国家经济建设发生了翻天覆地的变化。在海合会六国中，阿联酋是经济最开放和非石油经济最发达的国家。

历史上，珍珠采集是海湾地区沿海居民的主要经济活动之一，采珠业曾经是阿联酋的支柱产业，这一情形一直延续到 20 世纪 60 年代。19 世纪 30 年代以来，沙迦、哈伊马角和阿布扎比等酋长国有大约 7000 只船和 1.3 万人从事珍珠采集活动，到 20 世纪初规模进一步扩大，约有 1200 只船和 2.2 万人从事这一行业。20 世纪 20 年代后期，日本的人工养殖珍珠进入市场，海湾地区的采珠业萧条下来。阿联酋内陆地区从事游牧业的居民以养殖骆驼、牛和羊为主。农业主要集中在有地下水渠灌溉系统的绿洲地带和东、西部平原一带，散布在沙漠地区的游牧民族贝都因人主要从事畜牧业养殖活动。鉴于绝大部分阿联酋人从事农业或渔牧业，农民、牧民、渔民生活的稳定是阿联酋政局稳定的重要保障之一。政府认为，发展农牧渔业不仅是为了实现粮食、副食品自给或部分自给这一目标，更主要的是要通过对农牧渔业的投入和发展，提高从事这一行业的阿联酋人的生活水平。为此，阿联酋政府将加速发展农牧渔业置于较为重要的位置。阿联酋政府对这一行业的投入主要是以无偿赠与或低息贷款的形式提供农用水泵、渔用航海设备及其他生产必需品，由政府承担大面积改良土地、挖深井、建水坝等大型工程，建立农业指导中心，给农民免费发放贷款、种子等，上述措施均取得了一定成绩。但发展农业的自然条件差、从事农牧渔业的人力资源数量有限，始终是阿联酋面临的两个难题。尽管政府采取了各种措施，依然无法改变农牧渔业的增长速度远不及人口增长的速度和社会经济发展速度的现实。据英国经济学家情报社数据统计，自 2006 年以来阿联酋农业在 GDP 中的比值几乎连年出现负增长。

总体来看，阿联酋的农业生产水平还很低，农牧渔业在国民经济中占比太小，无法满足不断增加的人口和消费结构变化的需求，仍然面临花费巨额石油美元大量进口粮食和其他食品的窘境和食品安全问题。

20 世纪 50 年代末和 60 年代初，阿布扎比和迪拜先后发现了石油和天然气，1962 年阿联酋的第一桶石油从达斯岛装运出港，从此阿联酋的石油开始源源不断地出口世界各地，原本荒芜的沙漠变成了富庶的油田，阿联酋经济发生了翻天覆地的变化。同很多阿拉伯产油国一样，取得政治独立之前，阿联酋的石油勘探、开采、运输、生产和定价均受西方国家控制，石油价值被严重低估，油价处于 1.5~1.8 美元/桶的超低价格。虽然 1960 年成立了石油输出国组织，其后产油国围绕石油的生产权和定价权与西方跨国石油公司进行了长期的斗争，但是整个 20 世纪 60 年代，石油价格都维持在 2 美元/桶左右。进入 20 世纪 70 年代，情况出现了转机。1973 年 10 月，第四次中东战争引发了石油危机，使原油价格从 1973 年 10 月的 3 美元/桶左右上涨至 1974 年 1 月的 12 美元/桶，西方陷入第一次能源危机。1974~1978 年石油价格一直稳定在 10~12 美元/桶。由于石油价格上涨，阿联酋的石油收入从 1972 年的 6.6 亿美元，猛增至 1980 年的 195 亿美元，GDP 年均增长率高达 23%，人均国民收入高达 26300 美元，位居彼时的世界第一。石油美元成为阿联酋国民收入的主要来源，石油行业成为阿联酋国民经济的支柱产业。石油生产占国内生产总值的 80% 以上，政府财政收入 85% 以上依靠石油收入。进入 20 世纪 70 年代后，阿联酋的石化工业也得到了长足发展。

欲改变单一的石油经济，必须利用石油收入发展多种工业。阿联酋自建国以来所制定的一系列经济发展政策、规划，基本上都没有偏离这一既定方针，而且政府在鼓励发展多种工业的同时，明确指出发展以石油、天然气及其他本国资源为原料的制造加工业可优先得到政府有关部门的支持。自 20 世纪 80 年代实施经济多元化战略以来，阿联酋通过加强基础设施建设，设立自由贸易区等一系列举措，为贸易高速发展提供了便利条件。同时在水泥、建筑材料、服装、塑料制品、海水淡化、炼铝、食品加工等工业方面加大投资力度，积极开拓农、牧、渔业和旅游、会展、信息技术等第三产业发展空间，不断增加非石油收入占国内生产总值的比重。近年来，阿联酋非石油领域对于国内生产总值的贡献一直保持在 60% 以上。2016 年，非石油领域产值高达 2908 亿美元，占国内生产总值的比重为 83.3%。

阿联酋对工业投资巨大，硕果累累。目前，石油加工、石化工业规模，建材、铝制品、纺织、制衣、家具、食品、五金、造船、电器制造等行业也逐渐成熟。阿布扎比酋长国的石油储藏量占整个阿联酋的 90% 以上，而迪拜的石油储藏量相当少。迪拜政府在发展石化工业的同时，把发展多元化经济、扩大贸易、增加非石油收入在 GDP 中的比例当作其首要任务，注意利用天然气资源，发展水泥、炼铝、塑料制品、建筑材料、服装、食品加工等工业，还充分利用各种财源，重点发展文教、卫生事业，完成和扩大在建项目。20 世纪 70 年代开运河、80 年代做贸易、90 年代推广观光旅游，到 21 世纪，迪拜已经发展成为中东地区的转运中心、观光旅游购物城和科技网络城。近十年来，迪拜的石油收入仅占其 GDP 的 6%。此外，阿布扎比的旅游业也相当发达，年平均增长率为 15~20 个百分点。在一些比较重大的会议和贸易博览会期间，饭店宾馆的客房使用率可以达到百分之百。进入 21 世纪，阿联酋开始发展民航产业，如阿布扎比王室投资的阿提哈德航空、迪拜王室投资的阿联酋航空，在短期内急速发展，共拥有数百架民航机，并发展起了以阿布扎比、迪拜为核心的全球航空转运网络，其市场占有率在中东首屈一指。

目前，阿联酋已经初步实现了国民收入来源多元化的目标，非石油业产值在国民生产总值中所占比重呈上升趋势，而石油生产部门的实际年增长率却逐渐下降，这一变化反映了国家经济结构的逐步合理化和均衡化。国际金融危机和地区动荡爆发以来，阿联酋已经成为地区资金流、物流的避风港。迪拜成为跨国公司地区总部的首选，作为地区贸易、金融、物流中心的地位进一步加强。这些成就的取得离不开国家在不同时期经济发展战略的部署和调整，同时，石油美元也给阿联酋经济发展提供了充足的资金支持。

二、阿联酋的多元化经济发展战略

阿联酋的统治者很早就意识到单一石油经济的脆弱，于是在 20 世纪 80 年代逐步确立了不再单纯依靠石油出口，努力实现经济多元化发展的战略，在发展石化工业的同时，努力提高非石油部门在国内生产总值中的比例。政府为实现经济多元化发展战略推出了一系列措施，如大力投资基础建设，简化法律法规和各种繁杂的手续等，创造便利条件推动非石油行业的多元化发展。进入 21 世纪以来，阿联酋政府继续坚持经济多元化战略，除不断发展上述传统产业以外，随着时代进步和科技发展，又不断赋予多元化经济战略新内容。经济的繁荣、人口的增加和互联网的普及，都为电子商务在阿联酋的迅速发展创造了条件。阿联酋政府及时调整战略，大力发展以信息技术为核心的"新经济和知识经济"。

（一）发展多元化经济的主要方向

1. 夯实基础设施建设

便利的基础设施是一个国家经济发展的基石。阿联酋政府用出口石油获得的巨额收入改善恶劣的自然条件，把沙漠之地建设成了有着完整设施的商业城市。阿布扎比、迪拜、沙迦等主要城市的建设水平可与发达国家相媲美。目前，阿联酋水电供应十分充足；交通设施完善，境内高速公路四通八达，并与邻国连接；邮电通信可连接 175 个国家和地区。迪拜国际机场日起落航班超过 300 架次，客流量仅次于东京机场；迪拜港口开通了 100 条以上的大规模集装箱航线，海、空综合运输能力仅次于美国西雅图。以迪拜酋长国为例，迪拜政府早在 20 世纪 70 年代就将基础设施建设放在重要地位，在该领域投入巨资，为外国资本进入迪拜创造了良好的基础设施条件。在航空运输方面，迪拜国际机场目前是中东地区最大的航空港，而且仍在继续扩建。迪拜政府对航空建设的重视，不但让迪拜成为整个地区的交通要道，而且还成为世界三大远航线路的枢纽。即使在迪拜危机发生之后，其城市航空也依然发展迅速。2009～2013 年迪拜的航空易达变化指数为 13.3，居世界第二位。据《宣言报》报道，2018 年 1～5 月，迪拜接待游客 716 万人次。与航空公司配套的空港服务业也成为迪拜又一重要的新型产业。

2. 建立自由贸易区

建立自由贸易区，为区内投资者提供优厚的条件，吸引本、外地投资者前来投资设厂，是阿联酋鼓励非石油贸易发展的重要举措之一。截至 2017 年底，阿联酋约有 45 个自贸区，其中半数以上在迪拜。即便是在 2009 年迪拜债务危机爆发后，自贸区所受到的负面影响也相对较小，对于迪拜经济的逐步复苏发挥了"中流砥柱"的作用。杰布·阿里自贸区设立于 1985 年，是中东北非地区最早、最成功的自贸区。在该自贸区内投资，外资可 100% 独资；外资公司 50 年免缴所得税，期满后可再延长 15 年免税期；无个人所得税；进口完全免税；资本和利润可自由汇出，无限制；货币可自由兑换；企业雇佣外国员工无限制等。截至 2015 年底，杰布·阿里自贸区内共有企业 7300 多家，占阿联酋吸收外国投资的 20%、迪拜出口额的 50%，为迪拜 GDP 贡献超过 30%。1996 年成立的迪拜机场自贸区是该地区增长速度最快的自贸区之一，在该区投资除了可享有公司所得税全免的优惠政策外，同时还享有杰布·阿里自贸区的其他优惠条件。2012 年，迪拜机场自贸区被《金融时报》集团旗下的《外国直接投资》杂志评为 2012~2013 年度全球自贸区奖第一名，还获得美国 2012~2013 年理查德·古德曼战略规划奖等。

3. 大力发展互联网经济

进入 21 世纪，随着互联网技术的进步，贸易形式出现了电子商务的新趋势。阿联酋政府与时俱进，积极开拓电子商务平台，将传统贸易与电子商务结合推进。2000 年 6 月，阿联酋政府设立了一个主要的 B2B 门户网站 Tejari. com（特佳易）。该网站可以为阿联酋所有电子商务交易提供服务平台。2008 年该平台就已成为世界第八大电子商务采购平台。为促进电子商务的发展，阿联酋于 2006 年专门为电子商务制定了 1 号法令。阿联酋 50% 的因特网使用者都是电子商务的使用者，其规模和比例在阿拉伯国家和中东国家中均排名第一。目前，来自 15 个国家超过 10 万家企业，依靠特佳易寻找和进行在线贸易。2000 年 1 月，为了使迪拜成为中东地区的电子商务中心、信息科技研究中心和海湾地区的硅谷，迪拜酋长颁布法令建立占地面积 400 万平方米的第三自由贸易区，并把它打造成电子商务专区，其发展目标是鼓励和推动信息技术的发展。

4. 积极促进金融业发展

1972 年，阿联酋加入国际货币基金组织，并于次年成立货币董事会负责发行新货币——阿联酋迪拉姆。1974 年 2 月，国际货币基金组织正式确定了阿联酋迪拉姆的标准价值，阿联酋迪拉姆由此成为国际上最稳定的货币之一。1980 年，阿联酋成立了中央银行，负责发行货币、管理银行和金融机构、管理信贷政策、保障经济发展等，取代了货币董事会。阿联酋金融业的发展得益于其优越的地理位置、便利的交通、繁荣的商业、日益增加的人口。作为地区金融中心的迪拜稳居海湾地区金融中心的位置。阿联酋全国现有本国银行 23 家、800 家分行及 87 个办事处，外资银行及其他金融机构 113 家。阿联酋货币自由入出境，外汇汇出不受限制，汇率稳定。迪拜的金融业成为除旅游和房地产之外的另一个支柱产业，形成了独特的"迪拜模式"。但是迪拜在整个经济结构中由于实体产业所占比例过小，虚拟产业所占比例过大，经济的迅速发展形成了庞大的资产泡沫，最终导致了2008 年底迪拜经济危机的爆发。2009 年，阿布扎比向迪拜融资 100 亿美元，迪拜经济逐步复苏。据《海湾时报》2018 年 9 月 12 日报道，最新的"全球金融中心指数"显示，迪拜在 80 个国际商务中心中排名第 15，在中东和非洲地区七个金融中心中排名居于前列。为改善本国投资环境，鼓励和吸引本地资金和外国直接投资建立良好的融资平台，各酋长国政府不断完善法律框架，积极关注私营企业发展。但是，阿联酋丰厚石油美元收入和巨额主权财富基金的支配情况的不透明性，也是国际投资者对阿联酋金融和投资市场存观望情绪的重要因素。

5. 着重推动服务业发展

阿联酋的会展、航空运输和旅游业等服务业在经济多元化战略中起到了非常重要的作用。阿联酋便利的地理位置和交通设施以及一流的服务设施，使全国各地的展览吸引了来自世界各地的参展商和参观者。阿联酋每年承办名目繁多的博览会、贸易展览和国际会议。展会给阿联酋带来无限商机，促进了贸易的发展。前来参会的客商一般也会在阿联酋的景点进行旅游观光和购物。因此，会展业的发展给阿联酋的商业、旅游业、航空业都带来重要的发展契机，成为阿联酋经济中非常重要的环节。2017 年，迪拜国际机场运送旅客8820 万人次，增长了 5.5%；阿联酋的酒店入住率基本都达到 75%~90%。随着迪拜取得2020 年世博会的主办权，预计赴阿联酋旅游人数年增长率将达到 10%，超过国际旅游市场 5%~6%的平均增速。此外，按照世界经济论坛发布的 2014 年通信和信息技术竞争力排行，阿联酋列第 24 位。据美国中央情报局网站资料统计，阿联酋 2013 年服务业在国民生产总值中占比 38.2%。第三产业服务配套完善也为到阿联酋经商者提供了便利。

6. 积极推动工业发展

在收回石油权力和石油提价后，阿联酋在短期内积累了丰厚的资金，为非石油工业的发展创造了条件。因此除石油化工工业外，阿联酋还积极发展了天然气液化、炼铝、塑料制品、建筑材料、服装和食品加工等工业。阿布扎比的工业主要集中在阿布扎比工业区和鲁维斯工业区内。迪拜的工业部门主要集中在杰布·阿里工业区。园区内有政府投资兴建的基础设施，包括发电厂、供水供电系统以及海水淡化厂，还修建了卫星通信地面站、宿舍和别墅，配备了商业中心、学校、医院和体育设施。园区内还设置了海关和移民机构等，方便前来投资的人办理各种业务。炼铝业是阿联酋主要工业之一，1973 年建成的迪拜铝厂是中东地区的第二大铝厂，仅次于巴林铝厂。2017 年，阿联酋工业产值在国民生产总值中占 15%，新增工业企业 6431 家，同比增长 3%。

（二）发展多元化经济的主要举措

1. 自由经济政策造就其中东地区经贸中心地位

在海湾国家中，阿联酋最吸引人的是其大力推行的自由经济政策。阿联酋政府积极坚持自由贸易政策，创造宽松的经营环境，以低税率、高自由来吸引各国商人投资兴办实业或经商，借力发展本国经济。阿联酋政府的招商引资政策极为宽松，如无外汇管制、货币自由汇兑、资本和利润可 100%汇回本国；货币稳定，与美元汇率连续保持 25 年不变；企业无须缴纳营业税、所得税；统一实行 4%的低税率关税；不设任何配额限制的无壁垒的自由贸易政策；等等。阿联酋还从 1985 年开始设置政策优惠的自由贸易区，外国公司在自由区内可以拥有 100%的产权，以吸引外国投资者。阿联酋在政治上采取不结盟政策，国内政治长期稳定，加上地理位置优越，地处波斯湾咽喉地带，使迪拜成为中东地区贸易集散中心。目前，阿联酋进口产品中 40%左右转口到中东其他地区、非洲及东欧国家，其市场所辐射的国家近 30 个，总人口达 15 亿，是各种产品销往以上国家和地区的最大的商品集散地。优越的地理位置和吸引外资的自由优惠政策，使外国资本和人才大量涌入阿联酋，推动了该国经济的繁荣发展，使阿联酋发展成为中东地区的经济、金融和旅游中心。2017 年，阿联酋 GDP 达到 3825.75 亿美元，其中非石油收入已占其 GDP 的 73%。目前，阿联酋在建和计划建设的各种项目投资总额约 8230 亿美元。外籍工人占阿联酋劳动力市场的 90%。目前阿联酋已成为海湾地区的商业中心和经济发动机，每年有上百万人来阿联酋参加展览、商业洽谈、订货购买或商务旅行等。

2. 采取积极措施加快绿色经济发展

随着低碳环保理念不断深入人心，绿色经济成分在阿联酋经济多元化发展中占据日趋突出的地位，成为当地政府及商业的投资热点。据统计，2010年仅阿联酋联邦政府在环保能源领域的投资规模就是2009年的5倍之多。按照中期宏观规划，到2020年，仅再生能源一项在阿联酋能源需求中的比例将达到7%以上。实现能源的"绿色转型"已成为阿联酋经济发展的基本国策。阿布扎比和迪拜正成为中东新能源应用的领跑者。

投资总额高达222亿美元的阿布扎比马斯达尔生态城镇计划是近年来阿联酋低碳产业发展的重中之重，对整个中东环保产业具有较强的示范效应。该项目旨在全方位推动可替代能源技术和解决方案的发展并促成其商业化的运作。根据规划，这座占地6.4平方公里的卫星城将是全球第一座完全依靠太阳能、风能实现能源自给自足，污水、汽车尾气和二氧化碳零排放的生态城镇。马斯达尔工程已引起国际社会的高度关注，环保业界对这一极具前瞻性的综合性系统工程给予了高度评价。据专家推算，与其同等规模的传统城镇，每天至少要耗费800兆瓦电能，而马斯达尔由于采用高效能源利用模式，每天仅需200兆瓦清洁能源（其中80%来自太阳能）即可满足城市日常所需。马斯达尔的成功将使阿联酋有望实现6年内成为本地区主要太阳能技术输出国的目标。

得益于马斯达尔工程的超前科技含量与巨大国际影响力，阿联酋首都阿布扎比近年来已成为全球未来能源峰会的首选举办地，2009年国际新能源组织也将永久总部移驻马斯达尔，并将之视为世界未来能源解决方案的展示中心。马斯达尔的开发建设也在阿联酋国内掀起了一股绿色环保浪潮，当地企业纷纷效仿跟进，提出了具有各自行业特色的新世纪环保发展战略。以阿联酋航空公司为例，该集团宣布了一系列绿色发展规划，旨在通过减少乘客单位燃油消耗率和尾气排放量、在公司内部推广利用再生资源等方式，降低运营成本，提升核心竞争力。该计划具体内容包括制定集团全新生态运营政策、树立全体职员环保节能意识、明确公司内部减少能耗的阶段性目标以及提升再生资源利用率等诸多设想。

在全球向低碳环保发展的时代背景下，阿联酋以马斯达尔计划为代表的一系列雄心勃勃的绿色能源产业项目受到了广泛关注。在可再生能源领域，阿联酋正在探索一条极具世界竞争力的创新发展模式。

第四节　阿联酋经济领域的主要法规与政策

一、对外贸易法律体系与政策

（一）对外贸易管理部门与法规

阿联酋联邦政府负责对外贸易投资管理的部门主要是经济部。除经济部外，阿联酋七个酋长国均设有工商会，为半官方机构。七个酋长国工商会联合组成阿联酋联邦工商会，总部设在阿布扎比，主要负责协调各酋长国工商会之间的关系、组织参加酋长国工商会活动、推动阿联酋企业家对外交往与合作。

阿联酋是松散的联邦制国家,除国防、外交相对统一外,经济、贸易、投资等方面各酋长国自成一体,联邦政府的一些法律在一些酋长国未得到严格执行。阿联酋现行有关贸易的法律主要有《公司法》《商业代理法》《商标法》《保险法》《审计法》及《商业交易法》等。

(二) 对外贸易管理

在出口方面,阿联酋发布新的规范对对外贸易管制商品做出规定,该法分为四章。第一章中授权有关机关在不违反阿联酋已经批准或者加入的国际条约的前提下,可以在自身权力范围内,出于与安全、公共健康、环境、自然资源、国家安全有关的原因或者与阿联酋外交政策相关的原因,禁止或者限制任何商品的对外贸易和转口。根据该法的规定,内阁将组建一个名为"国家对外贸易、转口管制商品委员会"的新的管理机构。经济部将派出一名代表作为该委员会的领导,委员会成员包括其他联邦部门和团体以及私营机构的代表。该委员会的职责在于协调有关机构,使所有与对外贸易管制相关的规章符合新法的规定。同时,委员会也向联邦和地方机构提供技术建议,以确保实施对外贸易禁令或者限制令有利于国家整体的贸易利益。因此,任何地方机构或者部门认为有理由禁止或者限制某一商品的对外贸易时均可向该委员会建议在全国范围内实施同样的禁令或限制令。该委员会也将监督目前正在实行的,用于对外贸易商品进行管制的管理程序。第二章的条款主要针对战略及相关技术商品的出口和转口,同时规定成立一个由联邦各部门和机构以及联邦工商会的代表组成的国家战略商品委员会,该委员会将负责第二章有关条款的实施以及建立一个相关的执行机构。根据第二章的规定,阿联酋禁止在未经国家战略商品委员会事先允许的情况下出口或者转口战略物品及相关技术商品,禁止任何人在未经国家战略商品委员会事先允许的情况下从事相关合同的经纪和仲裁等活动。同时还规定了取得相关许可证的程序以及对战略商品委员会决定的申诉程序。第二章第二条中包括了一个列明战略物品清单的附件。其中第一部分定义了清单中使用的技术术语;第二部分列明了军用设备及配件、生化物资以及军民两用物资三类商品清单。第三章规定了相关法律责任。任何违法出口或者转口战略及相关技术商品的行为,包括违法在相关合同中作为经纪人或者仲裁人等的行为,都将被处以最高一年的监禁及(或)最多一百万迪拉姆的罚款。第四章规定内阁制定的与该法相关的规章必须自该法签发之日起一月内刊登在政府公报上。

在进口方面,为维护公共健康与安全,维护伊斯兰宗教信仰,阿联酋对部分商品实行进口管制。进口管制所涉及商品包括禁止进口商品和限制进口商品。禁止进口商品包括药类(麻醉剂、可卡因、海洛因等)、含有害物质的废料、伪造及复制货币、象牙和犀牛角、旧轮胎、赌博产品、与宗教、道德不符且会引起社会动荡的出版物、照片、油画、卡片、书籍、杂志及雕刻等。以下产品如果未经政府相关部门批准,不允许进口:一切武器及弹药、酒精及酒类、用于医疗目的的药品、化学制品、肥料、农业染色剂、种子及农业植物、出版物、视听磁带、电话交换设备、食品、活蜂及蜂王、烟花及爆炸物、一切类别的骆驼、猎鹰、马科动物(包括马、骡、驴、马驹及斑马)等。

(三) 关税制度

阿联酋于 2003 年 1 月 1 日正式实施海湾合作委员会国家关税联盟规定。根据联盟规定,除 53 种免税商品外,其余 1236 种商品统一征收 5% 的关税,每张报关单加收 30 迪拉姆（约 8.2 美元）的费用。根据该联盟规定，海合会国家进口的所有货物在该货物抵达第一个海合会国家港口时征收 5% 的关税，而后转运至其他海合会国家时不再征收关税。对于某些商品，如香烟、烟草制品和各种酒精饮料，实行特殊关税，酒精饮料税率为 50%，烟草征收 100% 的关税，并保留征收附加进口税的权力，且须获得进口许可。

阿联酋于 1996 年加入世贸组织，2005 年主要过渡期结束，目前已经履行了 WTO 规定义务的 95%，剩余部分也将按照时间表按期履行。海合会关税同盟与世贸组织尚不接轨，有些规定阿联酋必须与其他海湾国家协调后才能决定是否修改。

（四）对外贸易商品检验检疫制度

阿联酋采用与海合会标准基本一致的进口商品标准，除对影响公共生活、健康、安全、环境的商品进口控制较为严格外，其他进口商品准入标准相对宽松。但在食品进口方面，阿联酋实行严格的检验检疫制度。一旦世界卫生组织宣布哪个国家有某种疾病，或海湾合作委员会总秘书处宣布禁令，阿联酋便宣布禁止从该国进口相关产品。此外，阿联酋各酋长国政府均有权视具体情况对当地口岸的进口产品实施进口禁令。所有进口食品需提供相关单证，符合联邦有关法律对有效期、标签等方面的规定，在确认单证无误、标签与日期符合规定且实地检验合格后方可入关。清真食品必须符合伊斯兰教对屠夫、被宰杀动物、宰杀工具及方法等方面的要求，并获得阿联酋驻出口目的国使领馆或其授权机构、阿联酋有关机关认可的伊斯兰组织颁发的认证。阿联酋进口食品监管部门有：环境与水资源部、阿布扎比食品管理局、各酋长国市政厅。各类食品进口的具体要求可向上述机构咨询。

阿联酋有关动植物进口检验检疫的法律法规主要有：1979 年阿联酋第 56 号联邦法及其修订本、2001 年阿联酋农业与水产部（现为环境与水资源部）第 109 号行政决定转发的《海湾合作委员会国家第 460 号动物检疫规定》，2005 年第 383、第 511 号部长决议，2009 年第 539 号部长决议等。此外，还参照世界动物卫生组织（OIE）、联合国粮农组织（FAO）、世界卫生组织（WHO）和欧盟的相关规定。其中，《海湾合作委员会国家第 460 号动物检疫规定》对进口各类动物及动物源性产品规定了严格的检验检疫程序及通关办法，并规定进口动物及动物源性产品必须符合欧盟制定的卫生标准，需由进口商事先向农业水产部（现为环境与水资源部）申领进口许可证。

二、对外直接投资法律体系与政策

（一）投资管理部门

阿联酋联邦政府负责对外贸易投资管理的部门主要包括经济部和财政部。

（二）投资管理制度

1. 投资行业的规定

以下行业只有阿联酋公民或由阿联酋公民完全所有的企业法人才可进入：商业机构、房地产服务，汽车租赁服务，农业、狩猎和林业服务，渔业服务，人力资源服务，证券服务，公路运输服务，开设旅行社和提供导游服务，药品、药剂仓库、疾控中心服务。

WTO 服务贸易领域中的娱乐、文化、体育服务和视听服务中仅下列领域允许外商投资：艺术、电影工作室、剧团、电影院、剧场、艺术品展览馆、体育活动。

外商对自然资源领域的投资规定由各酋长国制定。阿联酋的石化工业完全由各酋长国自行所有，并控制外商投资，必须以合资形式，合资企业基本由阿联酋国家控股。电力、水、气等资源领域也均由国家垄断，但近年来阿布扎比酋长国已开始将一些水电项目部分私有化。

2. 投资方式的规定

根据阿联酋《商业公司法》规定，在阿联酋成立的所有公司51%以上的股份必须由阿联酋籍公民所有，以下情况除外：①自由区内的公司可由外商100%所有；②海合会成员国100%控股企业的商业活动；③海合会成员国100%控股企业与阿联酋籍国民合作；④专业型公司可由外商100%所有。

3. 对外国投资的优惠

为鼓励外国投资，阿联酋整体税负水平较低，在联邦层面对企业和个人基本上实施无税收政策；从法律上讲，外国合资、独资企业与当地企业平等。从各个酋长国的层面看，各酋长国关于各自区域内的自由贸易区的政策成为吸收外国投资的基本优惠。

4. 开展投资合作的注意事项

（1）投资方面。阿联酋不仅对外资可以进入的行业领域有明确的法律限制，而且对外商投资的持股比例有明确的规定，即外方持股不能超过49%。外方投资者可以设备、技术、物资的形式投资，也可以现汇投资。在税收上，外国合资、独资企业与当地企业在法律上是平等的。阿联酋本国企业与外国企业合资投资一般采用两种方式：一是用现金作为资本直接投资合作的项目；二是以土地、厂房、车辆等实物投资。阿联酋拟出台的新外资法将对部分行业的外资持股比例做出调整，希望中资企业关注新法规的颁布实施，并可根据新法规对股权做出相应调整。

（2）贸易方面。在商业活动中，阿联酋商人的习惯做法包括：其一，多方询价，广为比较。进口商大多采用多方询价的方法，取物美价廉者。阿联酋商人善于经营，往往用同一国公司之间的报价去压价，以便获取更大利润。其二，看样成交。阿联酋进口商一般要求看样成交，即使是他们过去曾经进口的商品，也要在每次成交前看样。所以，中国到阿联酋访问的贸易小组和参加展览会的人员应注意，在推销轻便商品时必须携带样品，推销体积大且重、不便携带的商品时，则一定要准备图片、样本和详细的文字说明。其三，要求报价。当地进口商一般要求报价迅速，如果拖延一两天没有回音，阿联酋商人会马上失去兴趣，转向别处询价。因为进口渠道多，同类商品经营者之间竞争激烈，除了特殊的、独家经营的商品之外，进口商有较大的选择余地。中国的一些贸易公司反应迟缓，不及时报价，以致错失生意机会。其四，政府采购货物多用招标方式。阿布扎比是联邦的首都，政府机构多，所需的物资品种繁多且数量可观，他们对诸如机器设备、建筑材料、农用物资以及军队用品、军服、学校的校服和文教用品等大多采取招标的方式来采购。但限定的招标时限很短，一般为15天左右，这就要求投标者应尽快报价并提供样品或样本。待中标后，视合同金额大小，还需提供相当于合同总金额2%~5%的银行保函。若延误了交货期或商品质量、数量有问题，则没收保函。通过投标方式推销商品，一般来讲成交金额大，而且一旦成功，则同类商品今后再中标的机会也大，但要求出口商反应快，在组织生产、质量和数量监督以及运输、交货等一系列环节中要细致、严谨，否则稍有闪失，损失重大。

需要提醒的是，很多阿联酋商人习惯口头达成交易意向，对协议的形式和内容并不十分在意。为尽量避免交易过程中可能困沟通不畅、协议内容及权责划分不清、网络安全隐患等问题带来的损失，建议中国企业在与阿联酋企业进行贸易往来时注意：一方面，与对方保持及时有效的沟通，尽量避免产生不必要的误解或让不法分子有可乘之机；另一方面，务必在订单和协议中列明货品规格、交货时间和条件、违约条款等，避免在交易出现问题时由于缺乏书面证明而蒙受不必要的经济损失。

（3）承包工程方面。在阿布扎比开展业务必须找当地代理人，因为公司资格预审中必须担保人出面签字并提供担保合同。当地担保人每年收取一定费用，支付担保费用主要有以下三种方式：一是不管被担保的公司是否盈利，每年需支付固定的担保费；二是按承包合同额支付一定比例的费用，一般为合同额的 1%~3%，合同金额越大，收费比例越小；三是确定一个固定金额为保底担保收费额，每笔合同按比例提取费用，总担保金额超过保底金额时，按实际金额提取费用，少于保底金额，则按保底金额收费。采取哪种方式，公司可与担保人具体商议。

公司分级时，当地公司在同级条件下可以提高一级。投标时，当地公司在授标时的标价可以享受优惠（这种情况不多）。当地公司可享有预付款，一般为合同额的 25%，但是最高不超过 500 万迪拉姆。根据一般测算，如无预付款，工程标价将提高 2%~3%，因而严重削弱了外国公司的竞争力。履行项目合同时，外国公司交合同总额 10% 的履约保函，当地公司的履约保函在 5% 左右。纯当地公司（100%由阿联酋公民所拥有的公司）可以不受限制地购置施工机械、设备、运输车辆，而外国公司，如前所述，每购置一台机械设备，包括小轿车在内，必须同时再租赁一台同样设备。这条法令是因为有些当地公司闲置机械设备多，做出这样的规定可保护当地公司的利益。根据掌握的材料，重型施工机械 3~6 个月的租金就可购买一台新的设备。

阿联酋政府为维护本国的利益和扶持当地的承包商，采取了一些政策，大大地增加了外国公司在当地经营的难度和风险。例如，阿联酋规定外国公司在阿联酋承包工程不享受预付款，必须带资承包。因此，外国公司的固定资产及流动资金的投入量较大，回收期长，特别是对外承包的第一个项目，在筹资方面会有较大压力；外国公司与当地公司联合承包或作为当地公司的分包，一般可以争取到一部分预付款。但是对于大工程，业主并不按 15%~25% 的比例付出，即使对于当地公司，预付款最高额也限制在 500 万~700 万迪拉姆。也就是说，合同额 1 亿迪拉姆以上的项目，预付款比例最高仅为 5% 左右；如果外国公司（没有在当地注册公司）作为分包商购买设备，则需通过总承包商为分包商担保购买，名义上产权属总承包商，实际上是分包商出资。但常常在项目结束后，发生产权争议，其结果或是被总承包商全部侵吞，或被迫折价转让给总承包商，使分包商蒙受损失。

项目招标时业主一般都会同时提供一份原材料供应商名录，中标的项目承包企业在进行原材料采购时，只能从供应商名录中选择所需采购的原材料。

（4）劳务合作方面。中国公司外派劳务需注意如下事项：在招聘外派劳务人员时应仔细介绍阿联酋常年高温的气候特点、阿拉伯民族风俗、当地风土人情及伊斯兰教的有关教规禁忌，外派出国前应对外派劳务人员进行一段时间的针对性培训；劳务人员应严格遵守职业道德，树立明确的服务意识。阿联酋法律严格保护劳工权益，但劳工行为须符合雇佣合同的要求；不得与阿联酋非法中介、个体中国商人联系此类业务；在输入阿联酋劳务达到一定数量后须派出管理协调人员，及时处理派出劳务与雇主等方面的纠纷、争执，维护劳务人员合法权益，保证合同的顺利执行；在与阿联酋公司联系过程中应把握好中介费问题，阿联酋雇主雇佣外籍劳工一般通过劳务代理公司，并向代理公司支付招聘费用，中国公司向雇主或其代理公司支付中介费用，否则将导致中国公司之间的恶性竞争，扰乱中国输入阿联酋劳务市场。若通过国内个体中介商派出劳务一定要掌握中介费数额，劳务到阿联酋后不能依靠个体中间商管理，须及时考虑派出公司自己的管理人员；阿联酋劳务市场需求变化频繁，菲律宾、印度、巴基斯坦等国劳务代理公司都可随时提供备选劳务人员的简历、护照细节等，而中国公司提供护照时间长、手续烦琐，经常需1~2个月或更长时间，并常要求先签合同再在国内报批办理护照，当地雇主经常因此放弃从中国招聘劳务的计划。阿联酋劳工法对劳工保护较全面，所有合同必须符合劳工法要求，雇主在雇佣劳务时往往只提出其中几项关键的条件、待遇，其他大部分条款都大致与劳工法要求相同。雇主一般不与公司签雇佣合同，只待劳务人员抵达阿联酋后与本人签，劳工法也只保护雇佣合同的当事主体。只要雇主提出雇佣中国劳务人员的要求并罗列简单的几个关键条款，则可视为与公司的劳务代理协议，公司可就关键条款拟备劳务合作合同，待对方确认后即可开始办理相关手续。若对方确认后2周到1个月仍不能提供劳务人员护照细节以便外方办理签证，则很可能导致外方另寻其他途径。

作为海湾地区较为开放的国家，阿联酋参考欧美等西方国家的法律政策体系，制定了较完善的管理外国劳工的法律、法规，有效地保护了引进的大量外籍劳务人员的利益。但目前阿联酋劳务市场的收入相较新加坡、以色列甚至非洲某些国家来说仍缺乏吸引力。中国劳工到阿联酋务工要注意以下三方面事项：①劳务中介。阿联酋劳工法规定，非经合法注册不得经营劳务中介业务。劳务中介只能向雇主收取佣金，不得向劳工索要佣金。劳务中介只负责牵线搭桥直至达成雇主与劳工之间的合同关系，对劳资纠纷不承担任何赔偿责任。由于到阿联酋打工所引起的费用应由雇主支付，因此经营公司应尽量与雇主直接洽谈签合同，避开中介。遇有要求劳工或劳务输出单位支付诸如押金、机票价款、签证费等费用的中介应格外小心。②雇佣签证。阿联酋劳工法规定，雇用外国劳工须事先向劳工部申请用工指标，只有雇主的项目和用工人数获得批准，并向劳工部出具每名劳工3000迪拉姆的银行保函作为抵押之后，才能取得用工指标批文。雇主凭该批文才能给劳工申办雇佣签证。雇佣签证有效期60天，居住期也是60天，雇主须在劳工入境后至雇佣签证到期前的期间内承担所有费用，并为劳工办妥一切手续，为劳工取得劳工卡和3年有效的工作签证。劳工的合法权益受到侵害时，本人只有凭劳工卡才可以向劳动管理部门投诉，劳动管理部门审理后可决定动用银行保函对劳工进行赔偿。因此，到阿联酋打工，务必持有雇佣签证，否则不受劳工法保护。③雇主和项目。劳工法规定，只有雇主才可以作为外籍劳务人员的担保人为其办劳工卡和居住签证。劳务人员只能给自己的雇主打工，不得转换雇主，除非有特殊专长。雇主与劳务人员签订的劳动合同归劳动管理部门监管。所以，外派劳务人员抵达后要先与雇主签订劳动合同后方可工作。如果当月未领到工资，一定要立即追索。如果追索无效，可向劳动管理部门投诉，及时获得权益的有效保障。根据新规定，外籍劳务人员可以转换工作和担保人，且不再受到离境6个月的限制，但仅限于他们在原来工作所在的酋长国内进行。

容易引发纠纷的注意事项：从现实情况看，阿联酋劳务市场还是时有纠纷发生，多数是一些非法中介机构打着外派劳务的幌子，欺骗劳务人员到阿联酋非法务工。据了解，非法中介在国内私招劳务人员通常有如下一些做法：一是与国内有关单位和个人签订合同时，进行欺骗性宣传，虚报阿联酋劳务市场的价格，从中牟取暴利。现实情况是阿联酋劳务市场价格虽然比国内高，但是目前日本、新加坡、土耳其甚至一些非洲国家的劳务价格已经在一定程度上超过了阿联酋。二是利用国内人员对阿联酋情况的不熟悉，在签证上做手脚。他们欺骗的对象大多是四川、河南、江浙和福建等地的人员，通常仅为他们办妥赴阿联酋的短期访问签证和旅游签证（有效期最长为3个月），有的甚至是两周有效期的过境签证。根据阿联酋法律规定，持上述签证的外籍人员不得在阿联酋从事任何职业。通过上述不正当渠道到阿联酋的人员，通常出国前被一次性收取了数万元的费用，到阿联酋后办不了长签，找不到正当工作，又负担不起回国旅费，所以不得不在街头摆地摊卖小商品，故经常因非法滞留被警察没收商品、罚款和拘留，有些女青年因生活所迫甚至从事非法活动，在当地造成不良的社会影响。三是与极少数的国内公司共同参与上述非法劳务输出活动，由这些公司负责招聘人员、办理因公出国护照和相关手续并代收高额手续费，事后按比例分得好处费。

海合会成员国已经宣布同性恋关系为非法，禁止同性恋者进入这些国家。

三、工程承包法律体系及基本内容

（一）所需文件

向阿布扎比经济发展局分级委员会申请办理分级等级手续所需文件：①阿布扎比工商会会员证；②阿布扎比市政府颁发的营业执照；③经阿布扎比登记注册的有资格的审计师认可的驻阿联酋经理部（或分公司）的资产负债表，并需要内部审计师提交出一份审计报告；④经过公证和认证的常驻人员的学历、资历、职称证书；⑤申请分级登记时前六年完成的承包工程项目经过公证和认证的竣工报告。

承包商在提交上述五个文件后，经分级委员会根据公司的资金、技术、前期经历等条件，审定公司级别，并颁发分级证书。承包商分级每两年更新一次。承包商只有在承包商分级委员会分级后，才允许参加政府各部招标的工程投标。投标范围可以在其被划分的那一级或比该级低两级的范围投标和承包项目。

外国自然人不能以个人身份承揽工程承包项目。但外国自然人可以持有阿联酋当地工程承包公司一定比例的股份，该比例不得高于51%。阿联酋关于外国承包商的法律规定，不适用于外国自然人。对于私人类项目，不存在禁止外国承包商进入的领域，前提是外国承包商有资格在阿联酋经营。对于公共类项目，不禁止外国承包商从事一般的房建、基础设施类项目的承建，但对国防部的军事类项目须遵循国防部的特别规定。

（二）履约限制

阿联酋对外国承包商没有特别禁止的领域，外国承包商在阿联酋进行工程承包活动仍受到一系列法律法规活动调整的影响，以在阿布扎比酋长国的外国承包商为例，其承包经营活动受到以下履约规定限制：项目合同（协议）所有条款都必须接受阿布扎比的法律约束；合同一般条款必须受阿布扎比酋长国 1981 年 7 月颁发的"土木工程合同一般条件的约束"；尽管政府已授予承包商项目合同，但是承包商在开工前仍必须向各有关单位报送开工申请及所需的文件，取得施工许可，否则不许开工；外国公司（包括已在阿联酋登记注册的外国公司）得不到预付款；外国公司在当地购买施工机械、设备包括运输车辆等均受一定限制，即购置一台设备或车辆就必须在当地再租赁一台；在阿布扎比承包工程，如果需要直接从第三国进口施工机械或建筑材料，最高完税率为 4%；从中国运来或从第三国采购的施工机械设备，如果在工程竣工之后就运出境外（即不在当地变卖），可以申请免税。但是需要相应税额的银行保函，待这些机械设备用完并且运出境外之后，再释放此保函，如果在当地变卖该机械设备，政府将没收此保函；在阿布扎比承包工程，按照有关规定必须投保工程全险、第三方责任险、施工设备、设备险、劳务人员人身险等。

（三）招标方式

根据阿布扎比酋长国最高咨询委员会的规定，政府工程项目的招标分国际招标和当地招标两种方式。其中，国际招标指各国公司均可参加（如有资格预审的项目参加者必须先通过资格预审），不需要在当地登记注册，但必须先找一个当地项目代理人或合伙人。已在当地注册的外国公司（如各中国公司）也可以参加国际招标项目的投标，但不需要再另找代理人或合伙人。当地投标只限在当地登记注册并已经取得分级证书的外国公司及当地公司参加。

四、劳动用工法律制度与政策

（一）劳动法的核心内容

阿联酋《劳工法》全面规定了劳动关系中的所有范畴。

1. 工作时间与休假

正常情况下，每天的工作时间最长为 8 小时，每周 48 小时。经人力资源与本土化部同意，某些特殊工作部门或工作性质的工作时间可以延长或缩短。《劳工法》第 65 条规定，斋月期间，每天的工作时间应减少 2 小时。通勤时间不计入工作时间。正常加班，劳务人员可得到日工资 25% 的加班费，如果是晚上 9 点到早晨 4 点加班，可得到日工资 50% 的加班费。除不可抗力外，每天的加班时间不超过 2 小时。

周五是所有工人的休息日。如果劳务人员必须在周五工作，雇主应给予一天补休或相当于日工资 50% 的加班费。劳务人员可享受的年休假不得少于：①服务期满 6 个月不满 1 年的，每个月 2 天；②服务期满 1 年的，每年 30 天。

实习期满后服务连续超过 3 个月的，每年的病假 90 天（连续或间断），并按如下规定计算工资：①头 15 天按全额工资计算；②第 16~45 天按半数工资计算；③45 天以上的时间无工资。劳务人员还可享受的休假：①每年 10 天的公众假期。②朝圣假期，仅穆斯林在合同期内可享受一次，不超过 30 天，不计工资，不计入其他假期。③孕产假。服务期满 1 年的女工在产前或产后，有 45 天的带薪假期；不满 1 年的则为半薪；另外，如果孕产女工因病不能上班的，有连续或间断 100 天的不带薪假期。病假条应由指定的有资质的医疗机构或当局出具。孕产假不计入其他休假。

夏季午休制度：2005 年开始实施，一般为每年的 6 月 15 日至 9 月 15 日（具体时间由人力资源与本土化部通知），共三个月，在户外工作的劳工 12：30～15：00 为午休时间，违者将对雇主处以 15000 迪拉姆的罚款。

2. 工伤及职业病的补偿

如果雇员遭遇工伤或职业病，雇主应支付其在当地政府或公共医疗中心、诊所的治疗费用，直到其康复或确诊为残废。治疗费用包括在医院或疗养院的住院费、外科手术费、拍 X 光片和药理分析的费用、购买药物的费用、器官移植以及为残疾者提供康复设备和假肢等的费用、治疗产生的交通费。

如果雇员受伤不能工作，雇主应支付其一笔相当于治疗期医疗费或半年医疗费的现金补贴（按照时间比较短的那个支付）。如治疗期超过半年，则补贴减为一半，直到确诊，无论雇员康复、残废或死亡。

如果雇员死于工伤事故或职业病，则其家属应得到相当于其两年工资的补偿金（不少于 18000 迪拉姆且不多于 35000 迪拉姆，合 5000～9500 美元）。补偿金额按照其生前最后一次的工资计算，补偿金应给予其家属。

如果有关当局确认雇员是因企图自杀或为得到补偿（或病假或出于其他原因）而造成自己受伤；因吸毒和酗酒而造成受伤；因故意违反在公共场合明显公布的安全条例或因粗心、玩忽职守而造成自己受伤；在没有正当理由的情况下拒绝医疗检查或医疗小组的诊治，以上所述情况所造成的伤害或残疾如没有造成死亡，则雇员不享有任何补偿。在上述情况下，雇主有权不提供医疗或津贴补偿。

3. 劳动争议

个体争议可通过人力资源与本土化部乃至法庭解决，集体争议由人力资源与本土化部的调停和解委员会、法院及最高仲裁委员会解决。根据《劳工法》所主张的所有权利，时效为 1 年。只有人力资源与本土化部门可以将争议提交到法院解决。

4. 雇佣合同的解除

有如下情况时可解除雇佣合同：①固定合同到期，或劳资双方都同意解除合同；②固定合同中如果单方面终止合同，需提前 30 天，不超过 3 个月提出，但当事方需要承担法律后果；③如果所签无限期合同的任一方表示要终止合同，并按《劳工法》规定事前通知，另一方也同意；④无期限合同下雇主或劳工在有充分理由的情况下均可解除合同，并提前 30 天向另一方发出书面通知。

计时工的通知期限为：工作半年以上 1 年以内的，提前 1 周通知；工作 1 年以上 5 年以下的，提前两周通知；工作 5 年以上的，提前 1 个月通知。

在下列情况下，雇主可不经劳方同意而解雇劳方：①雇员提供伪造的国籍、身份、证明和文件等；②在实习、试用期间；③因雇员所犯错误而导致雇主大量物质损失；④雇员在已知安全生产规则的情况下，违反安全生产条例；⑤雇员不履行雇佣合同所规定的基本义务，而且不听警告；⑥雇员泄露公司的机密；⑦雇员被政府法庭判决违背了公共道德、信誉、诚实；⑧雇员被发现醉酒或在工作时间醉酒；⑨雇员威胁、挑衅雇主、值班经理或同事；⑩雇员在 1 年中无故连续旷工 17 天以上或不连续旷工 120 天以上。

（二）外国人在当地工作的规定

外籍劳务进入阿联酋实行工作许可制度。外籍劳务只有取得在人力资源与本土化部注册许可企业的担保下，才能获得工作许可。外籍劳务只有满足以下条件，人力资源与本土化部才有可能发放工作许可：①年龄在18~60岁；②应具备在阿联酋有用专业或学术资质；③持有的护照有效期在6个月以上；④身体健康。

1. 雇佣合同及劳工卡

劳务在进入阿联酋前，应与雇主签订雇佣合同。合同必须使用阿拉伯文，可同时使用英文。中国雇员应按新劳工法要求提供中文版本合同。合同需采用人力资源与本土化部规定的标准格式合同，合同内容要注明合同签订日期、生效日期、合同期限、工作性质、工作地点、工作类型、工资等。除非经人力资源与本土化部批准，标准劳动合同不得更改、替代或新增条款。合同一式三份，一份劳工保存，一份雇主保存，第三份交相应的酋长国人力资源与本土化部门（确保自己手中要有一份合同，并在整个合同期间妥善保管）。雇主应在雇员到达阿联酋的60天之内为雇员办妥劳工卡。如果雇主没做到，雇员在此期间工作就违反了阿联酋雇佣外籍劳务的法律，雇主将被处以罚款。所以，雇员如在60天之内没有得到劳工卡，应向有关人力资源与本土化部门报告，以便人力资源与本土化部门对雇主采取必要的措施。劳工卡有效期为3年，如果雇佣双方表示满意，可以更换同等期限的新卡。更新必须在到期日后的60天内完成。超过60天期限的，除非雇主能向人力资源与本土化部提交其所能接受的司法文件，才能继续得到更新。即便人力资源与本土化部同意继续更新，也要收取相当于罚金的延迟更新费用。劳工卡过期后，不得继续在阿联酋工作。

根据有关规定，将由阿联酋的相应医务机构出具劳务人员未患重大疾病的体检证明，证明其身体条件适应他所从事的工作。

雇主应承担有关雇佣合同及劳工卡费用，以及未及时办理或更新劳工卡的罚金。劳务人员在阿联酋境内迁移时，应随身携带劳工卡。

如果劳务人员由于未及时更新劳工卡受到歧视待遇，而雇佣关系依然存在，劳务人员应向雇主提出更新要求。如雇主未予反应，人力资源与本土化部建议劳务人员应向有关劳务部门反映，以便人力资源与本土化部门对雇主采取必要的措施。

2. 定期回国规定

外籍劳务人员服务期满后应迅速离开阿联酋，否则属于非法居留。雇主要采取如下措施，以确保在本企业雇员中不发生非法滞留：取消工作许可，将他们遣返至原处或双方同意的其他地方，由雇主承担遣返费用；如果劳务人员转换担保为其他雇主工作，由新雇主在服务期满后承担遣返费用；由于劳务人员的原因解除合同，如果劳务人员有能力，遣返费用自负；如劳务人员死亡，棺材及运费由雇主承担。

3. 抑制非法移民和黑工的规定

为遏制非法移民和"黑工"带来的问题，更好地管理劳动力市场，提高管理效率，阿联酋严格控制边境，严控非法劳工入境，并投入巨资采用高科技设备（如虹膜识别）等技术手段以阻止非法移民入境。同时，阿联酋会根据劳务市场变化采取颁布劳务输入禁令或暂停发放签证等临时管控措施，如2012年曾因大量孟加拉劳工涉嫌伪造护照而暂停对孟加拉劳工发放签证。

五、外汇管理制度与政策

阿联酋外汇不受限制，可自由汇进汇出，但须符合阿联酋政府的反洗钱规定。一般情况下，外商投资资本和利润回流不受限制。外资银行在将其利润汇出境外前，必须事先获得阿联酋中央银行的同意，并将其纯利润的 20% 作为税收缴纳给阿联酋政府。阿联酋对外国人携带现金出入境无规定。

对外资企业在阿联酋开立外汇账户无特殊规定，但须提交在阿联酋注册公司的工商执照、母公司营业执照、财务报表、母公司签字授权人信息等材料。

六、知识产权保护的相关规定

（一）知识产权保护的法律法规

阿联酋有关知识产权的主要法律法规有《版权法》、《商标法》、《专利法》（2006 年联邦第 31 号法令进行修订）、《工业产权法》（修订了 2002 年的专利法，并规定了工业设计部分，特别注重保护商业秘密）。

（二）知识产权侵权的相关处罚规定

阿联酋联邦当局和各酋长国职能部门对知识产权侵权的商品和行为有扣押商品和处以罚款的权力，海关部门有没收和销毁非法货物的权力。但是，目前阿联酋还没有知识产权法院和法官，特别是基层法院，知识产权相关的专业技术人才十分缺乏，难以处理知识产权中的技术问题。对于侵权行为一般都会处以监禁加罚金。

第六章

海合会六国之阿曼

第一节　阿曼国家概况

一、国情简况

阿曼国名全称为阿曼苏丹国（The Sultanate of Oman），位于阿拉伯半岛东南部。与阿联酋、沙特、也门接壤，濒临阿曼湾和阿拉伯海。海岸线长 1700 公里。沙漠占陆地总面积的 82%，山区占 15%，沿海平原占 3%。沿海地区湿度常年保持在 50% 以上。

二、地理位置与自然条件

（一）地理概述

阿曼北、东、南三面环海，濒临阿曼湾和阿拉伯海，海岸线长 1700 公里。西北与阿联酋接界，西部与沙特为邻，西南与也门相连。地处波斯湾通往印度洋的要道。境内东北部为哈贾尔山脉，沿海岸从西北向东南延伸，约占国土面积的 1/3，其主峰沙姆山海拔 3352 米，为阿曼最高峰。中部为平原，多沙漠，海拔在 200 米以下。西南部为佐法尔高原。除东北山地外，大部分为热带沙漠气候。每年 5~10 月为热季，气温在 40 摄氏度以上；11 月到次年 4 月为凉季，气温约为 10 摄氏度。年均降水量 130 毫米。

（二）政区地理

阿曼按行政区域划分为 11 个省（马斯喀特省、佐法尔省、穆桑达姆省、布莱米省、中北省、中南省、达希莱省、内地省、东南省、东北省、中部省），省之下设有 61 个州（截至 2014 年 10 月）。

（三）自然资源

阿曼从 20 世纪 60 年代开始开采石油。截至 2016 年 1 月，已探明石油储量约 53 亿桶（约 7.16 亿吨），在中东地区排名第 7 位，在世界范围内排名第 22 位。2015 年 1~11 月，原油和凝析油产量总计 3.27 亿桶（约 4418 万吨），同比增长 3.6%。其中，原油 2.95 亿桶（约 3986 万吨），同比增长 3.1%；日均产量 97.87 万桶，同比增长 3.6%；同期出口 2.83 亿桶（约 3824 万吨），同比增长 5.4%，出口量约占生产总量的 86.5%。截至 2016

年1月，已探明天然气储量0.69万亿立方米，阿曼自产天然气基本用于国内，出口较少。除石油和天然气外，阿曼境内发现的矿产资源还有铜、金、银、铬、铁、锰、镁、煤、石灰石、大理石、石膏、磷酸盐、石英石、高岭土等。

三、政治环境

（一）国家政体

阿曼是二元制君主制国家，无宪法和议会，禁止一切政党活动。由苏丹颁布法律、法令和批准缔结国际条约、协定。阿曼国家管理机构以卡布斯为首，由内阁秘书处、各专门委员会、首都省政府和国家协商委员会构成。1996年11月，卡布斯苏丹颁布诏书，公布了《国家基本法》（相当于宪法）。该法在国家体制、政治指导原则、国家元首、政府首脑、内阁及其成员的职责、公民权利与义务等方面做出了规定。

（二）政体简介

（1）宪法。1996年11月，卡布斯苏丹颁布谕令，公布《国家基本法》（相当于宪法），就国体与政体、国家政策的指导原则、公民权利与义务、国家元首职权、内阁及其成员职责、阿曼委员会和司法体系运作等问题做出规定。2011年10月，卡布斯苏丹颁布谕令，对《国家基本法》进行修订，其中主要对苏丹王位继承、协商会议权限等做出进一步规定。

（2）议会。阿曼委员会由国家委员会（相当于议会上院）和协商会议（相当于议会下院）组成，两机构成员不得相互兼任。其中，国家委员会成立于1997年12月，主要负责审查国家法律、社会、经济等方面问题，委员多为前政、军高官和各界知名人士，由苏丹任命，任期4年，可连任。目前的国家委员会是第六届，于2015年11月产生，共有委员85人。现任主席叶海亚·本·马哈福兹·蒙泽里（Yahya bin Mahfoudh Al Manthri）2004年3月就任并连任至今。协商会议成立于1991年11月，其前身是1981年成立的国家咨询委员会。2011年10月，卡布斯苏丹颁布修订后的《国家基本法》，赋予协商会议更大权力，包括对法律、预算、条约、审计报告等的修改权和建议权，以及对政府部门的监督权和质询权等。协商会议主席产生也由苏丹任命改为协商会议议员直接选举产生。目前的协商会议是第八届，于2015年10月经选举产生，共有议员85人，代表阿曼的61个州，任期4年，可连任。现任主席是哈立德·本·希拉勒·马瓦利（Khalid bin Hilal Al Ma′awali），于2011年10月首次当选，2015年11月再次当选。

（3）政府。内阁是苏丹授权的国家最高执行机构，成员由苏丹任命。现内阁成员共有26名，主要成员首相兼国防、外交、财政大臣由卡布斯苏丹本人担任。

（4）司法。政府内设司法部、法务部、宗教基金和宗教事务部，分别主管司法、法律（含涉外协议、条约等）起草和修订、伊斯兰法有关事务。政府外设最高法院和国家公诉办公室，直接向苏丹负责。全国法院共分三级，最低一级为初审法院，共41所；第二级为上诉法院，共6所；最高一级为最高法院，其判决为终审判决。此外，还设有1所行政法院和1所国家安全法院。1999年11月，阿曼颁布《司法法》，并成立最高司法委员会，卡布斯苏丹亲任主席。

四、社会文化环境

（一）人口和民族

阿曼全国人口总数为430.2万（2015年数据），其中本国人口238.1万，外籍常住人口192.1万。马斯喀特省人口较多。有些地区地广人稀，人口最少的穆桑达姆省人口只占不到1%的全国人口。阿曼人口密度为每平方公里13.9人。

阿曼绝大多数是阿拉伯人，外来定居人口中印度人、伊朗人、巴基斯坦人等居多。阿曼华人华侨协会（Chinese Community Club of Oman）于2008年成立，现有在册会员15万人。华人中以东北三省人居多，主要聚居在首都马斯喀特、苏尔、苏哈尔、布莱米和萨拉拉等地，以经商（如开设餐馆、商店、中医诊所、美容院等）为业。

（二）宗教信仰

阿曼人绝大多数信奉伊斯兰教，90%属伊巴德教派。该派为哈瓦利吉派的一个支派，哈瓦利吉派是伊斯兰教中独立于逊尼派和什叶派之外的一个教派，产生于公元7世纪中叶。

（三）社交习俗

阿曼人多为阿拉伯人，他们的名字都是按习惯继承祖辈的名字，因此全名都包括他们的父名和族名。阿曼人喜爱歌舞，传统舞蹈有类似海湾诸国的剑舞和女子的甩头发舞，同时也有当地人自己创造的航海舞等。阿曼人的传统体育活动是赛骆驼、赛马和赛木舟。每年国庆要举行一次全国性的骆驼大赛。阿曼男子喜欢佩腰刀，腰刀有两种：一种是牛耳尖刀，佩在胸前；另一种是短剑，斜挂在腰的左侧。

阿曼为穆斯林国家，禁止吃猪肉和饮酒，但允许驻阿曼的外交团免税进口酒类。对有轻侮国王的行为（如污损国王肖像或批评国王），会判以不敬罪，给予严厉的处罚。阿曼人用餐时不能用左手，在别人面前，不要用食指或中指比画。阿曼同非阿拉伯国家的外籍人行握手礼，但只限于同性。对阿拉伯国家的人行拥抱和亲吻礼。

阿曼人待人真诚，他们视款待好宾客为无上的光荣。因此，他们遇到陌生人总是主动打招呼，并热情问候，甚至还邀请客人去家中做客。以茶待客是阿曼人的习惯。无论你走到哪里，主人总是先敬上一杯红茶。有时也用阿拉伯茶待客。阿曼对女性给予方便，在街上、商店或办事机构，都对女性优先照顾。男子不可斜视女性，并且不可行握手礼，只可点头示意。和女性交谈、亲近女性或拍摄女性照片都是不允许的。

阿曼人喜欢绿色。他们视绿色为生命之色，认为它象征着春天，会给人带来美好和幸福。他们视牛如宝，并对牛极为崇敬。每天早上、晚上他们都要向牛请安。每日对牛的照料甚至如同护理产妇那样细致周到，不仅要给牛刷毛、梳妆、喂草，还经常喂沙丁鱼和枪鱼干等高级的饲料。

在正式外交场合，阿曼男子一般习惯穿无领长袍，扎缠头巾，且必须佩带饰刀；一般妇女喜饰金银，服装艳丽，她们喜大花，爱浓艳色彩。阿曼人能歌善舞，不过他们一般都是女歌男舞，男人在圈中欢快地跳舞，妇女则在外面以拍手唱歌伴舞。近年来，阿曼对妇女已不像一些近邻国家那样严格限制，妇女可出入公共场合，甚至男女间的待遇也逐步趋向接近。

（四）商务礼俗

阿曼人的商业习惯是将重要事项写成书面材料，最好以电报、直通电话方式加以确认。做不到的事情要明确地表示"不"。如果事先没有约好，也可请求面谈。握手时要诚恳、有感情，此时可以勾腕搭肩以表热诚（只限于男性的场合）。谈话时目光不要左顾右盼。在当地讨价还价很盛行，他们的商情来源很多。一旦签了代理合约之后，就不要轻易中止。代理合约还需到工商会议所、工商部去登记，登记后方有效力。

（五）饮食习俗

阿曼人特别喜欢当地著名食品"烤驼羔"①。阿曼人非常重视洗手，饭前饭后都习惯用水冲洗手。他们对中国菜肴极感兴趣，认为中国饭菜味美适口。他们就餐习惯以右手抓食取饭。

阿曼人在饮食上有如下特点：讲究菜肴酥香鲜嫩，要求菜品质高、量小。口味一般不喜太咸，偏爱辣味。主食以面食为主，尤其喜爱吃饼类，也爱吃甜点心。副食爱吃鱼、驼肉、羊肉、牛肉、鸽、鸡、鸭、蛋品等；喜欢黄瓜、豌豆、西红柿、茄子、土豆等蔬菜。

咖啡是阿曼人最常饮用的饮料。他们特别爱喝又苦又涩又浓的咖啡，并愿以此来款待客人。阿曼人管咖啡叫"喀赫瓦"，喜欢在咖啡里加豆蔻等香料。他们的咖啡呈浓黑色，含有类似中药的苦味，与西方醇香的咖啡有所不同。阿曼人端出阿拉伯咖啡来待客时，客人一定要接受，并用右手持杯一口一口慢慢地喝，不要的时候则应左右摇手示意。若不了解这个规矩的话，他们会一直站在那里继续为客人倒咖啡。

（六）民俗

阿曼享有"乳香之邦"的美称。以香待客是阿曼人的特色。阿曼人对香痴迷有加。阿曼男装与其他阿拉伯人的一个显著区别就是阿曼人长袍的领口处垂下一条长 15 厘米的缨穗，那是专门用来蘸香水的。一般阿曼家庭主妇在洗罢晾干一家人的衣物时，都会把它们披在一个架子上，下面放个小香炉，炉里燃两小块木炭，然后把几粒白色的乳香投入炉中。片刻后，一丝丝氤氲的香气冉冉升起，不但将衣物熏得香气袭人，而且使家中充盈着一种温馨浪漫的气氛。这种香气相当持久，把熏过的衣物穿在身上，整个人便被包裹在缕缕芳香中，倍感舒适。

世界上最优质的乳香被称为"银香"，出产于阿曼南部佐法尔山脉北端的内格德高原。历史上，乳香的价值曾等同于黄金，是统治者权力和财富的象征。乳香在古代需求量很大，据古代文献记载，巴比伦巴力神庙每年要用去 2.5 吨乳香。《圣经》上则说，耶稣诞生时，有 3 名东方智者献给他黄金、乳香和没药。在漫长的 4000 年里，乳香贸易一直是阿曼的经济支柱，直到 1939 年，乳香贸易至少占阿曼出口额的 75%。乳香还可入药美容，古人相信乳香的烟雾会把他们的祈祷带入天堂，因此它被广泛应用于宗教祭祀和丧葬仪式等活动中。古埃及人用乳香做防腐剂，1922 年，考古学家打开图坦卡蒙法老的墓穴，就发

---

① 在掏尽内脏的驼羔肚内塞进一只羔羊，羔羊的净肚内再塞进一只鸡，鸡的净肚内再塞进一只鸽子，然后加上各种香味调料，再经烤制而成。

现在一个密封的长颈瓶里，散发出一缕乳香的香气。不可思议的是，这香气已封存了3300多年，仍隐约可闻。乳香还有许多实际的功用。千百年来，阿拉伯人用乳香入药，帮助消化，治疗心脏和肾脏等疾病。阿曼的佐法尔人很早就用乳香来净化饮用水，当地人还喜欢把乳香当作口香糖放在嘴里咀嚼，使口气清新。

五、外交政策

阿曼外交遵循中立、不结盟、睦邻友好和不干涉别国内政的原则，积极参与地区和国际事务，致力于维护海湾地区的安全与稳定，主张通过对话与和平方式解决国家之间的分歧。阿曼迄今已同138个国家建立了外交关系。同时，阿曼作为海湾合作委员会成员国，与其他五个成员国在政治、经济和军事等各方面有着十分密切的合作关系。

六、中国与阿曼的双边关系

（一）中阿外交关系

1978年5月25日，中国与阿曼建交。建交后，两国关系稳步发展，各领域的友好合作不断加强，合作领域日益拓宽。阿方一直在涉台、人权、涉疆、涉藏等问题上给予中方坚定支持。

（二）中阿经贸关系

1. 贸易关系

1989年，中阿两国成立了经贸混合委员会，目前双方已举行了八届经贸混合委员会会议。第八届经贸混合委员会会议于2016年3月在马斯喀特召开，双方签署了会议纪要。随着两国贸易额不断创新高，阿曼已成为中国在西亚地区的第四大贸易伙伴，两国在投资、基础设施、人力资源等领域的合作规模也在逐年扩大。中阿双边贸易情况如表6-1所示。

表6-1 2008~2016年中国和阿曼贸易情况

年份 \ 指标	双边贸易总额		中国对阿曼出口		中国自阿曼进口	
	金额（万美元）	同比变化（%）	金额（万美元）	同比变化（%）	金额（万美元）	同比变化（%）
2008	1242136	—	79452	—	1162685	—
2009	615735	-50.43	74745	-5.92	540990	-53.47
2010	1072370	74.16	94450	26.36	977920	80.76
2011	1587486	48.04	99818	5.68	1487669	52.13
2012	1878653	18.34	181156	81.49	1697496	14.10
2013	2294146	22.12	190084	4.93	2104061	23.95
2014	2585806	12.71	206538	8.66	2379268	13.08

续表

年份 \ 指标	双边贸易总额		中国对阿曼出口		中国自阿曼进口	
	金额（万美元）	同比变化（%）	金额（万美元）	同比变化（%）	金额（万美元）	同比变化（%）
2015	1717991	−33.56	211793	2.54	1506198	−36.69
2016	1418872	−17.41	214770	1.41	1204102	−20.06

资料来源：联合国商品贸易数据库（UN Comtrade）。

中国已连续十年保持阿曼石油第一大进口国地位，同时也是阿曼主要进口来源国之一。中国自阿曼进口的主要商品是石油、石化产品、矿产品、海产品等。中国向阿曼出口的主要商品有施工机械、汽车、机电产品、其他金属及制品、家具、塑料及制品、矿产品、纺织品、瓷砖及玻璃制品、蔬菜及水果等，特别是石油钻井设备和配件、家具、汽车、建筑机械设备、空调等商品出口近年来增长较快。

2. 投资关系

阿曼为改变过度依赖油气产业的单一经济结构，全面推进经济多元化战略，大力招商引资，努力发展基建、制造、物流、旅游、渔业等非油气产业，鼓励和支持私营企业特别是中小企业在经济建设中发挥更大的作用。自2014年6月以来，国际油价持续下跌，阿曼政府充分运用财政、金融等手段加以应对，并坚持推进杜库姆经济特区、铁路等重大项目建设，努力维护阿曼经济的基本面，稳定境内外投资者对其经济的信心。美国智库传统基金会（The Heritage Foundation）和《华尔街日报》（The Wall Street Journal）发布的2015经济自由度指数显示，在全球178个经济体中，阿曼的经济自由度排名第52位，属于中度自由的经济体。世界经济论坛《2015~2016年全球竞争力报告》显示，阿曼在全球最具竞争力的140个国家和地区中，排第62位。在世界银行《2018年全球营商环境报告》排名中，阿曼位列189个经济体中的第78位。

2015年，中国对阿曼直接投资流量1095万美元。截至2015年末，中国对阿曼直接投资存量2.01亿美元。截至2014年底，中方在阿曼金融类直接投资存量4700万美元，主要为承包工程企业分支机构的注册资本。阿曼在华投资项目10个，实际投资1323万美元，主要投向石油化工领域。中阿双边投资具体情况如表6-2所示。

表6-2 2005~2016年中国与阿曼投资情况　　单位：万美元

年份	2005	2006	2007	2008	2009	2010	2011	2012	2013	2014	2015	2016
中对阿	522	2688	259	−2295	−624	1103	951	337	−74	1516	1095	462
阿对中	0	0	52	0	0	5	0	0	—	—	—	—

资料来源：《中国对外直接投资统计公报》《外商投资报告》。

3. 劳务关系

截至2015年9月，中资企业在阿曼累计签订承包劳务合同额38亿美元，完成营业额29.8亿美元。2014年底我国在阿曼的各类劳务人员518人。在阿曼开展业务的中资企业主要有山东电力建设三公司、中国建材装备有限公司、中国石油下属 BGP 公司和长城钻探工程有限公司、中国石化国际工程公司等。

4. 文化交流

2008 年 4 月，北京奥运会火炬在马斯喀特成功传递，成为中阿建交 30 周年的亮点。四川汶川特大地震灾害发生后，阿曼政府向我国提供大量物资援助并在四川广元援建居民住宅及教育、医疗等配套设施。2010 年 11 月，"阿曼援建村"举行竣工仪式。中阿文化交流活跃。1981 年 7 月，为纪念 6 世纪连接阿曼北部城市苏哈尔和中国广州之间的"海上丝绸之路"，阿曼"苏哈尔号"仿古友谊船抵达广州。1995 年 12 月，阿方出资在广州建成"苏哈尔号"古船纪念碑。2000 年 12 月，阿方资助泉州海外交通史博物馆兴建伊斯兰阿拉伯文化陈列室。2009 年 10 月，阿方捐资修建泉州清真寺礼拜堂。

2005 年，我国批准阿曼成为中国公民出国旅游目的地国。2007 年，中阿友协宣布成立。2010 年，阿中友协正式成立。2018 年 5 月，中阿签署政府间共建"一带一路"谅解备忘录。

七、阿曼在"一带一路"沿线国家中的地位

中国与阿曼关系可追溯到 6 世纪。海上丝绸之路将阿曼的苏哈尔、祖玛尔与中国的广州、杭州连接在一起，贸易互惠关系持续至今。中国目前已成为阿曼最大的石油出口目的国，阿曼是中国第三大石油来源国，两国贸易总额超 260 亿美元。中国提出"一带一路"倡议后，阿曼积极响应，并作为第一批意向创始成员国加入亚投行，成为同中国共建"一带一路"的重要伙伴，双方的合作也扩展到更为广阔的空间。"一带一路"倡议不但在政策沟通、设施联通、贸易畅通、资金融通方面为中阿两国搭建了广阔平台，还为中阿两国民心相通搭建了新的桥梁。

中国企业在阿曼的投资及贸易前景十分乐观。首先，从资源禀赋来看，中国与阿曼经济的互补性较强，具备自由贸易的良好基础。阿曼的 GDP 构成中，石油天然气占 50% 左右。两国产业结构的互补性为华资企业在阿曼的投资提供了发展的可能。其次，阿曼外资优惠政策为国人在阿曼投资带来了制度保证。阿曼优惠政策主要由区域和行业两个层面构成。中国企业在阿曼投资的领域可紧随其政策引导而取得较好发展。具体而言，阿曼鼓励信息技术、旅游、加工制造、农牧渔业、采矿、医疗，以及在自由区和工业区的投资。再次，阿曼相对稳定的金融市场为中阿经贸往来提供了良好的保障。阿曼政府实施较为稳健的货币政策，以促进经济社会发展、抑制通货膨胀，使阿曼的银行业获得了长足发展。最后，特殊的地理位置成为阿曼独特的商贸优势。阿曼海岸线长 1700 公里，进出口贸易完全不受霍尔木兹海峡的影响，向北可达伊朗，往西可以深入海湾各国以及其他中东国家。对外贸易可辐射到周边多达 16 亿人口的消费市场。此外，阿曼南部萨拉拉港是海湾地区发展最快和最重要的集装箱港口之一，其地理位置与也门接近，隔海与非洲大陆相望，经红海可以通向欧洲。

2016 年 5 月 23 日，中国—阿曼（杜库姆）产业园正式签约。作为中阿双方交流与合作的新起点，该产业园位于阿曼杜库姆经济特区内，占地 11.72 平方公里，拟建项目规划总投资 670 亿元人民币，包括石油化工、建筑材料、电子商务等 9 个领域。产业园区分为

重工业区、轻工业综合区和五星级酒店旅游区，预计投产项目 35 个，包括原油冶炼、建筑材料生产等重工业项目，以及太阳能光伏项目、物流、汽车组装等轻工业项目，还有培训中心、学校、医院等配套服务设施。阿曼拥有相对宽松的国际市场准入条件，该产业园的建设和发展契合"一带一路"倡议，能够促进中国与阿曼产能合作，为中国企业走出国门搭建平台，助推中国企业进入阿曼市场，进而向海湾国家、非洲和欧洲市场辐射。

第二节　阿曼的经济发展状况

一、经济概况

（一）宏观经济情况

由表 6-3 可知，受全球油价波动的影响，2015 年和 2016 年阿曼的经济发展严重滞后，尤其是 2015 年，名义 GDP 增长率为-13.82%，2015 年和 2016 年阿曼承受着巨大财政赤字的压力，为此不得不修正自身的经济发展策略，控制财政开支，并在努力平衡资产负债表的情况下，尽可能寻求新的收入来源。目前，该国政府正进入其第九个五年规划（2016~2020 年）。该规划是阿曼政府于 1995 年推出的"2020 愿景"的收官阶段，旨在全方位推行国民经济和社会改革。目前正在实施的五年计划着眼于国民经济所处的新情况和面临的新问题，更加强调提高私营企业在宏观经济中的参与度，确保实现中短期经济增长。为了减缓油价未来波动对国民经济的冲击，阿曼政府在现行的五年计划中显著下调了油气产业对 GDP 的贡献度预期，根据表 6-3 中数据，2015 年燃料出口占货物出口的比重已显著下降至 62%。解决结构性财政赤字的关键在于削减政府开支，而阿曼政府在这方面已经取得了实质性进展。为实现"2020 愿景"和"五年计划"等改革政策目标，应对不断恶化的外部环境和不断增长的预算赤字，阿曼自 2016 年初以来，通过削减国内的燃料价格补贴等举措来降低财政支出规模。削减财政补贴的政策往往与通货膨胀的变化紧密相关，无疑充满着较高的政治和经济风险。而阿曼推出补贴改革政策时处在一个良性的全球通胀环境中，且该国的外籍劳务供应具备相当大的弹性，减轻了对通胀率的压力。在阿曼央行的努力下，该国 2017 年的通胀率为 1.6%。

表 6-3　阿曼宏观经济情况一览表

年份	2012	2013	2014	2015	2016
产出和物价	年度百分比变化（%）				
名义 GDP	12.88	2.93	2.65	-13.82	-5.07
CPI（通货膨胀率）	2.91	1.25	1.01	0.07	—
人均 GDP	—	-4.14	—	-2.37	—

年份	2012	2013	2014	2015	2016
财政和金融	百分比（%）				
企业纳税项（占 GDP 百分比）	14.00	14.00	14.00	15.00	15.00
货币和准货币（M2）（亿里亚尔）	109.12	118.38	132.62	—	—
贷款利率	5.65	5.41	5.08	4.76	5.08
存款利率	2.62	—	2.02	1.93	3.19
广义货币年增长率	10.73	8.49	12.03	14.21	1.83
银行不良贷款率	2.50	2.00	2.00	1.84	—
国际收支	10 亿美元				
货物出口（BOP）	52.14	56.43	53.57	35.68	—
其中燃料所占百分比	83.55	82.54	83.53	62.00	—
货物进口（BOP）	25.62	32.04	27.89	26.56	—

资料来源：根据"一带一路"数据库和新浪财经数据整理。

虽然阿曼采取了开源节流的举措来解决其财政赤字问题，但目前来看成效并不显著。为此，阿曼政府不得不考虑其他融资选择。2015 年 10 月，阿曼首次向其国内机构投资者发售了一笔 5 年期总面值为 5.2 亿美元的伊斯兰债券（Sukuk），单笔最低认购额为 130 万美元。同时，阿曼还在 2016 年夏天重返国际债券市场（上一次发行国际债券是在 1997 年），先后对外发售了 1 笔 5 年期总面值 10 亿美元主权债券和 1 笔 10 年期总面值 15 亿美元主权债券。虽然成功发债，但全球多家评级机构对阿曼的信用评级及前景展望却不尽相同。2016 年 5 月，标准普尔给予阿曼"BBB⁻/A⁻"的评级，而穆迪则在同一时期将该国评级下调至中等偏下的"Baa1"。不论评级结果如何，阿曼负债率仍普遍低于海合会其他成员国。但若该国不能进一步改善财政状况，且油价未能实现大幅回升，通过国际债市融资来填补亏空的做法极有可能大幅推高其负债率，预计至 2020 年该国外债占 GDP 比例将高达 25%，而公共债务占 GDP 比例将达到 70% 的水平。

（二）产业结构及优势产业和产品

工业在阿曼产业结构中占比最大，其次是制造业，农业增加值占比较低（见表 6-4），这也是海合会国家的共同特点。受 2014 油价波动导致的经济衰退影响，阿曼工业和制造业增加值占比自 2014 年起开始下滑，2015 年工业跌幅达到约 153 亿美元；农业增加值则保持增长趋势。

表 6-4　2010~2016 年阿曼产业增加值情况　　　　单位：亿美元

年份	农业增加值	工业增加值	制造业增加值
2010	8.11	375.81	62.03
2011	8.53	486.77	77.50
2012	8.88	548.58	81.76

续表

年份	农业增加值	工业增加值	制造业增加值
2013	10. 27	533. 20	85. 29
2014	10. 31	529. 67	78. 32
2015	11. 32	376. 69	67. 80
2016	13. 16	315. 24	56. 15

资料来源：根据"一带一路"数据库整理。

　　石油和天然气工业是阿曼的支柱产业，在国民经济中占主导地位，更是国家财政收入的主要来源。在海合会各成员国中，阿曼的油气资源开采难度相对较大、成本相对较高。在国际油价近年下滑周期的初始阶段，阿曼政府勉强维持国家财政收支平衡。但自 2014 年起，油价下跌的影响逐步超出了阿曼政府的承受范围，2014 年财政赤字达到 28 亿美元，约占该国 GDP 的 3.4%。2015 年，油价下跌的状况继续恶化，屡创新低。根据阿曼央行统计数据，该国当年出现 120 亿美元的庞大赤字，占 GDP 比例高达 17.2%。2015 年，阿曼原油出口量增长 5.4%，达 3.08 亿桶，但出口总收入却降至 147 亿美元。这一财政收入的巨大损失，无疑与该国当年原油出口均价同比暴跌 45.3% 的趋势同步，2014 年原油出口均价为 103.2 美元/桶，2015 年则仅为 56.5 美元/桶。

　　为改变过度依赖油气产业的单一经济结构，阿曼全面推进经济多元化战略，大力招商引资，努力发展基建、制造、物流、旅游、渔业等非油气产业，鼓励和支持私营企业特别是中小企业在经济建设中发挥更大作用。2016 年 1 月，阿曼政府修订了国内石油产品价格机制，以真实反映国际油价的变化趋势。根据这一新政，90 号标准汽油价格由 0.30 美元/升涨至 0.36 美元/升，95 号优质汽油价格由 0.31 美元/升涨至 0.42 美元/升，而柴油价格亦从 0.38 美元/升涨至 0.42 美元/升。阿曼政府估算，通过这一全新的价格机制，有望削减因补贴而造成的财政负担近 26 亿美元。2016 年，阿曼石油产量 3.68 亿桶，日均产量 100.4 万桶，达历史最高水平。出口量 3.2 亿桶，石油出口收入为 115.8 亿美元，其中 78% 销往中国，天然气产量 408.5 亿立方米。2016 年，油气行业收入占 GDP 的比重为 27.4%，占政府收入的 68.2%，占当年出口总额的 57.9%。自 2016 年末起，阿曼积极配合欧佩克的减产协议，切实落实每日 4.5 万桶的减产数量（约等于 2016 年 10 月日均产量的 4.5%）。2016 年，阿曼先后签署了第 7 区块特许开发协议、第 61 区块扩大特许开发协议、第 9 区块展期开发协议；同时，批准了第 36、第 50、第 66 区块特许经营协议延期，并对第 30、第 31、第 49、第 52 区块进行了重点合作推介。为满足国内电力生产和工业企业对天然气的潜在需求，应对随时可能出现的供应短缺，阿曼政府已加大对天然气田的勘探开发投资，鼓励本地及外资企业开展油气勘探、生产项目及支持性服务，并开始对页岩气和页岩油进行研究。2016 年，阿曼石油和天然气勘探、生产及开发领域政府总支出约为 113 亿美元，其中石油领域 79 亿美元，天然气领域 34 亿美元。阿曼目前最大的天然气项目是英国石油阿曼公司（BP Oman）的 Khazzan 项目，2018 年第一季度将实现 10 亿标准立方英尺的日均产量，预计到 2020 年将实现 15 亿标准立方英尺的日均产量，并供应 2.5 万桶凝析油，可满足阿曼 40% 的天然气需求。该项目主要为本地工业项目供应天然气，也将通过管道向杜库姆经济特区输送部分天然气。

阿曼运输物流业最重要的发展项目就是中东部港口城市杜库姆的经济特区，其中包括八个重要组成部分：杜库姆新港、工业区、住宅区、渔业码头、旅游中心、物流中心、中央商务区、教育培训区。杜库姆经济特区管委会（Special Economic Zone Authority Duqm，SEZAD）负责管理和规范区内的经济活动和项目发展。此外，占地95平方公里的 al-Batinah South 物流园区将是该国另一个物流旗舰项目，致力于打造一个包含多式联运、轻工、商贸服务、仓储物流的地区枢纽。

旅游业是阿曼政府近年来重点发展的产业，2004年成立了旅游部，规划和推动阿曼旅游业的发展。2007年，阿曼正式成为中国旅游目的地国。阿曼旅游业发展有其独特的优势。一是旅游资源较丰富。阿曼境内既有沙漠，也有海滩，还有山峦、谷地、溶洞，可以开展各种特色旅游，特别是南部的萨拉拉地区，夏天凉爽，已成为避暑胜地。阿曼日光充足，冬天又是欧洲游客度假的好地方。此外，阿曼还有保存较完好的1500多座古城堡。二是生态环境保护较好。阿曼政府非常重视环境保护，自然生态保存完好，境内有著名的海龟、鸟类栖息地和保护区。三是旅游设施较完善。近年来，大量私人资本涉足旅游开发，一些大型旅游综合设施陆续建成，旅游地产可以向外国人出售。为支持旅游业发展，首都马斯喀特的苏丹卡布斯港于2014年底转型为旅游港，其原有商业功能逐步过渡到阿曼北部的苏哈尔港等地。2015年阿曼旅游业产值194.6亿美元，对国内生产总值的贡献达2.8%，拥有星级饭店（包括汽车旅店在内）318家（其中五星级11家、四星级23家、三星级27家），酒店业总收入达77亿美元，酒店服务业就业人数已达12.6万余人，其中11.6%为阿曼人。根据阿曼长期发展规划，从2011年开始的10年，旅游业的年均增长率为5.5%，到2021年，阿曼力争将旅游业对GDP的贡献率增加至7.7%，实现产值75亿美元。阿曼旅游部希望至2020年将旅游业对GDP的贡献率提高至5%，并至2024年累计创造10万个就业机会。根据世界旅游及旅行理事会（World Travel & Tourism Council，WTTC）发布的《2016年旅游及旅行的经济影响》报告，阿曼旅游业直接产生的收入在2015年达到18亿美元（占GDP的2.5%），至2026年可增加到35亿美元（占GDP的3.4%）。如加上间接产生的收入，则该国旅游业在2015年的营业收入达到41亿美元（占GDP的5.7%），至2026年可达到79亿美元（占GDP的7.7%）。在就业方面，WTTC预测，旅游业目前为阿曼直接创造5.3万个工作岗位，至2026年可累计创造8.1万个岗位。阿曼政府十分看重旅游业这一劳动密集型行业在创造就业机会中的积极作用，目前有39个旅游项目正在建设实施，将为旅游业的未来增长奠定良好基础。

渔业历来是阿曼经济的重要组成部分，并被列入该国经济多元化改革中的五个驱动未来经济增长的关键行业之一。2016年，阿曼鱼类捕捞量为22万吨，其中15万吨是当地渔民以传统方式捕捞的。阿曼向40多个国家出口海产品，出口量达15.7万吨。因关乎渔民生计，阿曼对工业捕捞持谨慎态度，且严格执行禁渔制度，仅允许外国渔船采用流刺网等生态型捕捞方式。单纯开展捕捞作业的外国渔业公司经营状况普遍不佳。根据阿曼政府规划，渔业产量将逐步提高20万吨，至2020年达到年产48万吨的水平，并新创造2万个就业岗位。目前在建的主要渔业项目包括位于杜库姆经济特区内的一个渔港和毗邻的渔业产业集群项目。

矿业是阿曼另一个重点发展行业，其对阿曼GDP的贡献度为0.5%，未来增长空间巨大。目前，阿曼政府已出台了新的矿业法，以吸引更多外国和本地投资者进军该领域，开发当地的金、铜和稀土等矿产。此外，正在杜库姆经济特区内兴建的矿产品加工等设施也将进一步助力该行业的发展，提高矿业整体收益水平。

二、国内市场状况

根据 CA 数据，2016 年阿曼消费总额占 GDP 的比重为 69.4%，其中，家庭消费占GDP 的 41%，政府消费占 GDP 的 28.4%。据阿曼国家统计和信息中心数据，2016 年阿曼国民储蓄总值占 GDP 的比重为 4.81%，人均可支配收入为 16229 美元，物价水平与 2015年基本相当。[①]

阿曼大多数生活用品需要进口，当地的物价水平较高，在酒店、餐馆消费会加收 5%的市政税。普通的小旅馆单间 150~250 元人民币，一顿便餐 20~50 元人民币。

三、基础设施建设状况

公路运输是阿曼境内最主要、最便利的运输方式。截至 2016 年底，阿曼柏油公路总长度为 3.36 万公里。首都马斯喀特至南部萨拉拉的公路长 1000 多公里，是阿曼境内最长的公路。阿曼境内第一条高速公路（苏尔至古里亚特）于 2009 年建成。

阿曼目前没有铁路，但连通科威特、巴林、沙特、卡塔尔、阿联酋、阿曼的海湾国家铁路网筹划已久，其中，阿曼区段铁路规划长度 2244 公里，共分为 9 个路段。第一路段从苏哈尔到阿联酋边界，总长 171 公里，原计划于 2016 年动工兴建，2020 年建成通车。2016 年 5 月，为配合其他海湾国家的计划，阿曼宣布对该铁路网项目延期，并取消了项目咨询管理合同。计划 2018 年竣工的连通科威特、巴林、沙特、卡塔尔、阿联酋、阿曼的铁路网项目就此搁置。2017 年 3 月，海合会在 2017 年中东铁路展开幕式上宣布，因部分成员国存在技术障碍，海合会决定将海湾铁路执行时间由 2018 年推迟至 2021 年。同时，官方否认项目面临资金问题，铁路项目目前及规划投资超过 2400 亿美元，已有价值 690亿美元的相关项目处于在建状态。此外，阿曼已规划国内矿产铁路项目，计划建设一条625 公里的铁路线，连接 Shuwaymiyah、Manj 等石灰石和石膏储量丰富的矿区，通达杜库姆港。下一阶段，阿曼设想与另一富矿区 Thamrait 相连，并连通至萨拉拉港，成为阿曼国家铁路网的组成部分。根据阿曼铁路公司完成的初步研究估计，矿业铁路的年货运能力包括 500 万吨石膏、500 万吨石灰石、约 100 万吨油田设备。水运主要港口有马斯喀特卡布斯苏丹港、苏哈尔港、萨拉拉港、杜库姆港、法赫勒港等。其中，马斯喀特卡布斯苏丹港已不再承担货运任务，正逐渐转型为旅游港；苏哈尔港和萨拉拉港主要从事集装箱等货运业务；杜库姆港尚在建设中；法赫勒港为原油运输专用港。此外，阿曼国家轮渡公司在穆桑达姆省（阿曼飞地）、马西拉岛（阿曼最大岛屿）与阿曼本土之间开设有多条客运航线。

阿曼境内现有两个国际机场，马斯喀特机场和萨拉拉机场，前者是阿曼航空运输枢纽。其他机场有苏哈尔机场、苏尔机场、杜库姆机场、拉斯哈德机场等。阿曼国家统计和信息中心数据显示，2015 年，马斯喀特国际机场起降航班 10.33 万架次，进出旅客人数达1203.1 万人次。萨拉拉机场起降航班 1.01 万架次，进出旅客人数为 119.8 万人次。阿曼

---

① 资料来源：http：//www.mofcom.gov.cn/article/i/jyjl/k/201703/20170302542164.shtml。

航空作为阿曼载旗航空公司，在 2016 年国际油价低迷的不利形势下，取得了较好的经营业绩，实现收入 4.72 亿里亚尔（折合 12.27 亿美元），较 2015 年略有增长。阿航 2016 年客运能力增加 20%，可用座位公里已达 248 亿，受此推动，当年输送旅客量达到 770 万人次，较 2015 年上升 21%；年飞行航班总量 5.2 万次，同比增长 9%。2016 年 12 月 9 日，阿曼航空公司开通马斯喀特至广州的直达航线，每周四班。

根据阿曼国家统计和信息中心数据，截至 2016 年底，阿曼固定电话用户数量达 46.6 万，比 2015 年增长 7.1%；移动电话用户数量增长至 686.7 万。2016 年，阿曼公用电话数量未增加，仍为 6801 门；电话数据网络一体服务（ISDN）用户数量减至 37342，同比下降 17.5%。阿曼现有两个主要电信运营商：阿曼电信和 OOREDOO，后者是卡塔尔电信和欧洲电信 TDC 公司及阿曼的合作伙伴共同组建的合资公司，是阿曼第二家提供移动电话服务的通信公司，并已取得提供固定电话服务的牌照。电信运营的第三张牌照已于 2017 年 9 月公布中标结果。截至 2017 年 3 月底，阿曼互联网用户数量已达 30.2 万，较上年同期增长 12%。2016 年，国际电信联盟（ITU）公布全球网速排名，阿曼居第 59 位。根据联合国经济和社会事务部（UNDESA）2016 年报告，阿曼的网上政府服务（e-government）水平在全球 192 个国家（地区）中排名第 66 位。

阿曼共有三大发电系统，分别是主电网系统、农网系统和萨拉拉电网系统；9 家电力生产企业，2015 年总装机容量达 7868 兆瓦，全国发电总量达 32082 千兆瓦时。电力用户达 100 万户，用电量达 30739 兆瓦时，其中居民用电量 13757 兆瓦时，商业用电量 5736 兆瓦时，工业用电量 4723 兆瓦时，政府用电量 3901 兆瓦时。2017 年，阿曼第一座风力电站将投入运营，电站功率为 5 万千瓦。该项目耗资 7000 万里亚尔（约 1.82 亿美元），由阿联酋阿布扎比未来新能源公司承建，电站位于阿曼佐法尔省，建成后将大大节省燃油，并将极大地方便农村地区用电。阿曼于 2014 年加入海湾阿拉伯国家合作委员会电网管理局，通过连通阿联酋马哈达电网实现与所有海湾国家的电网连通，该 220 千伏的电路可支持高达 400 兆瓦的电力输送。2016 年，海湾国家通过电网互联互通所节省的投资运营成本达 4.04 亿美元。

阿曼水资源缺乏，属于严重缺水的国家之一。全国有海水淡化厂 21 座，每个厂的淡化水日产能从 1.1 万加仑到 100 万加仑不等。2016 年，阿曼水电采购公司（OPWP）出资在巴尔卡建设日产量 28.1 万立方米的海水淡化厂，总投资额约 3 亿美元，由巴尔卡海水淡化公司负责建设，并于 2018 年 4 月投产。

四、对外贸易发展状况

（一）对外贸易总量及其变化特征

根据联合国商品贸易统计数据库的分析报告，在 2015 年全球贸易排名中，阿曼货物贸易出口排第 52 位，进口排第 96 位，如不含欧盟内部贸易，出口排第 35 位，进口排第 71 位；服务贸易出口排第 88 位，进口排第 61 位，如不含欧盟内部贸易，出口排第 61 位，进口排第 43 位。由于 2014 年国际油价变动，阿曼的贸易额，尤其出口额受到严重影响，2015 年贸易增长率为 -19.8%（见表 6-5）。与海合会其他五国一样，阿曼的对外贸易依存度也比较高，尤以石油出口为主要收入，随着国际油气价格或将长期低位徘徊，加快推进经济改革已迫在眉睫。

表6-5　2010~2016年阿曼贸易基本情况

年份	出口总额（亿美元）	进口总额（亿美元）	进出口总额（亿美元）	贸易增长率（%）
2010	384.08	241.66	625.75	—
2011	494.14	292.38	786.52	25.69
2012	548.25	343.97	892.22	13.44
2013	593.85	418.32	1012.16	13.44
2014	566.95	378.57	945.52	-6.58
2015	391.66	366.67	758.32	-19.80
2016	—	—	—	—

资料来源：根据"一带一路"数据库整理。

（二）对外贸易结构

1. 出口商品结构

从表6-6中可以看出，在阿曼的出口商品中，燃料依然占据主要地位，2014年，由于油价波动，燃料出口量大幅下降，2015年燃料占出口商品比例降至62%。和海合会其他国家一样，阿曼也致力于摆脱对石油的依赖，实现经济多元化，但是和海湾已有的迪拜、多哈聚集金融、地产、航空、商贸不同，阿曼的志向在于工业化，即"成为阿拉伯世界第一个工业国"，由此可以预期，未来制造业在阿曼商品出口中所占比例可能会有所上升。在矿产资源方面，阿曼大部分矿产资源储量规模不是很大，开发利用方面具有"技术落后、勘察不清、开发不够"等不足之处，在政策层面，在阿曼第七个五年计划及其2020年远景规划中，发展采矿业是阿曼实现经济多元化的重要方面，阿曼政府已出台了新的《矿业法》，以吸引更多外国和本地投资者进军该领域，开发当地的金、铜和稀土等矿产。此外，正在杜库姆经济特区内兴建的矿产品加工等设施也将进一步助力该行业的发展，提高矿业整体收益水平。受干旱缺水等因素影响，阿曼农业总体欠发达，除椰枣、西红柿、土豆、豆角等农产品外，大部分粮食、蔬菜、水果、肉类、奶制品等需要进口，因此农业原材料在出口商品中占比很低。

在阿曼出口商品中，石油及相关商品占据前四位，生铝为出口第五位的商品，发展铝业是阿曼经济多元化和减少对石油依赖的长期计划，2004年建立的苏哈尔铝厂是阿曼最大的非炼油石化合资企业，在从事工业活动的同时，创造大量工作岗位，对相关中下游产业起到积极促进作用，阿曼政府在近几年一直鼓励苏哈尔铝厂及类似企业提高产能，为阿曼经济改革发挥更大的作用。

表6-6　2010~2015年阿曼出口商品占总出口比值

年份	货物出口（BOP，亿美元现价）	燃料（%）	制造业（%）	食品（%）	矿石和金属（%）	农业原材料（%）
2010	366.01	77.84	10.49	2.49	2.67	0.02
2011	470.92	74.38	12.68	2.24	2.51	0.01

年份	货物出口 （BOP，亿美元现价）	燃料 （%）	制造业 （%）	食品 （%）	矿石和金属 （%）	农业原材料 （%）
2012	521.38	83.55	10.78	2.07	3.53	0.02
2013	564.29	82.54	10.12	2.43	4.85	0.01
2014	535.66	83.53	10.52	2.29	3.55	0.02
2015	356.82	62.00	15.51	4.52	4.46	0.05

资料来源：根据"一带一路"数据库整理。

2. 进口商品结构

在阿曼的进口商品结构中，制造业产品为主要进口产品，其中机械及运输设备是阿曼主要的进口商品，食品和燃料进口位居其次，值得注意的是，2015年燃料进口相较2014年有较大提升（由5.78%提升到11.2%），应归结于阿曼对化工产品需求的增加。矿石和金属、农业原材料所占比重则较小（见表6-7）。

表6-7　2010~2015年阿曼进口商品占总进口比值

年份	货物进口 （BOP，亿美元现价）	制造业 （%）	食品 （%）	燃料 （%）	矿石和金属 （%）	农业原材料 （%）
2010	178.75	74.64	12.08	7.15	3.55	0.63
2011	214.97	70.89	11.01	10.31	5.74	0.51
2012	256.29	51.31	10.33	7.74	6.81	0.53
2013	320.43	61.79	9.26	21.52	6.98	0.39
2014	278.89	74.41	12.39	5.78	6.87	0.49
2015	265.64	56.20	12.40	11.20	4.83	0.51

资料来源：根据"一带一路"数据库整理。

（三）主要出口目的地和主要进口来源地

2016年，阿曼主要出口对象为中国（44%）和韩国（8.1%），此外阿联酋也是阿曼重要的出口国。阿曼的进口来源地主要为阿联酋（37%）和日本（5.6%），欧盟28国、印度、中国也是其重要的进口来源地。

五、服务贸易发展状况

由表6-8可知，从年度变化来看，在服务贸易出口结构中，各项服务所占比重较为稳定，其中旅行服务和交通服务比重最大，这与阿曼政府近几年来致力于全线开发旅游业有关，旅行服务出口未来还有发展空间；其次是计算机、通信和其他服务，保险与金融服务则占比较小。

表 6-8　2010~2015 年阿曼服务贸易出口结构

年份	服务出口总额 （亿美元现价）	旅行服务 （%）	交通服务 （%）	计算机、通信和其他服务 （%）	保险与金融服务 （%）
2010	18.08	43.31	29.06	26.19	1.44
2011	23.22	42.85	38.94	16.75	1.46
2012	26.87	40.78	41.41	16.27	1.55
2013	29.55	43.82	36.92	17.68	1.58
2014	31.29	43.96	37.08	17.42	1.55
2015	34.83	44.22	36.09	18.51	1.18

资料来源：根据"一带一路"数据库整理。

阿曼在商业服务进口方面，在总额上，商业服务进口总额远远高于出口总额，在结构上，交通服务以及计算机、通信和其他服务占主要地位，旅行服务、保险与金融服务占比较小（见表6-9）。阿曼在商业服务进口结构方面与海合会其他五国较为相似。

表 6-9　2010~2015 年阿曼商业服务进口结构

年份	商业服务进口总额 （亿美元现价）	交通服务 （%）	计算机、通信和其他服务 （%）	旅行服务 （%）	保险与金融服务 （%）
2010	63.64	41.89	31.14	15.73	11.24
2011	77.40	40.19	34.90	15.09	9.82
2012	87.69	41.59	34.47	14.62	9.32
2013	97.87	44.89	31.72	14.57	8.82
2014	99.70	40.00	34.21	16.59	9.20
2015	101.02	38.69	34.14	17.21	9.96

资料来源：根据"一带一路"数据库整理。

六、对外直接投资发展状况

联合国贸发会议发布的《2017 年世界投资报告》显示，2016 年，阿曼吸收外资流量为1.4 亿美元；截至2016 年底，阿曼吸收外资存量为185.5 亿美元。[1] 据阿曼国家统计和信息中心公布的数据，英国、美国和阿联酋是阿曼最大的投资来源国，对阿曼直接投资较多的国家还有印度、沙特、科威特、卡塔尔和巴林等。从行业分布看，外国对阿曼的直接投资主要集中在油气行业和工业制造业，占比高达82%，其他行业还有银行、保险、旅游房地产、交通运输和通信。

---

[1]　资料来源：http://iefi.mof.gov.cn/pdlb/wmkzg/201706/t20170609_ 2619294.html? flyarg=1&flyarg=2。

七、金融业发展状况

阿曼财政相对脆弱，但是经过长期调整，目前情况已经渐趋好转。2016 年 2 月 18 日，标准普尔公布了对阿曼的最新评级，阿曼评级从 BBB⁺ 下调至 BBB⁻，已经进入垃圾级的范围，但展望从负面变为稳定。阿曼政府稳健的货币政策为保持金融市场稳定、促进经济社会发展保持市场活力发挥了重要作用。从 1973 年起，阿曼就开始实行固定汇率制，本币里亚尔与美元挂钩。1983 年以来，阿曼里亚尔与美元的汇率固定在 1∶2.6 的水平。此举有助于保持住投资者对阿曼金融秩序的信心，也使阿曼的银行业获得长足发展。阿曼中央银行对商业银行监管严格，对违规行为惩处力度较重。

阿曼的金融体系有些特殊，其金融体系由中央银行（Central Bank of Oman-CBO）、商业银行、非银行金融机构及租赁公司、货币兑换公司以及保险公司、养老基金和资本市场组成。银行业在阿曼金融体系中占据重要位置，银行资产负债占金融业总资产和负债的比例超过 90%。

阿曼中央银行（CBO）成立于 1974 年，其职能是制定金融货币政策，对金融机构进行监管，在稳定金融市场、创造良好的投资环境等方面发挥重要作用。截至 2016 年底，阿曼境内共有 16 家商业银行；包括 7 家本地银行、9 家外国银行分行，其中有 2 家专业银行（阿曼住房银行和阿曼发展银行）、2 家伊斯兰银行。阿曼全国共设分行 508 家，拥有自动取款机上千台。经央行批准，在阿曼从事汇兑业务的公司有 46 家，其中的 15 家还可以签发汇票；汇兑公司开设的钱庄共 214 家。阿曼本地银行在国外设有 13 家分行和 1 个代表处。更为特殊的是，中东各国普遍正在或者已经推广伊斯兰金融机构，但阿曼到 2011 年才开始变相准许开设伊斯兰金融机构。而真正的伊斯兰银行直到 2013 年 1 月才成立并营业。目前阿曼的伊斯兰银行业资产占到银行业总资产的 5.5% 以上，而这一数据可能会在 2018 年增加至 10%。阿曼的伊斯兰金融工具数量还不够多，金融业由此难以通过购买相关产品来实现资产增值。两家伊斯兰银行至今还未能盈利，但是亏损额确实在收窄。阿曼正在探讨扩大发行主权伊斯兰债券，并进而带动国内发展 Sukuk 市场，从而为伊斯兰金融机构带来更丰富的金融工具。阿曼还非常重视金融的对外开放，希望引入外部资本帮助尽快提升金融市场规范水平。2017 年，阿曼政府金融发售总值为 50 亿美元的国际债券，认购规模接近 200 亿美元，充分显示出国际金融机构和投资者对阿曼经济、金融秩序的信心。此次对外融资也为阿曼政府填补 2017 年预计赤字提供充足支持。

阿曼也在试图大力发展伊斯兰保险业。目前有两家伊斯兰保险机构——Al Madina Takaful 和 Takaful Oman。伊斯兰保险业的总资产，占到阿曼保险行业总资产的 6.5%，并在以两位数的增速增长。

八、营商环境

根据世界银行所发布的《2017 年全球营商环境报告》，就整体表现而言，阿曼营商环境便利度在全球 190 个经济体中排名为 66/190，在海合会六国中排名第三（前沿指数67.73）。就具体指标而言，如图 6-1 所示，阿曼在开办企业、登记财产、纳税方面的排名优势较高，其他指标在海合会六国中基本处于平均水平。

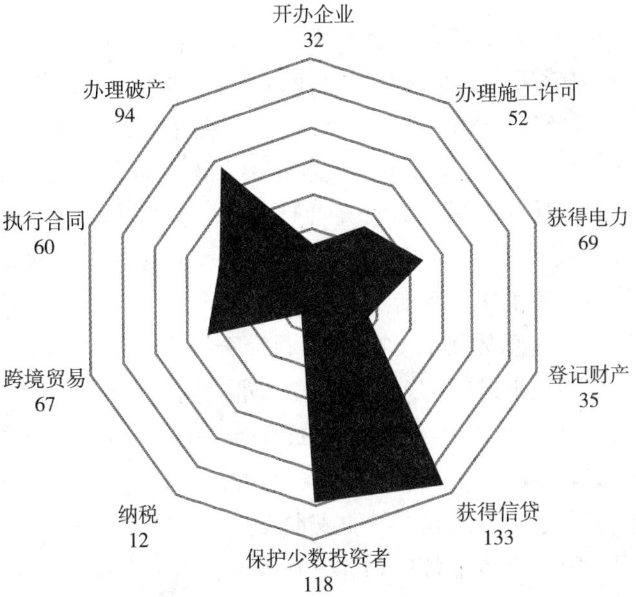

图6-1　阿曼主要营商指标雷达图

资料来源：《2017年全球营商环境报告》。

根据世界银行《2017年全球营商环境报告》数据，在阿曼开办企业，男性平均需要4项手续、6天、花费4%的人均收入；女性平均需要5项手续、7天、花费4%的人均收入，在全球190个经济体中排名第32位（32/190），在海合会六国中排名第一，并且2017年的排名相较于2016年的159/190，有了大幅度提升。原因在于2017年阿曼政府取消了在企业成立三个月内注入最低资本金的要求。此外，阿曼的女性开办企业依然受到限制，即必须得到丈夫的许可。

阿曼在办理施工许可方面，人均需要12项手续、157天、花费1.1%的仓库价值，在全球190个经济体中排名第52位，在海合会六国中排名第五。排名靠后是由于办理施工许可时需要通过环境气候部门、房屋管理部门、市政厅等机构的批准，而每个部门批准时间不等，导致总花费时间较长。

在获得电力方面，人均需要6项手续、62天、花费80.7%的人均收入，总体排名69/190，在海合会六国中排名第四。相较于其他五国，阿曼的企业获得电力花费的成本较高，这部分成本主要体现在向电力公司交纳的前期安装监测和安装费用。2016年，政府改善了供电信息系统，加强了对电力中断的监管。

在登记财产方面，人均需要2项手续、16天、花费3%的财产价值，总体排名35/190，在海合会六国中排名第五。阿曼的企业在登记财产方面的花费为六国中最高（占财产3%），费用主要为向土地注册管理部门缴纳的注册费用。

在获得信贷方面，阿曼的信贷信息深度指数为6（最高为8），法律权利力度指数为1（最高为12），获得信贷方面总体排名为133/190，在海合会六国中排名第五。法律权利力度指数极低是由于阿拉伯国家伊斯兰金融体系中基本没有关于抵押物方面的法律法规，这个特点在海合会六国该指数中均有体现。2012年，阿曼采用了银行征信统计系统，记录个人及企业的历史信贷记录以及不良贷款；2013 年，进一步确保了借款者查询征信信息的权利。

保护少数投资者对企业权益融资的能力和股东权益，主要通过保护少数投资者力度指数（0~10）体现，指数越高，企业权益融资能力越强，股东权益保护程度越高，阿曼该指数为 4.7，总体排名为 118/190，在海合会六国中排名第五，尚有较大提升空间。

在纳税方面，阿曼总体排名 12/190，在海合会六国中排名第五。从纳税的具体指标看，相对于其他 5 国，阿曼的纳税次数较高（15 次），纳税时间（包括纳税人信息收集、税费计算和缴税记录）较长（平均每年 68 小时），税率也较高（占利润的 23.9%）。2012 年，阿曼制定了新的所得税税法，重新定义了征税范围。

在跨境贸易方面，阿曼总体排名 67/190，在海合会六国中排名第一，2017 年，采用新的线上一站式服务，两项举措都缩短了货物出入港时间，提高了效率。

执行合同主要衡量对企业法律纠纷处理的司法效率，阿曼的商业纠纷解决时间平均598 天，花费占索赔金额的 13.5%，总体排名 60/190，在海合会六国中排名第二，根据具体指标，阿曼主要优势在于解决商业纠纷的成本较低。

在办理破产方面，阿曼总体排名 94/190，在海合会六国中排名第二，主要优势体现在办理破产的成本上（占财产的 3.5%），具体见表 6-10。

表 6-10　阿曼主要营商指标一览表

指标	2017 年	2016 年
开办企业（排名）	32	159
开办企业（DTF）	92.82	72.39
手续数——男性（项）	4	6
所需时间——男性（天）	6	8
成本——男性（占人均收入百分数）（%）	4	3.2
手续数——女性（项）	5	7
所需时间——女性（天）	7	9
成本率——女性（占人均收入百分数）（%）	4	3.2
最低缴入资本率（占人均收入百分数）（%）	0	273.7
办理施工许可（排名）	52	46
办理施工许可（DTF）	76.64	74.92
手续数（项）	12	12
时间（天）	157	157
成本率（占仓库价值百分数）（%）	1.1	0.9
建筑质量控制指数（0~15）	10.5	10.5
获得电力（排名）	69	63
获得电力（DTF）	76.22	76.27
手续数（项）	6	6

指标	2017 年	2016 年
时间（天）	62	62
成本率（占人均收入百分数）（%）	80.7	64.9
供电可靠性和费率透明度指数（0~8）	6	6
登记财产（排名）	35	34
登记财产（DTF）	76.95	77.37
手续数（项）	2	2
时间（天）	16	16
成本率（占财产价值百分数）（%）	3	3
土地管理质量指数（0~30）	13	13.5
获得信贷（排名）	133	127
获得信贷（DTF）	35	35
法律权利力度指数（0~12）	1	1
信贷信息深度指数（0~8）	6	6
信用信息登记覆盖率（占成年人百分数）（%）	22.7	23.3
机构信用信息登记覆盖率（占成年人百分数）（%）	0	0
保护少数投资者（排名）	118	112
保护少数投资者（DTF）	46.67	46.67
保护少数投资者力度指数（0~10）	4.7	4.7
利益冲突监管程度指数（0~10）	5.3	5.3
股东监管程度指数（0~10）	4	4
纳税（排名）	12	10
纳税（DTF）	90.6	90.6
每年缴纳次数（次）	15	15
每年所需时间（小时）	68	68
总税率（占利润百分数）（%）	23.9	23.4
计税手续指数	85.3	—
跨境贸易（排名）	67	71
跨境贸易（DTF）	80.17	79.35
出口时间：边境规程（小时）	52	53
出口成本：边境规程（美元）	223	223
出口时间：文书规程（小时）	22	31
出口成本：文书规程（美元）	107	107
进口时间：边境规程（小时）	70	70

续表

指标	2017 年	2016 年
进口成本：边境规程（美元）	354	354
进口时间：文书规程（小时）	23	24
进口成本：文书规程（美元）	20	20
执行合同（排名）	60	61
执行合同（DTF）	61.55	61.55
时间（天）	598	598
成本率（占索赔金额百分数）（%）	13.5	13.5
司法程序质量指数（0~18）	7	7
办理破产（排名）	94	92
办理破产（DTF）	42.65	42.4
回收率（百分数）（%）	38.6	38.1
时间（年）	4	4
成本（占财产白分数）（%）	3.5	3.5

资料来源：《2017 年全球营商环境报告》。

第三节　阿曼的经济制度与经济政策

一、基本经济制度及其变化

阿曼历史上是一个经济落后的国家，20 世纪 70 年代初，阿曼一穷二白。自 1970 年卡布斯苏丹上台以来，阿曼已从一个贫穷落后的国家变成了经济发展最为迅速的发展中国家之一，在社会和基础设施发展方面取得了显著成就。近年来，阿曼经济出现良好发展势头，令人瞩目。

1970 年现任苏丹卡布斯上台后，非常重视经济的发展，推行开放政策和自由经济，制定优惠措施，积极引进外资和先进技术，鼓励私人投资。充分开发人才资源，重用了一大批留学归来、学有所长的知识分子，推出了以实现进一步振兴国民经济、大幅度提高人民生活水平为长远战略目标，以石油化工工业为依托、广泛吸纳外资和外国先进科技、充分发挥私营个体企业作用、不断拓展国际贸易渠道、促进国民经济多元化的一系列经贸政策。上述经济政策的实施，使阿曼国家面貌发生巨变，被西方誉为"由中世纪的封建王国一跃成为 20 世纪的现代国家"。阿曼的未来重要经济举措包括如下三个方面：第一，发展民营经济。民营化是阿曼新五年计划的重要目标之一。民营化一直被认为是经济增长的催化剂，阿曼政府对此高度重视。在阿曼，"民营化"已成为一个新奇的时髦词。阿曼政府实行的改革计划就包括对公用事业、电力、水力、通信部门和飞机场的民营化。航空运输公司、塞泊（Seeb）国际机场、阿曼航空服务公司和政府在海湾航空公司的股份都将民营化。第二，积极吸引外资。自20世纪90年代中期以来，阿曼政府采取了一系列措施以吸引外资，如修订了"商业公司法"和"外资投资法"，允许外国人持有信用账户的49%，享受与阿曼公司同等的税率，允许外资在任何经济领域投资，等等。1999年11月阿曼加入了WTO，阿曼经济与世界经济联为一体。阿曼接受外资的方式目前在海湾地区是最为开放的。阿曼的一项新法律将允许国内企业70%的所有权归外国公司（以前限于49%以下），而且在某些情况下，将允许外国公司拥有100%的股份。此外，阿曼政府还重新修订了公司税法，目的是让外国企业享受国民待遇。阿曼声称它是西亚北非地区具有最稳定商业环境的国家之一。第三，经济发展多样化。20世纪80年代中期，由于世界石油价格的波动，阿曼政府意识到实行经济多样化的重要性。大力发展非石油工业是阿曼经济多样化的一个重要目标，而发展制造业是其重点。由于国内市场不大，制造业主要面向出口，目前半数以上的制造业以生产水泥及金属制品为主。水泥制造业是阿曼最成功的工业之一。旅游业是阿曼重点发展的另一重要产业。阿曼地处阿拉伯半岛东南隅，旅游资源丰富，自然环境特色明显。阿曼政府采取积极鼓励旅游业发展的经济政策。为了打造国家的旅游经济板块，政府工商部门成立了旅游管理局，并出台了鼓励阿曼公民外出旅游和吸引外国游客的相关政策。国家在大力开辟旅游资源的同时，注意保护环境整洁、生态平衡和社会环境安全稳定。近年来，随着阿曼经济的日趋繁荣，越来越多的外国游客，特别是西方游客，在湿冷的冬季来到阿曼，享受温暖和煦的阳光，欣赏热带美景和参观名胜古迹。此外，大力发展农、渔业也是阿曼经济发展战略的重要组成部分。阿曼未来农业发展的原则和目标是：持续发展、保持乡村风貌、提供就业机会和逐步减少农产品进口。为促进渔业发展和现代化，国家也将出资修建渔港，兴建鱼类加工厂，向渔民发放贷款购置现代化渔船，鼓励发展海水养殖业。

二、经济发展的成绩及未来面临的挑战

1970年，现任苏丹卡布斯执政后，推行开明治国、任人唯贤的政策。他高度重视经济发展，锐意革新，相继采取了一系列行之有效的改革措施，迅速推动经济振兴和社会发展。阿曼人认为，这是他们国家的"复兴时代"，又称为"黎明的开始"，阿曼从此步入辉煌。

国际货币基金组织1999年发布报告，称赞"阿曼英明的全面经济政策"，鼓励阿曼政府"继续加强旨在增加国民收入、推动经济多样化进程和发展私有化、实现财政平衡的举措"。该报告称，在过去的10年间，由于实行自由和开放的政策，阿曼经济保持了相对良好的运作，在价格稳定的情况下，经济实际平均增长5.5%。值得一提的是，所有这些成就的取得并非一帆风顺，而是阿曼政府克服了许多外部困难的结果。尤其是1998年，由于受世界石油价格下跌和东南亚经济危机的冲击，阿曼经济发生较大滑坡，虽然非石油产业继续保持增长，但总体经济出现了10.2%的负增长，这在阿曼历史上是绝无仅有的。油价波动，对阿曼政府推行经济计划和实施经济政策的能力是一个严峻考验，但五个五年计

划对经济的发展起到了极大的推动作用。[①]

虽然阿曼经济发展取得了巨大成就，但仍面临不少问题。首先，与其他海湾国家相比，阿曼拥有的能源资源相对有限，目前的石油探明储量估计达 55 亿桶，依目前的开采速度，阿曼的石油资源只能维持 18~20 年的生产。一旦石油资源枯竭，阿曼的经济发展将面临严重冲击。但据专家预测，到 2020 年，天然气可能取代石油成为第一能源。因此，阿曼天然气工业的发展将缓和即将耗尽的石油储备带来的不利影响，加之制造业的发展，阿曼有潜力成为一个地区工业投资的中心，因为它具有位于海湾合作委员会市场门户的优越的地理位置。其次，人口的迅速增长给阿曼就业造成了巨大压力。在过去几年里，这个国家已出现了生育高峰，16 岁以下的人口约占总人口的 50%，这就要求政府努力为年轻人提供更多的就业机会。最后，和世界上其他国家一样，阿曼也面临着经济全球化的挑战。在世界经济全球化趋势日益加剧的今天，伴随新经济和高新技术向全球迅速扩展及全球环保活动的不断深入，经济全球化将削弱中东国家在传统资源和国际能源市场份额等领域的优势地位。全球化带动科技迅速发展，节能产品得以不断推出、能源利用率进一步提高、替代能源的不断开发，也使石油在能源消耗结构中的比重逐步下降。阿曼显然已经"考虑到世界变化的速度以及全球化和自由化所带来的挑战和机遇"，它的经济改革正是为了迎接这一挑战。

三、杜库姆经济特区的发展情况

根据阿曼卡布斯 2011 年 10 月 26 日签署的皇家谕令，杜库姆经济特区政府（Special Economic Zone Authority at Duqm，SEZAD）于同年正式成立。杜库姆经济特区由此成为阿曼第一个，也是唯一一个经济特区。杜库姆经济特区政府是一个相当于部级的政府机构，直属阿曼内阁领导，全面负责杜库姆经济特区的总体规划、法规制定、招商引资、项目建设和运营管理。虽然杜库姆经济特区政府成立于 2011 年底，但该区总体规划和部分项目建设早在 2006 年就已启动。当年颁布了第 85 号皇家谕令，决定在中部省设立杜库姆市，并开始进行城市发展规划及配套设施项目的设计和建设。

按照规划，杜库姆经济特区占地面积 1777 平方公里，海岸线长 80 公里，是目前中东北非地区最大的经济特区。杜库姆经济特区的发展愿景是要建设成阿拉伯海上的一个物流

---

① 阿曼的五年计划基本情况如下：a."一五"时期（1975~1980 年）。1975 年，阿曼成立了经济发展理事会，由卡布斯亲任主席，并发起了"一五"计划。该计划旨在建设对国家至关重要的基础设施，例如，政府机关建筑、发电站和通信中心等，并增强经济的吸收能力，为建立一个以民营企业为龙头的有竞争性的经济奠定基础。b."二五"时期（1981~1985 年）。目标是完成现代化经济所需的基础设施建设，提高人民生活水平。计划的范围扩大到水资源项目和地方经济发展。由于当时世界能源市场需求增加，油价上涨，该计划的实施得到了较好的保障。两个五年计划期间，阿曼年均国民经济的增长率为 10%。c."三五"时期（1986~1990 年）。旨在巩固前两个五年计划的成果，但 1986 年世界油价下跌，使阿曼经济面临一定困难，政府被迫调整计划，紧缩财政，撤销或推迟一些建设项目，放慢经济发展速度。阿曼政府由此认识到了单一石油经济的弊端，提出了"国民经济来源多样化"的口号，大力发展农渔业、中小工业、传统手工业，积极开发铜、铬、黄金等矿产资源，以改变国民经济严重依赖石油的状况。d."四五"时期（1991~1995 年）。主要集中拓宽和丰富阿曼经济和民营企业发展的生产基础。该计划将 60% 的资金分配给首都以外的省份发展项目，而在上一个计划中，这一比例仅为 34%。该计划还致力于发展人力资源，成效显著。e."五五"时期（1996~2000 年）。该计划的核心目标是"不断提高国民收入，消除赤字，以发展石油、天然气为基础，推动经济多元化，培养本国人才"。收入多样化、产业多元化、就业阿曼化是阿曼第五个五年发展计划的战略方针。

中心，现代化的、具有吸引力的商业港湾，安全的投资目的地和著名的旅游胜地，从而全面促进国家经济的多元化发展。而杜库姆经济特区政府的使命是规划、建设特区的基础设施和公共服务设施，发展、加强特区的商务环境，开发、利用阿曼本国的人力资源，以广泛吸引国内外直接投资，保证特区各项政策法规的贯彻落实，更好地服务于特区的总体规划，保护生态环境和自然资源的可持续发展。

为实现上述目标，杜库姆经济特区政府将杜库姆特区定位为一个大的自由区。在这里，外国投资者可建立100%的独资公司；进口到特区的商品将享受免税待遇；投资者进行注册、取得营业许可和环境许可等证件均可享受方便、快捷的"一站式"服务。除此之外，特区内有关公司注册、员工聘用、贸易便利、土地租赁和税费优惠等各项鼓励投资者的政策和措施也都在积极制定中，并将陆续公布施行。杜库姆经济特区是一个现代化的综合经济体，具有八个相对独立又相互关联的区域（系统）：港务区（包括干船坞）、工业区、物流系统、渔业中心区、新城（居民生活区）、中心商务区、旅游休闲区和教育与培训中心区。所有区域均有现代化、多功能的交通系统相连接。不仅在特区内可实现方便互通，将来还有空中和海上交通连接海湾其他国家及中东、东非和东南亚各国。

第四节　阿曼经济领域的主要法规与政策

一、对外贸易法律体系与政策

（一）对外贸易管理部门与法规

阿曼商工部是负责贸易管理的主管部门。与贸易相关的主要法律法规有《商业法》《代理法》《商标法》《专利法》等。

（二）对外贸易管理

任何自然人、法人经许可，均可以贸易为目的进口商品，个人可不经批准进口自用商品，进口许可证须向商工部贸易处申请。某些产品进口，需要获得相关部门的特别许可，这些产品包括农产品、食品、出版物、电影及音像制品、药品、武器防卫装备等。商品进入阿曼应提供原产地证明。阿曼与其他阿拉伯国家一样，禁止进口原产地为以色列的产品。海湾国家任何与外部世界相联的海、陆、空出境点视为外国产品进入海湾国家的入境点。阿曼对出口没有限制，也没有出口税，但具有历史价值的出口物品应获得出口许可。

（三）关税制度

大部分商品的进口关税为5%以内（以CIF价计算），烟草及制品、猪肉及制品和酒精饮料的进口关税为100%。对进口干柠檬征收100%的保护性关税，对椰枣、鲜香蕉分别征收20%和25%的保护性关税。

进口原产地为海合会成员国的工业、农业和动物产品免关税，其他免征关税进口商品还有：活畜、冷冻的、新鲜可食用的动物内脏（不含猪）；各类奶制品中如巴氏消毒奶和奶粉（不包括调味奶）；印度酥油、种子、幼苗和切片、米、麦、面、玉米、茶、糖；各类印刷书籍、报刊、图册等；农业杀虫剂、农业机械和工具；饲料和肥料等。

二、对外直接投资法律体系与政策

（一）投资管理部门

阿曼商工部也是外国投资的主管部门，其他部门可在外国投资项目的建设和经营期间就环境、卫生、安全等方面进行检查。

（二）投资管理制度

1. 投资行业的规定

阿曼《外国投资法》对外国投资领域、地区没有做出明确限制规定，但以下商业活动只能由阿曼人经营：宗教朝觐活动；劳务雇佣和提供；保险服务；商业代理；海关清关服务；机场货物处理；海运服务；政府部门的跟踪服务；房地产服务、土地和建筑租赁与管理；相关社会活动：残障人士福利机构、残障人士康复机构、老年人福利机构、任何形式的社会服务中心；相关文化活动：出版印刷、报纸、杂志、照相与电影、艺术生产、商业演出、电影院、博物馆；租车服务；广告服务；各类运输服务；旅行社。

2. 投资方式的规定

阿曼对外国投资实行"国民待遇"，所有外国投资者均享有与阿曼当地投资者同等待遇，可以与阿曼企业或个人合资经营，也可以合资注册，独立经营。

3. 对外国投资的优惠

阿曼优惠政策主要由地域和行业两个层面构成。总体而言，阿曼鼓励在信息技术、旅游、加工制造、农牧渔业、采矿、医疗、私有化项目及在自由区和工业区的投资。

（1）处理好与政府、议会和工会的关系。企业要经常性保持与有关政府部门和议会议员的联系。可定期或不定期将项目进展情况向相关部门报告，需要政府部门协调解决的问题也要及时反映。平时，企业主要领导要注意拜访有关部门负责人，加强感情交流。虽然阿曼工会发展的历史还不长，但在局部已经能够发挥较大的作用。因此，中国企业在阿曼开展投资合作应适当注意与工会的关系。

（2）贸易方面。根据阿曼的进口贸易管理规定，有些产品，特别是机电产品必须有当地代理才能进口，并在当地销售；这主要是为确保产品质量和售后服务。因此，国内有关企业在推销产品时，应首先寻找合适的销售代理，建立代理关系，协助企业建立销售渠道、售后服务网络等。此外，向阿曼出口的商品在内外包装上及产品本身不能印有违反伊斯兰教传统的图片、文字等。出口食品应在包装上用阿拉伯语注明食品的成分、产地、生产企业名称、生产日期、有效期等。

（3）投资方面。阿曼政局稳定、社会治安良好、政府部门较廉洁，在阿曼投资可享受许多优惠政策。但也存在法律不完善、办事效率低、市场容量小、配套能力差、专业管理人员和熟练工人不足、就业阿曼化比例要求等不利因素。意在阿曼投资的企业应充分做好投资项目可行性研究，派出专门团队来阿曼实地考察，深入了解投资环境，拜访相关政府部门和企业，聘请当地的咨询机构作为顾问，提出专业性意见。此外，受法律限制，外国投资者大多只能与当地企业以合资形式设立投资项目，有的企业为规避这一限制，采取与当地企业签订合资协议，外方占一定比例的股权，并以此进行法律注册，但当地企业实际并不出资，只获取一定比例的分红或费用，也不直接参与企业经营管理。然后双方再签订一份私下协议，规定外方不占有合资企业股份，不参与管理和分红。这种做法不符合阿曼有关投资法规，容易给企业日后经营管理带来重大隐患。

（4）工程承包方面。阿曼是一个高端市场，工程规范和技术标准要求很高，青睐西方技术和设备。阿曼招标委员不一定选择最低报价的承包商，有时会考虑是否有当地企业参与和雇佣阿曼人的比例等综合因素。对于首次进入阿曼市场的企业来讲，当地合作伙伴非常重要。有的合作伙伴在搜集市场信息方面有优势，有的则专长于协调和疏通与政府部门的关系。因此，企业要根据自身的需要选择合作伙伴。合作伙伴不一定要选择大公司，关键在于能否真正协助开拓市场，协助解决问题。

（5）劳务合作方面。相对于周边国家，阿曼劳务市场价格偏低。低端劳务人员基本来自印度、巴基斯坦、孟加拉、菲律宾等国家。由于阿曼鼓励当地人就业，中端劳务市场需求量较小，而高端劳务人员多来自西方国家，埃及、黎巴嫩、约旦等其他阿拉伯国家，以及印度等国。总体而言，随着中国经济的快速发展和国民收入水平的不断提高，特别是近年来人民币升值幅度较大，中国劳务人员已逐渐失去竞争优势，中国纯低端劳务人员在阿曼已很少见。

（6）其他注意事项。①就业阿曼化比例要求。就业阿曼化是阿曼的一项国策，任何在阿曼开展投资合作的企业都无法回避，应当把此列为在阿曼投资合作的重要考虑因素。②安全环保要求。阿曼政府非常重视安全和环保，无论是在阿曼开展工程承包还是投资办厂，都以高标准要求。特别是在石油工程服务领域，要严格实施健康、安全、环境标准。③工作效率。阿曼宗教节假日较多，加之夏天天气炎热，每年6～8月，许多政府官员和企业中高级管理人员都去国外度假，斋月期间每天只工作6小时，因此大部分政府部门和企业工作效率不高，对此要有充分准备。④施工环境。阿曼夏季气候炎热，时间长达半年，温度经常高达40多摄氏度。中国工人很难适应在高温下施工作业，有的中资企业只好采取早晚延长施工时间的方法，但施工效率降低。另外，受《劳动法》的制约，企业不能强制员工加班，晚上施工要经政府有关部门批准。⑤公共关系官员（PRO）。每个企业都要有一名PRO，PRO必须由阿曼人担任，负责与政府部门联系、打交道、办理相关手续。事情办得好与坏、快与慢，与PRO有很大关系。因此，诚实可靠、有政府关系背景、办事能力强是一名优秀PRO的必要条件。

三、工程承包法律体系及基本内容

（一）许可制度

1984年阿曼颁布了《招标法》和《招标规则》，同时成立了招标委员会。招标委员会主席由阿曼交通运输大臣担任，委员由政府涉及社会经济发展的各部大臣级官员组成。2008年3月，《招标法》做了部分修改，并于9月开始实施。招标委员会负责审核技术标准、条件，确定招标方式，发布招标公告，接收投标人的报价并开标；在全国成立招标委员会分设机构并确定其权力；对承包商、进口商、咨询公司进行分级等。

《招标法》规定，所有政府部门（军队和安全部门除外），包括国有企业的进口、工程、运输、服务、咨询、采购、房屋租赁等均需通过公共招标签约。50万里亚尔（130万美元）以上的合同都要由招标委员会直接招标，须在政府公报上发布。各地方和各部门经招标委员会主席允许，可设立内部招标部门，负责50万里亚尔以下金额的招标，其决定具有最终效力。不允许外国自然人在当地承揽工程承包项目，可以与当地阿曼公司合资承揽工程。

（二）禁止领域

阿曼对外国承包商参与当地工程建设没有设置禁止领域，但有一些特殊规定的许可制度和招投标程序。

对于政府的国际招标项目，外国企业可直接参加竞标，即外国企业可以本公司的名义独立参加竞标和项目实施，不需要当地的代理或合作伙伴。外国企业一旦中标，应在规定时间内在当地完成商业注册，一般注册为分公司，具体实施中标的工程项目。而对于国内招标项目，外国企业则不能直接参与，只能采取与当地企业合作的方式参与项目建设。

对于私营部门的招标，外国企业不能直接以自己的名义参加投标，而必须与当地企业合作参与。实践中，许多外国企业与当地企业合作参加阿曼工程项目竞标，合作方式有多种，可以组成联合体，或由当地企业作为代理商，或与当地企业组成合资公司等。

（三）招标方式

阿曼政府的招标一般分为国内标和国际标两种。国内标只允许在阿曼注册的具有规定资质的企业参加竞标，而国际标则允许外国企业直接从招标委员会购买标书，递交报价，参加竞标。此外，还有一种有限招标，即招标委员会直接邀请部分企业参加投标，未被邀请的企业不能参加竞标。通常招标分为技术标、商务标两个部分，采取综合评分方法，技术和商务各占一部分比例，综合评分高者中标。

阿曼政府的招标公告一般会表明，报价最低者不一定是中标者。近年来，阿曼招标委员会提出将"阿曼境内贡献值"（In Country Value）作为技术标重要组成部分，重点考量投标者采购当地物资和服务、雇佣和培训阿曼籍员工、当地转让技术等事务的力度，大型项目还就此设立专门评标专家。总体来看，招标委员会倾向考虑贡献值高的投标人。

四、劳动用工法律制度与政策

（一）《劳动法》的核心内容

2003年，阿曼颁布的《劳动法》共122条，涉及雇佣及劳动的方方面面，甚至就妇女雇佣、矿山劳动等都作出详细规定。该法适用于受雇于私营部门的阿曼人及外籍劳务人员，但不适用于在政府部门、军队、警察和市政当局工作的人员，也不适用于受家庭雇佣的工人。2006年，苏丹卡布斯下令，增加了禁止强迫劳动和允许工人成立工会的条款。阿曼社会事务与劳动部代表政府具体实施《劳动法》，并负责监督、检查。

（二）外国人在当地工作的规定

根据规定，阿曼个人或企业雇佣外国劳工首先应向阿曼劳工部申请，经批准后才能按照批文的数量和职位引进外国劳务。企业申请外国劳务时，劳工部将审核该公司就业阿曼化比例完成情况，如果企业阿曼化比例完成不好，很难获得批准。劳工部批准后，雇主应按人数为外籍劳务人员（包括管理人员）交费，每位200里亚尔。移民局规定，印度和尼泊尔劳务人员在来阿曼之前应在其国内指定的医院进行体检，入境时要携带体检报告。中国劳务人员尚不需要。外国劳务人员（除阿曼籍以外所有国籍）抵达阿曼后，要先去政府指定医院进行体检，如果体检不合格，将会被遣返回国。体检合格者，方可到移民当局办理劳动卡和工作签证。其有效期一般为 2 年，在期限内可以多次出入境。如果回国超过半年，签证则会被暂停使用（即冻结），如需再次进入阿曼，应要求移民局解冻原签证。如果服务期超过 2 年，应申请办理延长手续，批准后还应向劳工部交纳 20 里亚尔/人。雇主（企业）作为担保人，应在雇佣期结束后负责将外国劳务人员及时送出境外。

五、外汇管理制度与政策

阿曼中央银行（CBO）是阿曼负责制定金融政策以及监督和管理金融机构的部门，也是外汇管理部门。阿曼实行外汇自由汇入汇出政策，外资企业经批准设立后即可在当地开立外汇账户，外资企业利润所得在缴纳企业所得税后可自由汇出。美元是阿曼外汇市场的主要外币，商业银行的美元存款占外币总存款的 90%，而美元信贷占商业银行所发外汇信贷的 97%。从 2012 年开始，阿曼对外国人携带大额现金出境实行登记制度，规定携带 6000 阿曼里亚尔（相当于 15600 美元）以上现金出境时，必须在机场向当局申报登记。

六、知识产权保护的相关规定

阿曼颁布的与知识产权保护有关的法律主要有海湾合作委员会成员统一实施的《专利法》《著作权法》《工业产权法》《商业秘密、数据、商标与防止非法竞争法》等。2008 年最新颁布的《工业产权法》包括发明专利、工业设计、综合电路设计、特色设计（商标、服务标志、集体标志、贸易名称、证明标志）、地理标记等方面的内容。

法规要点包括：

（1）专利是知识产权部门根据《专利法》颁发给专利所有人的一种可以享受法律保护的文件。

（2）合同许可：经专利所有人同意而颁发的允许他人使用其专利的许可。

（3）强制许可：未经专利所有人同意，因为《专利法》所规定的具体情形，依据商工部决定而颁发的许可。

（4）如果有多人申请同一专利，专利将授予第一位申请人。如果发明为多人共同工作所创造，该专利平等授予所有参加者。如果没有参加发明创造，其努力仅限于想法的实施，则不能视为专利参与人。如果发明系实施某项协议或进行创新，或雇主证明雇员不使用工作中的数据或协助就不能实现这项发明，那么此专利所有权归雇主所有。

（5）如果发明是在雇佣合同期内，其目的就是发明，那么发明专利归雇主所有。如果雇主在发明中得到的高额回报与发明人（雇员）的工资收入不成比例，那么雇员有权利获得公平的报酬。如果没有雇佣合同，雇员利用雇主的材料、数据或技术产生的发明，发明专利归雇主。

（6）法院对侵权人可判处 3 个月至 2 年监禁，罚款 2000~10000 里亚尔。

第七章

海合会六国之巴林

第一节　巴林国家概况

一、国情简况

巴林王国，简称巴林。巴林位于沙特阿拉伯东部，并可经由法赫德国王大桥连接，伊朗则位于巴林北方，卡塔尔半岛位于巴林湾东南侧。

巴林为首个步入后石油经济的波斯湾国家。自20世纪后期，巴林已投入巨资用于金融和旅游产业的发展。巴林首都麦纳麦是国内外大型金融机构的所在地。巴林具有较高的人类发展指数（世界排名第44位），亦被世界银行认定为高收入经济体。2001年，巴林成为主要非北约盟国的成员，美国海军的第五舰队司令部就驻扎在麦纳麦，随时监视着波斯湾的动静。2016年1月4日，巴林政府宣布断绝与伊朗的外交关系。2016年3月22日，亚洲经济体竞争力排名中，巴林位列第10名。

二、地理位置与自然条件

（一）地理概述

巴林是一个邻近波斯湾西岸的岛国，介于卡塔尔和沙特之间，距沙特东海岸24公里、卡塔尔西海岸28公里，国土面积750平方公里。

（二）自然条件

巴林由巴林岛等36个大小不等的岛屿组成，诸岛地势低平，主岛地势由沿海向内地逐渐升高，最高点海拔135米。

巴林属热带沙漠气候，夏季炎热、潮湿，每年7~9月平均气温为35摄氏度；冬季温和宜人，11~4月气温在15~24摄氏度；年平均降水量77毫米。

三、政治环境

（一）政治体制

巴林是二元制君主制酋长国。其国家元首由哈利法家族世袭，掌握政治、经济和军事大权。1999 年 3 月 6 日，巴林老埃米尔伊萨因心脏病突发逝世。王储哈马德继任新埃米尔。新埃米尔继位后，注意保持内外政策的连贯性，政权实现了平稳过渡。2002 年 2 月 14 日，巴林国更名为巴林王国。2006 年，巴林政局继续保持稳定，经济持续发展。2011 年 2 月，受西亚北非地区部分国家政局突变的影响，巴林爆发大规模反政府抗议活动，要求国王解散政府、改善民生、促进民主。应巴林政府要求，海合会军队进驻巴林协助维持秩序。2012 年以来，巴林国内局势逐步恢复稳定，但小规模示威游行时有发生。2013 年 2 月，巴林宣布重启新一轮全国和解对话，包括反对派在内的各政治派别出席。

（二）政体简介

1. 宪法

巴林独立后，第一部宪法于 1973 年 6 月 2 日颁布，同年 12 月开始生效。2000 年 11 月，哈马德埃米尔发表敕令，成立民族宪章全国最高制定委员会，负责制定民族宪章。2001 年 2 月，巴林举行全国投票，以 98.4% 的支持率通过了《民族行动宪章》。2002 年 2 月 14 日，巴林颁布新宪法，改国体为王国制，修改国旗，确定新国歌，埃米尔改称国王，解散协商议会，设两院制议会，加强司法独立，实行三权分立。

2. 议会

1970 年，巴林成立咨询性质的 12 人国务委员会，负责内政和外交事务。1972 年选出制宪议会。1973 年建立国民议会，后被解散。哈马德·本·伊萨·阿勒哈利法国王继位后，决定恢复议会民主。根据巴林新宪法的规定，2002 年 10 月，巴林成立两院制国民议会，协商会议由国王任命的 40 名议员组成；众议院由 40 名直选议员组成，议长由议员选出，两院议员任期均为 4 年，期满可连任。国民议会通过的法律草案均需呈国王批准。

2012 年 8 月，巴林修改宪法，进一步扩大国民议会中众议院权力，包括众议院有权否决首相提出的组阁名单并对副首相及内阁大臣进行质询，且有关官员本人必须应询；有权对首相提出不信任案动议，2/3 议员同意即可通过；国民议会议长由协商会议主席兼任改为由众议院议长兼任；取消协商会议对内阁大臣的质询权，使其仅为立法机构，不再具有监督权；每年审议下年度政府财政预算，监督当年预算执行情况。

四、社会文化环境

（一）人口和民族

2017 年，巴林总人口为 149 万，其中阿拉伯人约占 60%，75%~80% 的居民住在城市，外籍人占 51%，主要为印度、巴基斯坦、孟加拉、伊朗、菲律宾和阿曼人。

（二）宗教信仰

伊斯兰教为国教，绝大多数居民信奉伊斯兰教，国内普遍实行一日五次的礼拜及其他宗教仪式。巴林人口中 85% 的居民信奉伊斯兰教，什叶派穆斯林占人口总数的 75% 以上，其余信奉基督教、犹太教。

（三）社交习俗

巴林人以待客诚挚热情而闻名天下。他们在迎送宾客时，总乐于同客人并肩而行。为了表达亲密的情感，他们往往还要同来访客人拉着手一起走路，这是阿拉伯人表达热情、友好、礼貌的一种特殊风俗习惯。他们为人实在、讲究义气、慷慨大方、喜欢交友。客人一旦夸奖或赞赏他们的某种东西时，他们一定会把受赞美的东西送给客人，若客人不接受，他们会生气并产生反感。

巴林人注重人际交往，十分重视礼仪。伊斯兰教律规定，同他人谈话时要面向对方，语言要文明、优美，说话要低声，待人和颜悦色，切忌粗暴，讲究衣着规矩。在社交场合一般行握手礼，十分亲密的友人行拥抱吻礼，见面要先互致问候，再交谈。握手、敬茶、递物时均要用右手，用左手被视为不礼貌。在巴林，想与对方见面必须事先约好，未得到主人邀请不能去家里拜访，贸然到访属于不礼貌的行为。

（四）商务礼俗

按照巴林的商务礼俗，冬天访问时，宜穿保守式样的西装。按照当地的商业习惯，上班时间，政府机关实施一班制，要注意拜会时间的安排。每逢周五休假，所以，每星期有三天即星期五、星期六、星期日无法办事。和其他中东国家一样，前往洽谈生意，须有礼貌及耐心。推销产品，态度要放低。销售时要持英文、阿拉伯文对照的名片，最好用信用证方式收款。巴林人喜欢直接和外方谈生意，外方不要派遣在沙特或其他邻国的商务代表前往巴林代谈业务。因此，不妨在当地找一家专门的进口商。巴林政府契约均规定，"得标者须在巴林设代理人"，极少例外。

巴林人年均收入1万美元左右，市面上充满了从欧、美、日进口的奢侈品。除了伊斯兰教普遍禁忌外，没有其他需要特别注意的。按当地习俗，商人喜欢以喝咖啡代替饮酒，宴会多在家中进行，避免谈中东政治。斋戒、朝拜时间不要前往该国，最好于12月至次年4月往返，6~10月气候湿热。

（五）饮食习俗

巴林人大多信仰伊斯兰教，所以不售猪肉。除了猪肉，牛肉也很少见到，他们以食用羊肉、鸡肉、火鸡肉和鸭肉为主。但是，如果在外国人经营的餐馆就餐，则可享用到纯正的英式早餐。在巴林，酒类销售受政府严格控制，所以，并不是所有餐馆都提供酒水。因此，想在就餐时饮酒，就需要在去之前打电话询问商家是否提供酒精饮料。坐落在露天广场或公园的茶阁或咖啡屋都提供土耳其风味的咖啡和茶。此外，还有许多欧洲风味的咖啡馆，也都提供茶、咖啡、蛋糕、面粉糕饼、饮料和冰淇淋。

（六）民俗

巴林以待客诚挚热情而闻名天下。去巴林人家中做客，客人在饭桌上吃得越多，主人越高兴。因为这样才能真正表达出客人喜欢主人做的饭菜，并满意主人的盛情欢迎之意。与多数阿拉伯人不同，巴林人的时间观念较强，一般习惯遵守时间，有按时赴约的传统。他们特别喜欢以猎鹰或马为闲聊谈论话题，这是他们非常喜爱的两种动物。巴林人在社交场合与客人见面时，习惯先向客人问候。在与亲朋好友相见时，习惯施拥抱和亲吻礼（即在拥抱的同时与客人相互亲吻面颊），但这仅限于男性之间。

巴林人绝大多数信奉伊斯兰教，极少数人信奉基督教和其他宗教。他们忌讳左手传递东西或食物，认为左手是下贱之手，所以用左手递送东西或食物是极不礼貌的，有污辱人的意思。他们忌讳以酒、女人照片或女人雕塑为礼品相赠，因为这是违反教规的。他们对当众接吻也极为反对，若被发现，轻则罚款，重则被判刑。巴林伊斯兰教徒恪守教规，不饮酒、不食猪肉，也不吃一切怪形食物。

五、外交政策及邻国关系

（一）外交政策

巴林奉行温和务实的外交政策，主张加强海湾国家之间的团结与合作。

巴林是联合国、阿拉伯国家联盟和海湾合作委员会的成员国，截至 2014 年巴林已同 156 个国家建立了外交关系。在中东问题上，巴林支持巴勒斯坦人民的正义斗争，反对以色列的侵略政策，对两伊战争持中立场，支持阿拉伯三方委员会为解决黎巴嫩问题所做的努力，同美国关系较密切。

巴林主张中东、海湾地区无核化。一方面，认为伊朗有和平利用和发展核能的权利；另一方面，希望一切核活动应置于国际原子能机构的有效监管下，并确保限于民用。巴林对伊核问题升级表示担忧，强调该问题应通过联合国安理会及国际原子能机构的调解得到最终和平解决，认为任何极端的解决方式都将使本地区陷入灾难。

巴林认为一个统一、稳定、拥有主权的伊拉克是中东地区实现和平的基础，主张联合国在伊拉克的战后政治安排上发挥主导作用，支持伊拉克政府为实现民族和解采取的措施，要求停止暴力和乱杀无辜，认为外来干涉是造成武装袭击的根源。

中东问题：巴林支持中东和平进程，主张全面、公正、持久地解决阿以争端；要求以色列全面执行联合国有关决议，归还阿拉伯国家被占领土；主张建立巴勒斯坦国；认为哈马斯通过合法选举获得胜利代表了广大巴勒斯坦人民的意愿，其结果应得到各方尊重和认同；希望巴勒斯坦领导人克服分歧，组建民族团结政府；支持在阿盟有关决议和框架内向哈马斯组成的巴勒斯坦新政府提供财政援助。

（二）邻国关系

巴美关系：两国关系密切，巴林是美非北约盟国，美国是巴林重要贸易伙伴，巴林主要向美国出口铝锭、铝粉、氨、服装及其他工业产品；巴林从美国主要进口汽车、汽车配件、轮胎、发电机和其他科技产品。美国在巴林注册的商业机构达 830 多家，在巴林设立的分公司也有 50 多家。1999 年 2 月美巴签署了两国投资保护协定，巴林成为与美国签署类似协定的第一个海湾国家。2004 年 9 月，巴美正式签署自由贸易协定，并于 2006 年 8 月 1 日起实施。2006 年，美国商务部长古铁雷斯、副国务卿罗伯特等访问巴林，巴林王储萨勒曼访美。

巴英关系：巴林同英国有传统的交往。2006 年，巴林国王哈马德、王储萨勒曼、首相哈利法、外交大臣哈马德分别访问英国，英国外交事务国务大臣豪厄尔斯访问巴林。

巴卡关系：巴林与卡塔尔对两国海域间的哈瓦尔群岛和卡塔尔半岛上的祖巴拉地区的归属存有争议，两国为此曾兵戎相见。卡塔尔主张将争端提交国际法院裁决，国际法院于 1995 年 2 月受理此案，但巴林表示反对并抵制了随后在多哈举行的第 17 届海合会国家首脑会议。后在沙特等调解下，两国紧张关系趋缓。1999 年底 2000 年初，巴卡两国元首实现互访，双方就理顺两国关系、尽快实现两国一体化达成共识，并决定成立以两国王储为首的最高混委会,互派大使,卡塔尔还开通两国直航。2000 年 2 月,卡塔尔王储贾西姆访问巴林,并主持了两国最高混委会首次会议;4 月,巴林王储萨勒曼访问卡塔尔;同月,两国互派大使到任并递交了国书;5 月,国际法院就卡巴领土纠纷举行最后一次听辩会。2001 年 3 月 16 日,国际法院就巴卡争端做出最终裁决,基本维持了两国边界现状,将巴林要求的祖巴拉地区仍划归卡塔尔,卡塔尔提出领土要求的哈瓦尔群岛仍划归巴林,若干小岛重定归属,并明确划分了两国海上边界,巴林、卡塔尔均表示接受裁决。

巴伊关系:2016 年 1 月 4 日,巴林宣布与伊朗断绝外交关系,并责令伊朗外交人员在 48 小时内离境。

六、中巴关系

(一)外交关系

1989 年 4 月 18 日,中国、巴林建立外交关系。建交后,两国关系发展顺利,双方在政治、经济、文化、新闻等领域合作稳步发展。巴方在涉及中国核心利益和重大关切问题上予以支持。

2008 年 5 月,中阿合作论坛第三届部长级会议在麦纳麦召开,中国外交部长杨洁篪率团与会并顺访巴林。2010 年 5 月,第二届中国—阿拉伯国家新闻合作论坛在麦纳麦举行,中国国务院新闻办公室主任王晨率团与会。2013 年 9 月,巴林国王哈马德对中国进行国事访问并赴宁夏出席首届中国—阿拉伯国家博览会。2014 年 5 月,巴林副首相哈立德来中国出席亚信第四次峰会;同年 1 月和 6 月,外交国务大臣加尼姆分别来中国出席中国—海合会第三轮战略对话和中阿合作论坛第六届部长级会议。2016 年 4 月,巴林外交部副大臣助理杜塞里来中国出席亚信第五次外长会议。2017 年 5 月,巴林文化与文物局局长率团来中国参加"一带一路"国际合作高峰论坛。2018 年 7 月,巴林外交大臣哈立德来中国出席中阿合作论坛第八届部长级会议,双方签署政府间共建"一带一路"谅解备忘录。

(二)经贸关系

1. 中巴贸易

1990 年 7 月,中巴两国在北京成立经济、贸易、技术联委会,签订《中巴经济、贸易、技术合作协定》。之后,双方分别于 1993 年、1996 年和 2002 年召开了联委会会议。1999 年 6 月,中国与巴林政府签署了《鼓励和互相保护投资协定》。2002 年 5 月,两国政府签署了《关于对所得避免双重征税和防止偷漏税的协定》。2017 年,中国与巴林双边贸易总额 19.8 亿美元(见表 7-1),中国是继沙特、阿联酋之后的巴林第三大贸易伙伴。巴林从中国进口 16.5 亿美元,较 2016 年增长 15.4%,占巴林进口总额的 12.5%,主要进口商品为手机、冷冻肉、空调。因此,中国为巴林最大进口来源国。巴林向中国出口 3.2 亿美元,占巴林出口总额的 4.6%,较 2016 年猛增 385%,主要出口商品为汽车及甲醇、硫等石化产品。因此,中国为巴林第五大出口目的地国。巴林对中国再出口 2.5 亿美元,占对中国出口总额的 78.1%,主要再出口商品为汽车。中国为巴林第二大再出口目的地国。

表7-1　2008~2017年中国和巴林贸易情况

年份＼指标	双边贸易总额		中国对巴林出口		中国自巴林进口	
	金额（万美元）	同比变化（%）	金额（万美元）	同比变化（%）	金额（万美元）	同比变化（%）
2008	78639.37	—	65507.68	—	13131.70	—
2009	68655.11	-12.70	47531.41	-27.44	21123.69	60.86
2010	105141.53	53.14	79950.31	68.21	25191.22	19.26
2011	120584.79	14.69	88001.18	10.07	32583.61	29.35
2012	155112.66	28.63	120278.16	36.68	34834.51	6.91
2013	154410.98	-0.45	123892.92	3.01	30518.06	-12.39
2014	141574.62	-8.31	123178.40	-0.58	18396.54	-39.72
2015	112609.80	-20.46	101451.92	-17.64	11157.88	-39.35
2016	85421.40	-24.14	79049.14	-22.08	6372.26	-42.89
2017	197681.60	32.14	165377.70	15.40	32303.90	385

资料来源：联合国商品贸易数据库。

2. 中巴投资

巴林是海湾航运的重要中转站，从20世纪70年代末起，巴林开始实行自由开放的经济政策，积极推进经济多元化战略，重点发展金融、贸易、旅游和会展等产业，减少对油气产业的过度依赖。其投资吸引力在于：其一，石油产业为经济发展提供重要支撑，基础设施和配套保障服务完善；其二，无所得税和增值税，商务成本低于迪拜、卡塔尔等周边市场；其三，交通物流便利，具有辐射海合会国家和其他中东国家市场的潜力；其四，法规健全，经济政策稳健，透明度、对外开放和市场化程度较高；其五，社会风气较开放，英语普及，对外籍人较友好。据世界银行和国际金融公司联合发布的《2017年营商环境报告》（*Doing Business* 2017），在营商环境便利度方面，巴林在全球190个经济体中排名第63位。世界经济论坛《2017~2018年全球竞争力报告》显示，巴林在全球最具竞争力的137个国家和地区中，排第44位。中国与巴林的双边投资情况如表7-2所示。

表7-2　2005~2016年中国与巴林投资情况　　　　单位：万美元

年份	2005	2006	2007	2008	2009	2010	2011	2012	2013	2014	2015	2016
中对巴	7	-192	0	12	0	0	0	508	-534	—	—	3646
巴对中	6	120	190	205	360	105	0	9	—	—	—	—

资料来源：《中国对外直接投资统计公报》和《外商投资报告》。

3. 中巴劳务合作

据中国商务部统计，2013年中国企业在巴林新签承包工程和劳务合同金额56亿美元，同比下降85%，完成营业额533万美元。2009年华为技术公司将中东地区总部从迪拜迁至巴林，在巴林、沙特、科威特、阿曼、伊拉克、巴勒斯坦、也门、伊朗和阿富汗等11个国家开展业务。

七、巴林在"一带一路"沿线国家中的地位

巴林的商业历史可追溯到 4000 年前，其最初是两河流域的世界贸易中心。巴林地处波斯湾西南部，邻近卡塔尔和沙特，石油业为其经济支柱产业。巴林是海湾地区第一个发现石油的国家，随后成为第一个实现经济多样化、摆脱经济依赖于石油状态的国家。目前，中国已成为巴林重要贸易伙伴之一，中国企业在巴林的投资范围包括电信网络建设、高新材料生产以及商品零售等。2014 年 6 月，耗资 1 亿美元打造的巴林"龙城"项目正式启动，这一大型房地产项目有 500 家中国公司参与，主要业务为中国产品的批发和零售。该项目不仅可以帮助巴林当地消费者了解中国产品，也有助于中国产品进入邻国沙特市场，推动中东地区进口中国商品。巴林非常重视基础设施建设，对于在管理和实施重大基础设施建设项目中经验丰富的中国企业而言，双方合作前景十分广阔。

在吸引中国企业投资方面，巴林具有以下优势：一方面，区位和基础设施优越。巴林拥有通往沙特的堤道，通往卡塔尔的堤道也在建设中。海湾航空在巴林拥有综合性区域飞行网络，超过 40 条航线，连接 50 个国际目的地。投资 3.6 亿美元建成的哈里发·本·萨尔曼港于 2009 年开始运营，预计 2015~2019 年吞吐量平均每年增加 10.6%。另一方面，金融服务成熟。金融服务业的收益在巴林 GDP 中约占 17%，监管制度完善，经验丰富，配套设施齐全，可为在中东、北非、撒哈拉以南地区开展基础建设项目的中国企业提供融资等金融服务。

巴林良好的商业条件和经济基础将有利于我国推进"一带一路"倡议，在零售、电子通信、基础设施建设等项目加强合作，实现双赢，同时借助巴林战略性地理位置，也可进一步拓宽与中东地区经济合作的道路。

第二节　巴林的经济发展状况

一、经济概况

（一）宏观经济情况

由表 7-3 可知，2013~2016 年，巴林的 GDP 增长率基本维持稳定，尽管巴林国内的石油产量在近年来出现了温和的增长，但受政府实施多元化发展政策以及国际油价下跌的综合影响，石油部门 GDP 增长率降至-0.1%。

表 7-3　巴林宏观经济情况　　　　　　　　　　　　　　　　　　单位：%

年份	2013	2014	2015	2016	2017	2018（预计）	2019（预计）
实际 GDP 增长率	5.3	4.5	2.9	3.0	2.5	2.4	2.2

续表

年份	2013	2014	2015	2016	2017	2018（预计）	2019（预计）
非石油部门 GDP 增长率	3.0	4.9	3.6	3.7	3.2	3.9	2.8
石油部门 GDP 增长率	15.3	3.0	-0.1	-0.1	-0.1	0.0	0.0
名义 GDP 增长率	8.3	3.0	-6.8	2.4	6.8	6.0	5.1
人均 GDP 增长率	3.2	2.8	1.8	2.8	—	—	—
通货膨胀（CPI）	3.3	2.8	1.8	2.8	1.8	3.0	3.0
经常项目盈余（占 GDP 百分比）	7.8	7.7	-2.4	-4.6	-3.8	-3.8	-3.8
财政收支平衡（占 GDP 百分比）	-3.3	-3.6	-13.0	-13.5	-8.8	-7.4	-6.4

资料来源：根据巴林经济发展委员会年度报告及新浪财经数据整理。

尽管国家 GDP 保持稳步增长，但巴林近年来的财政状况并不乐观。据巴林政府财政预算，2017 年巴林财政赤字为 35.7 亿美元，占国内生产总值的 11%。由于巴林未向个人和企业征收所得税，即便非石油产业实现了良好的发展，其对国家财政的贡献度也没有显著增长。因此，巴林政府继续高度依赖其原油出口收入来支付经常性开支，如人力、服务、消耗品和还本付息等。这使巴林国家财政近几年一直处于赤字状态。尽管财政赤字居高不下，巴林仍在近 10 年时间里保持着扩张性财政政策，不断增加住房、医疗、教育等方面的财政支出，以平息国民对政府的不满。由于外汇储备规模不足，该国政府不得不依靠发债和寻求邻国支持来解决自身财政赤字问题。尽管巴林主权评级被调降，但国际市场对巴林发售的主权债务的反应总体积极，表明投资者对该国政府的债务管理能力仍具有较强的信心。当然，国家对于公共债务的承受能力是有限度的。一旦超过警戒线，投资者买入其债券的兴趣将大打折扣，而国家的借贷成本无疑将大幅攀升。对于巴林来说，不仅借债是有上限的，从地区盟友那里得到的资助同样也是有限的。因此，自油价下跌以来，巴林政府的关注重点就是开源节流，以实现长期财政收支平衡的目标。削减补贴最为重要和敏感的目标是削减针对水电消费价格的补贴。相比削减支出而言，增加收入则是更具挑战性的议题。巴林政府正在试图改变这种窘况。但到目前为止，其所推出的举措仅限于增加政府服务的收费标准。尽管 IMF 建议巴林政府积极考虑开征企业或个人所得税，但在中短期内进行上述税收政策的调整显然不具备可行性，增收只能另寻他法，征收增值税（VAT）是办法之一。2016 年 2 月，海合会部长级会议最终签署框架协议，决定自 2018 年 1 月 1 日起统一征收增值税。据 IMF 预测，征收 5% 的增值税后，巴林可年均增收 5.68 亿美元，约合该国 GDP 的 1.6%。

从长远来看，巴林解决结构性财政赤字的最有效解决方案之一仍是创造一个更为平衡、多元的经济体，能够广泛生产出除油气以外的出口产品。与海合会其他成员国政府一样，巴林在过去数十年的时间里一直利用其积累的石油财富推动经济多元化改革举措，有关举措的内容和政策目标在政府制定出台的"2030 经济愿景"中可见一斑。"2030 经济愿景"的提出，旨在打造一个可持续的、竞争性的、公平的国民经济社会，至 2030 年将国内居民家庭收入翻番。

（二）产业结构及主要优势产业和产品

石油和天然气是巴林最重要的自然资源，油气产业是巴林经济的战略支柱。目前已探明巴林石油储量 2055 万吨，天然气储量 1182 亿立方米。该产业也是巴林政府最主要的收入来源，近年来对巴林财政贡献率稳定在 80% 左右。冶炼和石化是巴林重要的工业部门。巴林铝厂（Aluminium Bahrain）是世界十大铝厂之一，也是巴林工业的重要支柱。2015 年巴林铝厂实现销量 96.06 万吨，这也是公司成立以来的最高销售纪录。为推动国家工业发展，刺激经济增长，巴林政府内阁会议于 2015 年 7 月 6 日批准投资 35 亿美元用于扩建巴林铝厂新生产线。新生产线于 2016 年上半年动工，2018 年投入运营。海湾石化公司（Gulf Petrochemical Industries Co.）成立于 1979 年 4 月 12 日，巴林资产控股公司、沙特基础工业公司和科威特石化工业公司平均分配股份，用巴林天然气生产尿素、氨和甲醇。

除石油行业外，金融服务业是巴林国民经济的另一个支柱，2016 年巴林金融业产值占GDP 的 17.2%。巴林是海湾地区乃至中东地区的金融中心之一，始终是海合会中金融服务业最发达的国家，共有 403 家本地、地区和国际性金融机构在巴林开展业务。巴林"2030经济愿景"计划在未来继续推进和巩固其地区金融中心的地位。

近年来，巴林致力于发展会展业，借此带动非金融服务业的发展。巴林工商和旅游部下的巴林会展管理局负责会展业的宏观管理。近年来，巴林举办的大型展会活动包括阿拉伯珠宝展、海湾工业展、国际园艺展等。

巴林拥有大量本国和外来移民劳动力，先进的物流设施和开放的投资环境，为地区制造业发展带来了极大的机遇和优势（20 世纪 30 年代巴林石油公司成立以来，巴林一直引领地区内制造业的发展）。过去五年间，巴林制造业产量增加了 80%，预计制造业将在十年内超过巴林 GDP 的 20%。

2010~2015 年巴林产业增加值如表 7-4 所示。

表 7-4　2010~2015 年巴林产业增加值情况　　　　单位：亿美元

年份	农业增加值	工业增加值	制造业增加值
2010	0.77	115.65	37.24
2011	0.84	144.86	43.30
2012	0.85	146.21	45.69
2013	0.89	159.29	48.21
2014	1.00	155.32	49.84
2015	0.98	125.43	53.98

资料来源：根据"一带一路"数据库整理。

二、国内市场状况

据巴林中央银行统计，2010 年巴林消费品零售总额为 106.7 亿美元，占其国内生产总值的 49.1%。为应对通胀对低收入家庭的冲击，巴林政府对贫困家庭实施物价补贴，补助范围内家庭分为三档，每月分别给予 50 巴林第纳尔、75 巴林第纳尔和 100 巴林第纳尔的财政补贴。此外，社保总署为巴林公民家庭提供生活补贴，家庭成员仅 1 人的每月补贴 70

巴林第纳尔，5人以下的每月补贴120巴林第纳尔，5人及以上的每月补贴150巴林第纳尔。巴林的基本生活用品一般依靠进口，政府对面粉、牛羊肉等基本生活必需品给予补贴，实行限价零售。

三、基础设施建设状况

公路方面，巴林首都和主要城镇有公路相连，交通便利。2013年境内公路总长4274公里，其中，高速公路563公里，二级道路656公里，其他道路2325公里。为了缓解和改善日益拥挤的地面交通，巴林计划修建轻轨，已委托国际咨询顾问公司进行项目可行性论证。巴林通过法赫德国王大桥连接沙特。此外，巴林和沙特之间第二条大桥哈马德国王大桥项目已完成可行性研究，巴林和卡塔尔政府正商建两国间跨海大桥。

巴林目前无铁路。海湾合作委员会第30届峰会规划修建连接海湾六国的铁路网项目，从科威特城延伸至马斯喀特，投资总额155亿美元，线路总长度2170公里，预计为客货两用，客运时速200公里，货运时速80~120公里。目前各国正在制定详细的工程设计方案，海合会总秘书处负责协调各国工作，保证工程质量符合国际标准。作为海湾合作委员会铁路网的一部分，巴林—沙特铁路桥预计长度约30公里。但由于财政困难等，巴林段进度落后于海合会整体规划。

空运方面，巴林是连接东西方的空中交通枢纽，现有5个机场。2016年巴林国际机场全年运送旅客总数812万人次。位于穆哈拉克的巴林国际机场是中东地区繁忙的空港之一，飞机日均起落300余架次。巴林国际机场改扩建工程已于2016年2月动工，全部工程计划于2019年底前结束。届时，巴林国际机场将具有年接待旅客1400万人次的能力。此外，巴林还将通过填海造地建设一座新机场，预计2024年开工。目前巴林国际机场有41家航空公司入驻，能够飞往世界大部分国家和主要城市。

水运方面，巴林的哈利法·本·萨勒曼港于2009年4月正式启动商业运营，港区面积90万平方米，仓库面积2.36万平方米，集装箱堆场可存放标准货柜1.08万个；泊位水深15米，长1800米，其中，货柜船泊位900米、装船泊位600米、客轮泊位300米；年吞吐能力110万个集装箱，实际吞吐量53万个。此外，巴林还有米纳·萨勒曼港、穆哈拉克港以及其他6个企业自有的专用码头。米纳·萨勒曼港曾是巴林最大的海港，面积86.7万平方米。自哈利法·本·萨勒曼港正式启用后，米纳·萨勒曼港就由国防部管理了。

巴林是中东电信市场开放较早的国家，目前有一家本国综合运营商巴林电信公司（Batelco），两大跨国移动运营商子网Zain和VVA，以及十多家宽带、语音、服务提供商。巴林通讯监管局（Telecommunications Regulatory Authority）连续两年获得中东非洲区域最佳监管机构。巴林是中东地区互联网覆盖程度最高的国家，截至2015年，互联网渗透率达96.4%。2015年12月27日，巴林电信监管局总秘书长表示，巴林第四个国家电信规划正处在最后阶段，内阁通过后即可发布，本期规划重点是发展电信基础设施和为未来5G做准备，且未来三年内，巴林将实现光纤网络全覆盖，包括移动和固定网络。

巴林发电能力达4000兆瓦，可满足国内生产和生活需要。2009年完成的海合会国家互联电网，有效减低区内电力管理成本和调剂余缺。全国共有33千伏变电站10座，66千伏变电站114座，22千伏变电站21座。

四、对外贸易发展状况

（一）对外贸易总量及其变化特征

从对外贸易规模上看，巴林的进出口总额在海合会国家中较低。2015年起，受国际油价波动影响，巴林贸易增长率有较大幅度降低。2016年，巴林商品出口额下降22.7%，商品进口额下降9.9%。由表7-5可知，巴林的贸易顺差一直处于较平稳状态。

表7-5 2010~2015年巴林基本贸易情况

年份	进出口总额（亿美元）	贸易增长率（%）	出口总额（亿美元）	进口总额（亿美元）	贸易差额（亿美元）
2010	309.77	—	178.80	130.97	47.83
2011	501.17	61.79	286.09	215.08	71.01
2012	571.60	14.05	314.10	257.50	56.60
2013	624.36	9.23	341.04	283.32	57.72
2014	586.17	-6.12	320.69	265.48	55.21
2015	486.30	-17.04	263.27	223.03	40.24

资料来源：根据"一带一路"数据库整理。

（二）对外贸易结构

从大类来看，巴林的出口商品中燃料依然占较大比重，但已呈逐年下降趋势。矿石和金属、制造业商品占比均为20%，巴林目前也在实施经济转型计划，发展本国制造业，未来可预期制造业商品占出口比重会继续增加，农产品占出口商品比重较小。2016年，在巴林出口商品中排名前两位的是原油及沥青提取油，铝线、铁矿石和未锻造铝合金分别占据第三至第五位。由此看出，目前巴林出口商品还是以石油、矿石和金属为主。

2014~2016年，巴林进口商品中排名前五位的分别是原油、汽车、人造钢玉、铁矿石和通信产品。

（三）主要出口目的地和主要进口来源地

巴林的出口贸易对象较为集中，80%的商品出口对象为12个国家或地区，2016年排名前三的出口目的地是沙特（19.4%）、阿联酋（15.6%）和日本（11.9%）。巴林的进口来源地也较为集中，80%以上的进口商品来自14个国家或地区，主要进口来源地为沙特（27.1%）、中国（9%）和美国（6.6%）。

五、对外直接投资发展状况

联合国贸发会议发布的《世界投资报告（2017）》显示，2016年巴林吸收外资流量为 2.8 亿美元；截至 2016 年底，巴林吸收外资存量为 286.1 亿美元。在巴林的外商直接投资额中，75%投资于旅游休闲业、15%投资于制造和物流业、9%投资于金融服务业、1%投资于信息通信业及其他产业。巴林金融行业的跨国公司主要有汇丰银行、安联保险、法国巴黎银行、印度工业信贷投资银行、毕马威、安永、罗兰贝格、诺顿罗氏等公司。制造及零售业跨国公司有西门子、巴斯夫、卡夫、通用、益力多、可口可乐、重庆国际复合材料等公司。物流类企业有 DHL、马士基、中东快递等公司。还有微软、华为、思科等科技跨国巨头。

根据巴林经济发展委员会年度报告，2016 年，新增 40 家外企向巴林直接投资 28100 万美元，未来三年这些新增投资预计将为巴林增加 1647 个工作机会。

六、金融业发展状况

巴林拥有海湾地区最发达的金融服务业，在过去的 40 年里一直享有中东金融中心的美誉。巴林中央银行是该国的中央银行，主要负责制定国家货币政策和外汇汇率政策、管理国家外汇储备和国债、监管国家支付和结算系统、发行本币以及监管各类金融机构及资本市场和证券市场。

巴林法定货币为巴林第纳尔（Bahraini Dinar），简称"巴第"。根据《2006 年巴林中央银行和金融机构法》规定，巴第为可自由兑换货币。在巴林的商业金融机构可办理巴第与西方主要货币（美元、欧元、日元、英镑等）、其他海合会国家货币以及主要劳务来源国货币（印度卢比、巴基斯坦卢比、孟加拉塔卡等）的兑换业务。巴林自 2001 年以来采取巴第与美元的联系汇率制度，2002 年至今汇率一直保持在 0.376 巴第兑换 1 美元，1 巴第兑换 2.67 美元。2017 年 3 月 31 日，1 巴第可兑换 2.48 欧元，人民币与巴第间不能直接结算。根据《2006 年巴林中央银行和金融机构法》《2001 年巴林商业公司法》以及《巴林中央银行规则手册》，巴林不实行外汇管制，在此注册的外国企业可以在巴林银行开设外汇账户，用于境内外结算。外汇的汇入汇出无须申报，仅对大额交易登记有关信息。外资企业利润自由汇出，无须缴纳税金。在巴林工作和居留的外国人，其合法收入可全部汇出境外。个人携带现金出入境不需要申报，也无数额限制。

巴林的保险机构包括常规保险公司和伊斯兰保险公司，主要经营本国市场和以沙特为主的离岸市场。2013 年，巴林保险业保费总收入达 6.85 亿美元，比 2012 年增加 8%。其中，机动车险保费收入 1.82 亿美元，同比增长 10%；医疗险保费收入 1.09 亿美元，同比增长 10%；伊斯兰保险保费收入 1.53 亿美元，同比增长 7%。2013 年末，常规保险公司及伊斯兰保险公司资产总额 45.35 亿美元，同比增长 5%。共有 25 家本地公司及 11 家外国公司。

在融资条件方面，外资企业与巴林本地企业享受同等待遇。融资的基本条件包括：符合巴林工商和旅游部批准的标准和指标；遵守当地的环保、安全、卫生及劳保等方面的规定。外资企业可持其国外开户行出具的担保函、外国工程承包公司可持业主方开具的预付款保函作为担保，向当地银行申请贷款；信誉好的外资承包公司可凭与业主签订的工程承包合同向当地银行申请贷款。目前，中资企业不可以使用人民币在巴林开展跨境贸易和投资合作。根据巴林中央银行公布的数据，2015 年第一季度，商业贷款平均利率为 4.69%，2015 年第二季度，商业贷款平均利率为 4.24%。

七、营商环境

根据世界银行发布的《2017 年全球营商环境报告》（*Doing Business* 2017），就整体表现而言，巴林营商环境便利度在全球 190 个经济体中排名第 63 位，在海合会六国中排名第 2（前沿指数 68.44）。就具体指标而言，如图 7-1 所示，巴林在纳税、办理施工许可、登记财产方面的排名优势较高，其他指标在海合会六国中处于平均及以上水平。

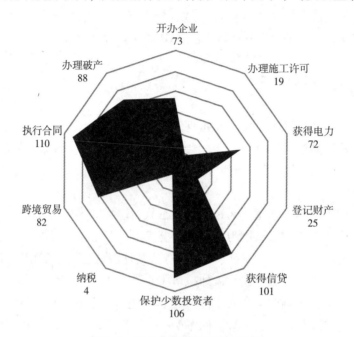

图 7-1　巴林主要营商指标雷达图

资料来源：《2017 年全球营商环境报告》。

根据世界银行《2017 年全球营商环境报告》，在巴林开办企业，男性平均需要 7 项手续、9 天、花费 1.2% 的人均收入；女性平均需要 8 项手续、10 天、花费 1.2% 的人均收入。2017 年，巴林政府减少了企业最低注册资本金的要求，其在全球 190 个经济体中排名第 73 位（见表 7-6），在海合会六国中排名第三，较 2016 年的 142/190 有了大幅度提升。和其他阿拉伯国家一样，巴林同样要求女性离家创业时需要经过丈夫的允许，因此女性在开办企业的手续数量和时间上与男性有所差异。

巴林在办理施工许可方面，人均需要 9 项手续、146 天、花费 2.2% 的仓库价值，在全球 190 个经济体中排名第 19 位，在海合会六国中排名第三。从具体指标看，在海合会六国中，巴林办理施工许可的手续数较少，但时间较长，花费较高，仍有提升空间。

在获得电力方面，巴林人均需要 5 项手续、85 天、花费 66.8% 的人均收入，总体排名 72/190，在海合会六国中排名第五。巴林在获得电力方面的劣势体现在成本上，而主要成本是支付给电力局指定承包商的外部作业（现场考察、电力连接）的费用。

在登记财产方面，巴林人均需要 2 项手续、31 天、花费财产价值的 1.7%，总体排名 25/190，在海合会六国中排名第二。2015 年，巴林政府降低了财产登记费用，提高了登记财产的便利度。

在获得信贷方面，巴林的信贷信息深度指数为8（最高为8），法律权利力度指数为1（最高为12），获得信贷方面总体排名为101/190，在海合会六国中与阿联酋并列第二。法律权利力度指数极低是由于阿拉伯国家伊斯兰金融体系中基本没有关于抵押物方面的法律法规，这个特点在海合会六国该指数中均有体现。2012年，巴林开始向零售商收集付款信息；2015年，允许征信机构收集公司数据；2017年，通过立法保证借款人查询自己的征信信息的权力，这三项举措进一步完善了征信信息系统，提高了获得信贷的便利度。对企业权益融资的能力和股东权益进行衡量，主要通过保护少数投资者力度指数（0~10）体现，该指数越高，企业权益融资能力越强，股东权益保护程度越高，巴林该指数为5，总体排名为106/190，在海合会六国中排名第四，尚有较大的提升空间。

在跨境贸易方面，巴林总体排名82/190，在海合会六国中排名第二。近年来，巴林政府在提高跨境贸易便利度方面做出了如下努力：2011年，巴林建立了新的港口，改善了电子信息交换系统，引入了基于风险的监测方式；2017年，加强了基础设施建设，优化了通过法赫德国王大桥（连接巴林和沙特的跨海公路大桥）的流程。

执行合同主要衡量对企业法律纠纷处理的司法效率，巴林的商业纠纷解决时间平均为635天，花费占索赔金额的14.7%，总体排名110/190，在海合会六国中排名第五，巴林解决商业纠纷的法庭处理时间较长（545天），导致商业纠纷解决时间总体较长，这是排名靠后的主要原因。

在办理破产方面，平均需要2.5年，成本为负债人财产的9.5%，巴林总体排名88/190，在海合会六国中排名第一，主要优势体现在破产后财产回收率（42.3%）上。

表7-6　巴林主要营商指标一览表

指标	2017年	2016年
开办企业（排名）	73	142
开办企业（DTF）	87.82	76.23
手续数——男性（项）	7	7
所需时间——男性（天）	9	9
成本——男性（占人均收入百分数）（%）	1.2	0.8
手续数——女性（项）	8	8
所需时间——女性（天）	10	10
成本率——女性（占人均收入百分数）（%）	1.2	0.8
最低缴入资本率（占人均收入百分数）（%）	3.4	189.6
办理施工许可（排名）	19	17
办理施工许可（DTF）	79.56	79.65
手续数（项）	9	9
时间（天）	146	146
成本率（占仓库价值百分数）（%）	2.2	2.2
建筑质量控制指数（0~15）	12	12

指标	2017 年	2016 年
获得电力（排名）	72	77
获得电力（DTF）	74.8	71.74
手续数（项）	5	5
时间（天）	85	85
成本率（占人均收入百分数）（%）	66.8	46.4
供电可靠性和费率透明度指数（0~8）	5	4
登记财产（排名）	25	25
登记财产（DTF）	81.07	81.07
手续数（项）	2	2
时间（天）	31	31
成本率（占财产价值百分数）（%）	1.7	1.7
土地管理质量指数（0~30）	17.5	17.5
获得信贷（排名）	101	109
获得信贷（DTF）	45	40
法律权利力度指数（0~12）	1	1
信贷信息深度指数（0~8）	8	7
信用信息登记覆盖率（占成年人百分数）（%）	0	0
机构信用信息登记覆盖率（占成年人百分数）（%）	25.7	29
保护少数投资者（排名）	106	101
保护少数投资者（DTF）	50	50
保护少数投资者力度指数（0~10）	5	5
利益冲突监管程度指数（0~10）	5.3	5.3
股东监管程度指数（0~10）	4.7	4.7
纳税（排名）	4	4
纳税（DTF）	94.44	94.44
每年缴纳次数（次）	13	13
每年所需时间（小时）	27	27
总税率（占利润百分数）（%）	13.5	13.5
计税手续指数		
跨境贸易（排名）	82	82
跨境贸易（DTF）	72.5	71.87
出口时间：边境规程（小时）	71	79
出口成本：边境规程（美元）	47	47

续表

指标	2017 年	2016 年
出口时间：文书规程（小时）	24	24
出口成本：文书规程（美元）	211	211
进口时间：边境规程（小时）	54	54
进口成本：边境规程（美元）	397	397
进口时间：文书规程（小时）	84	84
进口成本：文书规程（美元）	130	130
执行合同（排名）	110	108
执行合同（DTF）	54.53	54.53
时间（天）	635	635
成本率（占索赔金额百分数）（%）	14.7	14.7
司法程序质量指数（0~18）	4	4
办理破产（排名）	88	83
办理破产（DTF）	44.66	44.28
回收率（%）	42.3	41.6
时间（年）	2.5	2.5
成本（占财产百分数）（%）	9.5	9.5
办理破产手续力度指数	7	7

资料来源：《2017 年全球营商环境报告》。

第三节　巴林的经济发展与经济政策

一、基本经济发展情况

巴林位于卡塔尔和沙特之间的海湾海面上，是海合会成员国中最小的国家，其 36 万居民绝大多数是阿拉伯人。在历史上，它曾先后遭到奥斯曼帝国、葡萄牙、英国等国殖民主义的侵略，人民贫困，国家落后。从 19 世纪 80 年代起，逐渐沦为英国保护国。1971 年，巴林获得独立。此后，巴林人民在政府的领导下，努力振兴国家，发展经济。经过 20 年的努力，巴林改变了贫穷落后的面貌，经济发展成绩显著。

石油是巴林的经济支柱。巴林是海湾地区第一个发现石油的国家，随后成为第一个实现经济多样化、摆脱经济依赖于石油状态的国家。油气行业在巴林并不是最重要的支柱行业，它仅占巴林 GDP 的 13%，名列金融服务产业、制造工业之后。同时，巴林还是中东地区第一个开展金融服务业的国家，其经济得到迅速发展并持续至今。巴林作为成功的贸易国家,是吸引国际商贸的磁石。近年来,巴林的非石油产业经济保持强劲稳步增长态势。2012年全球经济下滑时,巴林非石油经济依然有6%的增长,总体经济水平增长达3.4%。2013年延续该增长态势,GDP增长达5.3%。现今,石油和天然气产业共占巴林GDP总值的19%左右,金融服务业占17%,制造业占15%。上述几大产业及信息通信技术产业、医药产业、物流产业都是巴林王国的重点产业。作为海湾地区最具多样化的经济体之一,巴林拥有海湾地区最发达的金融服务业,一直享有金融中心的美誉,巴林在金融服务领域拥有40年的经验,有超过400家金融机构入驻。巴林经济发展委员会大力支持处于稳步发展阶段的银行业和重点子行业,包括资产管理、保险和再保险。

总体来看,作为海湾南岸地区最早开采石油资源的国家,加上现在的油气资源仅有十年的开采期,巴林注定是海湾地区资源枯竭最早的国家。为了应对后石油时代的到来,巴林在经济转型方面未雨绸缪,利用石油收入发展符合国情的各种产业和基础设施,以多元化战略为内容的经济转型虽取得了一些成绩,但也存在盲目建设和低水平重复等诸多问题。从长远看,巴林经济转型的最终成功和经济的可持续发展,还必须依靠经济的专业化和自由化发展,提升自身在世界产业链中的位置,打造高度自由的、服务型的现代经济。

(一) 工业

1971年,巴林获得独立以前,该国基本没有工业,人民生活主要依靠贸易、纺织、制陶及珍珠采集,但规模普遍很小。20世纪初,巴林的珍珠采集业发展迅速,一度成为世界最大的珍珠贸易市场。1925年,巴林勘探出石油,从此石油工业便成了国家经济发展的命脉。

石油工业是巴林的基础工业,但其石油储量与其他海湾国家相比略逊一筹。20世纪80年代以前,巴林的石油勘探和开采全部由外国公司垄断,1980年巴林政府收回了全部外国公司的石油股份,实现了石油国有化。进入20世纪80年代,巴林的石油收入与日俱增,每年可出口1000余万桶石油,年收入约10亿美元。巴林还蕴藏着丰富的天然气资源。巴林的天然气储量为2250亿立方米,约可开采50年,巴林每年可生产出口数量可观的天然气,为国家挣得大笔外汇。

为进一步发展工业,巴林大力发展合资企业。巴林最大的一家石化公司是与沙特、科威特合资兴办的企业,三家各持1/3的股份,总投资约4.5亿美元,该企业于1985年投产。巴林的国家铝材厂是与澳大利亚合资兴办的,巴林占股77.9%,澳方按协议向铝材厂提供原料。巴林最大的一家钢材厂是与日本和海湾诸国联合投资兴建的,投资约3亿美元,年产钢铁多达400万吨。为进一步保护和鼓励巴林国民创办合资企业的积极性,巴林政府还颁布了商业法。该法规定,所有合资企业的股东必须是巴林籍人,如需引进外资和国外的先进技术,巴林方的股份不得少于51%,并须征得巴林农商部批准,外资使用期一般不得少于3年。

(二) 对外贸易

在巴林,日常消费品、中小企业的生产资料及工业原料全部依靠进口。因此,对外贸易在巴林的经济发展中占有重要地位。巴林主要出口商品是原油,其他出口商品有铝锭、钢材、金属制品和机械设备等;主要出口国家是阿联酋、印度、日本、美国、新加坡、沙特、英国和澳大利亚。主要进口商品是石油成品、机械产品、交通运输工具、粮油食品、活畜以及部分化工产品，其中石油产品进口比例最大，约占总额的 40%；主要进口国家是沙特、英国、日本、美国、联邦德国和澳大利亚。

巴林的转口贸易十分活跃，主要转口国家是沙特和阿联酋，转口商品是烟草、化工产品、钢材和机械产品。巴林—沙特大桥是巴林的重要贸易通道。目前，通过巴沙大桥向阿拉伯国家出口的巴林商品约占巴林出口总额的 14%。巴沙大桥的建成也连通了巴林、沙特两国市场，进一步加强了海合会成员国之间的联系与合作。

二、经济发展的主要经验

在海合会成员国中，巴林是最早发现石油的，也是第一个产生"石油忧患意识"的。从 20 世纪 60 年代起，这个占据"海湾门户"位置的小国就努力要摆脱油气资源依赖。从发展非石油工业到建设金融中心，它已成为海合会国家中经济多元化程度最高的一个。据了解，当前巴林政府致力于加强基础设施建设、改善民生、提振经济，促进同世界各国特别是东亚国家的经济融合与发展，虽然巴林仍持续通过石油获得强劲收入，但其经济结构正日趋多样，上游碳氢化合物行业目前在实际 GDP 中的占比接近 21%。巴林其他行业同样重要，目前正日益受到下游投资的驱动。借助各种双边和多边协议，巴林与世界诸多经济体保持着紧密的商业联系。2013 年，巴林以非石油产品和金融服务为主导的服务出口净额增加了 6%，两者单独的服务出口金额增幅分别为 23% 和 7%。极具吸引力的商业环境和开创性的商业优势，吸引诸多国际企业纷纷在巴林开展业务。

（一）增加经济的多样化，进一步减少对石油部门的依赖性

巴林位于海湾地区的中部，西邻全球石油储量最大的国家沙特，南邻全球天然气储量最大的国家卡塔尔。巴林油气的储量在海湾国家中是最少的。针对产业结构过于偏重石油经济的状况，巴林兴办各种原材料加工工业，使经济发展多样化。巴林在确定工业为发展重点时，注意选择那些适于发挥本国资源和地理位置优势的产业。1971 年投产的巴林铝业公司就是其中规模较大的一个项目。它是利用英国的出口信贷兴办的，累计投资 6000 万英镑，年产铝 12 万吨左右。铝矾土由澳大利亚提供，产品除满足本国市场需要外，80%向沙特、阿联酋和约旦等国出口。巴林发展炼铝工业的有利条件是天然气蕴藏量丰富、价格低廉；港湾设施较发达，运输成本低。为延长产业链，1977 年以来，巴林还建立了铝电缆厂、铝粉涂料厂和建筑用铝材压制厂。目前，铝的提炼与加工已成为仅次于石油工业的巴林第二大主业。巴林历来以中间贸易著称于世，每年都有上千艘船舶进出各港口。设在巴林岛东海岸的阿拉伯修船造船厂，是巴林、沙特和科威特等七个阿拉伯石油生产国于 1977 年共同投资兴建的，拥有 50 万吨级的干船坞，可修理超级油轮。20 世纪 70 年代以来，巴林还兴建了一批生产砖瓦、塑料制品、空调设备、乳制品、肉制品和软饮料的中小型工厂。为鼓励和支持民族工业的发展，巴林政府规定在 20 年内免除法人税和进口机器税、原料税，提供建厂地皮，廉价供应燃料和动力，在萨勒曼港附近还设置了自由加工区，以吸引国内外投资。所有这些措施，都有利于巴林经济由单一石油经济向各种产业并存发展的结构调整，从而为石油枯竭后国家经济继续繁荣和稳定发展奠定基础。

2000 年左右，巴林整个国家 40% 的 GDP 来自石油部门，这个数字在今天降到 20% 左右。未来巴林还会进一步增加经济的多样化，进一步减少对石油部门的依赖性。巴林政府的转型特点是比较缓慢，例如，现在巴林居民的生活必需品都有补贴，未来会逐渐降低这类补贴的支出，甚至有可能不再补贴，把政府的财政支出集中在帮助低收入的弱势群体上，但这是一个缓慢和长期的过程，可能要经过将近 20 年的转型。关于税收，巴林未来或许会征税，这也与海合会国家一体化的进程相适应，但这也将是一个缓慢而长期的转变过程。巴林即使征税，也会比世界上大部分国家以及周边国家低得多。

众所周知，大量雇用外籍劳工是海湾国家的普遍现象，巴林 120 多万人口中约一半是外籍人士，但巴林是海合会中唯一一个不需要单纯依赖外籍劳工支持经济发展的国家。在首都麦纳麦的金融中心写字楼，随处可见西装革履或一袭阿拉伯白袍的巴林男士，或一身黑袍具有时尚气息的女子。巴林经济在过去 20 多年中实现了稳健的发展，与巴林劳动力相对充裕不无关系。在 20 世纪 90 年代，巴林的 GDP 增速平均达到 5.5%，2000~2010 年的 GDP 平均增速为 6.3%，即便在全球经济普遍陷入困境的 2009 年，巴林仍然实现了 3.5% 的增长。原因在于巴林的制造业、零售业和电信业业绩优良，多元化战略在关键时期显示出实际性成效。此外，巴林经济发展委员会（EDB）也发挥了经济规划和效应外资的职能。

（二）重视同海湾国家发展经济关系，变竞争对手为合作伙伴

近年来，海湾国家仰仗巨额石油收入，竞相引进成套先进设备，兴办大型现代化企业。巴林由于财力有限，在"硬件"的竞争中难以取胜，于是便把重点放在同周围国家的互利合作上，以本国拥有的大批教育程度较高的熟练劳动力补充海湾地区其他国家的不足，走联合自强、共同开发的道路。1981 年 5 月海合会成立后，巴林即积极主张发展各成员国之间的经济合作，促进海湾经济一体化。巴林是海湾国家中第一个发展炼铝业的国家。此后，沙特曾酝酿建立一个规模更大的炼铝厂。巴林政府采取灵活做法，让出了巴林铝业公司 20% 的股权，使沙特成为其股东，打消了建立大炼铝厂的计划，使竞争对手成了合伙者。巴林的合作态度赢得了海湾合作委员会各成员国的好评。目前，海湾国家正在巴林兴建的还有年产 400 万吨球墨铸铁的工厂、年产 400 万只轮胎的工厂和重油处理厂等。同海湾国家的经济合作，为巴林经济注入了新的活力。

（三）招商引资计划和举措

据了解，巴林坚持自由开放的商业环境，并已获得国际认可。它可以方便地连接海合会市场，甚至更广泛的中东和北非地区。海湾市场的经济价值超过 1.6 万亿美元，预计 2020 年将达到 2 万亿美元。作为世界能源中心，该地区在基础设施建设和经济多样化方面将投入更多。作为海湾地区的中心，巴林拥有战略性的地理位置和极其便利的区域交通（海陆空）。巴林以一条 25 公里长的堤道与沙特相连，另一条通往卡塔尔的堤道也正在建设中。此外，海湾航空作为巴林的国营航空公司，在巴林国际机场拥有综合性区域飞行网络，包括货运和包机，支持超过 40 条航线，连接 50 个国际目的地。

海湾和整个中东北非地区是世界上最重要的经济体所在地。巴林所处的位置极好，位于中东和北非区域中最有活力的区域。整个海合会六个国家的市场，对基础设施的投入非常巨大，仅巴林这个国家就要投入 200 亿美元，如果加上其他几个本地比较大的国家（沙

特、阿联酋、卡塔尔），整个投资大于巴林的 10 倍都不止。国外投资者应考虑怎么切入这么巨大的市场，参与到这些基础设施项目之中。巴林在这中间可起到非常好的门户作用，可以通过巴林切入这个区域的市场。

（四）加速数字化转型，积极发展现代服务业

面对油价带来的最新困扰，巴林决定追求"更大的成功"——利用过去积累的优势，发力云服务、金融科技，成为海合会乃至北非地区的数据与创新中心。未来几年，巴林将更广泛地投资数据生态系统，以帮助新的数据产业集群蓬勃发展，包括亚马逊网络服务公司将在巴林建设数据中心，并于 2019 年正式投入运营。

巴林的现代服务业发展也十分吸引眼球。首先是金融业。巴林以金融为中心的第三产业欣欣向荣。银行和金融服务行业过去在推动巴林经济发展方面发挥了重要的作用，目前占巴林 GDP 的 18%，未来这个行业将会继续发挥推动经济发展的作用。其次是旅游业。因为巴林离沙特较近，沙特人口非常多，沙特开车到巴林只需要 45 分钟车程。巴林有非常优美的海滩、小岛，酒店、休闲行业都有很好的发展潜力。再次是物流业。巴林地理位置优越，货物可通过海运、空运进入巴林，也可从巴林机场、港口通过航运、空运进入港口。最后还有免税区，很容易辐射整个海湾地区市场。

针对巴林经济的稳步发展，有专家总结经验如下：第一，在人力资源培训方面，巴林大力培养本国的人员，并且持续地投入，保证巴林员工是海湾地区质量最优秀的员工，这样一方面增加了本国的就业，另一方面也使人民生活质量良好，社会矛盾较少。第二，巴林整个经济发展比较稳健，长期以来都保持在一个低通胀的状况，没有像某些国家那样出现繁荣期与崩溃期的周期。如此，也保证了企业在巴林的经营成本在海湾地区是最低的。第三，巴林市场准入条件非常宽松，不管是本土企业还是国际性企业，在巴林都能得到平等的待遇。巴林几乎 100% 的行业都是对外开放的。第四，巴林是一个非常开放的社会，生活方式多样化，宗教信仰自由，妇女工作权利等得到保障。在巴林，职业女性处处可见，尤其是金融业，三四成员工都是女性。

第四节　巴林经济领域的主要法规与政策

一、对外贸易法律体系与政策

（一）对外贸易管理部门与法规

工商部和旅游部是巴林负责贸易管理的部门。该部按工业、商业和旅游业三大业务系统分设相关管理部门。与贸易相关的主要法律法规有《工业注册法》《公司法》《商业注册法》《产品规格和质量法》《商业秘密法》《破产保护法》《商标法》《专利法》《电子商务法》《商业代理法》等，以及工商部根据有关立法颁布的实施细则。

（二）对外贸易管理

巴林是一个资源匮乏的国家，其所需的生产资料与生活资料多靠进口。除少数商品禁

止进口或受许可证的限制外，其他货物的进口量均由市场来调节，无配额限制。但国家控股的铝厂、炼油厂生产所需原材料由这些公司专营，并有自己的固定进口市场，对关系民生的大宗食品由政府指定的公司经营。在出口方面，巴林控制石油出口，对出口的数量及目的地有指导性政策；对马匹、骆驼、椰枣树苗、垃圾和文物的出口实行限制；天然气、鹦鹉、享有补贴的汽油、柴油等燃料、各类面粉、牛羊肉、标有"DSILMENG"商标的肉鸡都禁止出口。

（三）关税制度

巴林的关税税率主要为免税、5%、100%和125%四种。免税商品为蔬菜水果、鲜鱼、冻鱼、肉、书籍杂志、价目单等；关税5%的商品有服装、汽车、电子产品、香水等；关税100%的商品有烟草及烟草制品；关税为125%的是酒。为保障社会基本供应的稳定，巴林对食品一般采取免税进口措施。沙特、科威特、阿联酋、阿曼、卡塔尔生产的货物在获得海合会出具的原产地证书后，可免关税进口到巴林。根据巴林与约旦、叙利亚、突尼斯签署的双边协定，这些国家生产的产品也可免关税进入巴林。

所有进口货物均可免关税从巴林转口。进口货物再出口时，如果满足以下条件，巴林海关可以退还已缴关税：再出口的货物应保持进口时的状态，并且其CIF价格不应低于500第纳尔；再出口过程应接受海关监督，并自收到关税之日起三年内一直接受海关监督，公司可以在海关监督下将进口货物存放在保税仓库。

（四）对外贸易商品检验检疫制度

巴林对商品检验检疫的制度规定主要按照《海关法》第52～59条规定进行，在报关后，按海关长指令，质量检查员对有关商品进行全部检验或部分抽验。这种检验可以在货物存放地进行，也可在指定的地点进行，如有必要，海关有权在货主不在场的情况下对可疑货物进行检查，海关有权要求对任何商品进行化验。如经检验认定某商品含有有害物质或不符合规定的质量标准，关长有权要求销毁货物（货主在场的情况下）或要求其运回出口地，相关费用由货主承担。

二、对外直接投资法律体系与政策

（一）投资管理部门

巴林主管投资的政府部门是工商和旅游部。该部在投资方面的职责是制定和实施外资管理政策，对外推广投资机会，重点吸引制造类外资企业，负责工业公司许可及注册、土地管理等。

（二）投资管理制度

1. 投资行业的规定

在投资方面，巴林禁止在博彩业、酿酒业、毒品加工、武器制造、烟草加工、放射性废物等领域进行投资；而对于渔业、簿记、会计服务（审计除外）、赛车燃料对外贸易和销售、货物清关等行业，只允许巴林公民和公司从事；对于房地产中介和代理、印刷出版、电影、客货运输、租车、加油站、代办政府手续、外籍劳务中介、商业代理等行业，只允许巴林或海合会国家公民及公司进入。

2. 投资方式的规定

巴林鼓励外国人投资，允许外资以合资或独资方式设立公司、工厂或开设办事处（无业务经营权）。根据巴林公司法，企业组织结构包括以下八种：公共股份公司、私人股份公司、有限责任公司、合伙公司、简单两合公司、股份两合公司、个人公司、外国公司分支机构。

3. 对外国投资的优惠

为鼓励外国投资，巴林整体税负水平较低，对一般企业和个人基本实施零税收政策。在专属工业区内投资可享受更加优惠的待遇，包括廉价工业用地、优惠劳工措施、免除原材料及设备进口关税等。巴林鼓励外资投向金融、商业服务、物流、教育、会展、制造、信息技术、地产及旅游等行业。此外，巴林各工业园还制定了一系列投资优惠政策，对外资极具吸引力。

4. 开展投资合作的注意事项

（1）处理好与政府、议会和工会的关系。中国企业要在巴林落地生根、发展壮大，不仅要了解巴林中央政府和地方政府的职责划分及经济发展走向，关注议会两院各专门委员会的职责及涉及外企经营的重要议题，与有影响力的议员保持沟通和交流，还需与商工会领导层和有关分会建立和保持联系，倾听他们对中国企业发展及有关项目的建议和意见。

在巴林规模经营的中资企业为维护正常经营，合理控制劳动力成本，最大限度地减少劳资摩擦，需了解掌握巴林的《劳动法》和《工会法》，做到知法和守法，并妥善处理与本地工会的关系。如雇用了巴林籍工人和其他外籍工人，要严格遵守巴林在雇佣、解聘、社会保障等方面的规定，依法签订雇佣合同，按时足额发放员工工资和福利金，缴纳规定的社保费，对非巴林籍的其他外籍员工还需缴纳医保费。企业要最大限度地保证安全生产，对员工进行必要的技能培训，在解聘员工时，要严格按照《劳动法》的相关规定和雇佣合同的规定来进行。如发生劳资纠纷，协商未果，可提请劳动部新成立的个体劳务纠纷处理办公室协商解决，也可聘请当地劳务方面的律师寻求司法解决。

（2）贸易方面。巴林是海合会成员国，是中东地区的金融中心之一，与周边国家交通便捷，不少巴林居民有亲属在邻国。从某种意义上说，成功进入巴林市场就等于跨入了海湾其他国家的大门。巴林商人信誉良好，信守支付承诺，对于大宗商品用信用证完成付款，小额交易有提前预付货款的习惯。对意欲开拓巴林和周边国家市场的中国企业来说，如果不能做到信守承诺，不仅会损害自己公司在巴林的信誉，也为进入其他周边国家市场设置了障碍。中国的纺织品、建筑材料、家电和轻工产品已经占据巴林市场，大型机电产品对巴林的出口也逐步增加。但是，高附加值产品在巴林市场的份额仍然偏低，高端技术产品在巴林和通过巴林向其他海湾国家拓展的空间还较大。巴林已经成为中东地区的重要会展中心，每年有较大规模的展会十余次，中国企业可以通过到巴林参展等方式进行推销，从而进入巴林市场和其他海湾国家市场。因巴林属于穆斯林国家，进口清真食品，应提供经过穆斯林方法加工的证明。进口商品清关手续一般需要资料包括：货物产地证明、货物提货单、货物发票、货物装箱单等。

巴林人同其他阿拉伯人一样热情健谈，见到中国人后，常常首先将自己同中国公司交往的历史、访问的城市告诉对方，以拉近相互间的关系，然后再转入正题。同样，如果中国企业家想同他们打交道，首先也要将自己与当地公司、商家交往的历史告知对方，称赞对方国家的文明，拉近双方的感情，表达期望，以便建立长期的合作伙伴关系。

巴林的对外贸易实行开放政策，大致有如下特点：对书刊、印刷品、种子、化肥、零配件、临时进口物资以及当地工业所需原材料、机械设备等商品免征各种税收；对部分商品实行定额征税，如大米征收关税 5%，活畜 3%，生产资料和生活用品 5%，高档消费品 10%，烟草烟具 30%，含酒精饮料 125%；进口武器必须得到政府的特批。

（3）投资方面。巴林是一个比较开放的伊斯兰国家，对各项商业投资都有较明确的规定。中国企业赴巴林投资切不可忽略对巴林国情和当地法律法规的了解，避免为此而陷入被动地位。腐败和商业贿赂在巴林不仅会受到法律制裁，而且将严重影响企业的信誉和公众形象。中国企业最好事先咨询当地的独立律师，并请其协助处理一些与法律有关的事宜。在巴林注册公司相对其他国家比较容易，手续简便，审批时间较短，但应注意：确定好合作伙伴或担保人；出资聘请有工作经验的专业律师办理注册手续；充分注明注册公司的经营范围；在中国国内或母公司所在国办理好注册所需文件的公证、认证手续。如需雇佣巴林员工，在签订劳动合同时，要认真参考巴林劳动法内容，充分了解当地相关行业的基本工资、工作时间、保险费用、节假日及加班工资等问题；此外，还可利用巴林籍员工职业发展计划，提高巴林籍员工岗位技能和工资水平。

巴林非常重视本国的生态环境保护工作，设有巴林环境保护局，该国环保部门多次获得国际组织颁发的绿色环保奖。巴林的环境保护法规较为严格，对造成海洋环境污染和从船舶、陆地向领海倾倒废物的违法者可以处以高达 13.2 万美元的罚款，并可责令违法者在指定的时间内对污染区进行清理。在巴林经商，第一要知法，要了解当地的环境保护法规，实时跟踪当地的环保标准；第二要做好规划，企业对生产经营可能产生的废气、废水和其他环保影响，要事先进行科学评估，在规划设计过程中选好解决方案；第三要妥善解决可能产生的或者已经产生的环境问题，在投资合作中，要做好环保预算，根据规划方案选取适当的专业环保企业解决环保问题。

（4）工程承包方面。受全球经济不景气和 2011 年国内动荡影响，巴林建筑行业处于低谷。巴林政府现正对该国的基础设施进行规划和设计，有些已经开始实施，值得中国公司关注。但是，这些项目方案出台慎重，需要有关公司长期跟踪。同时还要同当地公司建立良好的合作关系，双方共同努力才有可能拿到项目。目前，巴林政府大力推出旅游及医疗地产概念，地产市场呈兴旺趋势，私营公司筹资兴建的旅游居住区项目较多，但资金较紧张。中国公司应该认真分析市场，严格把握合同条款、工程进度和支付情况。

巴林外籍劳工市场庞大，劳工政策相对比较宽松，中国劳务队伍能吃苦，工作效率高，中国在巴林开展劳务合作具有一定的竞争优势，然而，随着国内经济的发展，中国劳务对出国务工的期望值不断提高，加之对巴林气候的不适应，劳工队伍难带的事实凸显。

（5）劳务合作方面。巴林整体缺乏专业技术人员，如管理、技工、医护、空乘等岗位都需要外籍劳务。如果专业人员的语言水平能适应工作岗位的要求，较容易找到合适工作，但是一定要符合巴林法律法规的要求，办理完整的手续。

三、工程承包法律体系及基本内容

（一）许可制度

巴林的大型工程承包项目基本上通过国际招标进行，外国公司可以与当地公司联合投标，也可以单独投标，中标后应在巴林当地注册公司，可以注册分公司，需巴林籍公民做担保人，也可以注册有限责任公司，但需巴林方股东控股，实施工程项目时需要雇佣一定比例的巴林籍员工。

巴林对承包公司的资质等级有严格规定，工程设计从高到低分为 A、B、C、D 四级；施工公司从高到低分为 AA、A、B、C、D、E、F 七级。按巴林政府投标与采购法规定，外国承包公司在中标后的 30 天内完成公司的注册手续，工程的建设和验收等严格按合同执行。

（二）禁止领域

巴林一般没有明确的针对外国公司的限制，若有特例项目会声明只允许当地人控股的公司参加，但是巴林不允许以外国自然人的名义承揽工程、承包项目。

（三）招标方式

巴林政府设有招标委员会，对政府采购及项目的建设一般实行公开招标，项目信息通常会在其网站和主要报纸上公布。私营工程项目通过公开招标和邀标两种方式来确定承建公司。

四、劳动用工法律制度与政策

（一）《劳动法》的核心内容

巴林《劳动法》于 1976 年颁布，此后进行过多次修改和补充，目前实施的是 2012 年 7 月 27 日修订后的版本。该法对劳资双方的权利、义务、工资待遇、劳工保护、妇女和未成年人的雇佣、劳资纠纷的解决办法等都作出了较为详细的规定。

（二）外国人在当地工作的规定

外籍人在巴林就业实行许可制度。根据巴林的《劳动法》中"外国人在巴林任职的规定"，先由雇主向劳工与社会发展部及移民局提交雇佣外国人的劳动许可申请，该部门根据公司的规模和申请数量，批复可雇佣的人数；在巴林务工时，需办理劳动许可（居住证）手续；居住证的期限一般为两年，到期后还可延长；在办理相关手续时，须提供无犯罪记录证明材料。

巴林对外籍人就业岗位无明确限制。雇主依照劳工法及有关规定，可以自由招聘劳务，实行非移民、临时性、合同制的劳务政策。

巴林禁止非法劳工。员工不得超出工作许可证/签证标示工作范围为其他雇主工作，也不得在雇主指定工作地点之外工作。

五、外汇管理制度与政策

据《2006 年巴林中央银行和金融机构法》《2001 年巴林商业公司法》及《巴林中央银行规则手册》，巴林不实行外汇管制，在此注册的外国企业可以在巴林银行开设外汇账户，用于境内外结算，外汇的汇入、汇出无须申报。外资企业利润自由汇出，无须缴纳税金。在巴林工作和居留的外国人，其合法收入可全部汇出境外。个人携带现金出入境无须申报，也无数额限制。

六、知识产权保护的相关规定

巴林涉及保护知识产权和工业产权的法律包括《专利法》《商标法》《版权法》。

《专利法》规定，专利保护期自提交申请日起 20 年，外观设计专利保护期自申请提交日起 10 年。保护期间应按期交付费用。

《商标法》规定，商标保护期为 10 年，商标所有者可在最后 1 年内提交注册商标延期申请。如所有人在保护期过后 3 个月内未提交延期申请，注册商标监察部门就取消其商标保护。商标保护一旦取消，3 年后才可重新注册。

《版权法》保护内容包括文学出版物、任何语言的电脑程序、演讲报告、音乐、歌曲、舞蹈、雕刻、照片。著作权从第一次出版或作者去世后的 70 年内有效。巴林有关法规规定，对违法者给予行政拘留或罚款，或两罚并处。

第八章

海合会六国之卡塔尔

第一节　卡塔尔国家概况

一、国情简况

卡塔尔全名卡塔尔国，官方语言为阿拉伯语，通用语为英语。首都多哈人口154万，是全国的政治、经济、文化和交通中心，也是波斯湾的著名港口。多哈有一条长约7公里的海滨大道久负盛名，卡塔尔的埃米尔王宫、外交部、财政部等都坐落于海滨大道的一侧。由于卡塔尔人热爱体育运动，多哈逐步发展成为海湾地区的体育之都。它于2006年举办了第15届亚运会，2010年举行室内田径世锦赛。

二、地理位置与自然条件

（一）地理概述

卡塔尔是亚洲西部的一个阿拉伯国家，位于波斯湾西南岸的卡塔尔半岛上，与阿联酋和沙特接壤。卡塔尔国土面积1.15万平方公里，海岸线长550公里。卡塔尔地势平坦，大部分地区为覆盖沙土的荒漠，靠近西海岸地势略高，由兹克瑞特向南存在大范围裸露石灰岩，卡塔尔的陆上石油也主要储藏在这个区域。

（二）自然条件

卡塔尔属热带沙漠气候，炎热干燥，波斯湾沿岸潮湿。卡塔尔四季不很明显，4~10月为夏季，是一年中最长的季节，7~9月气温最高，可达45摄氏度；冬季凉爽干燥，最低气温7摄氏度。卡塔尔年平均降水量仅75.2毫米。

卡塔尔资源主要有石油和天然气。截至2013年，卡塔尔已探明石油储量为28亿吨，居世界第13位，天然气储量25.78万亿立方米，居世界第3位。卡塔尔地下水源贫乏。卡塔尔在东三区（UTC+3），比格林尼治时间早3小时，比北京时间晚5小时。

三、政治环境

（一）政治体制

卡塔尔系君主立宪制的酋长国。埃米尔为国家元首和武装部队最高司令，掌握国家的最高权力，由阿勒萨尼家族世袭。卡塔尔禁止任何政党活动。现任埃米尔塔米姆·本·哈马德·阿勒萨尼，是卡塔尔第十任埃米尔，为国家元首兼任武装部最高统帅，掌握国家最高权力。

（二）政体简介

卡塔尔为君主立宪制酋长国，由阿勒萨尼家族世袭。

1. 宪法

1970 年，卡塔尔颁布第一部宪法，并规定卡塔尔为独立的主权国家、伊斯兰教为国教、埃米尔在内阁和协商会议的协助下行使权力。宪法承认法官的独立性。1972 年卡塔尔对临时宪法进行修宪。2003 年 4 月，卡塔尔全民公投通过"永久宪法"，2005 年 6 月 7 日正式生效。

2. 议会

卡塔尔宪法规定，协商议会执掌立法权，编制国家预算，并按照宪法规定的方式对执行权实施监督。卡塔尔协商议会由 45 名成员组成，其中 30 名通过直接无记名普选产生，另外 15 名由埃米尔从大臣和其他人中任命。每一届协商议会成员任期 4 年。

（三）政局现状

多年以来，卡塔尔的政局一直很稳定，社会、经济发展亦保持长期稳定。阿勒萨尼家族统治卡塔尔由来已久，王权强大而且根深蒂固，该国统治者顺应历史潮流，温和地对政治体制加以改革，借助石油收入发展国民经济，全面实行社会福利，不断提高人民的生活水平。

卡塔尔国民收入的再分配，在一定程度上弥补了公民收入的差距，缓解了收入水平不同的社会成员之间的对立，缓和了社会紧张状态，从而达到了维护与保持社会长期稳定的目的。总之，卡塔尔的政局与社会一直处于比较稳定的状态，有利于外国投资者创业、经商和开拓海外市场。

四、社会文化环境

（一）人口和民族

卡塔尔人口 224 万（2015 年），人口密度 123.2 人/平方公里（2010 年）。卡塔尔民众主要为阿拉伯人，主要宗教是伊斯兰教（逊尼派），外籍人主要来自印度、巴基斯坦和东南亚国家。

（二）宗教信仰

卡塔尔的国教为伊斯兰教，逊尼派伊斯兰教为主要宗教。根据 2004 年的人口普查，

71.5%的人口是逊尼派穆斯林，约10%是什叶派穆斯林，8.5%是基督徒，10%的信仰是"其他"。大多数卡塔尔民族是瓦哈比派。尚未有国外的宗教团体在卡塔尔进行公开活动，但在2008年政府已允许一些教堂开展活动。

（三）社交习俗

卡塔尔人很讲究礼尚往来。他们喜欢金色，喜欢用钢笔作为礼物。去卡塔尔人家做客时，可以带些受欢迎的美国和德国制品。

在卡塔尔，一般人在外多以握手问候为礼。如果双方（指男子）信仰一致或热情友好则以左手搭在对方右肩上，然后左右贴面三次。有时候主人为表示亲切，会用左手拉着对方右手边走边说。交换礼物时，用右手或双手，忌用左手。

清真寺内严禁穿鞋进入。不戴面纱的妇女忌进清真寺，忌男女当众拥抱接吻，妇女在陌生人面前要戴面纱。

（四）饮食习俗

卡塔尔人对餐饮非常讲究，尤其是早餐讲究色味结合。他们在早餐吃干酪或酸奶酪时，一般都要滴上些金黄透绿的橄榄油，还要配上绿色或黑色的小橄榄以作点缀。早餐他们还喜欢吃用蚕豆、大蒜和橄榄油等烹调而成的"焖蚕豆"。卡塔尔人的晚餐一般以蔬菜、水果为主。卡塔尔人制作菜肴喜用大量的香味调料。他们的用餐习惯与其他伊斯兰国家一样，也是以手抓饭取食。

卡塔尔人的膳食以米饭、牛羊肉为主，他们也喜欢吃海鲜。卡塔尔人招待贵宾多用烤全羊，在羊肚里填上米饭再烘烤，别有风味，有时也请客人吃椰枣饭，用椰枣、松子和葡萄干炒米饭，香甜可口。他们招待客人吃的海味主要是烤鱼和蘸汤大虾。一种用来作烤鱼的鱼名叫"哈穆拉"，颜色发红，肉质鲜嫩，一般重10多斤，用松枝烤熟，具有一种特殊的香味。蘸汤大虾是将大虾油煎或水煮后蘸上用羊肉末制作的料汤，鲜美爽口。吃饭时，宾主依次盘坐在地毯上用手抓食，宾主边吃边谈，一顿饭常常长达一两个小时，最后送上咖啡，客人喝几口咖啡后，便可以起身告辞。同其他伊斯兰国家一样，卡塔尔严禁穆斯林食猪肉和饮烈性酒。

（五）民俗

殷勤好客是卡塔尔人的特点，卡塔尔人习惯以咖啡待客。不论是在家里还是在办公室里，第一件事是请客人喝咖啡。如果在家中待客，他们必须为客人熏香和洒香水。

卡塔尔人的传统体育活动是赛马、赛骆驼。因为半岛三面临海，人们与海的交往密切，所以海上体育运动项目很多，每年三四月份会举行模拟采珍珠活动和赛木舟活动。

卡塔尔像其他伊斯兰国家一样，禁忌赌博。在卡塔尔，女子不得穿短裙（包括外国女子）。女子必须穿鞋袜，赤足上街被视为不体面，妇女进入清真寺必须穿黑袍、蒙面罩。异教徒不得进入清真寺。穆斯林不得穿鞋或未净身就进入清真寺。

卡塔尔对待外宾殷勤周到。人们对于穆斯林见面行拥抱礼和吻礼，对于其他外国人行握手礼，但这些只限于同性之间。目前，在卡塔尔商界中，已普遍采用西式礼仪。

五、中国与卡塔尔的双边关系

(一)外交关系

中国与卡塔尔在 1988 年正式建立外交关系，高层双边互访一直比较密切。2008 年 4 月，哈马德首相对中国进行正式访问。同年 6 月，国家主席习近平对卡塔尔进行正式访问。2014 年 11 月，国家主席习近平同卡塔尔埃米尔塔米姆举行会谈，两国元首共同宣布在交通、路桥、铁路、电信、国有企业、先进技术转移便利化、金融、安全等方面开展多种形式的互利合作，建立中卡战略伙伴关系。

(二)经贸关系

1. 贸易关系

中国和卡塔尔早在 20 世纪 50 年代末就建立了贸易关系。1993 年，两国正式签署贸易协定。中卡两国经济结构互补性很强，能源、制造业和工程劳务等领域合作潜力较大。中国出口卡塔尔的产品主要有纺织品、服装、日用轻工产品、家电和机电产品，从卡塔尔进口的产品主要为原油、液化天然气和部分化工产品。近年来，两国高层交往密切，双边贸易发展迅速，各领域合作深入开展。2014 年 11 月，两国确定建立战略伙伴关系。两国还在 2014 年签署了本币互换协议，卡方同意在多哈建立人民币清算中心，中方给予卡塔尔"人民币合格境外机构投资者"资格。2017 年中卡双边贸易额达 106 亿美元。中卡双边贸易情况如表 8-1 所示。

表 8-1　2008~2016 年中国和卡塔尔贸易情况

指标 年份	双边贸易总额		中国对卡塔尔出口		中国自卡塔尔进口	
	金额 (万美元)	同比变化 (%)	金额 (万美元)	同比变化 (%)	金额 (万美元)	同比变化 (%)
2008	238579.0	—	107416.4	—	131162.6	—
2009	224856.5	-5.75	87241.1	-18.78	137615.4	4.92
2010	331128.1	47.26	85544.4	-1.94	245583.7	78.46
2011	589306.6	77.97	119875.7	40.13	469430.9	91.15
2012	848320.3	43.95	120510.0	0.53	727810.3	55.04
2013	1017426.1	19.93	171090.8	41.97	846335.3	16.29
2014	1059073.7	4.09	225400.9	31.74	833672.8	-1.50
2015	689460.3	-34.90	227950.9	1.13	461509.4	-44.64
2016	552803.3	-19.82	151565.9	-33.51	401237.4	-13.06

资料来源：联合国商品贸易数据库。

由两国政府共同支持成立的"中卡投资贸易促进中心"于 2001 年 5 月在卡塔尔工商会注册，并多方寻求与当地商界的合作。中心的成立为双边的经贸往来拓展了新的渠道，并有利于增进双边经贸关系，带动中国产品向卡塔尔出口。

2008年，卡塔尔天然气公司和中国海洋石油总公司（CNOOC）签署协议，确定由卡塔尔每年向中国供应200万公吨液化天然气，共计25年。2013年起，中国在卡塔尔进出口中分别占第二位和第四位。

由于卡塔尔非主要港口国家，市场上有相当部分的中国产品自阿联酋迪拜经陆路转口。卡塔尔海关统计的从中国进口的商品与中国海关统计的出口数量相差甚远。

2. 双边投资与工程承包

卡塔尔拥有丰富的原油及天然气资源，对外资虽有需求，但并不过分依赖，且国土面积小、人口少、投资空间相对有限，其投资吸引力主要体现在政治稳定、支付能力较高、社会治安状况良好和市场化程度较高等几方面。世界经济论坛《2018年全球竞争力报告》显示，卡塔尔在全球最具竞争力的140个国家和地区中，排第30位。目前中卡两国双边投资总体规模不大，但发展势头良好，具体情况如表8-2所示。

表8-2　2005~2016年中国与卡塔尔投资情况　　　　　　　　单位：万美元

年份	2005	2006	2007	2008	2009	2010	2011	2012	2013	2014	2015	2016
中对卡	0	352	981	1000	-374	1114	3859	8446	8747	3579	14085	9613
卡对中	0	76	0	0	7	51	73	2706	—	—	—	—

资料来源：《中国对外直接投资统计公报》《外商投资报告》。

2012年6月，卡塔尔投资局的海外投资子公司卡塔尔控股（QH）正式向中国政府提交对中国证券投资50亿美元的请求，并于同年成为境外机构投资者（QFII）。2013年，卡塔尔主权基金成为中石化大跌期间的第十大持仓股东。在中国农业银行首次公开发行股票（IPO）的过程中，卡塔尔投资局认购28亿美元，成为农行IPO路演最大的投资者，其同样参股的还有中国银行等。近年来，卡塔尔投资局又斥资6.16亿美元，收购中国香港崇光百货的母公司利福国际集团有限公司近20%的股份。

卡塔尔是一个依赖外来劳工的国家。中国多家经济技术合作公司向卡塔尔派出过劳务人员，涉及石油、化工、服装、服务、加工和建筑等多种行业。中国在卡塔尔开展承包劳务业务始于20世纪80年代末，1995年以来有较大发展，主要集中在石油和石化行业。目前，中国企业十分关注卡塔尔的工程市场，特别是多哈获得举办2006年亚运会资格后，亚运工程及配套的市政工程项目增多，中国公司来访调研者有十几家。截至2015年底，中国在卡塔尔累计签订承包工程合同额95.5亿美元，完成营业额99.8亿美元。承包合作领域也不断拓宽，由房建、给排水、场地准备等低端领域逐步拓宽到港口、机场、电信等高端领域。由于目前在卡塔尔中资企业数量较少，总体经营规模不大，暂未成立卡塔尔中资企业商会。

六、卡塔尔在"一带一路"沿线国家中的地位

卡塔尔位于亚洲、欧洲、非洲三大洲的交汇处，东、北、西三面被波斯湾环绕，地处阿拉伯半岛上的卡塔尔半岛，全球超过40亿人居住在多哈7小时飞行圈内。卡塔尔周边

接壤或邻近的国家包括巴林、沙特、阿联酋等。天然气工业是卡塔尔最重要的经济产业，拥有世界第一大液化天然气生产和出口国的称号。卡塔尔国内生产总值近六成来自石油天然气，另外其石油探明储量达 28 亿吨，居世界第 13 位。

　　卡塔尔是最早认可"一带一路"倡议并加入亚投行的国家之一，并与中国签署了共建"一带一路"合作备忘录。2019 年 1 月 31 日，在习近平主席和卡塔尔埃米尔塔米姆的共同见证下，国家发改委主任何立峰与卡塔尔副首相兼外交大臣穆罕默德·本·阿卜杜拉赫曼·阿勒萨尼签署了《中华人民共和国国家发展和改革委员会与卡塔尔国外交部关于共同编制中卡共建"一带一路"倡议实施方案的谅解备忘录》。

　　2013 年起，中国在卡塔尔进出口中分别占第二位和第四位。近年来，中国与卡塔尔在经贸、能源和金融领域的合作不断拓展。2014 年，双方签署 350 亿元人民币本币互换协议。中国工商银行多哈分行成为中东的首个人民币清算行。卡塔尔主权基金已对中国的阿里巴巴、中信集团、工商银行、农业银行等中国企业进行投资。中国与卡塔尔在能源方面有广阔的合作前景。据卡塔尔官方外贸统计预测，中国有望成为卡塔尔最大的出口目的地，可满足中国液化天然气需求的 20% 左右。2016 年 6 月，巴林、埃及、沙特阿拉伯、阿拉伯联合酋长国和也门切断了与卡塔尔的所有联系，这给卡塔尔带来了危机，也使中国与中东地区的关系变得复杂，但总的来看，卡塔尔多年发展形成的较为稳定的国内环境、较发达的金融市场、较有利的投资政策仍没发生改变。中国石油企业应抓住当前低油价和卡塔尔外资需求加大的有利时机，充分利用"一带一路"倡议相关政策，精选投资目标，稳妥推进卡塔尔油气勘探开发、工程承包以及油气贸易投资。

第二节　卡塔尔的经济发展状况

一、经济概况

　　卡塔尔拥有丰富的石油天然气资源。卡塔尔政府将天然气产业视作经济发展的支柱产业，投入大量资金开发，并吸引外资和技术，如今卡塔尔已成为世界上最大的天然气生产国和出口国，也由此成为中东地区人均 GDP 最高的国家。由于卡塔尔特殊的气候条件，其农业发展较为滞后，农牧产品无法自给。粮食、蔬菜、水果、肉蛋奶等主要依赖进口，只有鱼、虾类等海产品可满足本国需求。卡塔尔于 1994 年成为关贸总协定第 121 个成员国，1995 年成为世界贸易组织成员国，主要贸易伙伴为美国、中国、日本及西欧国家。

　　为实现经济转型，卡塔尔正在大力发展航空运输业，并期待以航空运输业带动贸易、旅游、金融、服务业的发展。在这种大背景下，卡塔尔航空成为国际知名的航空运输公司，并获得多项荣誉；卡塔尔还积极发展当地的文化艺术产业，卡塔尔王室曾先后在世界各地拍下多幅艺术名画，并建立了专门的博物馆供游客参观，卡塔尔正努力将多哈建成世界级的艺术市场中心。此外，卡塔尔政府还鼓励发展农业，向当地居民免费发放种子、化肥和农业机械，号召大家植树造林，扩大耕地面积，希望以这些举措来促进经济的多元化和可持续发展。卡塔尔已经获得 2022 年世界杯赛的主办权，希望借此契机，进一步加快经济转型的步伐。

（一）主要宏观经济数据

受 2014 年以来油价低迷的影响，卡塔尔的经济增长速度放缓，2016 年卡塔尔实际 GDP 增长率为 2.1%（见表 8-3）。尽管政府增加了财政支出振兴经济，物价依然走低，2016 年平均通货膨胀率为 2.7%。此外，低迷的油价还导致了财政赤字。目前卡塔尔政府正在增加财政支出，实行能源定价和劳动力改革，同时努力增加非能源收入。在金融方面，虽然货币流动性和信贷规模都有所下滑，但银行业依然安全持续稳定运行。

根据 IMF 预测，未来卡塔尔宏观经济表现将有所复苏，但仍低于基准水平。2017 年实际 GDP 增长率为 3.4%，非石油部门的发展、政府投资以及 2017 年 11 月开工的新的 Barzan 天然气项目将有利于经济增长。伴随全球商品价格回升以及卡塔尔增值税的引进，卡塔尔财政赤字亦将有所改善。

表 8-3　卡塔尔宏观经济情况一览表

年份	2013	2014	2015	2016（预计）	2017	2018
产出和物价	年度百分比变化（%）					
实际 GDP（以 2013 年为基数）	4.4	4	3.6	2.1	3.4	2.8
实际石油 GDP	0.1	−0.6	−0.5	−0.9	1.1	0.2
实际非石油 GDP	10.4	9.8	8.2	5.3	5.7	5.3
居民消费价格指数 CPI（平均）	3.1	3.4	1.8	2.7	2.6	5.7
公共财政	占 GDP 百分比（%）					
政府收入	47.6	45.5	42.7	30.9	24.5	25
政府支出	28.3	33.4	41.5	40.1	32.3	29.7
财政收支平衡（"−"表示赤字）	19.3	12.3	1.2	−9.2	−7.7	−4.8
货币	年度百分比变化（%）					
广义货币	19.6	10.6	3.4	−4.6	5	6.5
对私人部门的信贷	13.5	20.3	19.7	6.5	10.8	12.3
国际收支	（10 亿美元）					
出口	133.3	126.7	77.3	57.3	69.9	73.8
进口	−31.5	−31.1	−28.5	−31.9	−34.2	−35.8
经常账户平衡	60.5	49.4	13.8	−8.3	1.2	1.2
占 GDP 百分比	30.4	24	8.4	−5.5	0.7	0.6
对外负债（占 GDP 比重）	81.4	80.7	110.6	127.2	139	131.5
汇率（里亚尔/美元）	3.6	3.6	3.6	3.6	3.6	3.6
实际汇率变动（百分比变化）	2.5	2.2	11.2	2.6	—	—

资料来源：IMF Country Report No. 17/88。

（二）产业结构及主要优势产业和产品

在石油未发现之前，卡塔尔经济以采珠业和渔业为主。20 世纪 40 年代，石油的发现与开采完全改变了卡塔尔的经济结构。自 2006 年初首批液化天然气（LNG）出口以来，卡塔尔已经成为全球最大的液化天然气出口国，为卡塔尔带来了巨额财富，国民生活水平和社会福利水平迅速提高。此后，石油、天然气产业一直是卡塔尔国民经济的支柱产业，产值占卡塔尔 GDP 的 60% 以上。

20 世纪 90 年代，国际油价处于低迷状态，卡塔尔因此开启了经济多元化进程。2008 年国际金融危机以及 2014 年国际油价持续下跌，促使卡塔尔出台了《2030 国家发展规划》，旨在将卡塔尔建设成可持续发展的发达国家。伴随发展规划的执行，目前，卡塔尔在交通运输、媒体、金融和房地产领域已处于国际领先水平。2015 年，卡塔尔油气产业（不含化工制造业）占 GDP 比重从 2014 年的 49% 降至 36%，服务业、建筑业、制造业占 GDP 比重逐渐上升。

1. 基础设施行业

卡塔尔建筑市场占据了整个海湾国家建筑市场份额的 10%，仅次于沙特的 45% 和阿联酋的 31%。为举办 2022 年世界杯足球赛，卡塔尔对交通运输、电力、供水以及住房投入巨资，2013~2018 年政府投入 2050 亿美元进行基础设施建设。卡塔尔政府公布的截至 2016 年国家财政预算分布情况显示，其预算的 40% 将流入基础设施项目，包括 110 亿美元的新国际机场建设项目、55 亿美元的深水海港建设项目，以及 10 亿美元的多哈交通走廊项目等。预计到 2016 年底，卡塔尔对基础设施项目的投资将超过 650 亿美元，涉及电力及供水、多哈新港建设、信息及科技产业等领域。与此同时，卡塔尔也通过进一步经济开放吸引更多外资。

BMI 项目数据库中统计的卡塔尔交通基础设施项目总值达 1000 亿美元，2016 年其行业价值年平均增长率将达到 11.7%，到 2020 年的五年间，行业年均增长率将维持在 9.2% 左右。住宅/非住宅基础设施建设将是卡塔尔建筑行业增长的主要动力。BMI 基础设施重点工程数据库显示，卡塔尔住宅/非住宅基础设施行业的年平均增长率能够达到 13.23%。这主要基于卡塔尔政府在住宅/非住宅基础设施项目建设上的巨额投资，尤其是为促进经济发展多元化及准备世界杯投资的基础设施项目。卡塔尔也迫切希望借举办世界杯的契机实现其经济多元化计划，促进其新知识型经济发展。能源和公共事业类基础设施建设也是卡塔尔政府投资的重点方向之一，卡塔尔政府计划到 2020 年对相关电力和水力基础设施投资 220 亿美元。卡塔尔人均用电量居世界第一，人均用水量居世界前列，是欧洲人均用水量的 4 倍。在世界杯带动下，卡塔尔建设和生产活动激增，给该国能源类基础设施造成较大压力。

卡塔尔交通基础设施行业中下滑风险较少，主要表现在政府对项目的资金支持能力上，但也发现项目存在延期以及超成本等风险，并且此类风险在短期内有可能上升；此外，卡塔尔本地顾问级别的劳工比较短缺，这可能造成项目延期或者劳工成本上升。

2. 新闻传媒业

由于历史的原因，卡塔尔的现代新闻传播业起步较晚，但发展迅猛，后来居上，远超周边国家。这与该国埃米尔哈马德 1995 年启动的改革——独立预算发展媒体，实行适当的新闻自由政策——不无关系。这在当代阿拉伯国家比较少见。卡塔尔新闻传播业的发展，使该国在政治、文化相对封闭的海湾地区成为最富民主和开放氛围的国家。21世纪以来，卡塔尔注重在全球化趋势中提升自身地位。2006年卡塔尔当选联合国安理会非常任理事，成功举办第15届亚洲运动会，均使卡塔尔地区影响力和国际地位有所提升。2014年世界经济论坛发布的评价国家信息传播技术水平的指数NRI（网络灵敏指数）排名中，卡塔尔居中东国家之首，全球第23位。2019年和2020年卡塔尔将分别承办世界田径锦标赛和世界杯，届时将对卡塔尔的新闻传媒业发展产生有利影响。

3. 金融业

金融中心计划是卡塔尔经济多元化战略的重要组成部分。2005年，卡塔尔启动"卡塔尔金融中心"（Qatar Financial Center）计划，主要内容为资产管理、再保险和专业自保行业，专注主权财富基金投资，建立符合国际标准的运营环境和法制环境，顺应海湾金融服务业和卡塔尔市场的发展状况。根据该计划，获得"卡塔尔金融中心"牌照的公司拥有完全的所有权及免税优惠，能以当地货币或外币在卡塔尔境内开展业务，赴世界各地资本市场进行投资，全部利润可汇回国内等。此后，卡塔尔金融业迅速发展，已成为非能源产业中对GDP贡献最高的产业。2016年，根据英国一家调研机构发布的《全球金融中心指数》，卡塔尔金融中心指数排名仅次于迪拜和阿布扎比，居全球第40位。然而，自2017年6月以来，伴随卡塔尔断交风波事件，卡塔尔金融市场崩跌，卡塔尔基准股指开盘重挫5.5%，随后跌幅很快扩大至8.2%，至少触及18个月最低。部分蓝筹股暴跌，Vodafone Qatar领跌股市，该股大跌10%，触及日内涨跌幅上限。最大银行卡塔尔国家银行（Qatar National Bank）股价跌去5.7%。卡塔尔2026年到期的美元主权债券下跌1.8%。卡塔尔5年期信用违约互换（CDS）升至2个月新高，至61个基点。未来卡塔尔金融业发展尚有待观察。

2010~2016年卡塔尔产业增加值如表8-4所示。

表8-4　2010~2016年卡塔尔产业增加值

年份	农业增加值（亿美元）	工业增加值（亿美元）	制造业增加值（亿美元）
2010	1.48	1185.77	156.75
2011	1.62	1228.35	158.76
2012	1.76	1372.65	196.62
2013	1.91	1426.24	202.80
2014	2.42	1438.58	209.16
2015	2.63	963.19	159.50
2016	2.80	791.15	137.91

资料来源："一带一路"数据库。

二、国内市场状况

根据卡塔尔发展规划与统计部报告，2015年卡塔尔全国居民消费零售额1430亿里亚尔，零售业经营单位 9907 家，从业人数 161872 人。ALPEN 资本公司预计，随着卡塔尔基础设施建设的蓬勃发展和人口的高速增长，2015~2018 年期间，卡塔尔零售市场年均增长率将达 12%，超过同期海合会国家 9.8% 的平均增速。卡塔尔有 Citycenter、Villagio、landmark、lulu、meera 等 15 家大型商场，商场总面积达到 83.8 万平方米，其中总投资 11 亿美元的卡塔尔购物中心（Mall of Qatar）已于 2016 年运营，是卡塔尔最大的购物中心。目前，还有 9 家大型商场正处于建设中。2015 年，卡塔尔人均年度支出 5.3 万里亚尔，约合 1.47 万美元，其中卡塔尔本国人支出是外籍人口支出额的数倍。

三、基础设施建设状况

卡塔尔道路总长度 9830 公里，其中干线公路总长度 1580 公里，支线道路总长度 8250 公里，初步形成覆盖全国的公路网。卡塔尔有高等级公路通往沙特，并经沙特境内公路可至阿联酋。

目前，卡塔尔航空公司运营的国际航线已达到 170 余条，与周边国家主要城市基本都有直达航班，机队拥有飞机 197 架，全球雇员超过 45000 人。卡塔尔哈马德国际机场一期工程已建成并投入使用，2016 年共运送旅客 3730 万人次，同比增长 20.5%。目前卡塔尔航空公司有 7 条直达中国的航线，分别是多哈—北京、多哈—上海、多哈—广州、多哈—重庆、多哈—成都、多哈—杭州以及多哈—香港航线。2016 年卡塔尔航空货运量由 2015 年的 152 万吨增长至 170 万吨，同比增长 11.8%，成为世界第三大国际航空货运公司。

卡塔尔主要港口有哈马德港、多哈港、拉斯拉凡港和梅赛义德港。哈马德港于 2016 年 12 月 1 日正式运营，是卡塔尔最主要的商业港，目前年吞吐量为 200 万标准箱，远期规划吞吐量 700 万标准箱。多哈港自 2017 年起停止进出商业船只，改为游轮港口。拉斯拉凡港是卡塔尔液化天然气出口专用港，梅赛义德港主要用于卡塔尔原油和石化产品出口。卡塔尔天然气运输公司（NAKILAT）拥有世界上最大的液化天然气运输船队，承担卡塔尔液化天然气出口的运输任务，目前拥有大型 LNG 运输船 60 余艘。

卡塔尔通信设施良好，技术设备比较先进，电子化程度较高，光纤里程 600 公里。卡塔尔邮政局所基本覆盖全国；卡塔尔拥有固定电话用户 32.7 万户、移动用户约 260 万户。

卡塔尔共有 9 座大型供水站，日产饮用水 145 万立方米，全年产量达到 4.95 亿立方米，其中海水淡化量为 123 万立方米/日。此外，卡塔尔还有 292 口水井，其中 274 口在用，日供水量达 1082 立方米。卡塔尔电力资源充足，全年发电量为 323.4 亿千瓦时，能够满足全国工业用电和居民用电的需求。2001 年，海湾六国电力公司（GCCIA）成立，旨在推动包括卡塔尔在内的六个海湾地区国家之间的电网互联，负责运营及管理六国间的跨国电网及电力交易。2016 年，卡塔尔水电公司全年销售收入 31.3 亿里亚尔，同比增长 5%。

四、对外贸易发展状况

自 2012 年起，卡塔尔贸易总额呈大幅下降趋势，2015 年受到国际油价变动的影响，跌幅达 25.79%，2016 年贸易增长率有所回复，但受到断交风波的影响，沙特阿拉伯、巴林、阿联酋和埃及已对卡塔尔实行贸易制裁，未来卡塔尔贸易发展尚有待观察（见表 8-5）。

表 8-5　2010~2016 年卡塔尔对外贸易基本情况

年份	进出口总额 （亿美元）	贸易增长率 （%）	进口总额 （亿美元）	出口总额 （亿美元）	贸易差额 （亿美元）
2010	1076.93	—	297.17	779.76	482.59
2011	1656.30	53.80	437.93	1218.38	780.45
2012	1975.70	19.28	546.93	1428.76	881.83
2013	2034.64	2.98	589.53	1445.10	855.57
2014	2042.33	0.38	640.04	1402.29	762.25
2015	1515.63	-25.79	592.71	922.91	330.20
2016	1358.73	-10.35	634.75	723.97	89.22

资料来源：根据"一带一路"数据库整理。

2016 年，卡塔尔出口商品中前三位分别为天然气（约 351 亿美元）、其他商品（未被联合国商品贸易数据库分类；约 100 亿美元）以及石油（约 88 亿美元）。由表 8-6 可知，占卡塔尔出口商品比重最高的为燃料，相比沙特等以原油为主的产油国，卡塔尔的燃料结构以天然气为主。国际天然气协会的数据显示，2016 年卡塔尔出口液化天然气（LNG）约 7720 万吨，相当于全球供应量的 1/3 左右。卡塔尔出口的天然气主要是通过 LNG 运输船销往全球各地。卡塔尔天然气的主要客户都在亚洲，其中日本约 15% 的天然气购自卡塔尔，中国和印度也是其主要客户。中东买家的购买规模在卡塔尔天然气总出口中的占比不到 5%。因此，就目前而言，最新出现的外交风波不会立即对天然气消费大国的需求产生任何影响。但如果局势恶化，油价可能上涨，进而可能影响天然气价格。此外，尽管卡塔尔不是主要产油国，但该国与沙特之间的政治分歧日益扩大或促使前者退出欧佩克当前的减产计划。

2016 年，卡塔尔进口量最大的商品分别是机动车、飞机、发电设备以及通信产品。2010~2016 年卡塔尔进口商品基本结构如表 8-7 所示。

表 8-6　2010~2016 年卡塔尔出口商品基本结构

年份	货物出口 （BOP，亿美元现价）	燃料 （%）	制造业 （%）	矿石和金属 （%）	食品 （%）	农业原材料 （%）
2010	—	92.55	1.97	0.27	0.00	0.00
2011	1144.44	93.00	1.81	0.35	0.00	0.00
2012	1329.54	—	—	—	—	—
2013	1333.36	88.68	3.56	0.21	0.01	0.00
2014	1267.02	87.81	0.05	0.25	0.01	0.00
2015	772.94	82.77	5.17	0.57	0.18	0.01
2016	572.54	—	—	—	—	—

资料来源："一带一路"数据库。

表 8-7　2010~2016 年卡塔尔进口商品基本结构

年份	货物进口（BOP，亿美元现价）	制造业（%）	食品（%）	矿石和金属（%）	燃料（%）	农业原材料（%）
2010	—	83.93	8.24	4.24	0.92	0.50
2011	269.26	—	—	—	—	—
2012	307.87	—	—	—	—	—
2013	314.75	82.85	9.12	5.57	1.01	0.47
2014	311.45	83.46	9.43	4.78	1.15	0.53
2015	284.96	81.89	9.72	5.16	1.23	0.48
2016	319.34	—	—	—	—	—

资料来源："一带一路"数据库。

2016 年，卡塔尔主要出口目的地为日本、韩国、印度和中国；主要进口来源地为美国、中国、德国和阿联酋。

卡塔尔服务贸易的进出口情况参见表 8-8 和表 8-9。

表 8-8　2011~2016 年卡塔尔服务贸易出口额及结构

年份	商业服务出口额（亿美元现价）	交通服务占比（%）	旅行服务占比（%）	计算机、通信和其他服务占比（%）	保险与金融服务占比（%）
2011	55.80	70.40	20.96	17.93	6.60
2012	88.51	52.78	32.28	25.20	6.96
2013	102.94	54.45	33.57	26.35	7.32
2014	127.75	50.32	35.94	22.82	6.76
2015	141.03	52.57	35.71	21.27	3.92
2016	145.50	52.28	37.19	22.28	3.56

资料来源："一带一路"数据库。

表 8-9　2011~2016 年卡塔尔服务贸易进口额及结构

年份	商业服务进口额（亿美元现价）	交通服务占比（%）	计算机、通信和其他服务占比（%）	旅行服务占比（%）	保险与金融服务占比（%）
2011	155.48	63.32	17.93	11.62	7.12
2012	221.26	44.69	25.20	25.53	4.58
2013	248.44	41.24	26.35	26.63	5.78
2014	300.07	40.38	22.82	28.93	7.87
2015	283.90	40.36	21.27	28.78	9.58
2016	297.29	36.85	22.28	30.57	10.30

资料来源："一带一路"数据库。

五、对外直接投资发展状况

卡塔尔投资合作环境较好。卡塔尔政府规划在未来 10 年重点开发与 2022 年世界杯足球赛相关的基础设施、石化工业、水电及除能源外的其他产业，以实现卡塔尔经济兼具竞争性和多样化的目标。同时也应看到，卡塔尔拥有丰富的原油及天然气资源，能源出口收入高，对外资虽有需求，但并不过分依赖。此外，卡塔尔国土面积小、人口少，市场容量相对有限。卡塔尔投资环境吸引力主要体现在政治稳定、支付能力较高、社会治安状况良好和市场化程度较高等几方面。

依据卡塔尔 2014 年通过的一项法律，在卡塔尔证券交易所上市的企业，外国投资商只能拥有至多 49% 的股份。2017 年 6 月，沙特、阿联酋、巴林和埃及以卡塔尔"支持恐怖主义"和"破坏地区安全"为由，宣布与卡塔尔断交，并对卡塔尔实施禁运封锁。在此背景下，卡塔尔政府已批准一项有利于外国投资商的法律，即外国投资商将获准在卡塔尔设立独资企业，于 2018 年生效。新法律施行后，外国投资商将获准在卡塔尔几乎所有经济领域设立独资企业，但不能购买房地产或特许经营权。在进军银行和保险领域时，外国投资商需得到卡塔尔政府特批。

六、金融业发展状况

卡塔尔货币单位为里亚尔，在卡塔尔任何银行和金融机构，里亚尔与美元、欧元、英镑、日元、瑞士法郎、加拿大元和澳大利亚元等可自由兑换，并且可同海湾其他 5 国、印度和巴基斯坦等国货币自由兑换。卡塔尔里亚尔采用盯住美元的固定汇率，里亚尔兑美元的汇率一直保持 3.64∶1。在卡塔尔大部分金融机构中人民币与里亚尔不可直接兑换，在卡塔尔国民银行、卡塔尔商业银行、多哈银行等机构自助取款机可以使用中国银联卡。

在外汇管理方面，卡塔尔采取自由汇兑制度，不实行外汇管制。投资资金、贷款资金和个人所得可以自由汇出境外。卡塔尔法律规定，如果外国公司与卡塔尔股份合资公司要将其在卡塔尔的年利润全部汇往国外，该合资公司必须将相当于其年利润的 10% 存入一个合法的储蓄账户，直至该账户金额至少达到其投资资金的 50%——这是卡塔尔对外国合资公司往国外汇款的唯一限制。在卡塔尔，外国人和外资企业均可持担保人出具的信函在卡塔尔银行开设外汇账户。

在融资服务方面，外国投资者在卡塔尔经营业务时，可以向卡塔尔的商业银行或金融机构申请融资。由于外资多以合资公司的形式投资卡塔尔，且均由卡塔尔本地股东控股，因此融资条件与卡塔尔本地公司无大的差异。世界银行最新数据显示，卡塔尔 2017 年商业贷款利率为 5% 左右，普通存款利率为 1.25% 左右。具体可在卡塔尔央行及商业银行网站查询。2015 年 5 月多哈人民币清算中心正式营业后，中资企业可使用人民币在当地开展跨境投资贸易。

卡塔尔证券交易所（QSE）是卡塔尔唯一的证券市场，于 1997 年建成运营。截至 2016 年底，上市公司总数为 43 家，总市值约 1548 亿美元，指数 10436 点。为鼓励外资，卡塔尔交易所于 2005 年 4 月向外国人全面开放，任何人都可凭身份证通过经纪公司在交易所开户，进行股票交易。但外国人只能参与二级市场买卖，不能进入一级市场。

七、营商环境

根据世界银行所发布的《2017年全球营商环境报告》，就整体表现而言，卡塔尔环境便利度在全球190个经济体中排名为83/190，在海合会六国中排名第四（前沿指数63.66）。就具体指标而言，卡塔尔在纳税、办理施工许可、登记财产方面有较大优势，但其他指标均排名靠后（见图8-1）。

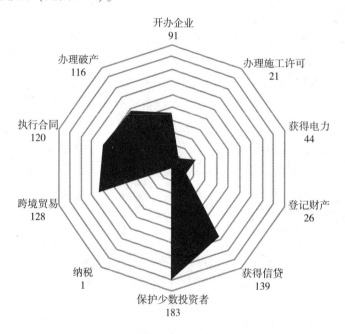

图8-1 卡塔尔主要营商指标雷达图

资料来源：《2017年全球营商环境报告》。

根据世界银行《2017年全球营商环境报告》数据，在卡塔尔开办企业，男性平均需要8项手续、8.5天、花费6.2%的人均收入；女性平均需要9项手续、9.5天、花费6.2%的人均收入，在全球190个经济体中排名第91（91/190），在海合会六国中排名第四。与其他阿拉伯国家一样，卡塔尔对女性在开办企业方面有所限制，根据卡塔尔的法律，女性离家必须经过丈夫同意，因此导致男女在此方面的数据差异。2011年，卡塔尔政府将商业注册与工商部门的注册整合成一站式服务，提高了企业注册便利度。2017年，卡塔尔政府取消了有限责任公司最低注册资本的要求，使2017年该排名有了较大的提高。

卡塔尔在办理施工许可方面，人均需要16项手续、58天、花费2%的仓库价值，在全球190个经济体中排名第21（21/190），在海合会六国中排名第四。从具体数据来看，卡塔尔办理施工许可的天数（58天），是海合会六国中最少的，但是手续数较多（16项），需通过不同部门的批准，在此方面尚有改善空间。

在获得电力方面，人均需要4项手续、90天、花费10.8%的人均收入，总体排名44/190，在海合会六国中排名第三。卡塔尔在获得电力方面手续数较少（4项），成本也较低（人均收入的10.8%），但是花费时间是六国中最长的（90天），主要由于提出申请并等待受理（30 天）和获得承包商外部作业（安装基础设备，49 天）时间较长。

在登记财产方面，人均需要 7 项手续、13 天、花费为 0.3% 的财产价值，总体排名 26/190，在海合会六国中排名第三。2017 年，卡塔尔提高了土地注册的透明度，提高了登记财产的效率。

在获得信贷方面，卡塔尔的信贷信息深度指数为 5（最高为 8），法律权利力度指数为 1（最高为 12），获得信贷方面总体排名为 139/190，在海合会六国中排名最后。法律权利力度指数极低是由于阿拉伯国家信贷体系中基本没有关于抵押物方面的法律法规，这个特点在海合会六国该指数中均有体现。2012 年，卡塔尔开始分类征信的历史数据，并在数据库中取消了对最低贷款额的限制，即加大了统计的广度，改善了征信系统。

保护少数投资者对企业权益融资的能力和股东权益进行衡量，主要通过保护少数投资者力度指数（0~10）体现，指数越高，企业权益融资能力越强，股东权益保护程度越高，卡塔尔该指数仅为 2.7，总体排名为 183/190，在海合会六国和全球 190 个经济体中都处于劣势。具体来看，卡塔尔对股东利益保护度以及公司信息披露度都较低，并且在 2017 年，在关联交易方面，减少了股东的知情权和决定权，弱化了股东的权利。

在纳税方面，卡塔尔总体排名 1/190，在 190 个经济体中排名第一。与阿联酋一样，卡塔尔是一个低税国家，没有个人所得税，本土企业也不用缴税，但是该国石油和天然气企业需要缴纳 35% 的税，在卡塔尔的国外公司只需要缴纳 10% 的税。2014 年，卡塔尔进一步降低了企业所得税退税的要求。

在跨境贸易方面，卡塔尔总体排名 128/190，在海合会六国中排名第四。2013 年，卡塔尔在港口城市多哈引入了线上关税结算系统；2016 年，卡塔尔减少了港口免费存放货物的时间，缩短了货物装卸时间，这两项举措提高了跨境贸易的效率。

执行合同主要衡量对企业法律纠纷处理的司法效率，卡塔尔商业纠纷解决时间平均 570 天，花费占索赔金额的 21.6%，总体排名 120/190，在海合会六国中排名最后。在此方面，卡塔尔的劣势比较明显。

在办理破产方面，卡塔尔总体排名 116/190，在海合会六国中排名第五，根据具体指标，卡塔尔的财产回收率较低（30.4%），回收时间较长（2.8 年），还有较大提升空间（见表 8-10）。

表 8-10　卡塔尔主要营商指标一览表

指标	2017 年	2016 年
开办企业（排名）	91	112
开办企业（DTF）	86.06	82.35
手续数——男性（项）	8	8
所需时间——男性（天）	8.5	8.5
成本——男性（占人均收入百分数）（%）	6.2	5.1
手续数——女性（项）	9	9
所需时间——女性（天）	9.5	9.5
成本率——女性（占人均收入百分数）（%）	6.2	5.1

指标	2017 年	2016 年
最低缴入资本率（占人均收入百分数）（%）	0	61.5
办理施工许可（排名）	21	19
办理施工许可（DTF）	79.16	79.17
手续数（项）	16	16
时间（天）	58	58
成本率（占仓库价值百分数）（%）	2	2
建筑质量控制指数（0~15）	12	12
获得电力（排名）	44	42
获得电力（DTF）	81.72	81.73
手续数（项）	4	4
时间（天）	90	90
成本率（占人均收入百分数）（%）	10.8	8.8
供电可靠性和费率透明度指数（0~8）	6	6
登记财产（排名）	26	27
登记财产（DTF）	81.06	80.23
手续数（项）	7	7
时间（天）	13	13
成本率（占财产价值百分数）（%）	0.3	0.3
土地管理质量指数（0~30）	24.5	23.5
获得信贷（排名）	139	134
获得信贷（DTF）	30	30
法律权利力度指数（0~12）	1	1
信贷信息深度指数（0~8）	5	5
信用信息登记覆盖率（占成年人百分数）（%）	30.5	26.5
机构信用信息登记覆盖率（占成年人百分数）（%）	0	0
保护少数投资者（排名）	183	136
保护少数投资者（DTF）	26.67	41.67
保护少数投资者力度指数（0~10）	2.7	4.2
利益冲突监管程度指数（0~10）	2	4.3
股东监管程度指数（0~10）	3.3	4
纳税（排名）	1	1
纳税（DTF）	99.44	99.44
每年缴纳次数（次）	4	4
每年所需时间（小时）	41	41
总税率（占利润百分数）（%）	11.3	11.3
计税手续指数		

续表

指标	2017 年	2016 年
跨境贸易（排名）	128	124
跨境贸易（DTF）	61.41	61.41
出口时间：边境规程（小时）	30	30
出口成本：边境规程（美元）	382	382
出口时间：文书规程（小时）	10	10
出口成本：文书规程（美元）	150	150
进口时间：边境规程（小时）	88	88
进口成本：边境规程（美元）	754	754
进口时间：文书规程（小时）	72	72
进口成本：文书规程（美元）	617	617
执行合同（排名）	120	120
执行合同（DTF）	52.79	52.79
时间（天）	570	570
成本率（占索赔金额百分数）（%）	21.6	21.6
司法程序质量指数（0~18）	3.5	3.5
办理破产（排名）	116	115
办理破产（DTF）	38.23	38.01
回收率（百分数）（%）	30.4	30
时间（年）	2.8	2.8
成本（占财产百分数）（%）	22	22
办理破产手续力度指数	7	7

资料来源：《2017 年全球营商环境报告》。

第三节　卡塔尔的经济制度与经济政策

一、基本经济发展情况

自 1971 年 9 月 1 日宣告独立以来，在埃米尔哈利法·本·哈马德·阿勒萨尼的领导下，经过十几年的艰苦努力，卡塔尔国在各个领域取得了巨大发展。人民的生活水平、文教卫生事业也不断得到改善。

卡塔尔采取多项措施来发展民族经济，推动与地区、世界各国的经贸关系发展。政府制定的投资路线旨在实现出口商品与经济部门的多样化，为通过生产石油增加国民收入，卡塔尔制订了勘探的全面计划。油田的数量从 20 世纪 80 年代的 4 个增加到 1997 年的 7 个，到 2000 年达到 10 个，原油产量达到 80 万桶，尤其是在卡塔尔最大的油田——储量达 1500 万桶的沙赫油田工程开工建设之后，情况更加乐观。在天然气领域，卡塔尔北部发现了世界上最大的天然气田，使卡塔尔经济发展拥有了极好的资源条件。

除此之外，卡塔尔国还为经济、贸易自由化和加快私有化制定了新的经济政策。从 1995 年 5 月 9 日发布工业组织事务法起，卡塔尔就出现了关键性的转变。其中数条条款与内容充分保障了投资者享有权利，从而鼓励他们在卡塔尔进行投资。卡塔尔政府致力于发挥所有部门的活力，使经济稳定、均衡发展。例如，1997 年 6 月在多哈建立了股票交易市场，并在 1997 年 6 月 18 日发布埃米尔法令，建立卡塔尔工业发展银行。今天的卡塔尔已成为中东地区的经济富国之一。卡塔尔拥有丰富的油气资源和超过 1000 亿美元的流动资金，极力将自身打造为全球投资中心，并通过政府拥有的卡塔尔投资局[1]和其他由国家主导的投资机制有效引导和拓展其经济影响力。

二、经济发展模式的变迁

在探明石油天然气之前，卡塔尔的经济支柱是采珠业，除了洁白的珍珠以外，没有其他资源。到了 18 世纪中期，卡塔尔已是全球珍珠生产量最大的产地之一。为了实现民族经济多元化，自 20 世纪 70 年代起，卡塔尔大力扶植本国工业。1973 年，卡塔尔建立了工业发展技术中心，专门研究工业生产发展进程，制订发展计划，提供必要的技术力量，并负责沟通与阿拉伯国家和其他外国工业发展机构的协作，引进适合本国工业发展的先进技术。在招商引资方面，卡塔尔采取免征、少征税收的方法，鼓励本国人、阿拉伯人和其他外国人在卡塔尔境内投资。

20 世纪 70 年代卡塔尔经济的发展与石油出口收入的大幅度增加是分不开的。但卡塔尔注重实施经济多元化战略，将发展非石油、天然气工业作为实现国民收入多元化和摆脱对石油依赖的主要途径。近年来，卡塔尔政府大力投资开发天然气，将其作为经济发展的重中之重，制定了开发天然气的中长期发展规划。卡塔尔还建成生产乙烯、化肥、钢铁和水泥的企业，比海湾其他国家要早好几年，而且，其重点是扩大资本密集型和能源密集型的产业的发展。乌姆赛义德市是卡塔尔的工业中心。此外，由于卡塔尔的农业不发达，所需食品大约 90% 要依靠进口来满足。为了满足国内市场的需求，该国政府也鼓励轻工业和食品工业的发展，鼓励发展农业，免费向农民提供种子、化肥和农业机械，号召植树造林，扩大耕地面积。

卡塔尔于 1994 年成为关贸总协定第 121 个成员国，1995 年成为世界贸易组织成员，

---

① 为实现经济的可持续发展，2005 年第 22 位埃米尔令决定成立卡塔尔投资局（Qatar Investment Authority），由卡塔尔政府全资拥有和监管，并于 2006 年开始运营。卡塔尔投资局重视学习西方经验，通过引入大量西方人才对国家财富进行管理和投资。该机构的投资领域包括全球各主要资本市场以及新兴市场的上市证券、房地产、另类资产与私人股权等，更青睐股票投资和固定资产收益投资。2008 年全球金融危机爆发后，卡塔尔投资局积极调整投资战略，投资领域和投资目的地更加多元化，其资产从 2010 年的 850 亿美元增加到 2015 年底的 2560 亿美元，在全球主权财富基金中排名第九位。埃及、英国和越南是卡塔尔最主要的对外投资目的国。欧盟近年来经济增长乏力导致投资收益率处于低位水平，2015 年卡塔尔投资局在美国设立办事处，计划未来五年在美国投资 350 亿美元，并将加大对亚太地区的投资力度。2015 年卡塔尔对外并购额达 126.7 亿美元，在中东地区位居第二。

根据世界经济论坛发布的《2011~2012 年全球竞争力报告》，卡塔尔全球竞争力居阿拉伯国家及中东国家首位。卡塔尔也是海湾合作委员会、阿拉伯联盟、石油输出国组织（欧佩克）成员国。第三届世界经济论坛阿拉伯国家 2007 年经济竞争力评估大会报告显示，卡塔尔竞争力位居阿拉伯国家第二，仅次于阿联酋。尽管 2001 年开始的反恐战争近在咫尺，而 2008 年底开始的金融风暴更是席卷全球，但卡塔尔不仅在两次灾难中都安然无损，而且经济规模还持续扩张。

目前，卡塔尔在交通运输、媒体和房地产方面已经处于国际领先水平，同时卡塔尔科技园作为带动本国知识经济发展的中心，已经有 30 多家公司入驻，涉及领域包括生命科学、石油化工、环保、电子产品和软件工程等。此外，未来 5~6 年，卡塔尔政府计划投资 1500 亿美元用于发展基础设施，为 2022 年世界杯做足准备。在新多哈国际机场、珍珠岛和梅赛伊德工业城港口等大型基础设施项目上的巨额投资也将推动非能源产业的发展。

三、经济社会发展战略及规划的制定与执行情况

在石油未发现以前，卡塔尔经济以采珠业和渔业为主。20 世纪 40 年代，石油的发现和开采完全改变了卡塔尔的经济结构。自 2006 年初首批液化天然气出口以来，卡塔尔已经成为全球最大的液化天然气出口国，液化天然气为卡塔尔带来巨额财富，国民生活水平和社会福利水平迅速提高。石油、天然气产业是卡塔尔国民经济的支柱产业。油气和石化产业收入是卡塔尔财政收入的主要来源，其产值占卡塔尔国内生产总值的 60% 以上。20 世纪 90 年代，国际油价处于低迷状态。为抵御国际油价波动对经济的影响，减少经济发展对能源产业的依赖，卡塔尔开启了经济多元化进程。1995 年哈马德任卡塔尔第九代埃米尔后推行了一系列改革，改革的核心内容是加大对天然气领域的投资开发力度。21 世纪以来，伴随油价回升，卡塔尔经济一直保持中高速增长。巨额石油美元为非石油部门发展创造了良好的条件，非油气产业也开始迅速增长。近年来，卡塔尔将举办地区和国际性会议和会展、国际体育赛事、打造国际一流媒体作为提升自身软实力的重要路径。

2008 年国际金融危机的爆发以及 2014 年底以来油价的持续下跌，推动了卡塔尔出台本国的中长期发展规划，加快推进经济多元化战略。即使坐拥丰富的油气资源，卡塔尔也居安思危积极寻求经济多样化。2008 年 6 月，埃米尔哈马德颁布第 44 号埃米尔令，批准卡塔尔 2030 国家发展规划，卡塔尔确定了长期发展目标，并制定了国家战略和实施计划的总体框架，提出到 2030 年将成为一个能够持续发展、能为国民提供高水平生活的先进国家。规划主要内容包括：加快改善国民生活水平和质量，保持经济稳步增长，重视环保、教育和卫生领域的投入，最终将卡塔尔建设成为可持续发展的发达国家。卡塔尔还提出，实现可持续发展需要依靠人力发展、社会发展、经济发展和环境发展这四大支柱。卡塔尔提出的 2030 国家发展规划，旨在利用国家财富为国民打造一个可持续、发达、具备国际竞争力且能保持阿拉伯—伊斯兰特性的经济体。

2011 年，卡塔尔政府制定了国家首个五年发展计划（2011~2016 年），旨在进一步提升卡塔尔的国际地位和影响力，拟将卡塔尔建设成海湾地区的教育和医疗中心，比肩迪拜的金融中心和商业中心。目前，卡塔尔交通运输、媒体、金融和房地产领域已处于国际领先水平。未来卡塔尔经济发展目标是以非能源产业取代传统能源产业，使非能源产业成为

带动国民经济增长的主要力量，大力发展港口运输、航天、金融、房地产、旅游、通信等服务业以及加工制造业，实现经济多元化发展，注重吸引外资和技术，并鼓励发展农业。2015 年，卡塔尔油气产业（不含化工制造业）占 GDP 的比重从 2014 年的 49%下降至36%，服务业、建筑业、制造业占 GDP 的比重分别增至 43.6%、14.5%和 8.6%。为促进经济多元化发展，2014 年卡塔尔政府宣布将建设三个经济开发区，首个开建的拉斯·布冯塔斯特（Ras Bufontast）经济开发区重点发展通信、信息技术、物流、交通运输等领域。但在中短期内，卡塔尔经济多元化政策仍需要依靠能源收入（主要是天然气收入）来保障政府主导的投资规划。

金融中心计划是卡塔尔经济多元化战略的重要组成部分。卡塔尔货币为可自由兑换货币，实行与美元挂钩的汇率政策，汇率稳定，卡塔尔国内通货膨胀率仍在可控范围之内。除传统金融中心巴林和科威特外，阿联酋迪拜和阿布扎比、卡塔尔多哈、沙特利雅得等城市都希望通过填补欧洲和亚洲之间的金融服务空白，成为海湾地区的金融中心。迄今为止，该计划已吸引众多国际金融机构和跨国企业入驻。卡塔尔金融业发展迅速，已成为非能源产业中对 GDP 贡献率最高的产业。2015 年，卡塔尔银行业以政府业务为主，资产总额超过 3000 亿美元，银行资本充足率在 15.6%左右，不良贷款率 1.5%，政府发行伊斯兰债券达 60 亿美元。根据英国一家调研公司 2016 年 9 月发布的《全球金融中心指数》，卡塔尔金融中心指数排名位于迪拜和阿布扎比之后，居全球第 40 位。无论如何，多哈已经成为中东地区最具实力和竞争力的新型金融中心之一。正处于上升期的天然气开发投资则有可能使卡塔尔避免迪拜信贷危机的厄运，2022 年世界杯足球赛等多个大型赛事所带来的基建需求，以及卡塔尔 2030 国家发展规划带来的金融服务需求令卡塔尔面临巨大的发展机遇。中东地区人口和私人财富迅速增长表明该地区资产管理需求旺盛，中东地区动荡局势亦为保险及再保险业务发展提供了重要机遇。

卡塔尔提出了实现可持续发展所面临的五项挑战：实现现代化与保护传统；当代人的需求和子孙后代的需求；有控制的增长和不受控的扩张；外籍劳工的规模和质量以及选择的发展路径；经济增长、社会发展和环境保护。卡塔尔还提出，实现可持续发展需要四大支柱：人力发展——全体国民的发展从而支持繁荣社会的稳定发展；社会发展——基于高道德标准，发展一个公正和关爱的社会，能够在全球发展协作中扮演重要的角色；经济发展——发展富有竞争力和多元化的经济，能够满足和保证国民当前和未来高水平生活的需求；环境发展——管理环境以确保经济增长、社会发展和环境保护之间的平衡。

第四节 卡塔尔经济领域的主要法规与政策

一、对外直接投资法律体系与政策

（一）投资管理部门

卡塔尔投资主管部门是经贸部。

（二）投资管理制度

1. 投资行业的规定

卡塔尔鼓励外国投资者在农业、工业、卫生、教育、旅游、自然资源、能源及采矿业的开发和利用等领域投资，允许外国投资者的股份超过项目资本的49%，直至100%，但要符合本国发展规划。卡塔尔重点扶持那些可实现最有效利用本国现有原材料的项目和出口工业；或是可提供新产品、使用新技术的项目；或致力于具有国际声誉的产业项目，以及重视人才本土化，并使用本国人才的项目。除非获得特别许可，卡塔尔禁止外国投资者在卡塔尔银行业、保险公司及商业代理和房地产等领域进行投资。

2. 投资方式的规定

外国投资者在卡塔尔投资以建立合资公司或参股经营为主，通常外国投资者投资比例不得超过投资总额的49%。

3. 对外国投资的优惠

卡塔尔石油、天然气资源丰富，资金相对比较充足，但技术和管理水平偏低，当地市场容量小，其引进外资的主要目的是引进先进的技术和管理经验，并利用外国投资者的国际销售网。卡塔尔允许外商直接投资，但一般要求外资与当地资本合资经营，并且当地资本占据多数股权，一般要求外国投资者回购产品。

4. 投资合作应注意的事项

（1）处理好与政府和议会的关系。在卡塔尔的中国公司要关心卡塔尔和海合会国家政治、经济形势的发展，跟踪卡塔尔政府各项法律、法规的变化，根据卡塔尔国家政策的变化适时调整自己的经营方针与策略，了解卡塔尔各个政府主管部门（尤其是商贸部、劳动部、内政部、市政与城市规划部等）的工作职责与权限。

（2）密切与当地居民的关系。卡塔尔是个十分富有的小国，当地人很在意外国人对他们的看法和态度，希望得到更多的尊重。在与当地人接触中应做到文明礼貌、举止得体、落落大方。占卡塔尔人口大多数的不是卡塔尔人，而是在卡塔尔常住的外籍居民，如其他阿拉伯国家的人、南亚人、东南亚人等。因此，还要注意搞好与其他国家族裔居民的关系，尊重他们各自的宗教信仰和风俗习惯。

（3）贸易方面。卡塔尔人性格豪爽、直率，谈生意习惯于以我为主，直奔主题。与卡塔尔人交往一定要尊重对方，以诚相待。一旦让卡塔尔人感到被欺骗，那么将永远失去他们的信任。由于卡塔尔市场容量有限，也出于保护自己的需要，卡塔尔商人在下订单时（尤其是初次订货时），订货量一般不大。在卡塔尔做生意，除了要与卡塔尔本国人洽谈之外，更多的是要与受雇于卡塔尔老板的外籍经理或工程师打交道。这些外籍人员包括其他阿拉伯国家的人（如巴勒斯坦、埃及、黎巴嫩等）、南亚人（如印度、斯里兰卡、巴基斯坦、孟加拉、尼泊尔等）、东南亚人（菲律宾、马来西亚等），还有少数欧美人（集中在高层）。在与这些人交往时，要注意因人而异，采取不同的谈判策略和方法。

（4）投资方面。外国公司（个人）赴卡塔尔投资多采用与卡塔尔公司或个人成立合资公司的形式。卡塔尔法律规定，外国人（包括法人）与卡塔尔人（公司）成立的合资公司，其股份不得超过49%。根据卡塔尔法律，允许外国资本在农业、工业、医疗、教育、旅游、资源与矿业开采等领域的企业中获得49%以上直至100%的股份，但有许多限制条件。

（5）工程承包方面。投标前要做好前期调研工作，了解卡塔尔国情、市场环境和通常做法，了解先期进入卡塔尔市场的公司的成功经验和失败教训。切忌仓促上阵和想当然地盲目投标，尤其不能以中国经验来生搬硬套。卡塔尔市场属准高端市场，建筑标准以英标为主，追求高标准、高材质，施工管理与中国也大不一样。中国公司在实际工作中必须做好与业主方、监理方和政府部门（如环保、安全）的配合，适应当地的情况，照顾到各方的利益和要求。

卡塔尔承包项目都实行总价合同，一旦签订，价格上就不会再变。因此，在做标书时务必要留有充分的余地。卡塔尔有严格的生态保护法，有专门保护生态的执法部门，这个部门还有"一票否决权"。在卡塔尔的施工企业要特别注意这一点，决不可掉以轻心。施工和生活中的废料、垃圾等不可随意倾倒，废水、污水也不可随意排放，否则将受重罚。租住卡塔尔当地人的住房（别墅），则对房主在院内外栽种的植物也有保护的责任和义务。

（6）劳务合作方面。卡塔尔劳动力极度短缺，所有体力劳动几乎都由外籍劳务人员承担。这为中国派出劳务人员打开了大门，但同时也决定了卡塔尔外籍劳务人员的工资水平不会很高，特别是非技术工种和非熟练工种。因此，要做好国内培训，实事求是地向外派人员讲明卡塔尔国情，包括气候条件、法律法规、宗教习俗和注意事项、工作环境及合同条款、薪金报酬等，使劳务人员在出国之前从思想上、物质上做好准备。要尽可能地由中国自己的经理人员来进行管理，以避免因语言、思维方式和生活习惯的不同而引发不必要的矛盾。

中卡已签署《关于规范卡塔尔雇佣中国劳务人员的协议》，协议附有经两国政府批准的标准劳务合同。今后凡赴卡塔尔务工人员均应以该范本为基础签署合同。

（7）其他注意事项。卡塔尔和其他海湾国家都实行担保人（Sponsor）制度，凡赴卡塔尔访问或在卡塔尔工作的外国人都必须要有卡塔尔人（或机构）作担保。担保人一旦确定，就很难更换。任何外国公司或个人赴卡塔尔之前，应充分了解有关担保人制度的规则和习惯做法，谨慎选择担保人。尽管英语在卡塔尔是通用语言，但卡塔尔官方语言是阿拉伯语，政府文件一律使用阿拉伯文，正式的法律文书也必须是阿拉伯文。因此，无论是在卡塔尔投资、做贸易还是工程承包，都要配备阿拉伯语翻译或懂阿拉伯语的雇员。卡塔尔是抵制以色列的阿拉伯国家之一，与以色列有商务往来的公司在同卡方开展业务之前应特别注意这一情况。此外据媒体报道，海合会成员国已经宣布，同性恋关系为非法，禁止同性恋者进入这些国家。

二、工程承包法律体系及基本内容

（一）许可制度

《招标法》[1976年第8号，1990年第10号（修订）]适用于卡塔尔所有政府项目的招投标，但不包括军队、警察机构和卡塔尔石油公司（QP）项目以及其他由卡塔尔内阁规定不适用此法的项目。法规主要要求如下：

（1）除非标书中另有规定，在卡塔尔投标一律使用卡塔尔里亚尔报价。

（2）标书投出后，报价就不允许再进行改动。

（3）如果标书报价出现大小写不一致的情况，以数额小的报价为准。

（4）报价有效期为90天，以开标日为准，没有固定总价的标书不予接受。

（5）投标文件必须在截止日期前送达业主，国际公司可以通过邮寄方式递送。

（6）投标保函必须按标书要求与投标文件一起全额支付。支票需由卡塔尔政府批准的银行开具无条件支票，有效期为120天（从开标日算起）。

（7）中标企业需在一周内完成与业主签约、交付履约保函（一般为承包额的10%）和做好开工准备的工作，否则有可能被投标委员会取消资格、没收投标保函并追加罚款。

（8）在承包工程施工期间，业主会指派专人对全过程进行监管，承包商必须服从监管人的指令。

（9）总承包商在将全部或部分工程分包出去之前，必须取得业主的书面同意。

（10）外国自然人不能直接在当地承揽工程承包项目，必须在当地成立合资公司。

限制方面：

（1）《招标法》规定，100万里亚尔（约27.5万美元）以下的项目仅限于本地公司（包括合资公司）投标，而100万里亚尔以上的项目则无此限制。

（2）在抵制以色列名单上列明的公司不允许在卡塔尔投标。

（二）禁止领域

卡塔尔没有禁止外国承包商进入某个领域的明确法律规定，一般在具体项目的招标公告中写明对承包商资质的要求。

（三）招标方式

（1）公开招标：在至少2家地方报纸和中央招标委员会（CTC）网站（www.ctc.gov.qa）发布招标公告，面向社会公开招标。

（2）邀标（Bids）：业主有选择地向至少3家承包商发出投标邀请（通常是通过传真方式）。此举一般在时间较紧或标的价值较低的情况下使用。

（3）直接议标（Direct Order）：业主直接与一家或两三家承包商议标。此方式一般用于特殊情况，如时间紧迫、材料供应商缺乏、标的价值较低等。

三、劳动用工法律制度与政策

（一）劳工（动）法的核心内容

（1）雇佣合同必须有阿拉伯文文本，一式3份，并经劳工部门认可。

（2）雇员工资必须在卡塔尔境内，以卡塔尔里亚尔支付。

（3）雇佣合同可以有试用期，但试用期不得超过6个月。

（4）雇员每周工作时间不得超过48小时，即每周工作6天、每天工作时间不得超过8小时；斋月期间每周工作不得超过36小时，即每天不得超过6小时。

（5）雇员加班每天不得超过2小时，即每天工作时间总计不得超过10小时；平日加班工资为日常工作的1.25倍，节假日为1.5倍。

（6）雇员在工作满3个月后可以享受带薪病休。雇员生病必须提交医生证明并经雇主同意，但带薪病休不得超过两周。病休者自第三周到第六周可享受半薪。超过6周雇主可以停发工资。

（7）雇主和雇员可以在提前通知对方的前提下，中止雇佣合同而不必提出任何理由。

（8）雇员受雇满 1 年以上的，在结束雇佣合同时有权得到工资补偿，工资补偿每年度不得少于 3 个星期的原工资，但雇员因违反工作纪律被解雇者除外。

（9）雇主必须为雇员购买医疗保险。

（二）外国人在当地工作的规定

卡塔尔本国人力资源缺乏，各部门、各行业都雇用大量外籍劳务人员。私营企业雇员、体力劳动者几乎全部是外籍劳务人员。

外籍劳务人员到卡塔尔工作，需由卡塔尔担保人向劳动部申请用工名额，获批后再到内政部办理工作签证，获得工作签证后，外籍劳务人员即可进入卡塔尔境内工作。

据卡塔尔《海湾时报》报道，卡塔尔劳工与社会事务大臣阿卜杜拉 2015 年 5 月表示，卡塔尔传统担保人制度有望被新制度取代。届时，外国工作者离境时不再需要担保人的同意，当局将在 72 小时宽限期后自动签发离境签证。外国工作者在合同结束后更换工作可以不再征求原雇主的同意。阿卜杜拉还表示，卡塔尔于 2015 年 8 月全面推行另外一项劳工制度，即劳工工资电子支付系统，此举将能够保证劳工每月按时收到工资。

四、外汇管理制度与政策

卡塔尔采取自由汇兑制度，不实行外汇管制。投资资金、贷款资金和个人所得可以自由汇出境外。

卡塔尔法律规定，如果外国公司与卡塔尔股份合资公司要将其在卡塔尔的年利润全部汇往国外，该合资公司必须将相当于其年利润 10% 的金额存入一个合法的储蓄账户，直至该账户金额达到其投资资金的 50%。这是卡塔尔对外国合资公司往国外汇款的唯一限制。

在卡塔尔，外国人和外资企业均可持担保人出具的信函在卡塔尔银行开设外汇账户。

五、知识产权保护的相关规定

（一）当地有关知识产权保护的法律法规

卡塔尔与知识产权保护相关的主要法规是《著作与相关产权保护法》。受该法保护的知识产权范围包括：书籍、口头文学（献）、戏剧作品、音乐作品、视听作品、摄影作品、实用艺术品（无论手工制作还是工业生产）、建筑装修艺术品、译著、（文章、著作）摘编、数据编制、（民间传说）整理等。

（二）知识产权侵权的相关处罚规定

对被认定侵犯知识产权的自然人和法人，将处以不少于 6 个月、不超过 1 年的拘禁；或不少于 3 万里亚尔、不超过 10 万里亚尔的罚款；也可以两项并罚。

第九章

海合会六国之科威特

第一节　科威特国家概况

一、国情简况

科威特国（The State of Kuwait），通称科威特，历史上曾是英国的殖民地，于1961年6月19日独立。该国首都科威特城与该国名称同名，位于科威特湾南岸，是阿拉伯半岛东岸最重要的深水港，全国政治、经济中心。

科威特人口396.5万（2013年），其中科威特籍人口124.3万，占总人数的38%。据《阿拉伯时报》2014年7月8日报道，依据最新统计数据科威特外籍人口数量达到2413081人，其中印度人最多，其次是埃及人和孟加拉国人。

科威特的气候不利于农业，几乎全部农产品都需进口。该国开始发展多种经济，减轻对石油的依赖程度。

二、地理位置与自然条件

（一）地理概述

科威特位于亚洲西部阿拉伯半岛东北部，波斯湾西北岸，西、北与伊拉克为邻，南部与沙特交界，东濒波斯湾，同伊朗隔海相望。科威特国土面积17818平方公里（包括阿拉伯半岛的东北角及其附近的布比延、费莱凯等岛屿）。科威特水域面积5625平方公里，海岸线长290公里。

科威特全境以荒漠为主，西南部的杜卜迪伯高平原海拔275米，为全国地势最高的地方，北部有山地，西部有莱亚哈丘陵，东北部为冲积平原，其余为沙漠平原，一些丘陵穿插其间，地势西高东低。科威特无常年有水的河流和湖泊，地下水资源丰富，但淡水极少，饮水主要来自伊拉克及淡化海水。科威特有布比延、法拉卡等九个岛屿。

（二）自然条件

科威特属热带沙漠型气候，春夏季多见沙尘暴；夏季漫长，常刮西风，干燥，气温高，最高气温52摄氏度，沥青路面80摄氏度，紫外线强；冬季短暂，最低气温可低至0

摄氏度，常刮南风，降雨量108毫米。

科威特石油和天然气储量丰富，2013年科威特已探明的石油储量为140亿吨，占世界储量的10.8%，居世界第四位。科威特南部的布尔干油田为世界最大油田之一。科威特天然气储量为1.78万亿立方米，占世界储量的1.1%。石油是科威特财政收入的主要来源和国民经济的支柱，财政收入90%以上来自石油，其产值占国内生产总值的40%，占出口创汇的95%。除开采石油外，科威特还开采丰富的海底气田。科威特非石油生产产值约占国内生产总值的60%（其中：农、渔业0.4%，制造业13.3%，电气、水0.1%，建筑业2.7%，批发、零售6.3%，餐饮旅馆业0.8%，运输、仓储和通信4.6%，金融业4%，保险业0.2%，房地产和商务服务7.3%，社区社会服务22.4%，等等）。

三、政治环境

（一）政治体制

科威特是君主世袭制酋长国，埃米尔是国家元首兼武装部队最高统帅。科威特一切法律以及与外国签订的条约和协定均由埃米尔批准生效。科威特主张维护民族独立、国家主权与领土完整，发展民族经济，实行高福利制度。海湾战争后，科威特迅速开始了战后重建工作，加强国防建设，在政府部门和经济机构中逐步推行科威特化。伊拉克战争后，科威特政府工作重心转到经济建设，陆续启动一批大型基础设施项目。萨巴赫家族统治地位牢固，政局相对稳定，安全形势良好。

（二）政体简介

1962年11月12日，科威特正式颁布宪法。宪法规定，科威特是一个主权完整、独立的阿拉伯国家；伊斯兰教为国教，其教义是科威特立法的基础；埃米尔必须由第七任埃米尔穆巴拉克·萨巴赫后裔世袭；立法权由埃米尔和议会行使，埃米尔有权解散议会和推迟议会会期；行政权由埃米尔、首相和内阁大臣行使；司法权由法院在宪法规定范围内以埃米尔名义行使；王储由埃米尔提名，议会通过；埃米尔任免首相，并根据首相提名任免内阁大臣等。

科威特国民议会于1963年1月23日成立，是立法机构，一院制。其主要职能是制定和通过国家的各项法令法规，监督国家财政执行情况，行使各项政治权力。议会通过的法案需经埃米尔批准才能生效，埃米尔有权否决或提议议会复议某项法案，但如议会仍以2/3的多数通过或在以后某届议会以简单多数通过，该法案则自动生效。议会有权就政府内外政策及有关事务向首相和大臣提出质询，要求其解释有关情况；组成调查委员会对任何事务进行调查；自由表达其观点和看法；通过对大臣投不信任票罢免其职务。议会由50名经全国选举产生的议员和现任大臣组成，每届任期4年。第14届议会于2013年8月选举产生。

科威特本届政府于2014年1月6日成立，为科威特第34届政府。

科威特禁止一切政党活动，但海湾战争后，在科威特议会选举中出现了几个主要政治派别：①伊斯兰宪章运动1991年3月成立，为穆斯林兄弟会和传统派组织，掌握许多金融和商业公司，财力雄厚，主张以温和手段促使科威特成为更遵循伊斯兰法的国家。②伊斯兰联盟系什叶派组织，主张采取温和的方式实施伊斯兰法。③宪章联盟：由商人富豪组成，多为科工商会会员。④民主论坛：1991 年 3 月成立，成员多为知识分子，自称是左派民族主义组织。强调人民权力，反对王室成员垄断内阁职位，但不反对埃米尔世袭制。⑤自由独立派：主张民主、自由和进行民主改革，成员主要是知识分子和文教、新闻界人士。

（三）政局现状

尽管反对派别不断施压要求进行宪法改革，但是现任埃米尔依然牢牢地把持着政权。他已经 85 岁高龄，王储是他的弟弟，已经 77 岁，家族内部争夺下任王储的斗争已渐进入白热化。由于王位的觊觎者们同时也是有着大批拥戴者的议员，议会里的斗争实际上也成了王位斗争的延续。按照埃米尔提出的引起广泛争议"一人一票"原则，在 2013 年 7 月选举产生了科威特第 14 届议会。2014 年 6 月，有 5 名议员因他们提起的对总理腐败调查的议案被否决而退出议会，为取代他们而进行的补充选举又受到反对派别的抵制。随着政府毫无先例地做出剥夺不同政见者公民权的决定，各方矛盾已逐渐激化。

四、社会文化环境

（一）人口和民族

科威特总人口 396.5 万，其中，科威特公民 124.3 万，占总人口的 31.3%，外籍侨民约 272.2 万，占 68.7%。外籍人员大部分为来自其他阿拉伯国家或印度、巴基斯坦、孟加拉国、泰国、菲律宾等南亚和东南亚国家的劳工。阿拉伯语为官方语言，但由于外籍人员众多，因此也通用英语。科威特不承认双重国籍，因此外国人加入科威特籍较为困难。科威特人口 90% 以上居住在城市和沿海一带，集中在科威特市及石油产区，而沙漠和有着少许绿洲的内陆地区，则居住着少数农牧民。

（二）宗教信仰

伊斯兰教为国教，居民中 95% 信奉伊斯兰教，其中约 70% 属逊尼派，30% 为什叶派。

（三）社交习俗

科威特人殷勤好客，主人招待客人热情慷慨。科威特流行一种特殊的待客习俗，远方的客人即使是陌生人，也要在家中留宿 3 天以上，天天以丰盛的饭菜招待，3 天之内主人不问客人姓名，也不介绍自己的姓名，以此来表示自己的热情。科威特人招待客人吃饭时，请 1 个客人要准备 3 个人以上分量的饭菜，不能出现饭后盏干盘净的场面，剩下的饭菜要比吃掉的多，以显示主人对客人的慷慨和大方。

科威特女性可以去有男宾的公共场所，在家里一般不见男宾。男女之间的见面礼是相互点头致意。女性在必须同男宾握手的情况下，需撩起自己衣袍的一角，包住自己的手，同男性礼节性地握一下，从而避免同男宾的肌肤直接接触。科威特的穆斯林认为，只能向安拉鞠躬、低头，因而在科威特没有见面行鞠躬、低头礼的习俗。科威特女性一向很注重穿着，在不同场合穿不同衣服，女性随年龄变化衣着也有变化。

当地气候十分炎热，一年只分冬夏两季，冬季大约于 12 月开始，可以持续两个月或稍长一些时间。科威特人喜欢养鹰，在放鹰季节，养鹰人会带上自己精心饲养的鹰离开城市到南部沙漠，这些沙漠与沙特王国相连，延伸至阿联酋。为了放鹰，科威特人越过国境是常有的事，不会被追究。鹰价格昂贵，有的可高达 3000 科威特第纳尔。因此，富有的人才能养鹰，有时，为了物色到上好的鹰，他们不惜远程旅行，到世界各地花重金购买。如果送给科威特人一只好鹰，那可算是极为昂贵的礼物了。

（四）商务礼俗

若是在冬天去科威特，宜穿保守式样西装，到政府机关或大公司拜会须先预约。和其他中东国家一样，科威特人每次见面，至少得喝两杯土耳其咖啡或两份饮料。科威特人约会，往往不准时。科威特禁酒，有关酒的注意事项必须知晓。做生意时，销售姿态宜低，宜持印有阿拉伯文对照的名片。商务活动，最好于 11 月至翌年 4 月天气较凉时前往，避免斋月往访。当地假日年年不同，行前宜先查询。

（五）饮食习俗

鱼是科威特人的重要食品，祖贝德鱼最受他们的欢迎，并被认为是世界上味道最美的鱼种。在科威特，许多人家的墙上都挂有祖贝德鱼的图片，他们常以此为骄傲。他们很喜欢吃中餐，他们把中餐视为世界上最好的饭菜。他们用餐习惯席地而坐，用手抓饭吃。但近年来受外界的影响，很多人也开始使用饭桌和椅子。

（六）民俗

科威特以尊重科威特伊斯兰教作为国家的信仰。科威特禁止西方保险品种如人身险和人寿险等。

迪瓦尼亚原意是"客厅"，是科威特居民开设的、用于男人与亲朋好友聚会聊天的、单独的帐篷或客厅。它很早之前就有，一直很时兴，早期是渔民闲时交换鱼情、聊天气和家常生活的场所。现在迪瓦尼亚是对商会热点、焦点话题进行讨论的形式，类似研讨会，已成为科威特社会商业和政治生活的核心。各家族迪瓦尼亚举办的时间，每周均在报上公布。除名流显贵、女强人举办的迪瓦尼亚外，一般均无妇女参加。

五、外交政策

科威特奉行温和平衡的外交政策，致力于维护阿拉伯国家团结和海湾合作委员会国家的协调合作，以维护海湾地区安全稳定。1990 年海湾战争后，科威特同美国等西方国家关系更加密切，科威特境内一直有美军驻扎，同时，科威特高度重视同其他大国关系，积极地发展同中国等亚洲国家的合作。科威特是联合国、阿拉伯国家联盟、海湾合作委员会等国际和地区组织成员国，迄今已同 120 个国家建立外交关系。

六、中国与科威特的双边关系

（一）外交关系

1971 年 3 月 22 日，中科建交。建交以来，两国关系稳步发展。中国作为安理会常任理事国，一贯支持科威特的独立、主权和领土完整，支持科威特在解决海湾战争遗留问题上的合理要求。科威特在人权、涉台、涉藏等问题上给予中方坚定支持。

中科友好合作关系继续巩固和发展，两国保持各层次友好交往。2008年12月，李克强副总理访科威特。2011年2月，胡锦涛主席特使、国家体育总局局长刘鹏访科威特并出席科威特庆50周年暨解放20周年庆祝活动。2012年10月，全国政协副主席孙家正作为胡锦涛主席特别代表赴科威特出席亚洲合作对话首次首脑会议。2013年11月，民政部长李立国作为国家主席习近平特使出席在科威特举行的第三届阿拉伯和非洲国家峰会。

2009年5月，科威特埃米尔萨巴赫访华。2010年6月，科副首相兼外交大臣穆罕默德来华出席中国—海合会首轮战略对话。2013年2月，科威特埃米尔特使尤素福，首相特使、计划和发展事务国务大臣兼议会事务国务大臣罗拉分别访华；9月，科威特贸易和工业大臣安纳斯作为主宾国代表出席在银川举行的2013中国—阿拉伯国家博览会。2014年1月，科威特第一副首相兼外交大臣萨巴赫来华出席中国—海合会第三轮战略对话；同年6月，科威特首相贾比尔访华并出席中阿合作论坛第六届部长级会议开幕式。

（二）经贸关系

1. 贸易关系

中国与科威特签署的经贸协定主要包括：1980年10月两国政府签订《贸易协定》。1985年11月两国政府签订《鼓励和相互保护投资协定》。1986年11月15日两国政府签订《关于成立经济、技术和贸易合作混合委员会的协定》。1989年11月25日两国政府签订《经济技术合作协定》《避免双重征税协定》。2004年7月中科签订《经济技术合作协定》《石油合作框架协议》。海湾合作委员会还同中国签署了《经济、贸易和技术合作框架协议》。中科双边贸易情况如表9-1所示。

表9-1 2008~2016年中国和科威特贸易情况

年份	双边贸易总额		中国对科威特出口		中国自科威特进口	
	金额（万美元）	同比变化（%）	金额（万美元）	同比变化（%）	金额（万美元）	同比变化（%）
2008	679011.60	—	175130.13	—	503881.47	—
2009	504360.37	-25.72	154268.29	-11.91	350092.08	-30.52
2010	855738.037	69.67	184859.23	19.83	670878.80	91.63
2011	1130361.92	32.09	212841.46	15.14	917520.45	36.76
2012	1255648.32	11.08	208931.85	-1.84	1046716.47	14.08
2013	1226214.71	-2.34	267550.89	28.06	958663.82	-8.41
2014	1343355.14	9.55	342872.43	28.15	1000482.71	4.36
2015	1125906.52	-16.19	377594.01	10.13	748312.50	-25.20
2016	937117.08	-16.77	300088.65	-20.53	637028.43	-14.87

资料来源：联合国商品贸易数据库。

2. 投资关系与国际工程承包

科威特不仅资源丰富，而且政局稳定、法律健全、市场需求较大，主权信用较高，开放程度居领先水平，对外国投资者有较强的吸引力。据英国智库列格坦研究机构发布的

2015年"繁荣指数"排名，科威特在阿联酋之后，位列阿拉伯国家"繁荣指数"排名第2位。世界银行发布的2018营商便利指数排名中科威特得分62.2，在190个经济体中排名第97位。美国智库传统基金会（The Heritage Foundation）和《华尔街日报》共同发布的《2018经济自由度指数》显示，2018年科威特经济自由度在180个经济体中排名第81位，得分62.2。科威特全球化指数在阿拉伯国家中排名第四位，全球排名第45位。世界经济论坛《2017~2018年全球竞争力报告》显示，科威特在全球最具竞争力的137个国家和地区中，得分4.43，排第38位。

中科双边投资发展较快，截至2015年底，科威特对华投资累计达3.04亿美元，在中国人民币市场QFII投资额度达25亿美元，科威特阿拉伯基金向中国的37个项目提供优惠贷款9.7亿美元。而2015年中国对科威特直接投资流量1.44亿美元（见表9-2），中国对科威特直接投资存量5.44亿美元。

表9-2　2005~2016年中国与科威特双边投资情况　　单位：万美元

年份	2005	2006	2007	2008	2009	2010	2011	2012	2013	2014	2015	2016
中对科	0	406	−625	244	292	2286	4200	−1188	−59	16191	14444	5055
科对中	45	10	29	63	54	47	25	0	—	—	—	—

资料来源：《中国对外直接投资统计公报》《外商投资报告》。

2014年底，中国公司在科威特累计签订工程承包合同额98.5亿美元，完成营业额60.5亿美元。

七、科威特在"一带一路"沿线国家中的地位

科威特位于亚洲西部、波斯湾西北岸，油气资源丰富，是世界上重要的能源大国。石油、天然气工业为科威特国民经济的支柱产业，近年来金融、贸易、旅游、会展等多元化产业发展形势良好。在发展与美国等国关系的同时，科威特更加积极地开展同亚洲国家的合作。科威特作为中东地区重要商业和金融中心之一，是"一带一路"建设的重要组成部分。

科威特是最早欢迎并支持"一带一路"建设的国家之一。科威特以创始成员国身份加入亚洲基础设施投资银行，将科威特和中国经贸合作提升至更高水平。2014年6月，访问中国的科威特首相贾比尔与中国总理李克强共同出席了双方10份合作协议或备忘录的签字仪式，其中就包括《科中关于丝绸之路经济带和科威特丝绸城建设合作谅解备忘录》。作为参与"一带一路"的大手笔，科威特计划耗资1320亿美元，在北部沿海地区兴建一座新城——"丝绸之城"，计划包括兴建一座1000米高的摩天大楼。"丝绸之城"计划于2033年全部建成，可容纳70万名居民，将以大型公路连接首都科威特城，以铁路接通中东、欧洲和中国等国家和地区。科威特政府希望这座新建城市成为贸易枢纽。目前，中国企业在科威特参与建设的项目达69个。2015年，两国新签合同额超过10亿美元，比2014年增长一倍，特别是在能源、通信和建筑承包工程等领域实现大幅增长。2017年6月8日，由中建钢构承建的中东地区最大的大学城项目——科威特大学城ACSF项目钢结

构工程第一批构件顺利进场。大学城项目基础建设丰富，建成后将成为科威特校园建筑的典范，也将成为世界上最大的大学之一。

未来，中国与科威特在"一带一路"中的经贸合作将继续加深，预测将集中在以下领域：①石油产业：科威特石油公司制定的 2020 年发展战略规划，致力于在先进的石油化工技术领域同外国伙伴合作，积极扩建和更新现有炼油设施，中国石油公司多年来一直关注此类项目。②基础设施建设："2035 发展愿景"计划实施的重要一步即为完善基础设施建设，包括交通运输、供水、电力、房屋建设等方面。政府对外招标，吸引了大批外国公司的进入。③服务行业：随着人口不断增多和全球化进程的推进，科威特需要越来越多的医疗保健、观光、电信、金融等相关服务，近年来科威特政府对服务业的发展也给予了高度重视。④高科技产业：科威特政府注重引进外国高科技技术和专业型人才，主要有电子网络技术、电信、软件开发、环保产业、先进的石油技术等领域。

科威特是中东地区较为安全和稳定的投资目的国，是中国"走出去"和建设"一带一路"在中东地区的重要一环。但是投资的风险也不容忽视，中国资本入科威特前需做好充分的分析和预测，尽量防范风险以保障投资安全，进而促进中科经贸关系的稳步健康发展。

第二节　科威特的经济发展状况

一、经济概况

（一）主要宏观经济

根据 IMF 的分析和预测，虽然国际油价未来持续回升，但此前持续低迷的油价已对石油出口国的财政收入、对外头寸以及财政融资需求造成负面影响。为此，科威特政府已采取一系列措施，减少财政支出，促进私人投资环境的发展。目前最严峻的挑战在于，在巩固财政收支的基础上继续推进改革，确保居民未来的高生活标准，同时为私人投资创造动力。2015 年后，在市场信心恢复影响下，科威特实际非石油 GDP 增长已回温并接近 2.5%（2017 年数据）。然而，由于欧佩克减产协议，科威特石油产量在 2017 年减少 6%，导致总实际 GDP 下降 2.5%。能源和水价格走高，房屋和食品价格降低导致通货膨胀率降至多年以来的最低值（1.8%）。2016 年，科威特经常账户第一次出现赤字，但未来油价回升可能会改善国际收支账户。在科威特政府削减财政支出的努力下，其财政收支状况有所改善，然而融资需求仍维持较高水平。科威特银行系统保持稳健，信贷规模增长有所减缓。2017 年第二季度，银行保持高资本（风险资本 18.3%），稳定的收益率（资产收益率 1.1%），低不良贷款（比率 2.4%）以及较高贷款损失储备金（超过 200% 覆盖率）。私人存款在近几年有所下降，但部分流失被公共部门存款的增加所抵消，并且一些银行已经开始在国际市场进行融资。以 2016 年 7 月为基数，私人信贷规模增长有所下降，基本维持在 5.5%，银行资产流动性亦充足。科威特中央银行除了在 2017 年 6 月对证券利率有所调整外，过去几年中在利率政策方面与美联储保持一致，即提高利率。受此影响，银行间拆解率有所提高，但银行贷款率的增长幅度有所降低。房地产业的发展在近年来受到冲击，不良资产增加。科威特整体融资需求依然较高，整体经济发展是乐观的。伴随科威特经济改革的深入，实际 GDP 将保持增长趋势（见表 9-3）。

表 9-3　科威特宏观经济情况一览表

年份	2013	2014	2015	2016（预计）	2017	2018	2019	2000
石油和天然气部门								
总石油和天然气出口（10 亿美元）	108.6	97.6	48.5	41.5	45.3	47.4	49.4	51.5
石油出口均价（美元/桶）	105.5	96.5	49	41.7	49.1	49	49.4	50
原油产量（百万桶/天）	2.93	2.87	2.86	2.95	2.71	2.83	2.93	3.02
宏观指标（年度百分比变化）（%）								
名义 GDP（市场价格，10 亿科威特第纳尔）	49.4	46.3	34.5	33.5	35.9	38.1	40.5	43.1
名义 GDP（市场价格，10 亿美元）	174.2	162.7	114.6	110.9	117.3	124.3	132.3	140.9
实际 GDP	0.4	0.6	-1	2.2	-2.5	3.9	3.3	3.2
实际石油 GDP	-1.8	-2.1	-1.7	2.3	-6	4.6	3.5	3
实际非石油 GDP	4	5	0	2	2.5	3	3	3.5
CPI（平均）	2.7	3.1	3.7	3.5	1.8	2.5	3.7	3.2
失业率	4.7	5	4.7	3.3	—	—	—	—
财政收支（按市场价格占 GDP 百分比）① （%）								
收入	73.8	67.3	52.5	51.9	52.5	51.4	50.9	50.1
石油收入	60.3	51.9	35.3	34.3	35.2	34.6	33.9	33.3
非石油收入	13.6	15.3	17.2	17.6	17.4	16.8	17	16.9
投资收益	9	10.5	13.6	14	13.7	13.2	12.8	12.3
支出②	38.3	48.8	52.5	51.7	50.9	49.9	49.7	49.3
支出	34.1	43.3	44.8	44	43.2	42.2	41.8	41.3
资本	4.1	5.4	7.6	7.7	7.7	7.8	7.9	8
收支平衡	35.5	18.5	0	0.2	1.7	1.5	1.2	0.9
非石油收支平衡（占非石油 GDP 百分比）③（%）	-91.2	-102.5	-87.7	-80.8	-79.4	-76.9	-74.5	-72.4
除去石油相关津贴和收益（占非石油收益百分比）（%）	-70.7	-81.2	-77	-72	-71.2	-69.9	-67.8	-65.8
总负债（1 年）④	3.1	3.4	4.7	9.9	19.1	27	32.3	36.8
货币与信贷（百分比变化）（%）								
非外国资产⑤	11.4	3.6	-2.1	8.7	-3.4	-0.4	-0.4	0.5

续表

年份	2013	2014	2015	2016（预计）	2017	2018	2019	2000
非政府部门资产	7.2	5.2	7.6	2.9	5.1	7.1	7.9	8
科威特第纳尔三个月存款率（年平均；%）	0.7	0.8	0.8	1.1	1.7	—	—	—
未加权股票指数（年度百分比）	27.2	-13.4	-14.1	2.4	14.7	—	—	—
对外经济指标（单位：10亿美元）								
商品出口	115.8	104.5	54.5	46.5	50.7	53.1	55.5	58
其中：非石油出口	7.2	7	6	5	5.4	5.8	6.1	6.5
年度百分比变化	6.6	-2.8	-14.1	-15.7	7	6.6	6.2	6.1
商品进口	-25.6	-27	-26.5	-26.4	-27	-28	-28.8	-29.8
经常账户	70.2	54.4	4	-5	0.1	-0.6	-0.3	0.2
占GDP百分比	39.9	33.4	3.5	-4.5	0.1	-0.5	-0.2	0.1
国际储备资产⑥	32.2	32.3	28.3	31.2	31.8	32.9	34.5	36.4
汇率（美元兑1科威特第纳尔，一段时期平均值）	3.53	3.52	3.32	3.32	3.31	—	—	—
名义有效汇率（百分比变化）	1	1.4	3.1	0.9	0.4	—	—	—
实际有效汇率（百分比变化）	0.8	1.9	4.8	2.9	-0.3	—	—	—
主权评级	AA	AA	AA	AA	AA	—	—	—

注：①以一财政年为周期（4月1日至次年3月31日）。②起始于2016～2017财政年，期间部分支出项目有所调整，故出现两项财政数据。③除去投资收入及养老金资本结构调整变动。④除去科威特主权财富基金负债。⑤除去SDR及在IMF储备头寸。⑥不包括科威特官方投资的外部资产。

资料来源：科威特官方数据和IMF预测数据。

（二）产业结构及主要优势产业和产品

石油、天然气工业为科威特国民经济的主要支柱。科威特经济总体上以石油、天然气和石化工业为主，产业结构相对单一。科威特石油和天然气储量丰富，现已探明石油储量1049亿桶，居世界第5位；天然气储量为1.78万亿立方米，居世界第19位。石油出口占该国政府收益超过90%及名义GDP的50%。其次是服务业，约占GDP的30%，主要行业包括社区、社会及个人服务、金融、保险及房地产、租赁及商业服务。科威特的主要制造业也主要与石油有关，例如，炼油和石化。然而，受全球油价下跌的影响，科威特同其他石油输出国组织成员与非石油输出国组织成员的产油国商定，持续减少原油生产量，截至2018年3月，科威特国内生产总值收缩0.2%，到2018年才重返正轨，增长3.2%。根据科威特国民银行（NBK）的资料，预期非石油业领域的GDP增长将轻微扩大，达3.5%~4%，主要由于科威特政府致力推行《科威特发展计划》的多个大型项目，抵消了消费放缓带来的影响。作为海合会成员国，科威特于2018年1月起实施了5%的商品及服务增值税，这在某种程度上是补偿石油收益下降的一项措施。

科威特服务业收入约占非石油收入的一半，较低的通信和卫生收费极大地拖累了科威特服务业收入的增长。每年有大量的科威特人外出旅游度假，旅游消费庞大。

科威特可耕地面积约 14182 公顷，无土培植面积约 156 公顷。近年来，政府重视发展农业，农业产值不断增加（见表9-4）。科威特以种植蔬菜为主，农牧产品主要依靠进口，渔业资源丰富，盛产大虾、石斑鱼和黄花鱼，年产量在 1 万吨左右，产值约 1060 万第纳尔。

表 9-4　科威特农业、工业、制造业增加值一览表

年份	农业增加值（亿美元）	制造业增加值（亿美元）	工业增加值（亿美元）
2010	5.21	69.00	762.52
2011	6.76	86.46	1120.17
2012	6.26	103.82	1302.26
2013	6.18	102.40	1273.10
2014	7.34	90.13	1143.89
2015	7.88	76.84	637.42

二、国内市场状况

根据科威特中央统计局统计，2015 年科威特批发和零售总额为 16.18 亿第纳尔（约56.77 亿美元），占当年 GDP 的 3.5%。科威特国籍居民储蓄率偏低，侨民的储蓄率相对较高。科威特人民生活支出取决于收入水平，差别很大，高收入阶层人均月生活支出（不包括住房、旅游）费用为 100~150 第纳尔；中等收入阶层为 80~100 第纳尔；低收入阶层则为 20~50 第纳尔。

以 2007 年物价指数为基准，2010~2016 年，科威特通货膨胀指数分别为 4.0%、4.8%、2.9%、2.7%、2.9%、3.3% 和 3.3%。为抑制通货膨胀造成的影响，科威特政府曾于 2008 年4 月发布增加生活补贴的命令，科威特籍人员每月补贴 120 第纳尔（约 445 美元），非科威特籍人员每月补贴 50 第纳尔（约 185 美元）。由于政府对食品的补贴，科威特基本生活食品支出占收入的比重低于其他日用品支出所占比重。另外，每种商品的具体价格由于产地不同差别也很大。由于蔬菜和水果主要依靠进口，价格相对较高。

三、基础设施建设状况

科威特有四通八达且现代化的高速公路网络。根据科威特中央统计局统计，截至 2016 年，全国铺装路面总长 7518 公里，其中高速公路约 300 公里。科威特汽车保有量为 192.5 万辆，较上年增长 8.8 万辆，其中私人汽车 155.3 万辆、出租车 1.7 万辆、公共汽车 3.2 万辆。由于科威特没有铁路系统，大部分居民旅游时选择汽车出行。科威特的公共交通系统几乎全部由公共汽车组成。国有的科威特公共交通公司成立于 1962 年，其运营的路线不仅贯穿科威特，而且可到达海湾其他国家。科威特主要私营巴士公司是 CityBus，运营

约 20 条国内线路。另外一家私营巴士公司科威特海湾公共交通服务公司成立于 2006 年，它的服务范围包括国内及通往邻近阿拉伯国家。

科威特境内目前没有铁路，《五年经济发展计划》确立了科威特地铁项目。该项目由两个阶段组成：第一阶段铺设 245 公里，连接到伊拉克和沙特边境；第二阶段铺设 171 公里，连接科威特城和国内其他地区。

科威特有两座国际民用机场、两座军用机场，其中科威特国际机场是跨国飞行的主要机场。科威特国际机场距科威特城市中心 16.5 公里，全天候运营，有两条长 3 公里的跑道，由科威特民航总局管理，燃料由民航科威特航空燃料供应公司供应，食品由科威特民航服务公司供应。根据科威特中央统计局统计，2015 年进出港航班共 9.5 万架次，客流量 1120 万人次，货运量 18.6 万吨。目前，中国与科威特之间没有直航，航班需要在迪拜、阿布扎比或者多哈等地中转。国有的科威特航空是国内最大的航空公司。2004 年，科威特第一家私营航空公司半岛航空成立。

科威特海运业在整个海湾地区颇具规模。科威特的石油和碳氢产品从艾哈迈迪、阿卜杜拉、祖尔和舒埃巴四个港口出口，非石油产品进出口则集中在舒威赫、舒埃巴两个港口，多哈港仅供近海岸机帆船靠泊装卸。2015 年，抵达科威特舒威赫等三大港口的商船数量约为 1.08 万艘，商用货物（不含石油化工产品）年吞吐量 4127 万吨。科威特港口管理局管理并运营科威特的各个港口。科威特政府于 2007 年开始建设布比延岛（Bubiyan Island）大穆巴拉克港（Mubarak Al-Kabeerport）项目。到 2018 年，该港口将成为促进科威特整个交通部门发展的主要动力，也将在很大程度上使科威特在海合会成员国中成为港口基础设施总价值较高的国家。

为达到计划订立的经济多元发展目标，科威特政府积极发展基础设施建设。最瞩目的项目是占地 250 平方公里的"丝绸之城"（City of Silk 或 Madinat al-Hareer）。它包括一座高达 1001 米的大楼，并配有住宅、商业、教育和康乐设施，以及吸引游客的酒店和国家公园，预期 2033 年完工，成本估计达 940 亿美元。科威特政府有庞大的石油收益支持，财政状况稳健，有能力进行计划内的建造项目。

科威特虽然人口不多，但信息产业却在海湾地区排第三位，仅次于沙特和阿联酋。据科威特中央统计局统计，截至 2015 年，科威特共有 48.4 万条固定电话线路，移动电话线路 737.3 万条。

科威特目前拥有 9 个发电厂，2014 年总发电量为 651.4 亿千瓦时，总输送电量 575.5 亿千瓦时，这些发电厂同时备有海水淡化设备，每年为科威特居民提供 1304.6 亿加仑的饮用水。发电厂的燃料既有天然气，也有石油。随着人口的不断增长和带有福利性质的低价政策的出台，科威特对电力与水的需求迅猛增长。夏季电和水的消耗更为突出，因为科威特夏季气温通常达到 50 摄氏度以上，居民不得不大量使用空调设备。据《科威特时报》2016 年 4 月 5 日报道，科威特科学研究院目前正在启动多项可再生能源项目，如发电能力为 70 兆瓦的 Shagaya 综合发电项目，并建议政府对可再生能源发电进行直接补贴，在 2030 年将可再生能源发电比例提升至 15%。

发展计划内其他项目进展不同。例如，Sheikh Jaber Al-Ahmad 大桥已于 2019 年建成通车，来往科威特城、萨比亚海角及布比延岛的车程已由 1.5 小时缩短至 20 分钟以内。科威特城地铁则预期于 2023 年完成。鉴于民众对公共房屋需求增加，科威特公共房屋福利局亦已宣布，计划在2020年前建成174000个房屋单位。

四、对外贸易发展状况

对外贸易在科威特经济中占有重要地位。科威特经济的对外依存度较高，除石油以外其他商品均依赖进口，但始终为贸易顺差（见表9-5）。2014年，受到国际石油价格变动影响，出口总额下降。科威特的出口商品以燃料（石油等）为主，常年占科威特货物出口的90%以上（见表9-6），2015年受国际油价波动影响，比重略有下降（89.11%），总体出口商品结构较为单一。排在科威特进口商品前五位的分别是公路车辆、通用机械、电子通信产品、其他制造业产品以及服装（见表9-7）。目前，科威特主要出口地为韩国、中国、日本、印度及美国。主要进口来源地有中国、美国、阿联酋、日本和德国。

表9-5　2010~2015年科威特对外贸易基本情况

年份	进出口总额 （亿美元）	贸易增长率 （%）	出口总额 （亿美元）	进口总额 （亿美元）	贸易差额 （亿美元）
2010	1119.89	—	769.54	350.35	419.19
2011	1420.13	26.81	1127.75	292.38	835.37
2012	1644.82	15.82	1300.86	343.97	956.89
2013	1652.45	0.46	1234.13	418.32	815.81
2014	1492.69	-9.67	1114.13	378.57	735.56
2015	986.81	-33.89	620.14	366.67	253.47

资料来源：根据"一带一路"数据库和世界银行数据整理得出。

表9-6　2010~2016年科威特货物贸易出口结构

年份	货物出口 （BOP，亿美元现价）	燃料 （%）	制造业 （%）	食品 （%）	矿石和金属 （%）	农业原材料 （%）
2010	671.30	92.75	6.56	0.34	0.24	0.10
2011	1028.55	94.85	4.62	0.28	0.18	0.08
2012	1196.43	—	—	—	—	—
2013	1157.45	94.22	5.13	0.42	0.16	0.07
2014	1047.914	95.22	4.14	0.42	0.16	0.06
2015	553.36	89.11	9.23	0.93	0.25	0.07
2016	466.80	—	—	—	—	—

资料来源：根据"一带一路"数据库整理，商品结构主要指各项占货物贸易出口的比值。

表 9-7　2010~2016 年科威特货物贸易进口结构

年份	货物进口额（BOP，亿美元现价）	制造业（%）	食品（%）	矿石和金属（%）	燃料（%）	农业原材料（%）
2010	195.69	80.91	15.38	2.34	0.75	0.52
2011	225.97	79.12	17.01	2.55	0.66	0.55
2012	242.41	—	—	—	—	—
2013	255.76	80.95	15.34	2.36	0.73	0.54
2014	273.85	80.12	15.92	2.51	0.68	0.61
2015	273.43	79.76	16.16	2.57	0.64	0.55
2016	261.06					

资料来源：根据"一带一路"数据库整理，商品结构主要指各项占货物贸易进口额的比值。

2010~2016 年科威特服务贸易出口结构如表 9-8 所示。

表 9-8　2010~2016 年科威特服务贸易出口结构

年份	商业服务出口额（现价亿美元）	交通服务（%）	计算机、通信和其他服务（%）	保险与金融服务（%）	旅行服务（%）
2010	84.29	50.13	42.22	4.23	3.42
2011	95.03	53.48	37.92	5.24	3.37
2012	82.50	49.46	41.77	3.61	5.16
2013	55.94	22.91	60.33	11.44	5.31
2014	56.84	29.31	54.39	9.80	6.50
2015	54.66	30.17	49.88	10.80	9.15
2016	49.68	24.58	52.13	11.21	12.09

资料来源：根据世界银行 WDI 数据库整理，商品结构主要指各项占服务贸易出口额的比值。

2010~2016 年科威特服务贸易进口结构如表 9-9 所示。

表 9-9　2010~2016 年科威特服务贸易进口结构

年份	商业服务进口额（现价亿美元）	交通服务（%）	计算机、通信和其他服务（%）	保险与金融服务（%）	旅行服务（%）
2010	143.23	28.07	18.43	8.58	44.92
2011	175.85	34.62	11.10	8.42	45.86
2012	200.14	32.17	13.42	8.19	46.21
2013	198.73	26.04	21.83	3.56	48.57
2014	223.37	24.84	21.72	2.99	50.44
2015	220.82	23.32	16.55	4.07	56.07
2016	254.24	20.56	27.19	4.36	47.90

资料来源：根据世界银行 WDI 数据库整理，商品结构主要指各项占服务贸易进口额的比值。

五、对外直接投资发展状况

为吸引外商投资,科威特于2013年颁布新《外国直接投资法》,让外国投资者较易取得投资许可证。根据新法,政府于2014年设立新公共机构科威特直接投资促进局(KDI-PA),提供一站式服务平台,并且简化投资审批发牌程序,该局须于接到申请后30日内答复是否签发许可证。

科威特直接投资促进局鼓励外商直接投资多个领域,包括基建、环境服务、石油及天然气下游化工制造、教育培训、医疗保健、综合房屋项目与城市发展、仓储物流服务、银行、金融服务和保险、旅游、科技、文化、媒体及市场营销等。

外国投资者享有长达10年的免缴企业所得税优惠,进口机械和半制成品亦可豁免关税。此外,外商在大部分行业均可投资及设立独资公司。根据科威特直接投资促进局于2015年2月颁布的负面清单,外商不得投资某些领域,例如,上游石油业及国防。为鼓励外商直接投资,科威特国会于2016年通过把企业所得税率统一调整为10%,代替此前向外国公司和本地公司分别征收15%和最高5%的差别税率制度,营造公平的竞争环境。

2016年,外商在科威特的累计直接投资金额达143亿美元,较2015年减少2.4%。中国商务部资料显示,近年中国在科威特的投资持续增加,累计直接投资金额由2010年的5090万美元上升至2015年的5.436亿美元。

六、金融业发展状况

科威特的金融业发展在海湾国家中名列前茅。目前,科威特除中央银行外,共有11家银行,包括科威特国民银行、海湾银行、艾赫里银行、科威特中东银行、布尔干银行和科威特商业银行等。另有12家外资银行分行,包括花旗银行、汇丰银行、中国工商银行等。2015年,科威特中央银行贴现率为2.25%。科威特国民银行(National Bank of Kuwait)于1952年成立,是科威特最早的本土银行,也是科威特和海湾地区第一个股份制公司。科威特国民银行的业务遍及黎巴嫩、约旦、伊拉克、埃及、巴林、沙特阿拉伯、阿联酋及土耳其。穆迪、标准普尔及惠誉评级给予科威特国民银行高信贷评级,该银行已连续11次跻身全球50家最安全银行之列。科威特国民银行在中国上海设代表处。

20世纪70年代末至80年代初,伴随石油经济的繁荣,科威特出现了名为Soukal-Manakh的民间股票交易市场,在最鼎盛的时候,该市场的股票市值超越了英国、法国,位列世界第三。1982年,为了遏制疯狂的投机行为以及不当监管,科威特政府成立了新的股票交易所,即科威特证券交易所。2000年8月,科威特议会颁布了《外国资本间接投资法》,除银行外,允许外国投资者拥有上市公司100%的股份;同时,允许非科威特投资者持有和买卖银行的股票。经中央银行批准,非科威特投资者可以持有一家银行5%~49%的股份。科威特证券市场运行较为良好,在资金配置和推动产业结构调整和升级方面,发挥着举足轻重的作用。

科威特的资产管理业非常发达。科威特的投资公司管理的资产规模在海湾国家仅次于沙特。根据科威特金融中心预估,科威特的公司拥有的资产占整个海湾国家的1/3。在科威特证交所上市公司总市值持续多年在海湾国家位列第二（仅次于沙特）。近些年，科威特的投资公司也在海外进行了大量投资，外国资产的数量已远远超过所持的本国资产。

1961 年 12 月底，科威特国独立之后不到半年，宣布设立科威特阿拉伯经济发展基金会。基金会设立至今已有 1/4 个世纪，它有力地促进了阿拉伯各国及许多发展中国家的经济建设。

科威特货币为第纳尔（KD，第纳尔），可自由兑换。科威特中央银行《2015 金融稳定状况报告》显示，2016 年科威特外汇市场第纳尔对美元汇率贬值 0.8%。科威特货币实行盯住一篮子货币政策，从而减少了其汇率波动。人民币与科威特货币不可直接结算。外汇管理方面，现金与资本账户可在科威特境内的任何一家银行或"钱庄"自由兑换，无条件交易。目前，股票、贷款、利息、利润以及个人存款可不受任何限制地转入转出科威特。投资者也可将其投资的全部或部分转让给其他外国或本地投资者。但据《阿拉伯时报》2016 年 5 月 30 日报道，科威特议会法律事务委员会将很快批准对在科威特外国人征收国外汇款税的法案。征税的税率方案为，向外汇款 100 第纳尔以下的，征收税率为 2%；100～500 第纳尔的，征收税率为 4%；500 第纳尔以上的，征收税率为 5%。所征收的税款将直接缴纳至国库，另外，对通过其他渠道汇款并避税的，将处以 6 个月以下监禁并处最高至 1 万第纳尔的罚金。

融资环境方面，外国公司在科威特进行贸易与项目融资的渠道很多，其中包括世界级的商业银行、投资公司和伊斯兰金融机构。外国公司只要提供它们的财务报表或者有信誉良好的银行作担保，就可以直接获得科威特银行融资的便利。针对客户委托的要求，科威特的银行可以采取不同的融资方法，包括直接支付、提前付现、单据托收、信用证和银行保函。在科威特中央银行监管下的商业银行，都符合国际银行的标准，还有三家专门的政府银行提供中长期融资。外国公司可以通过代理来分配与当地银行签订合同的所得。通过当地的代理或者与科威特同行合资的企业，外国公司就可以获得融资。除此之外，外国公司还可以通过当地一些大的代理机构，如投资公司或银行，以公司的名义在科威特发行第纳尔债券。发行债券必须提交公司的财务状况和一份市场调查报告，需要经过科威特中央银行的批准。作为一种融资手段，发行债券的优点在于可以避免合同期间发生汇率波动。把融资方案写入项目计划书中，也可以为外国公司带来极大的便利。

七、营商环境

根据世界银行所发布的《2017 年全球营商环境报告》，就整体表现而言，科威特营商环境便利度在全球 190 个经济体中排名为 102/190，在海合会六国中排名第六（前沿指数 59.55）（见图 9-1）。科威特大部分指标均处于六国平均水平之下。

根据世界银行《2017 年全球营商环境报告》数据，在科威特开办企业，男性平均需要 12 项手续、61 天、花费 2.8% 的人均收入；女性平均需要 13 项手续、62 天、花费 2.8% 的人均收入，并缴纳人均收入 10.2% 的最低注册资本金，在全球 190 个经济体中排名第 173 位，在海合会六国中排名第六。与其他阿拉伯国家一样，科威特对女性在开办企业方面有所限制，根据法律，女性离家必须经过丈夫同意。从数据可以看出，与海合会其他五国不同，科威特目前还在要求新企业缴纳最低注册资本金。此外，2015 年，科威特提

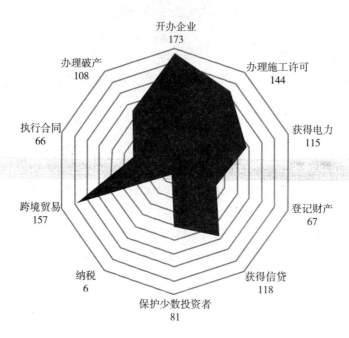

图 9-1　科威特主要营商指标雷达图

资料来源:《2017 年全球营商环境报告》。

高了商业许可费;2017 年,科威特要求企业注册时提交电子和纸质版文件。这两项举措均降低了开办企业的便利度。

科威特在办理施工许可方面,人均需要 23 项手续、216 天、花费 0.7% 的仓库价值,在全球 190 个经济体中排名第 144(144/190),在海合会六国中排名第六。从具体数据来看,科威特的排名劣势主要是由办理施工许可手续数较多,天数过长造成。

在获得电力方面,人均需要 8 项手续、64 天、花费 64.6% 的人均收入,总体排名115/190,在海合会六国中排名第六。从具体数据看,除了手续较繁杂、时间较长以及花费较高外,科威特的供电稳定性和费率的透明度也是海合会六国中最低的,总体还有待完善。

在登记财产方面,人均需要 8 项手续、49 天、花费 0.5% 的财产价值,总体排名 67/190,在海合会六国中排名第六。科威特在登记财产方面的手续数是六国中最多的,时间也是六国中最长的,导致排名最后。

在获得信贷方面,科威特的信贷信息深度指数为 6(最高为 8),法律权利力度指数为2(最高为 12),获得信贷方面总体排名为 118/190,在海合会六国中排名第四。法律权利力度指数极低是由于阿拉伯国家伊斯兰金融体系中基本没有关于抵押物方面的法律法规,这个特点在海合会六国该指数中均有体现。

保护少数投资者对企业权益融资的能力和股东权益,主要通过保护少数投资者力度指数(0~10)体现,指数越高,企业权益融资能力越强,股东权益保护程度越高,科威特该指数为 5.5,总体排名为 81/190,在海合会六国中排名第三。2014 年,科威特允许股东要求审计评估公司经济活动,加强了对投资者的保护。

在纳税方面,科威特总体排名 6/190,在海合会六国中排名第四。从具体数据看,科威特纳税时间是六国中最长的，尚有提升空间。

在跨境贸易方面，科威特总体排名 157/190，在海合会六国中排名第五。2017 年，科威特开始采用电子系统结算关税，同时在各机构间实现电子信息共享，提高了跨境贸易的便利度。

执行合同主要衡量对企业法律纠纷处理的司法效率，科威特商业纠纷解决时间平均 566 天，花费占索赔金额的 18.6%，总体排名 66/190，在海合会六国中排名第三，具体指标均处于六国平均水平。

在办理破产方面，科威特总体排名 108/190，在海合会六国中排名第四，根据具体指标，科威特的财产回收率较低（32.9%），回收时间较长（4.2 年），导致排名靠后（见表 9-10）。

表 9-10　科威特主要营商指标一览表

指标	2017 年	2016 年
开办企业（排名）	173	149
开办企业（DTF）	66.77	74.51
手续数——男性（项）	12	12
所需时间——男性（天）	61	31
成本——男性（占人均收入百分数）（%）	2.8	2.3
手续数——女性（项）	13	13
所需时间——女性（天）	62	32
成本率——女性（占人均收入百分数）（%）	2.8	2.3
最低缴入资本率（占人均收入百分数）（%）	10.2	8.2
办理施工许可（排名）	144	141
办理施工许可（DTF）	60.72	60.82
手续数（项）	23	23
时间（天）	216	216
成本率（占仓库价值百分数）（%）	0.7	0.7
建筑质量控制指数（0~15）	11	11
获得电力（排名）	115	113
获得电力（DTF）	61.47	61.51
手续数（项）	8	8
时间（天）	64	64
成本率（占人均收入百分数）（%）	64.6	52.2
供电可靠性和费率透明度指数（0~8）	4	4
登记财产（排名）	67	66
登记财产（DTF）	68.37	68.38
手续数（项）	8	8
时间（天）	49	49

续表

指标	2017 年	2016 年
成本率（占财产价值百分数）（%）	0.5	0.5
土地管理质量指数（0~30）	17.5	17.5
获得信贷（排名）	118	109
获得信贷（DTF）	40	40
法律权利力度指数（0~12）	2	2
信贷信息深度指数（0~8）	6	6
信用信息登记覆盖率（占成年人百分数）（%）	14.5	15.3
机构信用信息登记覆盖率（占成年人百分数）（%）	31	34.2
保护少数投资者（排名）	81	78
保护少数投资者（DTF）	55	55
保护少数投资者力度指数（0~10）	5.5	5.5
利益冲突监管程度指数（0~10）	56.7	5.7
股东监管程度指数（0~10）	5.3	5.3
纳税（排名）	6	6
纳税（DTF）	92.48	92.48
每年缴纳次数（次）	12	12
每年所需时间（小时）	98	98
总税率（占利润百分数）（%）	13	13
计税手续指数		
跨境贸易（排名）	157	159
跨境贸易（DTF）	50.57	48.9
出口时间：边境规程（小时）	72	74
出口成本：边境规程（美元）	602	602
出口时间：文书规程（小时）	32	32
出口成本：文书规程（美元）	191	191
进口时间：边境规程（小时）	215	215
进口成本：边境规程（美元）	646	646
进口时间：文书规程（小时）	120	148
进口成本：文书规程（美元）	332	332
执行合同（排名）	66	65
执行合同（DTF）	60.51	60.51
时间（天）	566	566
成本率（占索赔金额百分数）（%）	18.6	18.6

指标	2017 年	2016 年
司法程序质量指数（0~18）	7	7
办理破产（排名）	108	108
办理破产（DTF）	39.58	39.08
回收率（百分数）（%）	32.9	32
时间（年）	4.2	4.2
成本（占财产百分数）（%）	10	10
办理破产手续力度指数	7	7

资料来源：《2017 年全球营商环境报告》。

第三节　科威特的经济制度与经济政策

一、基本经济发展情况

科威特是海湾石油富国，曾经的地区金融和贸易中心，自伊拉克入侵后逐渐丧失了其地区中心地位。在改变单一石油经济模式，以石油美元带动经济多样化战略的指引下，科威特的海外投资取得了成功，国家经济发展不断进步。总体来讲，科威特的经济主要采取以发展石油为主、多种经济共同发展模式，以此来减轻对石油的依赖程度，其中国营企业或国家股份在各个经济部门中占绝对优势。

科威特政府在本国各项经济活动发展中占据主导地位。在各个经济部门中比较重要的企业几乎都是由国家发起承办，或是国家拥有占绝对优势的控股权，这种情况在其他产油国中也存在，但科威特却是其中比较突出的国家。在科威特，此类由国家投资或发起的企业所涉及的范围极广，从石油、石油化工到制造、金融、运输、服务、地产、渔业、农业甚至于旅游都有国家股份。在 20 世纪 60 年代和 70 年代，科威特还出台过一些带动私人投资的政策，但随着石油收入的大幅增加，特别是 1975 年接管外国石油公司后，其政策就进一步向国有经济倾斜了。1975 年，政府收购了科威特国家石油公司中属于私人拥有的40% 的股份，不久又收购了科威特石油化学公司属下二家工厂中属于外国公司的 40% 的股份，1974 年 6 月，科威特油轮公司中 49% 的私人股份也被收买归于国有，这样政府就完全掌握了占国民总产值 96% 左右的石油及石油化工部门。不仅如此，政府在国内非石油制造业中也占有一定股份，在各个工厂中政府所占股份为 10%~50%，同时在对外投资方面政府也占主导地位。

科威特的主要油田是位于东南部的大布尔干油田。大布尔干油田是世界最大的砂岩油田，也是仅次于加瓦尔油田的世界第二大油田。从自然资源来说，石油是科威特的唯一资源，也是唯一有发展潜力的资源。科威特独立前一切涉及石油的部门都由外国人经营，1961 年独立后，科威特政府开始重视发展石油和石油化工工业。除外国石油公司建立起来的业务外，科威特成立了科威特国家石油公司，后来又继续成立了炼油厂、化肥厂、液化石油气厂等。在科威特工业中，石油业与其他工业相比是发展最迅速的。20 世纪 70 年代初签订了德黑兰协定后，科威特国家石油公司代表政府掌控外国石油公司 25% 的股权，1974 年上升到 60%；1975 年科威特国家石油公司又代表政府接管了科威特石油公司的全部资产；1977 年又接管在中立一区经营的美国独立石油公司的全部资产，并成立了瓦夫拉石油公司经营中立区的石油开采。这样，科威特国家石油公司就几乎完全独立经营全部石油生产，目前它不仅经营全部陆上油田的生产和出口，同时也经营全部炼油厂和全部销售机构。科威特拥有一支由 10 艘油轮组成的总吨位达 216 万吨的油轮队，从而使科威特成为在中东产油国中具有最完整的从开采到提炼、运输的产油国家。与石油有关的工业中，有科威特化学工业公司属下的一系列化肥厂、脱硫厂、硫酸厂，以及乙烷、丙烷等其他工厂。石油既是科威特的经济命脉也是国家发展的经济动力。正是因为石油在科威特经济中占有如此重要的地位，而石油资源又是一种无法再生的资源，加之在油价猛增后科威特的收入巨大，所以为了尽量延长石油资源的寿命，确保长期的收入来源，科威特自 1975 年接管外国石油公司后就开始限制石油产量，实行保护资源的政策。但是，由于科威特的工业用气及民间用气是按照高的石油产量的生产水平设计的（最高原油日产量可达 334 万桶），科威特国内曾因在何种程度上保护资源的问题形成激进和温和两派。虽然政府没有按激进派提出的建议将日产量限制在很低的水平，但保护资源是科威特石油政策中的既定方针，近年来的原油日产量基本上稳定在 200 万桶左右。

对外投资是使科威特逐步成为区域金融中心的重要发展途径。早在 20 世纪 50 年代中期，科威特就在伦敦设立了科威特投资办事处，在国外进行投资。科威特独立后，政府与私人先后又设立了合营性的科威特投资公司、科威特国外贸易、承包和投资公司、科威特国外投资公司以及其他金融公司，此外政府还通过各种形式进行国外投资。科威特石油收入大幅度增加后，由于当前发展国内工业的潜在可能性不大（除石油外，科威特既缺乏其他资源又缺乏熟练工人，同时也存在市场竞争问题），因而越来越倾向于向金融业发展。1973 年以后，科威特对外投资猛增[①]，投资方式也从过去的流动性存放为主发展为中长期投放和投资于不动产以及在国外联合开办企业；投资区域也从过去的英、美等发达国家扩大到中东、非洲、亚洲等发展中国家。与此同时，在国外，由科威特人办的或与外国合办的银行也纷纷出现。最为突出的是科威特利用其第纳尔在国际货币中十分坚挺的地位，发行以科威特第纳尔为票面价值的债券，科威特交易所中的成交额甚至接近伦敦交易所的水平。自 1973 年底石油提价以来，科威特对外投资的增长可以说明对外投资的兴旺。随着国外投资和国外资产的增长，这方面的收入也不断增长，1977 年国外投资的收入就已大大超过制造业，占国家收入将近 10%，仅次于石油而居第二位。

总体而言，科威特是所有第三世界国家中发展最快的国家。尽管如此，科威特也存在着潜在的威胁国家稳定发展的因素。在科威特国内，外侨占全国人口的半壁江山，他们不

---

① 1972 年，科威特的对外投资额只有 4.10 亿美元；1973 年为 5.9 亿美元，1974 年为 7.67 亿美元，1975 年为 13.6 亿美元，1976 年为 18.21 亿美元，1977 年达 21.11 亿美元，增长十分迅速。与此同时，科威特在国外的资产额也猛增，1972 年时科威特的国外资产为 24.18 亿美元，到 1977 年猛增到 22 万亿美元。

仅在政治上没有权利，在工资待遇和其他福利待遇上也与本地公民有一定的差距。外侨与本地人之间这种政治和经济生活的差距无形中在他们之间形成了隔阂，因此外籍工人问题已越来越可能成为科威特社会动荡的潜在因素了。从国外来说，科威特这个小国比谁都更希望有一个稳定的中东和波斯湾。作为一个君主制国家，科威特独立后就一直在阿拉伯世界中的激进派与保守派之间颠簸前进。尽管科威特在经济上几十年来发展顺利，尤其在石油和石油化工上已取得一些成就，不论是石油生产、提炼、运输都走在发展中产油国的前列。但除石油产业外，科威特不论在化肥还是液化天然气等方面都面临市场问题，也存在缺乏熟练技术人员的问题，本国的管理人员及技术人员只能承担部分部门的工作，依赖外国管理人员和技术人员最严重的部门，恰好也是石油、石油化工、教育卫生等重要部门。近年来，科威特也意识到，在通往金融中心的发展道路上，其与国际金融体系联系得越紧，越容易受到动荡的国际金融体系的影响。

二、经济发展模式的变迁

自从发现石油至今，科威特在发展经济方面大体上可以分成三个阶段：

第一阶段：自 1946 年石油开始出口到 1961 年独立。在这一阶段，除了科威特石油公司为了开发石油而建造海港、发展石油城艾哈玛迪以及设立炼油厂、铺设油管等一系列涉及石油业务的建设以外，科威特政府则利用石油收入来健全政府各部门行政管理机构（增设了司法、卫生、发展、公共工程、财政等部）以及发展教育、社会福利和改造科威特城。1952 年，科威特政府还在外国人帮助下制定了六年经济发展计划。这个计划把发展教育卫生、发电、海水淡化、交通以及全面改造科威特城作为重点。与此同时，科威特在伦敦设立了"科威特投资办事处"，以便为 1/3 的用作"不时之需"的石油收入寻找出路。到 1961 年独立前，科威特在向现代化发展上已取得了一些成就，整个科威特城的改造基本上已初具规模。在波斯湾各国中，科威特已在生活水平、城市建设、教育保健和社会福利等方面超过了其他国家。

第二阶段：1961 年独立后到 1973 年。在这一阶段，除了继续发展电力、海水淡化、交通运输等基础结构以及发展教育保健等福利事业外，科威特着重发展本国工业，并制定了 1967/1968～1971/1972 年的五年经济发展计划。这一阶段的特色是，在科威特城附近辟出舒爱巴工业发展区，并以 1960 年成立的科威特国家石油公司为中心，发展石油工业以及和石油有关的工业，先后成立了科威特石油化学工业公司、科威特国家工业公司、科威特油轮公司等，此外还成立了科威特渔业联合公司。到 1973 年石油大幅度提价前，科威特城不仅已比过去扩大了几倍，被完全改造成了现代化的豪华城市，同时还建立了水泥、石灰、预制构件、钢管、干电池、洗衣粉、粮食加工等工厂。科威特制造业在国内总产值中占的比重已从 20 世纪 60 年代接近于零上升到 1973 年的 3.6%。在这一阶段，科威特不仅发电及海水淡化能力大大提高（海水淡化已可供工业及民用消费量的 90%），而且开始对外出口化肥、石油制品、石油化工等产品。这一阶段的对外投资发展得也很快，成立了科威特国外贸易、承包和投资公司，对外投资十分活跃。

第三阶段：1973 年底石油大幅度提价后。在这一阶段，科威特和其他产油国一样石油收入猛增 4 倍，政府开始增大对内和对外投资。在国内方面，除增加 1974 年和 1975 年的拨款外，科威特还制定了 1976/1977～1980/1981 年第二个五年经济发展计划，总拨款为 44.14 亿科威特第纳尔（相当于 146 亿美元）。其重点是进一步发展工业，尤其是石油化学工业，进一步扩建和增建港口，提高发电和海水淡化能力，在社会福利上则着重建设住房。在这一阶段，经济发展的一个十分突出的特色是科威特决心向成为波斯湾或中东的金融中心发展；银行如雨后春笋般地出现，世界上的许多公司都通过科威特的金融机构发行证券筹集资金。这一阶段，科威特的对外投资不仅数量大，投资的领域和地理范围也都比前一阶段大大扩大了。科威特的经济经过三个阶段的发展已取得了成效。目前科威特出口的产品除原油外还有石油产品、化肥、钢管、液化石油气等。

三、经济社会发展战略及规则的制定与执行情况

通过石油美元盈余带动社会发展，改变单一石油经济模式，实现国家工业化和经济多样化发展是科威特 1961 年独立以来不变的经济发展战略，只是在不同阶段其经济发展的侧重点各不相同。

（一）社会经济发展计划

科威特独立前和独立初期，石油开采权、炼化和销售渠道都控制在西方石油公司手中。经过长期艰苦的斗争，科威特逐渐将石油自主权收归国有，接管了西方石油公司在科威特的资产。但是西方石油公司又从对石油加工、出口运输和销售链条的控制中攫取巨额利润，为了打破这一局面，科威特开始建立国有石油炼化工业，组建自己的油轮队负责石油出口运输，削减对西方石油公司的石油供应，缩短供油合同的期限，把销售网络拓宽到亚洲和美洲。由此一来，几乎全国的石油勘探、开采、炼化、运输和销售都由科威特国家石油公司及其下属的分公司掌握。1972 年，科威特与西方石油公司达成协议，收回了对本国天然气资源的控制权，建成了大规模的天然气液化厂，利用天然气中提取的甲烷和乙烷等主要成分生产各种石化产品，赚取了大量外汇。科威特政府认识到私营企业在恢复科威特传统的地区金融、贸易中心中的重要作用。私有化法明确规定了多项鼓励科威特国民在私营部门就业的措施，并颁布了相应的法律，允许科威特银行与私营公司合作，直接在境外进行投资合作。

1967～1972 年，科威特制订了第一个社会经济发展五年计划，提出的主要目标包括：建立确保经济年增长率在 6.5% 以上的多样化经济结构，减少对原油出口的过度依赖；实现比较公正的收入分配；开发人力资源，培养本国技术人才；加强同本地区阿拉伯国家的经济往来，争取实现区域经济一体化。上述目标也是后来的五年计划所追逐的目标。为了实现上述目标，科威特采取了收回石油资源主权，建设炼油厂，发展石油炼制工业，提高石油产品附加值；成立科威特油船公司，提高石油产品的运输能力；掌握石油销售渠道，把对外投资和石油销售相结合，积极开拓日本、中国台湾、韩国、新加坡等东方市场；创办工业区，发展面向出口的现代化工业；参与国际金融活动，吸收外资，发展对外贸易；大力发展国家资本的同时注重私营部门的发展；积极发展教育卫生事业，提高国民素质等一系列相关措施。在实现国家工业化战略目标方面，在 1967/1968～1971/1972 年度、1976/1977～1980/1981 年度的五年发展计划中，科威特分别投资 25 亿美元和 150 亿美元发展国内工业，主要是石油工业的下游业务和石化工业。自独立以来科威特经济得到飞速

发展，1962/1963~1972/1973 年度，国内生产总值年均增长率为 14.2%，国民生产总值年均增长率为 17.7%。1973/1974~1979/1980 年度，经济增长幅度又上一个台阶，年均国内生产总值增长率为 22.11%，年均国民生产总值增长率为 33.94%。进入 20 世纪 80 年代，对外投资收入成为科威特仅次于石油收入的经济来源。1981 年，科威特国内生产总值为 67.72 亿第纳尔（237 亿美元），其中投资收入为 23.43 亿第纳尔，相当于石油收入的 52.27%。正是由于科威特大力推动对外投资，将石油美元的效益发挥出来，才能在国际市场上石油价格暴跌的情况下维持一定的经济增长幅度。1975 年，科威特从昔日的渔村一跃成为人均收入最高的国家之一，当时科威特人享受着一流的福利，每个科威特人一生可得到的各种补贴和津贴，按 1980 年市价计算，高达 50 万美元。

进入 21 世纪，科威特经济依然保持着较快的增速。2006~2010 年，人均 GDP 分别为 31877.3 美元、34203.8 美元、44418.6 美元、32543.9 美元和 38220 美元。据国际货币基金组织发布的 2009~2013 年人均国内生产总值排名，科威特以人均 39861 美元名列海湾阿拉伯国家第 3 位，全球第 19 位。2010 年 2 月，科威特国民议会批准了 2010 年 4 月 1 日至 2014 年 3 月 31 日的经济发展计划，国家发展计划的目标是把科威特建成金融和商务中心，斥资 1300 多亿美元发展金融业、石油工业、房地产等。本次的四年经济发展计划实际上是科威特 2035 年远景规划的第一阶段。远景规划表明，科威特政府将增大投入，以恢复科威特昔日在海湾国家乃至中东地区的金融和经济中心地位。科威特负责经济事务的副首相兼住房和发展大臣艾哈迈德·法赫德·萨巴赫说，根据这项计划，政府将耗资 770 亿美元在北部靠近伊拉克边境地区修建一座名为"丝绸城"的金融中心，并将打造城市铁路和轻轨系统。他说，政府还将加大在石油基础设施、港口、居民住房、卫生和教育等领域的投资力度。但是由于议会从中阻挠，很多项目并没有得到落实。① 科威特 2015~2020 年新的五年发展计划的重点是推进经济改革进程和实施大型战略项目，积极推进私营部门的合作将是其今后与其他国家合作的重点任务之一。

（二）对外资本输出战略

1973 年石油第一次涨价前，科威特经济发展基本上以石油出口为主，资本对外输出活动处于起步阶段。1973 年 10 月，包括科威特在内的石油输出国组织第一次单方面宣布把油价提高 70%。由于科威特国内市场狭小、资源贫乏，无力充分吸收巨额石油美元。科威特的对外投资战略也随之进行调整，更加注重投资领域的多元化。对外资本输出战略转向大力开展在石油、金融和房地产等领域的对外投资。在石油领域，科威特通过在国外建炼油厂和设立加油站等销售地点，直接在国外进行石油销售。这一举措不仅提高了石油产品在国际上的竞争能力和收益，而且通过在国外设厂进行石油炼化，还掌握了西方先进石油炼化技术和管理经验，给国内石油炼化工业的发展提供了资金和技术上的有力支撑。在资本对外输出的发展过程中，科威特逐步确立了金融立国的战略。其原因：一是科威特国土面积狭小，除油气资源外其他资源贫乏，缺乏发展工业的原材料；二是科威特劳动力资源短缺，本国人口少，受教育和掌握科技能力有限，发展工业面临加重依赖外籍劳工的现象。20 世纪 70 年代起，经历了 1973/1974 年和 1979/1980 年两次石油提价后，科威特石油收入剧增，国际收支出现巨额盈余，1979/1980 年度积累的资金余额高达 314 亿美元。

---

① 科威特议会通过千亿美元五年发展规划 [EB/OL]. https://m. hexun. com/news/2010-02-03/122589019. html.

20世纪70年代国际金融形势动荡加剧，给科威特的金融业发展创造了适逢其时的内外部条件。

20世纪80年代，科威特的金融投资业在国际竞争激烈的形势下取得了惊人的成绩。1986年，科威特国外投资收入首次超过石油收入，达80.74亿美元。海湾战争前夕，科威特在海外的投资和存款总额高达1000亿美元，居世界第二位，仅次于文莱。科威特的金融业在国家处于海湾战争期间和战后重建过程中给予了强大的经济支持，发挥了巨大的作用。即使国际油价大幅下跌，由于得到巨额金融资产的支持，科威特的财政及对外收支依旧保持强劲势头，抵消了石油价格波动带来的不利因素。尽管科威特还存在着经济结构单一、政治体制动荡、地区地缘政治紧张等问题，标准普尔对科威特长期和短期外币及本币主权信息评级依然维持AA/A⁻的评级，但是，实践证明，科威特金融立国的战略是适合其国情的发展战略，它是科威特在国际石油价格暴跌的情况下依然能够保持经济稳步增长的保障。

1982年，科威特成立国家投资局。科威特在伦敦设立的"科威特投资办事处"是中央银行在西方的派驻机构，专门从事面向西欧、美国和日本等地的投资活动。此外，科威特政府和私人还成立了一些其他合营或者私营的海外投资公司。配合投资活动的发展，政府还培训了一批熟悉经济和投资的专业人才。科威特的海外投资收益增长速度十分惊人。1978/1979年度海外投资收入5.214亿科威特第纳尔，1980/1981年度增长到17.439亿科威特第纳尔。海外投资收益首次超过石油收入是1985/1986年度，达24.93亿第纳尔，相当于石油收入的119%。科威特政府的海外资产从1972年的24.18亿美元增加到1987年的853亿美元。同期科威特私人在海外的资产也增加至300多亿美元。阿拉伯投资与出口信用担保公司发布的《2015年阿拉伯国家投资气候年度报告》显示，2014年阿拉伯国家吸引外资额为440亿美元，同比下降8%；阿拉伯国家对外投资334亿美元，同比减少10%，其中：科威特对外投资额为130亿美元，居阿拉伯国家首位，卡塔尔（67亿美元）、沙特（54亿美元）、阿联酋（30亿美元）分列第2至第4位。联合国贸易和发展会议发布的《2015年全球投资报告》显示，科威特仍然是中东地区最大的海外投资者，科威特对外直接投资额为130亿美元，在全球排名第7位，在西亚地区排名第1位。

20世纪70年代，科威特对外投资的最主要方式是把资金存入西方银行，购买政府债券和房地产等。1976年，科威特成立"国家储备金"和"后代人储备金"。每年国家预算收入的10%投入到"后代人储备金"中，投放国际市场，科威特成为中东地区海外投资最活跃的国家。进入20世纪80年代，科威特海外投资又逐渐扩展到购买西方和其他阿拉伯国家企业和公司的股份。科威特海外投资的2/3以上集中在发达国家。1980年和1986年，因为政治问题，美国先后冻结了伊拉克和利比亚在美国银行的存款。感觉到资金大量投放在西方国家的风险，科威特逐步将海外资产向东方转移，将海外资产的10%投向发展中国家和地区，如新加坡、马来西亚、泰国、中国香港和中国内地、苏联和东欧国家等。"9·11事件"更加坚定了科威特减少在美投资的意愿。

（三）积极吸引外资

科威特本身所具有的巨额资金足以支持本国的经济建设。但考虑到本国不仅劳动力缺乏，技术人员更加缺乏，政府引资的目的更多是引进外国先进技术和高科技专业人才，其引资重点领域也是高科技领域。为了鼓励外国资本及先进技术、管理经验和国际市场营销技能的进入，科威特政府不断完善国内的投资法规。根据科威特中央银行的统计，2002年在科威特的外国投资总额为6.33亿科威特第纳尔（约19亿美元），外国净资产总值只有4.09亿科威特第纳尔（约12亿美元）。2003年上半年外国投资总额增加到6.66亿科威特第纳尔（约20亿美元），比上年增长5.3%，外国净资产总值比上年增长2倍多，达到9.2亿科第威特第纳尔（约2亿美元）。2013年科威特吸引外国直接投资额为23亿美元。外国资本流入和私人投资的增加进一步推动了科威特经济的发展。目前，科威特已成为海湾地区投资的热点国家。科威特政府还制定了相应的措施，如推行私有化计划和开放市场等，希望能够吸引更多的投资。

四、经济社会发展经验

自1916年6月独立起，为了摆脱贫困落后的经济状况，振兴和发展民族经济，科威特有计划、有步骤地采取了一系列正确的方针政策，建立了从石油勘探、开采、提炼到运输、销售的整套石油工业体系，促进了化工、建筑、电力等工业和农业的建立和发展，开拓了海外投资的广阔领域，改变了原先依赖原油输出的单一经济状况，从而成为名副其实的"石油经济大国"。科威特在发展经济中的一些战略措施和独特做法，对海湾国家和石油输出国组织成员国乃至第三世界发展中国家来说均有可资借鉴之处。

（一）科威特经济发展的条件

科威特国土狭小、人口稀少，全境几乎被沙漠覆盖，没有河流和湖泊，气候炎热干燥，降水量极少。除了石油之外，全国几乎别无其他资源可言。科威特的石油资源极为丰富，已探明的石油储量达92亿吨，仅次于沙特和苏联，居世界第三位。科威特独立时，石油年产量已达8000万吨，在世界产油国中名列前茅，但石油开采权以及石油出口业务基本上被美国、英国、日本等外国垄断资本控制。美英合资经营的科威特石油公司，开采和经销科威特境内的石油，年产量占科威特全国产量的90%以上，美国独立石油公司经营开采科威特—沙特隶属于科威特部分的石油，日本资本占80%股份的阿拉伯石油公司则经营开采距中立区沿岸6英里的海底石油。当时，科威特国民经济严重依赖原油出口，在西方石油公司中石油开采收入提交的所得税占国民总收入的90%左右。因此，科威特在政治上取得了独立，而经济上并未取得独立。

（二）建立国有化的石油工业体系

为了加快科威特的资本形成和积累的速度，为发展民族经济筹措必要的资金，科威特政府在取得独立的第二年，就提前从外国石油公司手中收回近1万平方公里的租借地，由国有化的科威特国家石油公司进行石油勘探与开采。此后，为实现石油工业国有化，科威特又同西方石油公司进行了长期的艰苦斗争。1973年第四次中东战争爆发后，石油价格猛涨。在科威特的西方石油公司坐享其成，大发横财，科威特对此状况忍无可忍，终于在1975年将英美合资的科威特石油公司收归国有，两年后，又接管了美国独立石油公司的全部资产，并在同日本合资经营的阿拉伯石油公司中，占据了绝大部分的股份。但当时西方石油公司仍牢牢地控制着科威特的石油加工、出口运输和销售，从中攫取巨额利润。对此，科威特首先建立了加工能力同自己石油产量相匹配的炼油工业。科威特在国外投资和经营的几家炼油厂，日炼量急剧增加；并利用天然气中的主要成分甲烷和乙烷，生产了各种各样的石化产品，其中以氨、尿素、烯类和醇类化工产品为主；又投资数亿美元，营建了三家化工厂，由此石化工业赚取了大量外汇。石化工业属于投资密集型行业，所需劳动力不多，适合科威特的国情，因此科威特最近还决定从阿曼和阿联酋进口天然气，以满足不断增长的原料需要，发展海外投资业。按目前控制的开采速度，科威特的石油资源尚能开采 100 多年，但它毕竟是不可再生资源。

1973 年 10 月战争后，鉴于石油收入的成倍增长，科威特政府决定限制石油的产量，实行保护石油资源的政策。科威特组建了在石油输出国组织成员国中数一数二的油轮队伍，1984 年，这支由 23 艘巨型油轮组成的船队，承担了科威特出口石油 49% 的运输任务。科威特还建立了遍及世界各地的石油销售网。自 1975 年接管西方石油公司起，科威特便把向西方石油公司提供的石油压缩了 75%，并缩短了供油合同的期限，以尽早不受它们的中间剥削。此后，科威特与日本、巴西、南朝鲜、菲律宾以及欧洲一些国家建立了长期合作关系，还在欧洲控制着汽油零售或批发商店及加油站。科威特国家石油公司及其属下的分公司——科威特石油公司（负责石油和天然气的勘探与开采）、科威特国民石油公司（从事炼油、液化天然气及销售）、科威特油船公司（运输出口石油）等公司，经营着几乎全国的石油勘探、开采、炼油、出口运输和对外销售。这在石油输出国组织成员国中，恐怕是绝无仅有的。

（三）大力开发天然气，促进石化工业兴起

在油层里，无法被原油全部溶解的天然气蕴蓄在油层上面，形成所谓的"气帽"。西方石油公司在对科威特油田进行掠夺性开采时，为了牟取暴利，不增加相应的石油分馏和天然气回收设施，致使大量天然气白白浪费。科威特独立后不久，即着手开采天然气，建立了天然气液化工厂——这在石油输出国组织成员国中是一个创举。1972 年，科威特同西方石油公司达成协议，取得了对本国天然气的控制权。科威特耗资 10 亿美元，建成了中东地区规模最大的天然气液化厂。

（四）扶植私营企业

国家没有能力也不可能包办一切经济企业。为扶植本国的私营企业，科威特政府采取了一系列的优惠措施。科威特国兴办私营企业，国家提供长期低息贷款以及廉价的租地和电力，免除所需进口原料、设备的关税，产品免税期可长达 10 年，企业投产 5 年内，国家实行保护性的关税，限制进口有竞争性的同类产品，如企业的产品质量不低于进口货的 90%，价格不超出进口货的 110%，国家就优先购买。在科威特政府的鼓励下，科威特的私营企业如雨后春笋，蓬勃发展。目前，除了石油工业外，私营企业已经渗入科威特几乎所有的经济部门，雇用工人不到 10 人的私营工厂，占全国工厂总数的 90%。20 世纪 80 年代初，科威特私营企业在国外的投资已高达 200 亿美元。迄今为止，科威特除石油及其衍生工业外，还以国营或公私合营、公助私建等方式建立了建筑、建材、金属加工、食品加工、海水淡化、电力等工业，农业也发展较快，许多产品基本上能满足国内的需要，从而节省了大量外汇。

目前，科威特面临的严峻问题主要是世界石油市场依然不景气，石油价格下跌；两伊战争持久，严重影响了科威特的转口贸易；西方国家贸易保护主义势力抬头，科威特石化

产品的出口难以发展；开采的天然气供不应求；发展工农业生产的设备、材料、原料以至技术大多还需进口；等等。科威特政府如何因地制宜地继续采取一些有远见的经济发展措施，以解决上述种种困难，是发展中国家尤其是石油输出国组织成员国所需共同关注的重点。

（五）发展海外投资业

科威特已经积累多年外汇储备，积极参与经济大国的活动，扩大对外投资领域和地区，专门成立了科威特投资公司、科威特国外贸易、承包和投资公司、科威特国际投资公司。科威特对海外的投资种类繁多，包括对工矿企业、金融业、商业、旅游业等的直接投资，以及在大银行的巨额存款，购买房屋、土地等不动产，发放政府有价证券，对第三世界的贷款援助等。科威特投资的地区很广，但重点是西方国家，它在美国的投资达 500 亿美元以上；在英国，科威特的投资达 90 亿美元以上，在英国 30 家金融业和保险业公司中，拥有 50% 的股份；在日本，科威特也占有相当数量的股份，它购买了著名的日立公司、三菱机电公司和东芝机械公司 1000 万~3500 万美元的股票。随着亚太地区经济的崛起，科威特决定把它对这一地区的投资提高到占海外总投资的 10%~15%。科威特的海外投资成就惊人。1972 年，它的海外投资为 24.18 亿美元，当年的投资收入为 4.10 亿美元。到 1982 年，它的海外投资总额已达 800 亿美元，当年的投资收入为 57 亿美元，相当于同年石油收入的 65% 左右。到 20 世纪 80 年代末，科威特海外投资的收入占国民收入的 70%，由此也彻底改变了科威特严重依赖石油工业的局面。

第四节　科威特经济领域的主要法规与政策

一、对外贸易法律体系与政策

（一）对外贸易管理部门

科威特负责贸易事务的主管部门是工商部。科威特与贸易相关的法律法规主要有《贸易公司法》《公共招标法》《商业代理法》《补偿贸易反投资计划》等。

（二）对外贸易管理

科威特对部分产品实行进口管制。科威特禁止进口的产品有：麻醉剂、酒精饮料及其原料、气枪、猪肉或者含猪肉食品、色情和反政府材料、5 年以上旧车、具有核辐射的产品、废旧轮胎、工业废物、赌博用具等。此外，出于保护当地产业的需要，目前科威特仍然禁止进口的产品有石棉管、面粉、工业和医药用氧气、浇铸铁、焊管等；科威特限制进口的产品有烟花鞭炮、马科动物、盗版制品、武器弹药、部分药品、爆炸物等。此外，科威特还规定，进口活畜、植物及其制品须获得科威特卫生许可和健康证书以及产品原产地的检疫证书，特别是进口的牛肉和家禽制品除须按照上述规定执行外，还须出具原产地以伊斯兰方式宰杀的证明书。对于原产地为以色列或者具有以色列标识的产品禁止进口。

（三）关税制度

科威特整体关税水平较低，据海湾关税同盟规定，自 2003 年 1 月 1 日起，科将一般商品的进口关税统一为 5%（CIF 价），对少数产品征收较高的关税，如对香烟、烟草制品和各种酒精饮料征收高达 100% 的关税，而对于食品、生活必需品、药品以及新设企业所需进口的机械设备免征关税，来自海合会其他国家的工业产品及部分农产品享受免关税待遇。科威特在 1995 年成为 WTO 成员，从 2004 年起，科威特取消所有与 WTO 原则相悖的关税和保护性措施。

（四）对外贸易商品检验检疫制度

科威特工业总署负责进口商品质量标准的制定及检验，科威特市政厅下辖的进口食品局负责抽查进口食品质量。

二、对外直接投资法律体系与政策

（一）投资管理部门

科威特与投资相关的部门主要包括工商部和财政部，除政府部门外，科威特还设有工商会，负责管理科威特私人公司和企业。科威特投资的相关法律主要包括《吸引外国投资法》《自由区法》《合营公司法》《所得税法》等。

（二）投资管理制度

1. 投资行业的规定

2001 年 3 月，科威特政府制定了《吸引外国投资法》。该法规定，外国公司不能在石油领域的上游产业进行投资；外国公司在银行业中拥有的股权不能超过 49%；外国投资不能涉入保险业；房地产业的投资也只限于海湾六国。

2. 投资方式的规定

海外企业在科威特投资可采取股份公司、有限责任公司和两合公司三种形式。

3. 对外国投资的优惠

为鼓励外国投资，科威特制定了一系列有关法规，包括《在科威特国的外国资本直接投资法及其说明》《关于科威特外商直接投资管理法执行条例》和《自由区法》等，以上法律法规构成了科威特吸收外国投资的优惠政策框架。

（1）处理好与政府、议会和工会的关系。中国企业要在科威特建立积极和谐的公共关系，不仅要与科威特中央政府主管部门和地方政府保持良好关系，而且要积极发展与议会的关系。中国企业要关心科威特政府的换届和议会选举，尤其要关心地方议会选举的情况，关心当地政府的最新经济政策走向，要了解中央政府部门和地方政府的相关职责，了解议会各专业委员会的职责和其关注的焦点、热点问题，尤其是对于与中国企业经营相关的重要议题进行关注。此外，在科威特，中资企业通常不会直接与工会打交道，如确实有需要与工会进行沟通的情况，一般需经代理或合作伙伴进行。

（2）贸易方面。在科威特经商必须熟悉并适应当地特殊的贸易环境，采取有效措施拓展业务，具体要注意以下几方面：第一，中国企业在从事对外贸易中要重信誉、守信用，严把商品质量关，特别是一些流通领域的贸易公司，在采购货物或委托加工产品时，要严格按照双方签订的协议，认真履行协议条款，按期交货，并保证数量。第二，适应当地支付条件。对于大宗产品，科威特进口商会向出口商开立信用证，但部分进口商则习惯在签订合同后先付 30% 的定金，待收到发货通知单后再支付其余款项。第三，科威特是个伊斯兰国家，由于宗教信仰原因，对进口产品的花色、图案有其特殊要求，中国企业应充分了解这一特点，在出口产品时加以注意，防止出现不必要的麻烦。第四，在国际贸易中双方产生贸易纠纷是难免的，但出现问题后，双方应本着互惠互利的原则，在平等的基础上协商解决，不能只考虑己方，要从长计议，特别是要从两国贸易发展的角度考虑，避免双方由贸易纠纷演变成法律纠纷。科威特国家不大，科商之间联系频繁，因此每一次小的贸易纠纷都有可能在科商中产生较大影响，避免贸易纠纷的关键就是要严格按照双方签订的协议要求，认真履行协议。

（3）投资方面。虽然科威特政治稳定、市场潜力大，但是，科威特投资环境也存在不利之处：国家石油美元和民间资本大量外流；除石油和天然气资源由国家垄断外，其他自然资源贫乏；缺乏技术劳动力，依靠进口技术劳动力；市场较小，民族工业享受低关税自由贸易，竞争能力有待提升；外国资本到科威特投资可能受到一定程度的限制，如在一些领域，虽然允许成立外国独资公司，但实际操作可能会遇到一些障碍。因此，应该密切关注当地法律变动的情况；在当地聘请资深律师作为法律顾问，处理所有与法律相关的事宜，了解科威特优惠政策的相关条件，适当调整对优惠政策的期望值，科学地进行成本核算。

（4）工程承包方面。

1）工程项目价格实行固定比价。科威特工程承包项目较少按照国际通行的菲迪克条款执行。合同一旦签订，设备、材料价格实行固定比价，不会按照国际市场的价格变动而进行调整。

2）工作签证办理困难。科威特长期以来依赖外籍劳务，但为了保障本国人充分就业，科威特强制规定外国公司根据不同行业，雇用 2%~25% 的科威特人，科威特人员工资标准普遍高于其他国籍雇员，且很多人工作意识和能力与岗位要求有差距。中国公司在科威特申请中方人员的工作签证手续较多，科方办事效率较低，这是在科威特承揽项目的所有中国公司遇到的普遍难题。

3）工程管理及技术人员资质。外国总包公司的项目经理、工程师等需获得相应的学历及工作资历后，经业主面试合格方可担任相应的职务。实际操作中，中国的项目经理、工程师很难通过资格考核，企业不得已只能高薪聘请当地已有资格的人员。

4）补偿贸易反投资计划问题。凡是金额大于 300 万科威特第纳尔的军用合同以及金额大于 1000 万科威特第纳尔的民用合同（其中油气勘探和生产性项目、道路工程及部分基础设施项目除外），均纳入科威特反投资计划范畴，将合同总额的 35% 在科威特进行再投资。项目执行时，合同总额的 6% 将被扣除作为反投资抵押金，若承包商不能履行反投资义务，这部分款项将被没收，承包商将被列入黑名单，不能再投标新项目。目前，几乎所有项目均需执行补偿贸易反投资计划。中国企业在项目投标和签约之前，一定要认真研究科方补偿贸易反投资计划的有关规定，走访科威特财政部反投资公司等有关部门。如项目属于"反投资"范围，就要把"反投资"的风险考虑在内，以免造成经济损失。

5）经营管理中常见问题。工程承包不能采用低价竞标、施工后追加预算的方式；顾问或项目管理公司审核和批准的周期长，造成工程进度款不能及时支付，企业经常需要垫付工程款进行周转；施工过程中要注意遵循合同规定的标准，科方质量检查非常严格；项目实施过程中的主要问题是劳务劳动力短缺、劳工签证慢等。由于中国劳动力成本高、管理难，中资企业不得不转而雇用第三国劳动力；注意降低成本，增加效益，规避汇率损失等风险。

6）夏季对露天作业有严格规定。为保证工人健康与安全，按照科威特制定的劳动保护条例，在每年6月1日至8月31日的午间11点至下午4点，禁止工人进行户外无遮挡作业。

7）分包项目注意事项。中国驻科威特使馆经商处及驻科威特中资企业协会采取"先到先得"的原则，只允许一家中资企业参与分包项目的洽谈，以避免恶性竞争。为此，准备洽谈分包项目的企业首先应咨询经商处或中资企业协会，了解是否已有其他中资企业参与。如果已有其他中资企业参与，则后参与者应立即退出，如果没有，应及时向经商处备案。

8）其他注意事项。随着中国工程承包企业在科威特市场所占份额越来越大，一些西方企业经常和少数科威特业主一道打压中国企业。只有提升自身实力，树立良好形象，才能使中国企业冲破封锁，在竞争中占据主动。

目前，中国劳务工人成本高、难管理、罢工和提前终止合同等行为更加重了企业的负担。外籍劳工成本低、效率高、易管理，受到中资工程承包企业的青睐。因此，中国劳务比重下降，外籍劳务比重上升将是未来一段时间，中国工程承包企业用工结构变化的主要趋势。对于那些技术含量高的工序，或需要打攻坚战时，还是尽量使用中方员工。不管是招聘中国员工还是招聘外籍员工，除应在合同中明确工作范围、工资待遇、责任与义务外，还要向务工者讲清楚当地国情、劳动强度和气候等，让工人对未来的收入和工作条件有心理准备。从根本上说，在减少中国劳务人员，增加外籍劳务人员的过程中，中资工程承包企业的工作重心应由劳务输出向管理输出、技术输出过渡，在与西方企业竞争高端项目（设计、咨询、监理等）时逐步获得主动权。

（5）劳务合作方面。①劳务代理要重视国外公司合同管理。严把劳务招聘关，尽量安排外方雇主对劳务人员的直接考核和面试，要和劳务人员签署明确的派遣合同，并与外方雇主的主合同要求相符合。②劳务人员要提高自身的服务意识，增强履行合同的能力，遵守科威特法律法规，了解科威特的相关情况，如自然气候、安全状态、宗教礼仪和忌讳、常见疾病和预防，出国前做到心中有数，出国后以积极的心态去面对可能遭遇的问题。③尊重劳务人员的工作，确保劳务人员的收入，关心劳务人员的生活。

三、工程承包法律体系及基本内容

（一）许可制度

外国公司如果想参加科威特面向国外公司进行招标的政府投资项目，投标人必须作为合格的承包商在投标委员会进行注册，科威特投标委员会根据投标方财务及技术能力进行分类，外国公司必须有科威特代理或合作伙伴，才能进行投标。

（二）禁止领域

科威特对石油上游的投资不对外国企业开放，但石油及其他行业的服务和承包工程项目不受限制。

（三）招标方式

外国公司在科威特当地工程的招标、投标方式以 EPC 项目为主，设计、采购及施工安装总承包，必须有当地的代理或合作伙伴。

据《科威特时报》报道，科威特中央招标委员会 2016 年 8 月 1 日宣布，将开始实施电子招标项目的第一阶段在线发布政府措施和招标信息。电子招标项目共分为四个阶段，包括协调有关当局，在线发布招标信息，后续阶段还包括通知申办的其他政府部门、购买所需文件、投资者报价等。这些在线服务减少纸质文件流转，有助于节省时间和精力。

四、外汇管理制度与政策

现金与资本账户可在科威特境内的任何一家银行或"钱庄"自由兑换，无条件交易。目前，股票、贷款、利息、利润以及个人存款可不受任何限制地转入转出科威特。投资者也可将其投资的全部或部分转让给其他外国或本地投资者。

但据《阿拉伯时报》2016 年 5 月 30 日报道，科威特议会法律事务委员会将很快批准对在科威特外国人征收国外汇款税的法案。征税的税率方案为，向外汇款 100 第纳尔以下的，征收税率为 2%；100~500 第纳尔的，征收税率为 4%；500 第纳尔以上的，征收税率为 5%。所征收的税款将直接缴纳至国库。另外，对通过其他渠道汇款并避税的，将处以6 个月以下监禁并处最高至 1 万第纳尔的罚金。

五、知识产权保护的相关规定

（一）知识产权保护的法律法规

与其他大多数海湾合作委员会国家一样，科威特直到近年才引入版权法，相关法规包括《专利和商标法》和《版权法》。其中，《专利和商标法》规定对专利的保护期为 20年，所涵盖的范围包括医药产品等；工业设计的保护期是 10~15 年。《版权法》规定的保护范围包括同为世界知识产权保护组织成员的国家出版的音像制品和计算机软件产品。

（二）知识产权侵权的相关处罚规定

根据科威特法律，版权所有者可以向侵权者提出民事赔偿。尽管近年来侵权犯罪现象在科威特的出现频率有所下降，但科威特仍是阿拉伯地区侵权问题比较严重的国家之一，这可能与科威特法律对违法者处罚较轻有一定联系：虽然加重了对重犯的处罚，但对侵犯版权者的最高处罚是 1 年监禁或最高 1650 美元的罚款，这样的处罚仍低于国际标准。

参考文献

［1］Steffen Hertog. The GCC and Arab Economic Integration：A New Paradigm ［J］. Middle East Policy, 2007, 14 (1)：60-62.

［2］阿卜杜·凯里姆·本·巴兹. 沙特中国经贸关系 ［J］. 中国经贸, 2001 (7)：24-25.

［3］安文雯. 中国—海合会自由贸易区经济效应研究 ［D］. 重庆大学硕士学位论文, 2012.

［4］毕晓晨. 海湾区域经济一体化研究——来自国际政治经济学的分析 ［D］. 西北大学硕士学位论文, 2011.

［5］蔡小姣. 海合会国家主权财富基金运行研究 ［D］. 上海外国语大学硕士学位论文, 2012.

［6］常帅. 海合会的发展与困境 ［J］. 黑龙江史志, 2013 (21).

［7］陈继勇, 卢世杰. "21世纪海上丝绸之路" 沿线国家贸易竞争性测度及影响因素 ［J］. 经济与管理研究, 2017, 38 (11)：3-14.

［8］陈沫. 沙特阿拉伯的经济调整与 "一带一路" 的推进 ［J］. 西亚非洲, 2016 (2)：32-48.

［9］陈沫. "一带一路" 节点上的沙特与中国 ［J］. 紫光阁, 2017 (4)：48-49.

［10］陈佩. 中国与阿联酋进出口农产品商品结构分析 ［J］. 农业科学研究, 2016, 37 (3)：51-57.

［11］陈万里, 李顺. 海合会国家与美国的安全合作 ［J］. 阿拉伯世界研究, 2010 (5)：19-26.

［12］陈万里, 杨明星. 海合会一体化中的优势与困境 ［J］. 西亚非洲, 2006 (6)：41-46.

［13］程群. 国家利益视角下卡塔尔对中东剧变国家的外交行为研究 ［D］. 北京外国语大学硕士学位论文, 2015.

［14］程熙琼, 朱颖超, 孙依敏. 中海自贸区谈判：中国石油企业面临的机遇与挑战 ［J］. 国际经济合作, 2017 (6)：72-77.

［15］冯璐璐. 中东经济现代化的现实与理论探讨——全球化视角研究 ［D］. 西北大学博士学位论文, 2006.

［16］高潮. 投资 "中东的香港" ——阿曼 ［J］. 中国对外贸易, 2006 (2)：65-67.

［17］高潮. "一带一路" 建设中沙特投资机遇 ［J］. 中国对外贸易, 2016 (5)：74-75.

［18］高荣蓉. 当代沙特阿拉伯的金融体系研究 ［D］. 西北大学硕士学位论文, 2016.

［19］公素娟. 中国与海合会国家的经贸合作研究 ［D］. 东北财经大学硕士学位论文, 2014.

［20］关利欣. 沙特阿拉伯零售业发展现状及投资对策［J］. 国际经济合作，2017（1）：70-72.

［21］郭磊. 海湾合作委员会全球治理实践研究［D］. 西北大学硕士学位论文，2013.

［22］韩晓婷. 沙特阿拉伯私营经济劳工"沙特化"政策探析［J］. 西亚非洲，2013（6）：129-145.

［23］侯波. 油价跌势对海合会国家的影响与中国的对策［J］. 国际经济合作，2015（11）：93-95.

［24］侯明扬. 沙特能源体系变动之后［J］. 中国石油石化，2015（8）：50-51.

［25］胡登宁. 阿联酋工程项目市场特点和管理对策研究［D］. 山东大学硕士学位论文，2015.

［26］姜书竹，刘迅. 中国与海合会石油贸易关系及合作机制研究［J］. 湖北理工学院学报（人文社会科学版），2015（4）：45-49.

［27］姜书竹. 中国与海合会双边贸易的实证研究——兼论建立双边自贸区的对策［J］. 技术经济与管理研究，2012（12）：100-103.

［28］姜英梅. 海合会的发展及其与中国的经贸合作［J］. 国际石油经济，2009，17（3）：8-11.

［29］姜英梅. 海合会国家金融业对外合作及中国的机遇［J］. 西亚非洲，2010（10）：74-78.

［30］姜英梅. 卡塔尔经济发展战略与"一带一路"建设［J］. 阿拉伯世界研究，2016（6）：35-47.

［31］姜英梅，王晓莉. 科威特金融体制及中科金融合作前景［J］. 西亚非洲，2011（8）：38-49.

［32］姜英梅. 中东金融体系的国际政治经济学研究［D］. 中共中央党校博士学位论文，2011.

［33］蒋传瑛. 阿联酋旅游业发展模式研究［J］. 阿拉伯世界研究，2011（5）：72-81.

［34］蒋钦云，梁琦. 沙特谋求经济转型的启示及中沙能源合作建议［J］. 宏观经济研究，2016（12）：160-167.

［35］金瑞庭. 科威特经济形势研判及推进中科双边合作的政策思路［J］. 中国经贸导刊，2015（24）：48-49.

［36］井爽. "一带一路"战略实施中的中国与阿拉伯国家联盟的能源合作［D］. 吉林大学硕士学位论文，2016.

［37］李佳乐. 试析当下沙特能源政策对中国能源战略的影响［J］. 宁夏师范学院学报，2017，38（1）：106-109.

［38］李丽丽，胡瑞法，王怀豫. 沙特经济发展现状及中沙经贸可持续性［J］. 经济论坛，2015（10）：123-127.

［39］李茜. 海合会应对中东剧变的措施及其影响［J］. 阿拉伯世界研究，2014（2）：42-52.

［40］李益波. 海合会国家的粮食安全问题及其应对措施［J］. 世界农业，2013（6）：103-106.

［41］李益波. 试析印度与海合会的军事与安全合作［J］. 国际展望, 2012 (6)：110-120.

［42］李益波. 试析印度与海合会关系的变化及其原因［J］. 西亚非洲, 2013 (3)：146-160.

［43］梁毅菲. 投资在巴林［J］. 中国外汇, 2014 (20)：12.

［44］梁柱. 海湾合作委员会经济与货币一体化进程及其经济趋同性分析［J］. 亚太经济, 2010 (2)：14-18.

［45］刘冬. 沙特发布《2030 愿景》 产油国谋求经济转型［J］. 国际石油经济, 2017, 25 (1)：13-14.

［46］刘冬. 印度对海合会货物贸易的发展及其对中国的影响［J］. 西亚非洲, 2013 (4)：131-143.

［47］刘冬. 中国与海合会货物贸易的发展现状、问题及其应对［J］. 阿拉伯世界研究, 2012 (1)：91-107.

［48］刘嘉. 科威特人心中的中国就是"新经济奇迹"——访科威特驻华大使费萨尔·拉希德·盖斯［J］. 台声, 2006 (1)：12-13.

［49］刘武. 北回归线上的阿曼［J］. 世界文化, 2010 (5)：36-37.

［50］刘中民, 王然. 沙特的石油不减产政策与国际能源新格局［J］. 现代国际关系, 2016 (5)：55-61.

［51］马晓霖. 奥巴马时代美国与沙特关系缘何渐行渐远？［J］. 西亚非洲, 2016 (6)：3-20.

［52］马远, 徐俐俐. "一带一路"沿线国家天然气贸易网络结构及影响因素［J］. 世界经济研究, 2017 (3)：109-122.

［53］倪月菊. "一带一路"背景下中国—海合会自贸区谈判的重启——背景、意义及政策建议［J］. 国际贸易, 2015 (6)：53-56.

［54］牛飞. 印度与沙特能源产业合作分析［J］. 学术探索, 2015 (7)：26-31.

［55］牛绮思. 沙特石油部门换帅背后的经济改革蓝图［J］. 中国经济周刊, 2016 (20)：74-75.

［56］钮松. 中东剧变以来的东盟与海合会关系研究［J］. 阿拉伯世界研究, 2012 (3)：62-75.

［57］潘光. 近期卡塔尔外交政策演变和中卡关系［J］. 阿拉伯世界研究, 2015 (2)：14-23.

［58］潘志, 李飞. 中东石油富国经济发展的考察分析——以沙特阿拉伯为例［J］. 科技展望, 2015 (5).

［59］潜旭明. "一带一路"战略的支点：中国与中东能源合作［J］. 阿拉伯世界研究, 2014 (3)：44-57.

［60］饶兴鹤. 卡塔尔下游石化价值链投资机会分析［J］. 石油知识, 2016 (5)：44-45.

［61］任嘉. 中东主权财富基金风险管理研究［J］. 阿拉伯世界研究, 2015 (3)：31-42.

［62］任重远, 邵江华. "沙特阿拉伯 2030 愿景"下的中沙油气合作展望［J］. 国际石油经济, 2016, 24 (10)：53-59.

［63］汝涛. 海湾委员会集体安全机制研究［D］. 上海外国语大学硕士学位论

文，2009.

[64] 阮裕铭，陈强，姚聪等. 海合会技术性贸易措施体系初探 [J]. 中国检验检疫，2013 (1).

[65] 佘莉，杨立强. 中国—海合会FTA对双边贸易影响的GTAP模拟分析 [J]. 亚太经济，2012 (6)：37-41.

[66] 佘莉. 中国与海合会国家的经贸关系 [J]. 阿拉伯世界研究，2013 (1)：50-57.

[67] 佘莉. 中国自海合会国家进口天然气的现状与前景 [J]. 国际石油经济，2011，19 (10)：67-71.

[68] 佘莉. 中国自海合会国家原油进口影响因素及潜力分析 [J]. 世界经济与政治论坛，2012 (5)：88-98.

[69] 沈启波. 中国在卡塔尔天然气合作竞争探析 [D]. 外交学院硕士学位论文，2010.

[70] 沈子傲. "一带一路" 共建中的中国与沙特贸易合作研究 [J]. 商场现代化，2016 (22)：11-12.

[71] 时宏远. 浅议冷战后印度与沙特关系的变化 [J]. 印度洋经济体研究，2016 (6)：18-34.

[72] 苏雷曼·阿尔库蒂斯. 海合会经济体的 "亚洲故事" [J]. 博鳌观察，2013 (2)：58-61.

[73] 苏庆义，靳航. "一带一路" 沿线国家出口能力差异性分析 [J]. 海外投资与出口信贷，2017 (5)：32-36.

[74] 孙德刚，[埃及] 安然. "同质化联盟" 与沙特—卡塔尔交恶的结构性根源 [J]. 西亚非洲，2018 (1).

[75] 孙冉. 沙特王子的亚洲行与 "2030年愿景" [J]. 世界知识，2016 (19)：47-49.

[76] 谭斌. 试析中国与沙特阿拉伯的经贸关系 [J]. 回族研究，2014 (3)：104-109.

[77] 谭漪，康彪. 从房建项目看沙特产能合作前景 [J]. 国际工程与劳务，2015 (11)：33-34.

[78] 仝菲. 阿曼苏丹国投资市场分析 [J]. 西亚非洲，2008 (10)：69-73.

[79] 仝菲. 科威特经济发展战略与 "一带一路" 的倡议 [J]. 阿拉伯世界研究，2015 (6)：31-44.

[80] 汪波，樊冰. 欧盟与海合会能源合作研究 [J]. 阿拉伯世界研究，2013 (5)：27-39.

[81] 王国志，葛延昭. 中国—海合会自贸区建立的经贸基础及预期效应分析 [J]. 印度洋经济体研究，2017 (5)：99-122.

[82] 王猛. 巴林经济转型的回顾与反思 [J]. 山西师大学报（社会科学版），2009，36 (6)：111-114.

[83] 王猛. 卡塔尔VS沙特：谁才是阿拉伯新时代的领头羊？[J]. 世界知识，2013 (23)：40-42.

[84] 王琼. 从对外部威胁认知的角度探析海合会国家间分歧 [J]. 当代世界，2018 (9).

［85］王是业. 新形势下与海合会国家开展"一带一路"经贸合作的基础、机遇和挑战［J］. 国际论坛，2017（4）：54-61.

［86］王霆懿. 沙特拉开经济改革大幕［J］. 世界知识，2016（9）：42-43.

［87］王潇屹，张舒. 沙特轻型车燃油经济性新政对策研究［J］. 质量与标准化，2015（7）：51-54.

［88］王瑛."一带一路"与中国对海合会的农产品与食品出口［J］. 阿拉伯世界研究，2015（4）：59-72.

［89］王有鑫. 看"一带一路"蓝图中中国聚焦与中东经济金融合作及风险防范［J］. 中国银行业，2017（8）：47-50.

［90］王泽东，陈静. 阿曼经济改革及其发展前景［J］. 中国石油大学学报（社会科学版），2002，18（5）：14-16.

［91］韦进深，符春苗. 成员偏好对海合会经济一体化的影响［J］. 阿拉伯世界研究，2013（1）：69-81.

［92］魏亮. 中东剧变中的巴林动乱［J］. 阿拉伯世界研究，2015（1）：38-51.

［93］吴思科."一带一路"框架下的中国与海合会战略合作［J］. 阿拉伯世界研究，2015（2）：4-13.

［94］吴思科."一带一路"框架下中国与中东国家的战略对接［J］. 阿拉伯世界研究，2015（6）：3-11.

［95］吴毅宏，钱学文. 海合会国家对外经济合作中的"文化例外"［J］. 阿拉伯世界研究，2015（1）：79-91.

［96］武芳. 危机之中孕育新机遇——中国与海合会国家的经贸发展与能源合作［J］. 国际经济合作，2009（5）：11-14.

［97］西仁塔娜. 海湾合作委员会合作机制研究［D］. 上海外国语大学硕士学位论文，2010.

［98］肖维歌. 在"一带一路"战略背景下中国与海合会国家贸易发展与展望［J］. 对外经贸实务，2015（3）：17-20.

［99］徐榕梓. 阿曼：油气经济迎多元贸易［J］. 中国对外贸易，2014（4）：72-73.

［100］徐莎. 论中国与海湾合作委员会建立自由贸易区的预期收益及前景分析［D］. 对外经济贸易大学硕士学位论文，2006.

［101］严荣. 主权财富基金与海合会金融合作［J］. 西亚非洲，2011（8）：50-61.

［102］杨林. 小国大梦——卡塔尔软实力研究［D］. 西北大学硕士学位论文，2016.

［103］杨荣佳，舒先林. 论中国与沙特阿拉伯的石油合作关系［J］. 北京石油管理干部学院学报，2015（5）：44-47.

［104］杨泽榆. 卡塔尔天然气出口战略转向分析［J］. 阿拉伯世界研究，2013（5）：99-108.

［105］姚景超. 海合会经济金融发展及中海金融合作［J］. 金融发展评论，2015（8）：48-53.

［106］叶楠. 海合会国家主权财富基金解析［J］. 海南金融，2013（3）：40-44.

［107］叶玉. 中国海合会自贸区谈判与石油安全［J］. 兰州学刊，2008（1）：115-118.

[108] 佚名. 科威特投资与经贸风险分析报告 [J]. 国际融资, 2008 (2)：65-66.

[109] 殷红蕾. 海合会工程承包市场及中国的对策研究 [J]. 山东工商学院学报, 2014 (4)：105-109.

[110] 殷实. 卡塔尔的软实力建设研究 [D]. 兰州大学硕士学位论文, 2016.

[111] 余泳. 海合会对外关系的政策逻辑考察 [J]. 阿拉伯世界研究, 2013 (1)：58-68.

[112] 余泳. 中国对海合会国家的经济外交——国际体系转型与地缘经济的视角 [J]. 阿拉伯世界研究, 2010 (1)：29-34.

[113] 余泳. 中国—海合会经贸合作的成果、挑战与前景 [J]. 阿拉伯世界研究, 2011 (6)：38-44.

[114] 余泳. 中国与海湾合作委员会关系研究（1981~2010）[D]. 上海外国语大学博士学位论文, 2011.

[115] 喻飞. 海合会集体安全机制的实践、挑战与机遇 [J]. 理论界, 2015 (1)：152-156.

[116] 喻飞. 论阿拉伯剧变以来卡塔尔对相关国家的政策 [D]. 北京外国语大学硕士学位论文, 2016.

[117] 袁航. 沙特的经济改革蓝图 [J]. 上海国资, 2016 (2)：101-103.

[118] 苑生龙. 卡塔尔总体形势及中卡经贸关系研判 [J]. 中国经贸导刊, 2015 (12)：27-29.

[119] 展宝卫, 梁涛. 神秘的阿联酋 [J]. 走向世界, 2016 (49)：54-57.

[120] 张翠平. 20 世纪 70 年代以来卡塔尔天然气能源工业的发展 [D]. 河南大学硕士学位论文, 2014.

[121] 张海征, 杨颖南. 卡塔尔投资环境和风险评析及其对中国的启示 [J]. 国际论坛, 2015 (6)：70-76.

[122] 张瑾. 海合会国家主权财富基金的发展及其影响 [J]. 阿拉伯世界研究, 2010 (1)：21-28.

[123] 张瑾. 卡塔尔主权财富基金与"一带一路"战略下的中卡金融合作 [J]. 上海师范大学学报（哲学社会科学版）, 2016 (4)：56-66.

[124] 张卫婷. 卡塔尔国际战略探析 [J]. 阿拉伯世界研究, 2013 (1)：94-106.

[125] 赵锋. 中国与海合会自贸区谈判回顾与展望 [J]. 国际研究参考, 2015 (7)：10-14.

[126] 赵建明. 海湾乱局、奥巴马主义与美国对海湾政策的调整 [J]. 当代世界与社会主义, 2015 (6)：114-124.

[127] 赵康圣. 国际法视野下的巴林卡塔尔领土争端 [D]. 山西师范大学硕士学位论文, 2014.

[128] 赵琳. 科威特工程承包发展模式分析 [J]. 国际工程与劳务, 2016 (3)：57-59.

[129] 赵青松. FTA 建设下中国与海合会经贸关系研究 [J]. 阿拉伯世界研究, 2015 (3)：59-71.

[130] 周华. 海合会与欧盟自贸区谈判的回顾与展望 [J]. 阿拉伯世界研究, 2010

（3）：75-80.

[131] 周华. 伊朗与海合会成员国关系研究 [J]. 阿拉伯世界研究, 2011 (3)：36-42.

[132] 周士新. 小国集团的战略动力：基于东盟与海合会的比较分析 [J]. 东南亚南亚研究, 2013 (3)：3-8.

[133] 周新华. 亚洲发展中国家现代化发展的路径选择与比较——以中国、印度、沙特为考察对象 [J]. 改革与战略, 2008, 24 (2)：16-19.

[134] 邹志强. G20 视角下的沙特与全球经济治理 [J]. 和平与发展, 2012 (1)：62-66.

[135] 邹志强. 全球经济治理视野下的海合会 [J]. 江南社会学院学报, 2013, 15 (4)：21-25.

[136] 邹志强. 全球与区域经济治理语境下的海合会 [J]. 亚太安全与海洋研究, 2013 (5)：23-29.

[137] 邹志强. 沙特对外经济重心东移及对"一带一路"的启示 [J]. 西北民族大学学报（哲学社会科学版）, 2016 (1)：143-151.

[138] 邹志强. 石油美元视野下的沙特阿拉伯与全球经济治理 [J]. 世界经济与政治论坛, 2013 (3)：59-72.

[139] 邹志强. "一带一路"背景下沙特参与全球经济治理研究 [J]. 阿拉伯世界研究, 2015 (4)：73-88.

[140] 邹志强. 中东剧变与海合会区域经济合作 [J]. 阿拉伯世界研究, 2014 (2)：65-76.